AVANT-PROPOS

W0302961

Ces annales, en vous apportant **connaissances** et **méthodes**, vous aideront à préparer les épreuves anticipées de français de la session 2019.
Elles réunissent 14 corpus, 14 questions et 42 sujets. Les corpus 1 à 10 concernent les séries L, ES et L, les corpus 11 à 14 se rapportent au programme spécifique des L. Les questions et les sujets sont tous expliqués et corrigés.

Observation des épreuves de l'année 2018

Les corpus 1 et 2 (session 2018) servent de support à une observation des attentes de l'épreuve écrite. Les cinq corrigés intégralement rédigés (2 questions, un commentaire, une dissertation, une écriture d'invention) sont accompagnés, au fil de leur rédaction, d'indications en couleur éclairant la démarche.

Corpus, questions et sujets analysés et corrigés

Parce qu'il est important de comprendre comment la question et les sujets proposés s'enracinent dans le corpus, chaque groupement est minutieusement analysé. Les démarches suivies dans les différents exercices sont montrées pas à pas et les corrigés, quand ils ne sont pas intégralement rédigés, figurent sous la forme d'un plan détaillé.

Cinquante-six fiches

Outre les conseils généraux au début de cet ouvrage (pp. 21 à 26) et les conseils plus spécifiques au fil des corrigés, cinquante-six fiches (index p. 11 et p. 13) précisent les notions et les méthodes ; certaines d'entre elles constituent des aides à la rédaction.

Des exemples pour l'oral

La dernière partie de ces annales vous propose des textes complémentaires, accompagnés de questions pour l'exposé et de pistes de réflexion pour l'entretien.

Quelques suggestions d'utilisation

Vous pouvez utiliser ces annales de différentes manières :
– **vous familiariser avec l'examen** en découvrant les sujets de 2018 ;
– **approfondir un objet d'étude** en étudiant les textes (écrit et oral) et les sujets qui s'y rapportent ;
– **travailler un type de sujet**, un point de méthode (l'introduction par exemple ou l'insertion des citations) en partant de l'index des fiches.

Puissent ces annales vous mener en confiance à la réussite et vous donner aussi le goût de lire et d'écrire.

Les auteurs

MODE D'EMPLOI

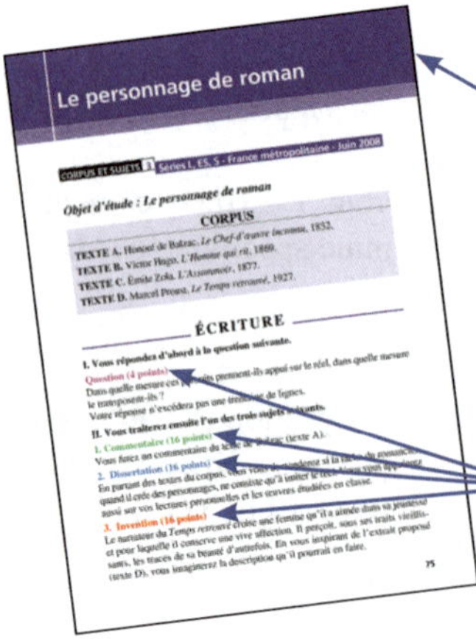

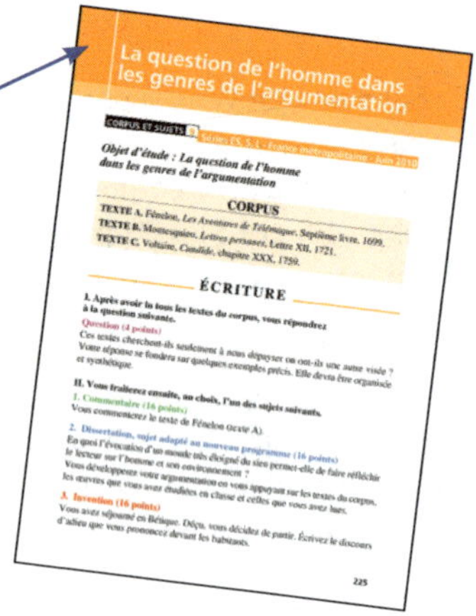

Chaque objet d'étude au programme repérable par sa couleur.

Une couleur spécifique pour les questions et chaque type de sujet.

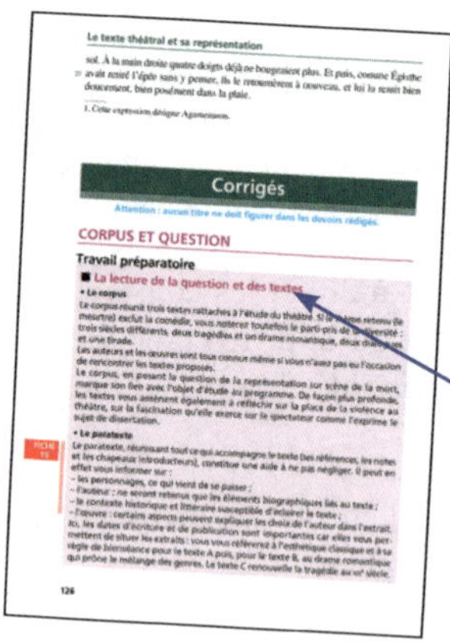

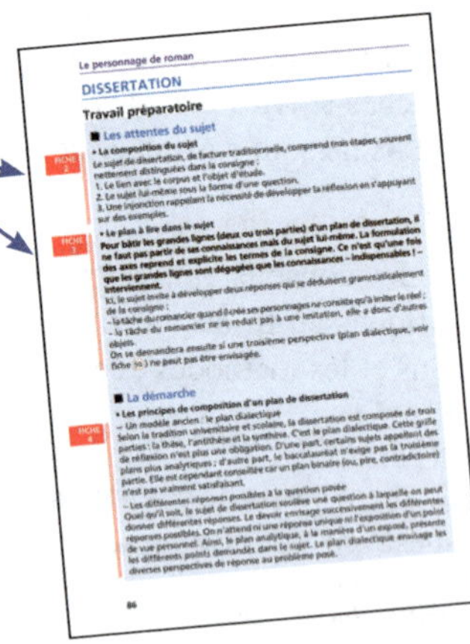

Des fiches méthodes au fil des corrigés.

Une préparation au corrigé de chaque sujet.

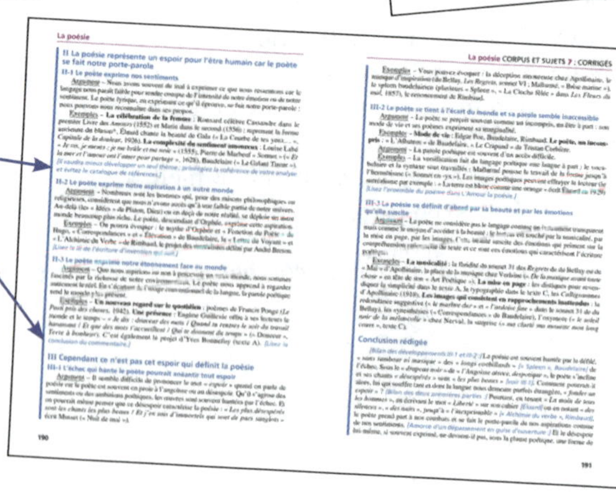

Des corrigés rédigés avec des aides à la rédaction.

Annales Bac 2019

Sujets 2018 inclus

SUJETS et CORRIGÉS

Français

1res L/ES/S

Isabelle de Lisle
Agrégée de Lettres modernes
Professeur en lycée

Sylvie Beauthier
Agrégée de Lettres classiques
Professeur en lycée

Avec la participation de
Éric Le Grandic
Agrégé de Lettres modernes
Professeur en classes préparatoires

hachette
ÉDUCATION

M. Éric Le Grandic a collaboré à la rédaction des pages consacrées à l'oral des sujets 1 à 7 et 9 et 10.

Conception graphique
Couverture : Mélissa Chalot
Intérieur : Jehanne Marie Husson

Réalisation
Couverture : Audrey Izern
Intérieur : Mediamax

www.hachette-education.com

ISBN : 978-2-01-701471-3

Achevé d'imprimer en République tchèque par FINIDR
Dépôt légal : Août 2018 - Édition 01
32/6747/6

SOMMAIRE

Le personnage de roman

Le texte théâtral et sa représentation

La poésie

L'argumentation

SÉRIE L

Les réécritures

ORAL Voir page 371

Texte 9 : Charles Baudelaire, « Don Juan aux enfers », *Les Fleurs du Mal*, Spleen et Idéal, 1857.

Texte 10 : Molière, *Dom Juan*, acte III, scène 2, 1665.

Renaissance et humanisme

ORAL Voir page 375

Texte 11 : Ronsard « Les Amours », *Second livre des Amours*, 1578.

Texte 12 : Agrippa D'Aubigné, « Misères », *Les Tragiques*, Livre premier (poème commencé en 1577 et publié en 1616).

Sujets d'oral

Le personnage de roman

Le texte théâtral et sa représentation

La poésie

L'argumentation

Les réécritures

Renaissance et humanisme

Annexe

INDEX DES FICHES NOTIONS ET MÉTHODES

LISTE THÉMATIQUE DES FICHES NOTIONS ET MÉTHODES

LES NOTIONS

LES MÉTHODES

La question

Le commentaire

La dissertation

L'écriture d'invention

TABLEAU DES CORPUS ET SUJETS

Objet d'étude	Question	Commentaire	Dissertation	Écriture d'invention
Épreuves de 2018				
CORPUS ET SUJETS 1	CR	CR	CR	C
CORPUS ET SUJETS 2	CR	CR	CD	C
Le personnage de roman				
CORPUS ET SUJETS 3	CR	CD	CR	C
CORPUS ET SUJETS 4	CR	CR	CR	CR
Le texte théâtral et sa représentation				
CORPUS ET SUJETS 5	CR	CD	CR	CR
CORPUS ET SUJETS 6	CR	CR	CR	C
La poésie				
CORPUS ET SUJETS 7	CR	CR	CD	CR
CORPUS ET SUJETS 8	CR	CD	CR	CR
L'argumentation				
CORPUS ET SUJETS 9	CR	CD	CD	CR
CORPUS ET SUJETS 10	CR	CR	CD	CR
Les réécritures				
CORPUS ET SUJETS 11	CR	CR	C	C
CORPUS ET SUJETS 12	CR	C	CR	CR
Renaissance et humanisme				
CORPUS ET SUJETS 13	CR	CR	CR	CR
CORPUS ET SUJETS 14	CR	CR	CR	CD

C : corrigé ; CD : corrigé détaillé ; CR : corrigé rédigé.

PRÉSENTATION DU PROGRAMME ET DES ÉPREUVES

Le programme de français au lycée comprend un certain nombre d'objets d'étude ; certains sont abordés en Seconde, d'autres en Première. Le travail de l'année s'organise en séquences qui portent sur l'étude d'un groupement de textes ou d'une œuvre intégrale. Dans chaque séquence, les textes lus ou étudiés, ainsi que les documents examinés, permettent d'approfondir un objet d'étude, voire deux, au programme.

En fin de Première, les lycéens passent l'épreuve anticipée de français (EAF) qui comprend une épreuve orale et une épreuve écrite. Les notes obtenues seront prises en compte au moment des épreuves finales en Terminale. Les notes sont affectées d'un coefficient :

– séries ES et S : 2 pour l'écrit, 2 pour l'oral ;
– série L : 3 pour l'écrit, 2 pour l'oral.

Le programme de la classe de Première

L'organisation en séquences

Les objets d'étude au programme sont étudiés dans des séquences et peuvent être croisés. Par exemple, il est possible d'associer dans un groupement de textes l'étude du théâtre et celle de l'argumentation en se demandant comment le genre théâtral exprime une réflexion sur l'homme ou contribue à dénoncer une situation ou une institution.

Dans ces séquences, le professeur étudie précisément des textes (lectures analytiques) ; il propose à ses élèves des lectures cursives complémentaires ; il leur présente aussi des documents variés : textes littéraires, articles de journaux, tableaux, films…

Le programme commun aux trois séries

Le programme comprend quatre objets d'étude qui sont communs aux séries ES, S et L.

1. Le personnage de roman du XVIIe siècle à nos jours. Dans le prolongement du travail effectué en Seconde, le roman, situé dans un contexte littéraire, historique et culturel, est étudié, sous l'angle des personnages, comme une représentation de l'homme et du monde. Une œuvre intégrale est étudiée ainsi qu'un ou deux groupements de textes.

2. Le texte théâtral et sa représentation du XVIIe siècle à nos jours. En Seconde, le théâtre a été abordé sous l'angle des genres et des registres et ces connaissances sont nécessaires pour bien assimiler l'objet d'étude de Première. Une œuvre intégrale ainsi qu'un ou deux groupements de textes sont étudiés.

3. Écriture poétique et quête de sens, du Moyen Âge à nos jours. L'étude de ce genre en Première peut s'appuyer sur les connaissances acquises en Seconde dans le cadre de l'objet d'étude « La poésie du XIXe au XXe siècle : du romantisme au surréalisme ». Une œuvre intégrale ainsi qu'un ou deux groupements de textes sont étudiés.

4. La question de l'homme dans les genres de l'argumentation du XVIe siècle à nos jours. Cet objet d'étude prolonge l'étude de l'argumentation abordée au collège et approfondie en Seconde dans l'objet d'étude « Termes et formes de l'argumentation ». Les élèves étudient des groupements de textes et une œuvre intégrale.

Les différentes études peuvent s'appuyer sur des textes de l'Antiquité. De plus, le lien entre courant littéraire et courant esthétique est souligné : les élèves sont invités à découvrir les autres arts (peinture, sculpture, architecture...).

Le programme spécifique de la série L

Les élèves de Première L approfondissent six objets d'étude, deux thèmes de réflexion venant s'ajouter aux quatre objets d'étude communs à toutes les séries générales.

5. Les réécritures. Deux œuvres intégrales sont comparées ; un ou deux groupements de textes sont étudiés.

6. Vers un espace culturel européen : Renaissance et humanisme. Une œuvre intégrale ainsi qu'un ou deux groupements de textes sont étudiés.

Les épreuves de français en fin de Première

Les modalités des épreuves écrites et orales sont identiques pour les trois séries générales. À l'écrit, deux sujets sont présentés : un pour la série L, un pour les séries ES et S.

L'épreuve orale

L'épreuve orale dure **vingt minutes** ; elle est précédée de **trente minutes de préparation**.

L'examinateur a reçu quelques jours auparavant les descriptifs des élèves qu'il va interroger, ce qui ne dispense pas le candidat de présenter, sans ratures autres que celles autorisées par son professeur, son propre descriptif signé par le professeur et le chef d'établissement.
Le descriptif présente le travail effectué au cours de l'année de Première : les lectures analytiques, les lectures cursives, les documents complémentaires, éventuellement les recherches réalisées, les sorties organisées (expositions, théâtre…).

L'élève se présente devant l'examinateur muni des documents suivants :
– sa convocation ;
– une pièce d'identité ;
– son « descriptif des lectures et activités » ;
– ses textes (extraits, œuvres intégrales) en double exemplaire.

L'examinateur donne à l'élève un bordereau d'interrogation sur lequel figurent **le texte** qui doit être étudié et **la question** qui guide la lecture analytique. Il ne s'agit pas, en effet, de réciter une étude de texte menée pendant l'année mais de répondre à une question large en utilisant les connaissances acquises et en exprimant ses propres impressions de lecture.

À l'issue des trente minutes de préparation, l'examinateur appelle le candidat. L'épreuve comprend **deux parties de dix minutes chacune**. Chacune de ces étapes sera notée sur 10, mais le candidat n'aura connaissance que du total sur 20.
Dans un premier temps, le candidat parle sans que l'examinateur vienne l'interrompre. Il lit le texte et présente **un exposé construit et précis en réponse à la question posée**.

Dans un second temps, l'examinateur mène un entretien : il pose au candidat des questions variées afin de vérifier ses connaissances et compétences. Les questions peuvent porter sur l'objet d'étude, l'œuvre intégrale ou le groupement de textes mais aussi sur les lectures cursives, les documents et activités complémentaires. Les révisions ne doivent donc pas porter exclusivement sur les lectures analytiques conduites en classe.

L'épreuve écrite

L'épreuve écrite dure **quatre heures**. Elle se rattache aux objets d'étude au programme. Les élèves de L ont des sujets différents de ceux des séries S ou ES, ce qui ne veut pas dire qu'ils sont nécessairement interrogés sur les réécritures ou l'humanisme. De manière générale, il est demandé aux élèves de L une réflexion et une culture plus approfondies.

Les sujets s'appuient sur un corpus de textes que les candidats devront lire attentivement et étudier. À ces textes peuvent s'ajouter des documents annexes qui viennent apporter un éclairage complémentaire. En aucun cas, l'étude ne portera sur ces annexes, ce qui ne signifie pas qu'on ne puisse pas s'y référer. Les textes réunis se rattachent à un ou plusieurs objets d'étude ; ils peuvent être de langue, d'époque, de genre, de registre variés. Le corpus peut se limiter à un texte unique dont un extrait sera donné à commenter ; il peut également inclure un document iconographique tel qu'une photographie de tableau, de représentation théâtrale, de gravure, de caricature…

Le travail des élèves comprend deux étapes : la (les) question(s) et le travail d'écriture.

La **question préliminaire** porte sur l'ensemble des documents, sur leur forme ou sur leur problématique. Il s'agit toujours de donner une réponse concise, organisée et étayée par des références précises aux textes du corpus. Les instructions officielles prévoient la possibilité de donner deux questions qui ne portent pas nécessairement toutes deux sur l'ensemble des textes ; mais la question unique est privilégiée. Cette première partie est notée sur **quatre points**.

Le candidat choisit un **travail d'écriture** parmi les trois qui lui sont proposés :
- un commentaire d'un des textes ou d'un passage d'un des textes ;
- une dissertation qui porte sur la problématique qui sous-tend le choix des textes du corpus ;
- une écriture d'invention qui prend appui sur un texte (ou sur les textes) du corpus.

Cette seconde partie est notée sur **seize points**.

CONSEILS GÉNÉRAUX

L'utilisation des annales corrigées

L'acquisition de connaissances

La lecture attentive des annales corrigées durant l'année vous permet de compléter les connaissances acquises en classe.
Revoyez les fiches (index et liste pages 11 à 15) qui reprennent les notions à connaître pour analyser convenablement un texte à l'écrit ou à l'oral.
Plus de quarante textes pour les séries S et ES et plus de cinquante textes pour la série L sont réunis dans les corpus proposés auxquels s'ajoutent ceux de la partie consacrée à l'oral ; ils vous permettent de compléter vos connaissances relatives aux objets d'étude au programme. Vous trouverez aussi des exemples développés dans les dissertations rédigées. C'est en lisant les textes et les devoirs corrigés que vous acquerrez les exemples nécessaires à la dissertation, à l'écriture d'invention argumentative et à l'entretien oral. Les dissertations s'appuient sur des arguments que vous pourrez aussi relever et vous approprier afin d'affiner et de consolider votre réflexion sur telle ou telle partie du programme.

L'acquisition de méthodes

Les premières pages analysent deux épreuves de 2018 (rubrique « Observation de l'épreuve ») afin de vous montrer comment se compose un corpus et comment les sujets donnés sont posés. Dans l'ensemble de l'ouvrage, les questions et les sujets sont analysés : lisez avec attention les travaux préparatoires et les nombreuses fiches méthodologiques (index et liste pages 11 à 15) destinés à vous montrer comment aborder tel ou tel sujet. Lorsque vous travaillez un certain type de sujet, étudiez les conseils qui s'y rapportent, de la lecture de l'énoncé à la rédaction en passant par la construction d'un plan.

Les attentes des sujets à l'écrit

Chaque épreuve s'inscrit dans un ou plusieurs objets d'étude. Par exemple, on peut rencontrer une épreuve qui ne porte que sur l'argumentation ou une épreuve qui porte à la fois sur l'argumentation et sur la poésie (un corpus sur la poésie engagée). Ce croisement n'ajoute pas de difficulté particulière ; il s'agit, dans tous les cas, de mobiliser les connaissances acquises pendant l'année mais aussi durant les années antérieures.

Les connaissances attendues

Les élèves de Première sont censés dominer les notions et les repères liés aux objets d'étude au programme. Chaque classe a envisagé le programme de manière différente et, si certains ont étudié *Candide*, d'autres ont travaillé sur les *Fables* de La Fontaine. Malgré ces différences, les élèves ont acquis un socle commun de références et l'on ne peut concevoir un candidat au bac ne sachant pas évoquer une fable de La Fontaine ou un conte voltairien comme exemple de dénonciation. Mais, en plus de celles spécifiques au programme de Première, d'autres connaissances sont attendues, celles qui ont été abordées au collège puis approfondies en Seconde : les discours, les genres et les registres, les procédés grammaticaux et stylistiques…

Les compétences attendues

L'épreuve écrite évalue des savoirs mais aussi des savoir-faire. On attend que vous sachiez :
– comprendre un texte ;
– percevoir une problématique commune à plusieurs textes ;
– situer des textes nouveaux (ceux du corpus) par rapport à des textes lus ou étudiés au cours de l'année, dans le cadre des objets d'étude au programme ;
– comprendre une consigne complexe (question, dissertation, écriture d'invention) ;
– construire une réflexion (la question et les trois sujets) ;
– argumenter une réflexion (la question, le commentaire, la dissertation et souvent aussi le sujet d'invention) ;
– étayer de façon précise une réflexion (les citations dans la question et le commentaire, les références précises dans la dissertation et parfois dans l'écriture d'invention) ;
– manier avec exactitude les notions et outils au programme ;
– rédiger correctement : syntaxe, vocabulaire, orthographe, ponctuation ;
– adopter un style particulier et faire preuve d'inventivité (le sujet d'invention).

Les attentes de l'oral

La première partie de l'épreuve : l'exposé

Le candidat doit présenter l'étude d'un texte déjà rencontré en classe en répondant à une question que lui a posée l'examinateur. Cette première partie de l'épreuve permet d'évaluer le travail effectué pendant l'année, la capacité à construire une réflexion personnelle à partir d'une question nouvelle et les qualités de l'expression orale. Un exposé organisé est attendu ; la question doit être posée dans l'introduction ; le développement présente deux ou trois axes qui apportent une réponse en s'appuyant précisément sur le texte (citations, procédés de style) ; une conclusion vient dresser le bilan de ce qui a été présenté.

La seconde partie de l'épreuve : l'entretien

L'entretien est conduit par l'examinateur ; il s'agit d'un dialogue spontané au cours duquel des questions sont posées au candidat sur le texte étudié, l'objet d'étude, les documents complémentaires figurant sur le descriptif. Il s'agit de développer les réponses en s'appuyant sur des exemples précis ; c'est l'occasion de montrer que vous disposez d'une culture personnelle qui dépasse les textes mentionnés sur le descriptif.

L'écrit et l'oral : un entraînement tout au long de l'année

Les connaissances à acquérir et à consolider

On l'a vu, les épreuves écrites et orales supposent des connaissances qui ne se réduisent pas aux objets d'étude de Première. Il est donc important de revoir les notions de base : discours, genres, registres, procédés grammaticaux et stylistiques, principaux repères d'histoire littéraire…

Par ailleurs, on approfondira la connaissance des objets d'étude, des notions et des œuvres majeures qui s'y rapportent. On lira des textes en rapport avec le programme ou on reverra des œuvres anciennement lues ou étudiées. Ainsi, pour l'étude du théâtre, il est intéressant de reprendre les pièces qui ont été lues au collège et en Seconde, de façon à disposer d'un large éventail d'exemples. Ce n'est pas parce qu'on n'étudie pas *Les Fourberies de Scapin* ou *Le Malade imaginaire* de Molière en classe de Première que vous ne pouvez pas vous y référer. Une culture personnelle est un atout important ; ces annales peuvent vous aider à l'acquérir.

Les compétences à acquérir et à consolider

La préparation à l'écrit passe par un entraînement régulier et par une pratique de tous les exercices proposés à l'examen. Il est en effet essentiel de composer plusieurs fois dans l'année des devoirs correspondant à chacun des travaux d'écriture proposés, même si on se sent plus attiré par une forme d'exercice particulière. Il serait très imprudent de décider à l'avance du choix d'un sujet : on ne peut être certain qu'il soit réellement abordable : texte peu enthousiasmant pour le commentaire par exemple, sujet de dissertation portant sur un aspect de l'objet d'étude mal connu, écriture d'invention supposant des connaissances précises dans un domaine que vous ignorez…

Votre professeur donne des travaux d'entraînement à la maison, propose des exercices en classe, surveille des devoirs en temps limité. Peut-être des bacs blancs sont-ils organisés dans votre établissement. Tous ces exercices et devoirs constituent un bon entraînement à l'examen, si vous pensez à tirer profit des observations qui vous sont faites. Pour progresser, il est important de relire régulièrement les comptes rendus des devoirs et les appréciations sur les copies. Il est très utile également de reprendre un passage médiocre d'une copie pour le rédiger à nouveau afin d'acquérir des mécanismes de composition, d'analyse et de rédaction.

Remarques sur les copies	*Conseils pour progresser*
Le sujet (question, dissertation, écriture d'invention) est mal compris.	Lire attentivement les consignes, en peser chacun des termes ; reformuler la consigne à la première personne du singulier pour mieux vous l'approprier.
Le(s) texte(s) est (sont) mal compris.	Lire attentivement les textes sans vous perdre pour autant dans les détails. Se demander après la première lecture ce que l'auteur a voulu dire et pourquoi il a écrit ce texte. Une bonne compréhension d'ensemble facilite la compréhension de détail.
Manque de rigueur.	Bâtir un plan clair et solide au brouillon : I-A, I-B, I-C ; II-A, II-B…
Le plan d'ensemble ne convient pas.	• S'il s'agit d'un commentaire : définir clairement les intentions de l'auteur du texte, revoir les principes de composition d'un plan de commentaire. • S'il s'agit d'une question, d'une dissertation, d'une écriture d'invention : lire attentivement la consigne et tirer les grandes lignes du plan de la consigne elle-même ; revoir les principes de composition d'un plan.
Le devoir est superficiel ; l'analyse ou la réflexion ne sont pas assez approfondies.	S'arrêter sur chacun des arguments ou chacune des pistes que l'on rencontre et les creuser : quelles causes, quelles implications, dans quelle œuvre, par quels procédés ?
Rédaction négligée, confuse, incorrecte	• Écrire des phrases courtes. • Surveiller l'orthographe en écrivant. • Relire attentivement les paragraphes au fur et à mesure de leur écriture. • Garder du temps pour relire l'ensemble du devoir à la fin. • S'entraîner dans l'année en rédigeant très régulièrement des petits paragraphes (par exemple en partant des plans proposés dans les corrigés) et reprendre dans ces exercices des constructions relevées dans des textes (articles, devoirs rédigés).

La préparation à l'oral suppose également un entretien régulier. Si votre professeur et votre établissement n'ont pas la possibilité d'organiser des oraux, vous pouvez vous entraîner avec un camarade. Il est important de clarifier vos notes et de bien classer textes (sans annotations) et documents au fur et à mesure des études, sans attendre le mois de juin. Profitez des vacances de février ou de Pâques pour revoir les textes analysés au début de l'année. Pensez à bien lire à haute voix dans le courant de l'année les passages sur lesquels vous êtes susceptibles d'être interrogés afin de ne pas buter le jour J.

L'écrit : le jour J

Une bonne gestion du temps limité

Le temps est l'une des données de l'épreuve et vous devrez l'utiliser au mieux. Il n'est pas normal de terminer trente minutes avant la fin ; il est dangereux de ne pas avoir fini sa conclusion ou de ne pas avoir le temps de relire.

On pourra adopter l'organisation suivante :

• **Première heure : lecture du corpus et des sujets, réponse à la question.** Soulignez, sur les textes mêmes, les éléments qui permettent de répondre à la question et bâtissez un plan rapide au brouillon ; puis rédigez au propre. La réponse doit être concise, efficace et précise. Relisez.

• **Deuxième heure : choix du sujet** (sans revenir en arrière pour changer d'avis) **et composition, au brouillon, du plan.** L'écriture d'invention nécessite également que l'on bâtisse un plan au brouillon. Pour le commentaire, il faut souligner sur le texte les éléments à repérer ; n'hésitez pas à employer des couleurs.

• **Troisième et quatrième heure : rédaction du devoir au propre.**

• **Dernier quart d'heure : relecture.**

Le choix du sujet

Sans doute arriverez-vous avec un souhait, un goût particulier pour le commentaire ou la dissertation. Lisez le sujet qui correspond à votre attente en étant particulièrement attentif(ve). S'il vous convient, n'hésitez pas. Vous devez disposer des connaissances et des exemples nécessaires ou, pour le commentaire, avoir bien compris le texte : si ce n'est pas le cas, dirigez-vous vers un autre sujet sans perdre de temps en regrets inutiles.

Un fois que vous avez choisi, ne revenez pas en arrière et battez-vous, même si vous regrettez votre choix : d'une part, vous n'auriez pas le temps de traiter convenablement un autre sujet ; d'autre part, on réussit en général assez bien un devoir pour lequel on doit se battre.

La présentation

Soignez votre écriture et aérez votre devoir. La composition du devoir est mise en relief par une présentation rigoureuse et claire. Nous vous proposons :
– d'indiquer, sur la première page de votre devoir, le travail d'écriture que vous avez choisi (commentaire, dissertation…) ;
– d'écrire « Question » avant de répondre (il est inutile de recopier la question) ;
– d'écrire « Commentaire », « Dissertation » ou « Invention » sur une nouvelle page avant de commencer le devoir ;
– de sauter trois lignes après l'introduction et avant la conclusion ;
– de marquer les alinéas en décalant clairement votre texte par rapport à la marge ;
– de respecter les codes concernant les titres : on souligne le titre des œuvres (titre qui figure sur la couverture du livre) et on place entre guillemets le titre du texte. Ex. : « Le Loup et l'Agneau », Fables de La Fontaine.
Écrire les noms des auteurs et les titres des œuvres sans faute.
Présenter des citations exactes sans omettre les guillemets.

L'oral : le jour J

Les documents

Pensez à apporter les documents indispensables (pièce d'identité, convocation, descriptif) et classez vos textes de manière claire, par exemple dans un classeur avec des transparents en prévoyant une rubrique par séquence. Vous devez apporter les œuvres intégrales que vous présentez et ne pas vous contenter d'une photocopie des extraits analysés. Vous veillerez à ce que ne figurent pas d'annotations manuscrites sur les textes et vous vous rappellerez que vous devez les présenter en deux exemplaires.

Le temps de préparation

La question doit être lue avec attention et c'est en vous appuyant sur les termes qu'elle contient que vous bâtirez votre plan. Sur vos feuilles de brouillon, écrivez d'abord votre plan (axes et sous-parties), en laissant de la place pour développer ; puis prévoyez l'introduction et la conclusion. Enfin, détaillez votre analyse en vous appuyant précisément sur le texte. En aucun cas vous ne devez rédiger vos notes.

L'épreuve

L'examinateur n'interviendra pas durant l'exposé ; n'oubliez pas de lire le texte (au début ou juste avant d'annoncer les axes d'étude) et de rappeler l'intitulé de la question dans votre introduction. Lors de l'exposé puis en réponse aux questions de l'entretien, pensez à préciser vos analyses en citant les textes.

CORPUS ET SUJETS 1 Séries S, ES, L – Liban – Mai 2018

Objet d'étude : Le personnage de roman, du XVIIe siècle à nos jours

CORPUS

Texte A. Honoré de Balzac, *Le Colonel Chabert*, extrait (1832).

Texte B. Émile Zola, *La Fortune des Rougon*, chapitre V, extrait (1871).

Texte C. Jean-Paul Sartre, *Le Mur*, « La Chambre », extrait (1939).

ÉCRITURE

I. Après avoir lu les textes du corpus, vous répondrez à la question suivante.

Question (4 points)

Comment la folie est-elle représentée dans les trois textes du corpus ?

II. Vous traiterez ensuite, au choix, l'un des sujets suivants.

1. Commentaire (16 points)

Vous ferez le commentaire de l'extrait du *Colonel Chabert* d'Honoré de Balzac (texte A).

2. Dissertation (16 points)

À votre avis, quel intérêt un romancier, et plus largement un artiste, peut-il avoir à mettre en scène des personnages frappés de folie ? Votre réflexion s'appuiera sur les textes du corpus, sur les œuvres étudiées en classe et sur toute autre œuvre connue de vous.

3. Écriture d'invention (16 points)

Racontez à la troisième personne la scène du texte C en adoptant cette fois le point de vue de Pierre. Vous imaginerez son hallucination ; vous vous attacherez particulièrement à rendre compte de la progression de sa folie ; votre écriture mettra en valeur l'évolution des émotions et sensations du personnage par un travail stylistique recherché.

TEXTE A

Honoré de Balzac, *Le Colonel Chabert*, extrait (1832).

Le colonel Hyacinthe Chabert, déclaré mort par erreur à la bataille d'Eylau, a contacté l'avoué Derville pour retrouver son rang et ses droits. Sa femme Rose, désormais remariée au comte Ferraud, le rejette et n'entend pas lui restituer ses biens. Le colonel refuse toute transaction avec elle et disparait. Quelques années plus tard, l'avoué Derville retrouve le colonel.

En 1840, vers la fin du mois de juin, Godeschal, alors avoué, allait à Ris, en compagnie de Derville son prédécesseur. Lorsqu'ils parvinrent à l'avenue qui conduit de la grande route à Bicêtre[1], ils aperçurent sous un des ormes du chemin un de ces vieux pauvres chenus[2] et cassés qui ont obtenu le bâton de maréchal[3] des mendiants en vivant à Bicêtre comme les femmes indigentes vivent à la Salpêtrière[4]. Cet homme, l'un des deux mille malheureux logés dans l'*Hospice de la Vieillesse*, était assis sur une borne et paraissait concentrer toute son intelligence dans une opération bien connue des invalides, et qui consiste à faire sécher au soleil le tabac de leurs mouchoirs, pour éviter de les blanchir, peut-être. Ce vieillard avait une physionomie attachante. Il était vêtu de cette robe de drap rougeâtre que l'Hospice accorde à ses hôtes, espèce de livrée[5] horrible.

« Tenez, Derville, dit Godeschal à son compagnon de voyage, voyez donc ce vieux. Ne ressemble-t-il pas à ces grotesques qui nous viennent d'Allemagne[6] ? Et cela vit, et cela est heureux peut-être ! »

Derville prit son lorgnon, regarda le pauvre, laissa échapper un mouvement de surprise et dit :

« Ce vieux-là, mon cher, est tout un poème, ou, comme disent les romantiques, un drame. As-tu rencontré quelquefois la comtesse Ferraud ?

– Oui, c'est une femme d'esprit et très agréable ; mais un peu trop dévote, dit Godeschal.

– Ce vieux bicêtrien est son mari légitime, le comte Chabert, l'ancien colonel ; elle l'aura sans doute fait placer là. S'il est dans cet hospice au lieu d'habiter un hôtel, c'est uniquement pour avoir rappelé à la jolie comtesse Ferraud qu'il l'avait prise, comme un fiacre, sur la place[7]. Je me souviens encore du regard de tigre qu'elle lui jeta dans ce moment-là. »

Ce début ayant excité la curiosité de Godeschal, Derville lui raconta l'histoire qui précède[8]. Deux jours après, le lundi matin, en revenant à Paris, les deux amis jetèrent un coup d'œil sur Bicêtre, et Derville proposa d'aller voir le colonel Chabert. À moitié chemin de l'avenue, les deux amis trouvèrent assis sur la souche d'un arbre abattu le vieillard qui tenait à la main un bâton et s'amusait à tracer des raies sur le sable. En le regardant attentivement, ils s'aperçurent qu'il venait de déjeuner autre part qu'à l'établissement.

« Bonjour, colonel Chabert, lui dit Derville.

– Pas Chabert ! pas Chabert ! je me nomme Hyacinthe, répondit le vieillard. Je ne suis plus un homme, je suis le numéro 164, septième salle, ajouta-t-il en regardant Derville avec une anxiété peureuse, avec une crainte de vieillard et d'enfant. Vous allez voir le condamné à mort ? dit-il après un moment de silence. Il n'est pas marié, lui ! Il est bien heureux.

– Pauvre homme, dit Godeschal. Voulez-vous de l'argent pour acheter du tabac ? »

Avec toute la naïveté d'un gamin de Paris, le colonel tendit avidement la main à chacun des deux inconnus, qui lui donnèrent une pièce de vingt francs ; il les remercia par un regard stupide, en disant : « Braves troupiers[9] ! » Il se mit au port d'armes, feignit de les coucher en joue, et s'écria en souriant : « Feu des deux pièces ! vive Napoléon ! » Et il décrivit en l'air avec sa canne une arabesque imaginaire.

---

1. *Bicêtre* : lieu près de Paris, où était établi un asile d'aliénés.
2. *chenu* : aux cheveux blancs.
3. Obtenir le bâton de maréchal : arriver au plus haut grade.
4. *la Salpêtrière* : hospice accueillant des femmes indigentes, c'est-à-dire des pauvres.
5. *livrée* : costume de domestique.
6. *ces grotesques d'Allemagne* : allusion aux personnages fantastiques des contes d'Hoffmann.
7. Derville rappelle ainsi que la comtesse a acquis son rang grâce à son mariage avec Chabert.
8. L'auteur fait référence à l'histoire qui constitue l'ensemble du livre.
9. *troupiers* : simples soldats.

TEXTE B

Émile Zola, *La Fortune des Rougon*, chapitre V, extrait (1871).

Adélaïde Fouque vit sa vieillesse aux côtés de son petit-fils Silvère, qui la surnomme affectueusement « Tante Dide ». Elle est souvent victime de terribles crises nerveuses. Dans sa jeunesse, elle vécut une passion avec son voisin Macquart avant que celui-ci ne meure tué par un douanier. Un matin, Tante Dide surprend sa jeune voisine qui emprunte la porte reliant les deux domaines contigus pour retrouver en secret Silvère, dont elle est amoureuse. Or, cette entrée fut jadis créée par Macquart pour rendre visite à Adélaïde. La découverte de l'amour secret entre ces deux jeunes gens ravive donc, dans l'esprit troublé de la grand-mère, le souvenir douloureux de la mort de Macquart.

Le soir, tante Dide eut une de ces crises nerveuses qui la secouaient encore de loin en loin. Pendant ces attaques, elle parlait souvent à voix haute, sans suite, comme dans un cauchemar. Ce soir-là, Silvère, qui la maintenait sur son lit, navré d'une pitié poignante pour ce pauvre corps tordu, l'entendit prononcer en haletant les mots de douanier, de coup de feu, de meurtre. Et elle se débattait, elle demandait grâce, elle rêvait de vengeance. Quand la crise toucha à sa fin, elle eut, comme il arrivait toujours, une épouvante singulière, un frisson d'effroi qui faisait claquer ses dents. Elle se soulevait à moitié, elle regardait avec un étonnement hagard[1] dans les coins de la pièce, puis se laissait retomber sur l'oreiller en poussant de longs soupirs. Sans doute elle était prise d'hallucination. Alors elle attira Silvère sur sa poitrine, elle parut commencer à le reconnaître, tout en le confondant par instants avec une autre personne.

« Ils sont là, bégaya-t-elle. Vois-tu, ils vont te prendre, ils te tueront encore… Je ne veux pas… Renvoie-les, dis-leur que je ne veux pas, qu'ils me font mal, à fixer ainsi leurs regards sur moi… »

Et elle se tourna vers la ruelle, pour ne plus voir les gens dont elle parlait. Au bout d'un silence :

« Tu es auprès de moi, n'est-ce pas, mon enfant ? continua-t-elle. Il ne faut pas me quitter… J'ai cru que j'allais mourir, tout à l'heure… Nous avons eu tort de percer le mur. Depuis ce jour, j'ai souffert. Je savais bien que cette porte nous porterait encore malheur… Ah ! les chers innocents, que de larmes ! On les tuera, eux aussi, à coups de fusil, comme des chiens. »

Elle retombait dans son état de catalepsie[2], elle ne savait même plus que Silvère était là. Brusquement elle se redressa, elle regarda au pied de son lit, avec une horrible expression de terreur.

« Pourquoi ne les as-tu pas renvoyés ? cria-t-elle en cachant sa tête blanchie dans le sein du jeune homme. Ils sont toujours là. Celui qui a le fusil me fait signe qu'il va tirer… »

Peu après, elle s'endormit du sommeil lourd qui terminait les crises. Le lendemain, elle parut avoir tout oublié.

---

1. *hagard :* qui a une expression égarée, perdue.
2. *catalepsie :* suspension complète du mouvement volontaire des muscles, paralysie.

TEXTE C

Jean-Paul Sartre, *Le Mur*, « La Chambre », extrait (1939)

La nouvelle « La Chambre » *raconte l'expérience d'un couple : Pierre vit dans un monde délirant, parle aux objets et attend avec crainte le moment où des statues volantes apparaîtront dans sa chambre ; enfermée avec lui, sa femme Ève s'efforce de le suivre dans sa folie.*

Il se tut ; et Ève sut que les statues venaient d'entrer dans la chambre. Il se tenait tout raide, pâle et méprisant. Ève se raidit aussi et tous deux attendirent en silence. Quelqu'un marchait dans le corridor : c'était Marie, la femme de ménage, elle venait sans doute d'arriver. Elle pensa : « Il faudra que je lui donne de l'argent pour le gaz. » Et puis les statues se mirent à voler ; elles passaient entre Ève et Pierre.

Pierre fit « Han » et se blottit dans le fauteuil en ramenant ses jambes sous lui. Il détournait la tête ; de temps à autre, il ricanait mais des gouttes de sueur perlaient à son front. Ève ne put supporter la vue de cette joue pâle, de cette bouche qu'une moue tremblante déformait : elle ferma les yeux. Des fils dorés se mirent à danser sur le fond rouge de ses paupières ; elle se sentait vieille et pesante. Pas très loin d'elle, Pierre soufflait bruyamment. « Elles volent, elles bourdonnent ; elles se penchent sur lui... » Elle sentit un chatouillement léger, une gêne à l'épaule et au flanc droit. Instinctivement, son corps s'inclina vers la gauche comme pour éviter un contact désagréable, comme pour laisser passer un objet lourd et maladroit. Soudain, le plancher craqua, et elle eut une envie folle d'ouvrir les yeux, de regarder sur sa droite en balayant l'air de sa main.

Elle n'en fit rien ; elle garda les yeux clos, et une joie âcre la fit frissonner : « *Moi aussi* j'ai peur », pensa-t-elle. Toute sa vie s'était réfugiée dans son côté droit. Elle se pencha vers Pierre, sans ouvrir les yeux. Il lui suffirait d'un tout petit effort et, pour la première fois, elle entrerait dans ce monde tragique. « J'ai peur des statues », pensa-t-elle. C'était une affirmation violente et aveugle, une incantation : de toutes ses forces, elle voulait croire à leur présence ; l'angoisse qui paralysait son côté droit, elle essayait d'en faire un sens nouveau, un toucher. Dans son bras, dans son flanc et son épaule, elle *sentait* leur passage.

Les statues volaient bas et doucement ; elles bourdonnaient. Ève savait qu'elles avaient l'air malicieux et que des cils sortaient de la pierre autour de leurs yeux ; mais elle se les représentait mal. Elle savait aussi qu'elles n'étaient pas encore tout à fait vivantes, mais que des plaques de chair, des écailles tièdes, apparaissaient sur leurs grands corps ; au bout de leurs doigts, la pierre pelait, et leurs paumes les démangeaient. Ève ne pouvait pas *voir* tout cela : elle pensait simplement que d'énormes femmes glissaient tout contre elle, solennelles et grotesques, avec un air humain et l'entêtement compact de la pierre. « Elles se penchent sur Pierre. » Ève faisait un effort si violent que ses mains se mirent à trembler. « Elles se penchaient vers moi... » Un cri horrible la glaça tout à coup. « Elles l'ont touché. » Elle ouvrit les yeux : Pierre avait la tête dans ses mains, il haletait. Ève se sentit épuisée : « Un jeu, pensa-t-elle avec remords ; ce n'était qu'un jeu, pas un instant je n'y ai cru sincèrement. Et pendant ce temps-là, il souffrait pour de vrai. »

Corrigés

Attention : aucun titre ne doit figurer dans les devoirs rédigés.

OBSERVATION DE L'ÉPREUVE

Le corpus et l'objet d'étude

• La diversité des textes

Le corpus réunit trois écrivains majeurs de notre littérature. Honoré de Balzac est, dans la première moitié du XIXe siècle, le maître du roman réaliste. Émile Zola est le chef de file du naturalisme, un mouvement qui prolonge le réalisme à la fin du XIXe siècle. Sartre est un philosophe engagé du siècle dernier ; il a écrit des essais et quelques œuvres de fiction. Les deux premiers textes proviennent de romans, le troisième d'une nouvelle.

• L'unité du corpus et sa problématique

Comme l'indique la question, les trois textes sont réunis autour du thème de la folie. Les trois auteurs racontent une scène au cours de laquelle un personnage montre nettement des signes d'aliénation mentale.
Les écrivains n'entrent pas dans la folie du personnage mais la présentent de l'extérieur en recourant à des témoins.

Les travaux d'écriture

• Le rôle de la question

La question vise à évaluer votre capacité à lire les textes de façon cursive mais attentive. Elle prépare aussi les travaux d'écriture. Pour cette raison, il serait maladroit de débuter par le commentaire ou la dissertation sous prétexte que ce devoir est sur 16 points.
Il ne faut pas consacrer plus d'une heure à la question, mais il ne faut pas non plus la négliger.

• La méthode

1. Lire la question et les sujets pour se faire une idée de la problématique du corpus.
2. Lire les textes attentivement, crayon en main, en pensant à la question.
3. Répondre à la question sur la copie après avoir esquissé un plan au brouillon.
4. Choisir un des trois sujets : le commentaire nécessite que vous ayez compris le texte et que vous maîtrisiez la technique de l'exercice. La dissertation suppose de comprendre le sujet, de dominer la méthode et de disposer d'exemples romanesques précis en dehors des extraits proposés. Vous devrez également faire appel à d'autres artistes, des peintres ou des cinéastes par exemple. L'écriture d'invention est ici un exercice de style délicat. Ce sujet n'est en aucun cas un refuge pour ceux qui ne maîtriseraient ni la technique du commentaire ni celle de la dissertation !

CORPUS ET QUESTION

Travail préparatoire

■ La lecture de la question et des textes

• La lecture de la question (voir fiche 31)

La question met en avant le thème de la **folie** qui fédère le corpus. Mais ce terme central ne doit pas masquer les autres mots auxquels vous devez prêter attention. Le verbe « *représenter* » suppose, comme au théâtre, une mise en scène du personnage fou, L'adverbe interrogatif « *comment* » vous invite à étudier des procédés, ceux qui montrent en quoi consiste la folie du personnage mais aussi ceux qui, dans la narration, éclairent cette aliénation mentale.
Ces deux perspectives, déduites des termes mêmes du sujet (voir fiche 9), constitueront l'armature de votre réponse.

• La lecture des textes et du paratexte

Lisez attentivement les textes sans négliger ni les introductions ni les notes (voir fiche 15) qui vous aident à bien comprendre ce qui se passe. Surlignez au passage les marques de la folie des trois personnages et demandez-vous comment chacun des auteurs a procédé pour exprimer, représenter cette démence.
Repérez les ressemblances entre les textes : des personnes âgées dans les textes A et B, l'angoisse et les hallucinations dans les textes B et C. Mais voyez également en quoi ils diffèrent. Par exemple, le comportement d'Ève chez Sartre est original.

• L'éclairage des autres sujets

Si la question vous permet d'approcher les sujets proposés, les consignes de la dissertation et de l'invention peuvent, de leur côté, vous aider à répondre à la question.
En attirant votre attention sur la technique du point de vue, le sujet d'invention suggère d'examiner le rôle des personnages qui assistent aux scènes de folie. La dissertation, quant à elle, vous pousse à vous questionner sur la signification de cette folie.

■ La rédaction de la réponse

• Une étude construite et précise

Organisez au brouillon votre progression. Ne procédez pas texte par texte mais effectuez des rapprochements autour de grandes perspectives.
On n'attend pas de vous une étude exhaustive, mais soyez précis et appuyez-vous sur des citations significatives issues de tous les textes.

• Le plan

I Les manifestations de la folie
II Les procédés littéraires qui permettent la représentation de cette folie

RÉPONSE RÉDIGÉE

Le corpus réunit les récits de trois scènes autour du thème de la folie : deux romans, *Le Colonel Chabert* et *La Fortune des Rougon*, ainsi qu'une nouvelle, « La Chambre ». Les textes A et B sont écrits au XIXe siècle, Balzac et Zola étant respectivement les maîtres du réalisme et du naturalisme. Jean-Paul Sartre, un philosophe existentialiste engagé du XXe siècle, est l'auteur du recueil *Le Mur* duquel provient le texte C. *[Présentation du corpus.]*

Nous verrons comment se manifeste la folie des personnages, puis quels procédés permettent de la représenter de façon saisissante. *[Présentation de la question.]*

I Les manifestations de la folie

Le colonel Chabert chez Balzac, Adélaïde Fouque dans *La Fortune des Rougon* et Pierre dans la nouvelle de Sartre présentent des symptômes d'aliénation. *[Présentation de ce qui va être développé.]*

La folie se traduit d'abord par une rupture avec le réel. En effet, le colonel Chabert, ne reconnaissant pas Derville, l'avoué qui a tenté de l'aider autrefois, le regarde « *avec une anxiété peureuse* ». L'histoire qu'ils ont partagée s'est effacée et le vieillard ne s'intéresse qu'au présent, son tabac ou bien au « *condamné à mort* » que l'on peut aller voir de près. Il ne déchiffre pas non plus les codes sociaux ; pour lui, en effet, les citadins élégants que sont Godeschal et Derville ne sont que de « *braves troupiers* ». Il a oublié la Restauration et continue de vivre à l'époque de l'Empire : « *Vive Napoléon !* » Adélaïde Fouque ne se situe pas non plus dans le temps. Elle prend son petit-fils Silvère pour Macquart, ce qui l'amène à revivre le drame de sa jeunesse. Pierre, dans le texte C, est également coupé de la réalité. Il « *se blottit dans le fauteuil en ramenant ses jambes sous lui* », il « *détourn*[e] *la tête* ».

Les trois personnages vivent – le temps de leur crise au moins – dans un monde imaginaire qui a pour eux la force de la réalité. Dans la nouvelle de Sartre, Ève a bien tenté de « *voir* » les statues et de croire aux images de son mari. Mais seul Pierre « *souffrait pour de vrai* ». De même, Chabert et tante Dide croient à la vérité de leurs histoires. La seconde, lorsqu'elle est en proie à ses hallucinations, « *se déba*[t] et « *demand*[e] *grâce* ». Le monde de la conscience rationnelle et celui de la folie sont séparés par « *un mur* » (titre du recueil de Sartre) : « *Le lendemain, elle parut avoir tout oublié.* »

Dans le texte A, le personnage du colonel héroïque semble s'être définitivement dissout. Il ne reste plus de l'ancien Chabert qu'une réflexion désabusée sur le mariage (« *Il n'est pas marié, lui !* »). Le vieillard que retrouve Derville s'appelle simplement Hyacinthe. Chez Zola et Sartre, la folie se présente différemment : il s'agit de « *crises nerveuses* » ; « *de loin en loin* », le personnage est victime de douloureuses hallucinations : « *épouvante singulière* », « *horrible expression de terreur* » sous la plume de Zola, « *des gouttes de sueur* », un « *cri horrible* » pour Pierre dans le texte C.

Sartre décrit la folie de son personnage sans l'expliquer alors que Balzac et Zola avancent des causes, notamment l'âge. Le champ lexical de la vieillesse est fortement présent dans le texte A : « *l'Hospice de vieillesse* », « *Ce vieillard* », « *ce vieux bicêtrien* »... Dans le texte B, la peinture de la vieillesse se réduit au « *pauvre corps tordu* » et à la « *tête blanchie* » mais la présence de Silvère, le petit-fils, rappelle constamment l'âge d'Adélaïde Fouque. Chez Balzac et chez Zola cependant, le passage du temps ne suffit pas à expliquer la folie des personnages. En effet, Chabert a été gravement blessé à Eylau, il a été ensuite brisé par l'ingratitude de sa femme et sans doute la « *robe de drap rougeâtre* » et les conditions de vie offertes par Bicêtre aux « *deux mille malheureux* » ont-elles contribué à rendre fou le héros de l'Empire. Quant à tante Dide, elle a perdu autrefois l'homme qu'elle aimait. Mais la démence est peut-être aussi inscrite dans ses gènes puisqu'on la retrouvera chez certains de ses descendants.

[Transition] Ces personnages, définitivement aliénés ou victimes de crises, sont au cœur des trois scènes. Quels procédés littéraires contribuent à représenter la folie ?

II Les procédés littéraires qui permettent la représentation de cette folie

S'il est difficile, voire dangereux, de tracer une frontière entre normalité et folie, le comportement des trois personnages est sans ambiguïté. Les hyperboles ne laissent aucun doute. L'adverbe « *avidement* », l'expression « *un regard stupide* », l'antithèse « *une crainte de vieillard et d'enfant* » se rapportent à Chabert et contrastent implicitement avec le passé glorieux du héros d'Eylau. Dans le texte B, le champ lexical de la souffrance et de la mort donne toute sa force au « *cauchemar* » de tante Dide. Silvère peine à la maintenir sur son lit et le « *sommeil lourd qui termin*[e] *les crises* » est à la mesure de leur violence. On retrouve ce champ lexical de la souffrance intense dans le texte C mais on est surtout frappé par la présence encombrante et déroutante des statues. Ce sont d'« *énormes femmes* » qui « *se penchent sur Pierre* », « *vol*[ent] *bas* » et « *bourdonn*[ent] ». Faites de pierre, d'écailles et de chair, elles ont un « *air malicieux* » terriblement effrayant.

Le vocabulaire de la dégradation suggère la déshumanisation et nous interroge sur ce qu'est la folie. Le colonel a tout perdu. Il n'est plus qu'un matricule et, quand il ne trace pas « *des raies sur le sable* » avec un bâton, « *il décr*[it] *en l'air avec sa canne une arabesque imaginaire* ». Le « *pauvre corps tordu* », les bégaiements, les halètements d'Adélaïde et de Pierre relèvent aussi de cette déshumanisation inquiétante.

Le recours au discours direct, les détails qui permettent de se représenter ce qui se passe, tels que la pièce de vingt francs, le fusil du douanier ou les cils des statues, contribuent à l'illusion de réel et permettent au lecteur d'approcher le monde de la folie.

Les personnages ordinaires, présents à côté des déments, facilitent cette approche. Leur point de vue est en effet essentiel. Derville explique à Godeshal qui est Chabert et souligne ainsi la déchéance du héros de l'Empire indirectement victime de la Restauration. Les deux avoués, ainsi que Silvère chez Zola, transmettent leur « *pitié poignante* » au lecteur. En essayant de retenir et d'apaiser sa grand-mère, le jeune homme rend sensible la violence de la crise et la souffrance qu'elle entraîne. L'attitude d'Ève est différente. Elle cherche à pénétrer dans « *le monde tragique* » de son mari, à partager ses visions et ses souffrances. « *"Moi aussi j'ai peur", pensa-t-elle* ». Elle répète la formule comme une « *incantation* », croit sentir « *dans son flanc et son épaule* » le passage des statues. Mais « *ce n'était qu'un jeu* » : ses efforts sont restés vains. L'univers de Pierre est verrouillé ; il est condamné à rester seul avec sa folie.

[Conclusion] Ces procédés littéraires variés ont permis aux écrivains de donner tout leur relief aux scènes relatées afin d'amener les lecteurs à se pencher avec humanité sur cette difficile question de la folie.

COMMENTAIRE

Travail préparatoire

■ La lecture du texte

• Une lecture personnelle (voir fiche 37)

En laissant de côté la folie étudiée en réponse à la question, soulignez les passages sur lesquels, il vous semble intéressant de vous attarder. Vous repèrerez sans doute la critique de la comtesse Ferraud et de l'ambition sociale, mais aussi celle des hospices tels Bicêtre ou la Salpêtrière. Ne manquez pas l'allusion aux contes d'Hoffmann, les mots « *poème* » et « *drame* ». La présence d'un vocabulaire littéraire ou artistique montre que l'écrivain s'interroge sur sa vocation et cette perspective trouvera sa place à la fin de votre commentaire.

• Balzac

Balzac (1799-1850) compose plus de quatre-vingt-dix romans et nouvelles réunis sous le titre de *La Comédie humaine*. La vaste fresque comprend trois grands ensembles : *Études de mœurs, Études philosophiques* et *Études analytiques*. La dernière version du *Colonel Chabert* (1844), s'inscrit dans les *Scènes de la vie privée*, une des rubriques des *Études de mœurs*. Faisant « *concurrence à l'état civil* », Balzac peint son époque et analyse les mécanismes sociaux (notamment l'argent) et psychologiques. Grand admirateur de Napoléon, il dénonce la médiocrité de la société de la Restauration à laquelle appartient la femme de Chabert.
Pour donner vie à son univers imaginaire, il invente le retour des personnages. Ainsi Derville est aussi l'avoué du Père Goriot (1835).

• De l'Empire à la Restauration

Général révolutionnaire puis Empereur, Napoléon a su galvaniser ses troupes et remporter des victoires, notamment celle d'Eylau en 1807. Mais la coalition des monarchies européennes triomphe en 1815 et Louis XVIII devient roi : c'est la Restauration.

• Un récit réaliste

La composition du passage

Derville évoque « *l'histoire qui précède* » : l'extrait se situe donc à la fin du roman et joue un rôle de conclusion, ou d'épilogue. Les deux scènes racontées ont lieu vingt ans après les événements qui sont au cœur du roman. L'expression « *Quelques années plus tard* » dans le paratexte vous met sur la voie.

• L'écriture réaliste et le point de vue interne

Le recours au discours direct et aux marques d'oralité, l'ancrage dans la réalité géographique, le souci du détail contribuent à l'illusion réaliste. Balzac invite le lecteur à regarder Chabert avec les yeux de Derville et de Godeschal.

■ Le plan

• La démarche

La situation de l'extrait au sein du corpus vous conduit à consacrer une étape de votre devoir à la démence du personnage. Mais Chabert est une victime et le passage dénonce la société de la Restauration. Il témoigne par ailleurs d'un art de l'épilogue et vous pouvez vous interroger sur le travail du romancier.

• Le plan

I **Une scène centrée sur la folie du colonel Chabert**
II **Une représentation de la folie qui sert une dénonciation de la société**
III **Une scène qui montre le rôle de l'écrivain selon Balzac**

DEVOIR RÉDIGÉ

Introduction

Grand admirateur de Napoléon, Balzac qui, adulte, n'aura connu que la Restauration, imagine le terrible destin d'un colonel d'Empire déclaré mort à Eylau. *Le Colonel Chabert*, un court roman dont la première version paraît en 1832, raconte le vain combat du héros pour reconquérir sa place dans le monde. Derville, un avoué que l'on retrouve dans d'autres romans de *La Comédie humaine*, a soutenu Chabert. À la fin du récit, vingt ans après les démarches entreprises, l'avoué et son successeur rencontrent par hasard le colonel : atteint de démence, il n'est plus qu'un matricule interné à Bicêtre *[présentation du texte]*.

Soucieux de représenter les rouages de la société et les comportements de ses contemporains, Balzac se penche sur ce héros broyé par la Restauration. Mais la fonction du romancier dans cet épilogue n'est-elle que de montrer la folie du personnage ? *[Problématique]*

Nous verrons que la représentation de la démence du héros *[annonce de la première partie]* permet à Balzac de critiquer ses contemporains *[deuxième partie]* tout en affirmant l'ambition de son projet littéraire *[troisième partie]*.

I Une scène centrée sur la folie du colonel Chabert

Placé au centre du récit *[1re sous-partie]*, le Colonel Chabert présente tous les symptômes de la démence *[2e sous-partie]*.

I-1 Un passage centré sur le personnage éponyme

En effet, dans deux scènes séparées par une courte ellipse, le colonel est le point de mire de la narration. La première rencontre est fortuite. Vingt ans se sont écoulés : l'avoué parisien a cédé sa place à Godeshal et Chabert n'est plus colonel. Balzac ne nous dit rien de ce que Derville et son successeur sont allés faire à Ris. L'ellipse « *Deux jours après, le lundi matin* » montre bien que seul importe le personnage éponyme. Le regard des deux Parisiens, comme celui du narrateur, est aimanté par Chabert. Les nombreux déterminants démonstratifs expriment ce point de vue interne : « *un de ces vieux pauvres chenus* », « *Cet homme* », « *Ce vieillard* », « *Ce vieux bicêtrien* »…

Le personnage est progressivement éclairé : d'abord présenté comme l'un des indigents, il attire l'attention des deux hommes en raison de « *sa physionomie attachante* ». Il n'acquiert une identité que lorsque Derville le nomme, mentionne sa femme, « *la jolie comtesse Ferraud* » et raconte un passé que l'expression « *l'histoire qui précède* » vient résumer.

La seconde rencontre n'est pas le fruit du hasard, il s'agit cette fois « *d'aller voir le colonel Chabert* ». Simple objet des regards dans la première scène, le personnage devient dans la seconde pleinement acteur. Il parle plus longuement que ses deux visiteurs et multiplie les gestes. La focalisation sur Chabert tout au long de l'épilogue éclaire les symptômes de sa démence *[transition]*.

I-2 La représentation de la folie

Dès le début du texte, Chabert est un fou parmi d'autres fous. Il est l'« *un de ces vieux pauvres chenus et cassés* ». La construction syntaxique reprise et étoffée dans l'expression « *l'un des deux mille malheureux logés dans* l'Hospice de la Vieillesse » attribue au personnage toutes les caractéristiques des indigents et des déments peuplant Bicêtre. Vêtu de la même « *robe de drap rougeâtre* » que les autres, il se livre à « *une opération bien connue des invalides* ».

L'univers de Chabert, comme celui des autres pensionnaires, se réduit à des actes et à des faits sans importance : faire sécher son tabac ou tracer des raies sur le sable avec un bâton mobilisent « *toute son intelligence* ». Seuls viennent rompre la monotonie de cette existence sans horizon, un déjeuner « *autre part* » le lundi, le spectacle d'un condamné à mort dont il ne mesure pas la gravité, une pièce de vingt francs. Cette dernière, en permettant au vieillard d'acheter du tabac, nous ramène à la première rencontre et referme la boucle de son emploi du temps.

Non seulement le monde de Chabert est étroit et clos, mais il est aussi coupé de la réalité. En effet, le colonel ne reconnaît pas son ancien avoué et prend les deux Parisiens qui lui rendent visite pour de « *Braves troupiers* ». Il semble, de plus, avoir perdu le fil du temps. À la fin du texte, « *il se m*[et] *au port d'armes* » et lance un anachronique « *Vive Napoléon !* ». Dans le monde qu'il a dessiné autour de lui, tout est prétexte à amusement, l'exécution d'un condamné ou la comédie militaire qu'il joue aux deux visiteurs pour les remercier des vingt francs. Il « *est heureux peut-être* » dit Godeschal. Peut-être seulement.

[Transition] En plaçant son personnage à la croisée des regards et en soulignant sa démence, Balzac éclaire le destin tragique de son héros et dénonce ses contemporains.

II Une représentation de la folie qui sert une dénonciation de la société

En représentant un personnage sans identité, déshumanisé *[1re sous-partie]*, Balzac accuse la société de la Restauration *[2e sous-partie]*.

II-1 La déshumanisation du personnage

Les mots « *vieux* » et « *vieillard* » sont connotés négativement tout au long de l'extrait. On les trouve associés à un lexique de la dégradation : « *vieux pauvres chenus et cassés* ». Plus loin, le groupe « *ce vieux* » est repris par « *le pauvre* » comme si les deux noms étaient synonymes. À la fin du texte, le manque de discernement qui caractérise ici la vieillesse est comparé à la « *naïveté d'un gamin de Paris* » et mis en scène dans un mime pitoyable. L'antithèse « *une crainte de vieillard et d'enfant* » creuse un vide entre les deux âges : vieillard et enfant à la fois, Chabert a perdu son intégrité. « *Je ne suis plus un homme* » explique-t-il d'ailleurs à ses visiteurs. Il a déjà été privé de son identité, de sa femme et de sa fortune ; à la fin du récit, il efface jusqu'à son nom en refusant d'être appelé Colonel Chabert. « *Je me nomme Hyacinthe* », affirme-t-il. Puis il renonce même à ce prénom en choisissant des nombres : « *Je suis le numéro 164, septième salle* ». Les propos de Godeschal lors de la première rencontre allaient déjà dans ce sens. Le pronom « *celui-ci* » attendu pour désigner le vieillard est deux fois remplacé par le démonstratif neutre « *cela* » qui le chosifie et exprime le tragique de son destin : « *Et cela vit, et cela est heureux, peut-être* ».

II-2 Le regard critique de Balzac

En imaginant deux rencontres avec Chabert, Balzac souligne sa démence et dénonce sa déshumanisation. Le glorieux colonel d'Empire n'est « *plus un homme* » ; il s'est effacé comme ont disparu les idéaux révolutionnaires et impériaux. *La Comédie Humaine* dépeint la société cruelle et ambitieuse de la Restauration. En mettant en scène un héros de l'Empire détruit, le romancier exprime ses regrets et ses critiques. Derville accuse violemment la comtesse Ferraud ; il la peint comme une arriviste qui s'est servie de son époux pour se hisser dans les hautes sphères de la société : « *il l'avait prise comme un fiacre* » et à présent, oublieuse de ses origines et héritière de la fortune de son mari déclaré mort, elle vit luxueusement dans un hôtel particulier. La comparaison crue de Derville retourne le procédé de déshumanisation contre la comtesse. Dépourvue de valeurs morales et de sentiments, capable d'un « *regard de tigre* », elle essuie le mépris conjoint de Derville et de Balzac. La critique du romancier devient plus féroce encore lorsque Godeshal présente l'épouse du colonel comme « *une femme d'esprit et très agréable ; mais un peu trop dévote* ». Ici Balzac dénonce l'hypocrisie sociale et religieuse de la comtesse mais aussi de tous ceux qui abandonnent à la Salpêtrière « *les femmes indigentes* » et à Bicêtre les « *deux mille malheureux* ». « *Paris me fait horreur* », s'exclamera Derville à la toute fin du roman.

[Transition] Balzac ne se contente pas de tendre un miroir à la réalité, il prend position et amène le lecteur à le suivre.

III Une scène qui montre le rôle de l'écrivain selon Balzac

L'art qui consiste à donner vie aux personnages *[1re sous-partie]* révèle toute l'ambition littéraire du romancier *[2e sous-partie]*.

III-1 Un art de la mise en scène pour donner vie au personnage

En 1888, dans la préface de son roman *Pierre et Jean*, Maupassant écrit que « *les réalistes de talent devraient s'appeler plutôt des illusionnistes* ». Une cinquantaine d'années auparavant, tout, dans la conclusion du *Colonel Chabert*, répond à cette définition. Ainsi la présence de deux visiteurs au lieu d'un seul rend possible un dialogue qui dynamise la scène. Le passé de Chabert est brièvement rappelé dans un discours narrativisé (« *Derville lui raconta l'histoire qui précède* ») et par quelques indices tels que le « *mari légitime* » ou le « *regard de tigre* ». Les marques d'oralité « *Tenez* », « *mon cher* », la répétition de l'exclamation nominale « *Pas Chabert !* » relèvent d'une hypotypose* à laquelle participent également l'ancrage géographique (Ris, Paris, Bicêtre et la Salpêtrière) ainsi que les détails réalistes : la « *robe de drap rougeâtre* », « *la souche d'un arbre abattu* » ou les « *raies sur le sable* ».

Par ailleurs, Balzac, en doublant la focalisation interne, donne au lecteur l'impression qu'il va se faire sa propre opinion. Godeschal, le nouvel avoué, et Derville, celui qui s'est retiré, écœuré par ce qu'il a vu, ne voient pas Chabert de la même manière. Le premier est le porte-parole de ses contemporains : il trouve la comtesse Ferraud « *très agréable* » et se donne bonne conscience en disant que « *cela est heureux peut-être* ». Derville, quant à lui, rend au personnage toute sa dignité ; il le présente comme le « *mari légitime, le comte Chabert, l'ancien colonel* » et lui dit« *Bonjour, colonel Chabert* ». Il se tait lorsque Godeschal donne sa pièce. Au lecteur alors de penser ce qu'il veut.

[Transition] Cet art de la mise en scène au service d'une vision du réel révèle l'ambition de l'écrivain.

III-2 Les ambitions littéraires

En effet, si Balzac entreprend de représenter le réel et de dénoncer ses contemporains, il affirme aussi un projet esthétique dont Derville se fait l'écho en se référant aux romantiques après que Godeshal a évoqué les grotesques d'Hoffmann : « *Ce vieux-là* [...] *est tout un poème ou, comme disent les romantiques, un drame* ». L'écrivain puise son inspiration dans la réalité mais il la transfigure. Il lui confère la charge émotive et l'éternité des œuvres d'art. Au début de son roman déjà, Balzac, faisait allusion à Rembrandt lorsqu'il peignait son personnage éponyme. Ces références montrent clairement une intention esthétique.

La composition même de l'épilogue en témoigne : deux rencontres, deux ellipses (« *En 1840* » donc vingt ans plus tard et « *Deux jours après* »), deux visiteurs, deux dessins avec un bâton. Sur l'« *avenue* » qui constitue le cadre des deux rencontres, Chabert est représenté assis, la première fois sur « *une borne* » et la seconde sur « *un arbre abattu* ». L'une et l'autre suggèrent la tragique destinée d'un héros qui, à la façon du chêne[1] de La Fontaine, refuse de se plier. Mais, comme pour alléger ces marques duelles qui gravent nettement le destin du personnage, Balzac provoque une petite fêlure dans le portrait du dément amnésique. En effet, quand Chabert évoque le condamné à mort il s'exclame : « *Il n'est pas marié, lui ! Il est bien heureux.* ». Le colonel répondrait-il à la remarque formulée par Godeschal dans la première scène ? Se souviendrait-il de son passé ? Ce léger doute égratigne le lecteur et l'invite à réfléchir.

Godeshal et Derville posent un regard différent sur la réalité et Chabert lui-même pourrait être plus complexe qu'il n'en a l'air : Balzac ne se contente pas de dénoncer ses contemporains, il amène son lecteur à s'interroger sur la nature humaine.

Conclusion

L'épilogue du *Colonel Chabert* est caractéristique de l'écriture réaliste. En effet, Balzac emploie toute la palette des procédés narratifs et stylistiques pour donner vie à ses personnages. Mais il s'agit moins de promener un miroir le long d'un chemin[2] (Stendhal) que de créer un univers correspondant à « *une vision personnelle du monde* » (Maupassant). Le romancier prestidigitateur séduit son lecteur et l'amène à partager son point de vue critique. Toutefois, si le roman nous touche encore aujourd'hui, c'est parce que son auteur y sonde les profondeurs de la nature humaine. C'est aussi parce que la composition de l'épilogue et la mise en scène des personnages témoignent de la portée universelle de l'art *[bilan de l'argumentation]*.

Balzac donne ses lettres de noblesse au genre romanesque, ouvre une voie que d'autres emprunteront. Flaubert, en effet, n'aura-t-il pas plus tard[3] l'ambition d'écrire un roman « *sans attache extérieure, qui se tiendrait lui-même par la force interne de son style* » ? *[Élargissement]*

---

1. « Le Chêne et le roseau ».
2. Stendhal : « *Un roman, c'est un miroir que l'on promène le long d'un chemin.* »
3. *Madame Bovary*, 1857.

DISSERTATION

Travail préparatoire

■ L'analyse du sujet

• La composition du sujet (voir fiche 2)

La consigne est composée de deux phrases. La première constitue le sujet proprement dit, la seconde rappelle les spécificités méthodologiques de la dissertation.

• La lecture du sujet

Une lecture attentive permettra de déterminer les mots-clés du sujet et de dégager une problématique.

« *Quel intérêt un romancier, et plus largement un artiste* [...] ? » : il s'agit d'examiner le point de vue du romancier et de l'artiste, leur projet. L'« *intérêt* » indique un choix bénéfique pour le lecteur aussi bien que pour l'auteur.

« *Mettre en scène des personnages frappés de folie* » : il conviendra d'étudier la représentation, au sens presque théâtral du mot, de la folie dans le roman et dans l'art.

La folie est un terme généraliste qui reste à définir : une aliénation mentale, un dérèglement de la raison qui peut prendre de multiples formes. La folie implique une rupture avec le réel, comme vous l'ont montré les textes du corpus. Ce comportement jugé anormal est parfois source de danger pour le malade ou les autres personnes.

■ La méthode

• Le lien avec le corpus et l'objet d'étude

– La dissertation est rattachée à l'objet d'étude : *Le personnage de roman, du XVIIe siècle à nos jours.* Remarquons toutefois l'élargissement proposé à l'artiste.

– Le thème de la folie est, en outre, représenté dans les textes du corpus à travers différents personnages vus par le regard de témoins extérieurs.

• La recherche des arguments et des exemples (voir fiche 32)

On peut approfondir la problématique en la scindant en sous-questions : quel intérêt a le romancier, dans son travail de créateur, dans sa mission d'éclaireur, dans son parcours personnel, à mettre en scène la folie ? De quelle folie s'agit-il ? Quels travers de la société la folie peut-elle permettre de dénoncer ? Pourquoi la représentation de la folie touche-t-elle le lecteur ? A-t-elle un impact sur le créateur lui-même ?

Des exemples précis vous aideront à maîtriser les arguments. Sur votre brouillon (une page pour chacune des parties de votre devoir), rassemblez vos connaissances : le corpus, les textes lus ou étudiés en classe, vos lectures personnelles, les œuvres d'art que vous pouvez connaître (cinéma, peinture, sculpture où interviennent des personnages).

En rédigeant, mettez en relief l'argument avant de développer l'exemple (ou les exemples).

■ Le plan

• Le plan analytique (voir fiche 18)

Les questions introduites par « *vous montrerez* », « *en quoi* », « *comment* » n'appellent pas un plan dialectique mais analytique qui envisage successivement les différentes réponses à la question posée. Votre avis est ici requis, et donc une pensée personnelle qui n'en sera pas moins argumentée et organisée.

• Trois réponses distinctes au problème posé (voir fiche 4)

Vous adopterez une progression vous permettant de terminer par le point le plus important ou le moins attendu.

I **La folie : une utilité romanesque**
II **La folie : un objet d'étude vecteur de critiques**
III **La folie : une forme de libération**

DEVOIR RÉDIGÉ

Introduction

La folie, aux contours imprécis, souvent considérée comme la rançon du génie, est au cœur de la création littéraire et artistique. « *Il n'y a pas de génie sans un grain de folie* » écrivait Aristote dans sa *Poétique*. D'Antonin Artaud à Camille Claudel, les troubles psychiques et le souffle de la création ont souvent semblé aller de pair *[approche du thème]*.

Parfois créatrice, la folie est surtout objet de représentation dans la création. Comment se traduit-elle dans les œuvres d'art ? Pourquoi les romanciers, plus particulièrement, attribuent-ils la folie à leurs personnages ? De quelle folie, d'ailleurs, ces derniers sont-ils frappés ? *[Analyse de la problématique]*

Nous verrons que les différentes facettes de ce dérèglement mental correspondent à différentes motivations de l'artiste. La folie peut être considérée comme une utilité romanesque, un objet d'étude vecteur de critiques, une forme de libération *[annonce du plan]*.

I La folie : une utilité romanesque

Dans le processus de création, la folie peut sembler un atout esthétique et s'inscrire dans un projet romanesque ou artistique *[idée directrice]*.

I-1 Le rôle du contre-point

Certains personnages qui ont un grain de folie, une personnalité légèrement déviante, vont jouer le contrepoint et présenter un intérêt de contraste.

Dans le roman d'André Malraux *La Condition humaine* (1933), aux côtés des révolutionnaires Tchen, Katow et Kyo, ou du sage Gisors, nous trouvons le baron de Clappique surnommé « *Polichinelle* ». Ce personnage ne participe pas et ne s'intéresse pas à la révolution. Théâtral et superficiel, il vit dans l'illusion, s'adonne au jeu. Avec sa folie drôle, le personnage mythomane* et excentrique qui n'obéit pas aux normes est une création originale qui rencontre l'empathie du narrateur et séduit le lecteur.

I-2 Un intérêt dramatique

L'intrusion d'un psychopathe dans le roman policier complique la tâche de l'enquêteur et crée un effet de suspense. Dans le roman de Patrick Chamoiseau *J'ai toujours aimé la nuit* (2017), le commandant de police Éloi Ephraïm, au cours d'une nuit sans fin, se retrouve face à un tueur en série jamais démasqué qui lui raconte dix années de crimes impunis en pointant une arme sur lui. Face à ce monstre inhumain, son double d'ombre et de terreur, quelles sont ses chances de s'en sortir ?

Dans le film *Psychose* (1960), Alfred Hitchcock *[exemple relevant d'un domaine artistique différent]* maintient au contraire le suspense sur l'identité du criminel jusqu'à la révélation de la double identité de Norman, le meurtrier épousant la personnalité de sa vieille mère défunte. L'auteur a imposé au spectateur une incertitude constante, voire une complicité avec Norman, jusqu'à l'intrusion de la réalité. La folie du personnage permet d'assurer l'intérêt dramatique de l'œuvre.

I-3 Des personnages caractérisés : la monomanie

La folie peut se définir comme une obsession fondamentale. Pour le romancier, c'est une manière de caractériser son personnage mais surtout de lui donner un sens, et de transmettre une interrogation.

En ces temps de guerre, la folie, dans *Les Cerfs-volants* de Romain Gary (1980) est un atout qui permet d'échapper au désespoir. Amboise qui a la passion obsédante des cerfs-volants peut « *garder sa raison de vivre* » en s'accrochant à sa passion.

Au contraire, la folie de Lol, dans *Le Ravissement de Lol V Stein* (1964), son apathie et son indifférence affective traduisent le pessimisme absolu de Marguerite Duras. Dans son nom amputé, s'insèrent déjà la fracture et le vide. Lol erre dans la ville comme elle erre dans sa mémoire.

Quand Géricault peint *La Monomane de l'envie* (1819-1821), il renouvelle l'art du portrait, donnant à son personnage les caractéristiques du délire obsessionnel. Avec ses lèvres pincées, son regard acéré, la vieille femme incarne la jalousie.

[Transition] Outre ces choix esthétiques qui contribuent à enrichir la palette psychologique de l'artiste ou du romancier, la folie peut devenir un objet d'étude, le lieu d'une observation clinique et d'une interprétation critique.

II La folie : un objet d'étude

Nourris par les observations médicales, les auteurs vont porter, à partir du XIXe siècle, un regard nouveau sur la folie, étudier ses manifestations et délivrer des critiques.

II-1 Le projet scientifique de Zola

Les écrivains réalistes et naturalistes multiplient les œuvres dont les personnages constituent une véritable nomenclature psychiatrique.

Dès 1865, avec *Germinie Lacerteux,* les frères Goncourt ont présenté un cas clinique, le parcours chaotique d'une servante atteinte d'hystérie. Zola, impressionné par ce roman, le considérait comme « *un traité de physiologie* ». Il entendait toutefois aller plus loin. La doctrine naturaliste qu'il définit dans *Le Roman expérimental* (1880) ajoute en effet au réalisme des prétentions scientifiques. Influencé par Claude Bernard et Darwin, Zola estime que les individus sont déterminés par leur hérédité et leur physiologie.

Dans *La Fortune des Rougon* (1871), le premier ouvrage de la série des Rougon-Macquart, le problème de la folie est clairement posé. Par le biais du personnage de tante Dide, qui marquera du sceau de la folie toute sa descendance, Zola aborde la question de l'hérédité. « *L'hérédité a ses lois, comme la pesanteur* » écrit-il dans la préface. Ce qu'il veut étudier dans ses romans, c'est « *la lente succession des accidents nerveux et sanguins qui se déclarent dans une race à la suite de la première lésion organique* ». La publication de la généalogie des Rougon-Macquart, en 1878, définit pour chacun des membres le jeu des lois de l'hérédité. Ainsi Gervaise Macquart, l'héroïne de *L'Assommoir* (1877), porte la marque de l'hérédité ; née d'un père alcoolique et conçue dans la violence, elle termine sa vie dans la misère et la folie. Jacques Lantier, son fils, sent à son tour une « *fêlure héréditaire* » qui jaillit du fond des ténèbres : il ne peut éprouver de désir pour une femme sans que celui-ci soit accompagné d'un irrésistible besoin de la tuer. Mû par cette pulsion incontrôlable, Jacques tue Séverine dans *La Bête humaine* (1890).

II-2 La présentation des troubles délirants

Au sein des œuvres littéraires abordant le thème de la folie, on trouve la présentation de troubles délirants dont les hallucinations *[1re perspective]* et le dédoublement de personnalité *[2e perspective]* sont les manifestations essentielles.

Les hallucinations

Dès *Thérèse Raquin* (1867), Zola étudie la névrose, un trouble psychologique qui se traduit par des angoisses, des obsessions. Après l'assassinat de Camille, le couple adultère de Thérèse et Laurent sombre progressivement dans la folie. En fait de crise morale, il s'agit d'un désordre organique. Leur « *détraquement nerveux* » se traduit par des hallucinations visuelles, le spectre de Camille noyé surgissant constamment devant leurs yeux de pantins ahuris.

Au contraire, Ève et Pierre, dans la nouvelle de Sartre, « La Chambre » (1939), forment au début un couple heureux. Quand son mari est assailli d'hallucinations visuelles, voit des statues volantes, Ève ne parvient pas à entrer dans son univers. La folie conduit à la solitude, l'exclusion, la rupture avec le réel.

Aux hallucinations visuelles s'ajoutent les hallucinations auditives. Emma Bovary, désespérée par la trahison de son amant, Rodolphe, cède à la folie. La voici errante, la nuit… « *Il lui sembla tout à coup que des globules couleur de feu éclataient dans l'air comme des balles fulminantes* […] *Au milieu de chacun d'eux, la figure de Rodolphe apparaissait.* »

Dans *L'Enfer* de Claude Chabrol (1994), on retrouve cette pathologie délirante exacerbée avec le délire paranoïaque de Paul qui entend des voix, s'imagine trompé par sa femme, Nelly, et finit par l'égorger.

Le dédoublement de la personnalité

Le dédoublement de la personnalité, phénomène décrit par plusieurs médecins dès la fin du XIXe siècle, est aussi un objet d'étude pour le romancier. Dans *Le Cas étrange de Dr Jekyll et de Mr Hyde* de Stevenson (1886), les deux identités coexistent dès le début, le Dr Jekyll se transformant en Hyde, la part sombre de lui-même. Le titre du roman renvoie d'ailleurs au contexte scientifique de l'époque : Charcot, maître de Freud, travaille à l'hôpital de la Salpêtrière sur l'hystérie et les troubles dissociatifs.

II-3 Une visée critique

Toutefois, en intégrant ces études de cas cliniques dans leurs œuvres, les artistes entendent souvent délivrer un message critique. Pour beaucoup d'entre eux, la vraie question est : au-delà de ses prédispositions, la société contribue-t-elle à rendre l'individu fou ? Si la science explique ces phénomènes d'aliénation mentale, la société en est aussi responsable. Et la mise en scène de la folie débouche sur la critique des institutions.

La religion

Dès la fin du XVIIIe siècle, Denis Diderot, dans *La Religieuse* (1796) fait le procès de l'univers des couvents et dénonce l'aliénation créée par la claustration conventuelle. La religieuse Suzanne Simonin, un personnage inspiré de faits réels et autobiographiques, raconte la chute dans la folie de la Mère supérieure lesbienne. Elle livre à son avocat une évocation pathétique d'une autre religieuse folle qu'elle décrit « *échevelée* », traînant « *des chaînes de fer* », les yeux « *égarés* ». Suzanne fuit le couvent et la critique de Diderot se transforme en apologie de la liberté.

Les travers de la société

L'individu atteint de folie est souvent une victime de la société et de ses travers.

L'argent roi crée des monomanies, comme le montre l'exemple de Saccard qui dans *La Curée* (1871) veut mettre à sac Paris et profiter des grands travaux lancés par le baron Haussmann. La misère conduit, elle aussi, au désespoir et à la folie. L'ouvrier Coupeau sombre dans l'alcoolisme et meurt à Sainte-Anne dans d'atroces convulsions. Que dire enfin de ces asiles qui accentuent la déchéance des déshérités ? Le colonel Chabert régresse, d'autres y sont abandonnés.

Plus proche de nous, le film *Vol au-dessus d'un nid de coucou* réalisé par Milos Forman (1975) dénonce certains établissements psychiatriques et transmet un message humaniste. Le protagoniste, pour échapper à la prison, se fait interner en simulant la folie. Le film met les spectateurs en face d'une réalité qu'ils ignoraient, celle des méthodes coercitives des hôpitaux psychiatriques. Encore aujourd'hui, les pratiques de l'infirmière en chef, Miss Ratched (qui pourrait représenter le pouvoir communiste que le réalisateur a connu en Tchécoslovaquie et le contrôle absolu de l'État sur toutes les libertés) nous glacent le sang. Au-delà de la critique politique, le film propose une critique sociale féroce des abus de pouvoir.

[Transition] La présence de la folie dans l'art soutient l'intérêt du lecteur ou du spectateur, permet d'enrichir sa réflexion *[bilan des deux premières parties]*. Du point de vue du créateur, elle ouvre aussi la voie à une forme de libération *[annonce de la troisième]*.

III La folie, du point de vue du créateur, est une forme de libération

III-1 La folie permet la catharsis*

Comme l'écrit Antonin Artaud, « *nul n'a jamais écrit ou peint, sculpté, modelé, construit, inventé que pour sortir en fait de l'enfer* ». La folie libère une souffrance, celle de l'artiste lui-même. À la manière d'une catharsis, elle peut aussi aider à cicatriser les plaies.

Edvard Munch exorcisait ses démons à travers sa peinture. Dans *Le Cri* (1893), un personnage spectral poussant un cri de terreur sous un ciel apocalyptique se libère d'une angoisse existentielle.

En modelant son œuvre, Camille Claudel nous livre un cri de détresse qui sera sublimé par l'art. Dans *L'Âge mûr* par exemple (1902), qui traduit le déchirement de l'abandon par Rodin, Camille va réussir à infléchir sa mélancolie en la transcendant dans l'expression sculptée. Paul Claudel lui-même saisit la douleur de sa sœur et commente la statue : « *Cette jeune fille nue, c'est ma sœur ! Ma sœur Camille. Implorante humiliée, à genoux et nue ! Tout est fini !* »

Niki de Saint Phalle est connue pour ses œuvres inclassables, ses *Nanas* aux formes follement généreuses. Victime d'une agression incestueuse, à la différence de Camille Claudel, elle a été sauvée par sa création.

III-2 La folie est quête de la liberté

On peut aussi imaginer qu'en mettant en scène la folie, les artistes transcrivent un désir d'idéal et de liberté absolue, loin des entraves du réel, du contrôle de la raison.

Les surréalistes, avec leur écriture novatrice, développent une puissance créatrice issue de l'imagination, du rêve, de la folie et font appel à l'inconscient pour rencontrer la réalité.

Nadja est un récit autobiographique publié par André Breton, le chef de file des surréalistes, en 1928. Le narrateur rencontre la mystérieuse Nadja place Dauphine. Avec cette passante égarée dans la ville, en proie aux hallucinations, commence une errance nocturne donnant lieu pour le couple à un enchaînement fantasmatique de souvenirs et de visions. Nadja lui révèle le mystère des choses : « *J'ai vu ses yeux de fougère s'ouvrir le matin sur un monde où les battements d'ailes de l'espoir immense se distinguent à peine des autres bruits qui sont ceux de la terreur et, sur ce monde, je n'avais vu encore que des yeux se fermer.* » Nadja sombre dans la folie. La trame poétique du récit est rompue.

La peinture surréaliste explore les délires de l'imagination. À partir de 1929, l'extravagance de Salvador Dalí explose : bestiaire fantastique, êtres déformés, montres molles, tiroirs symboles des pensées cachées, Dalí convoque un monde délirant proche de la folie.

III-3 La folie est la voix de la sagesse

La folie enfin pourrait être considérée comme un moyen d'approcher la vérité et même d'accéder à la sagesse.

Dans la mentalité mythique, elle est un état de normalité. Une voix prophétique s'élève, englobant le sacré, associant la tradition et l'avenir.

Dans le roman d'Albert Cohen, *Solal* (1930), le héros solaire, au-delà de l'aventure sociale et amoureuse, devient à la fin du livre un héros biblique, un messie « *fou d'amour pour la terre* ».

Avec Moha le fou et Moha le sage, au titre paradoxal et significatif, Tahar Ben Jelloun rappelle que « *toute société a besoin de folie* ». Ainsi dans son roman la raison se dissout dans la folie. Le fou est l'élu de Dieu et de la vérité. Moha incarne le prophète et utilise des paraboles. Son délire poétique va semer le trouble dans nos consciences. Moha prend la parole pour dénoncer la société marocaine répressive des années 1960 à 1980. Sa folie est la voix de la sagesse.

Conclusion

Le romancier et l'artiste nouent avec la folie des rapports étroits et complexes. Riche composante de la création, elle permet aux auteurs étudiant ses manifestations cliniques de délivrer un message critique et d'alerter la société sur les risques encourus. L'intérêt de cette représentation de la folie est aussi subjectif et concerne le créateur, dont l'œuvre peut apparaître comme un cri libératoire, une conquête de liberté par la « *folie scripturale* ». Mais surtout, la folie n'est-elle pas un guide qui peut conduire à la vérité, se confondant avec la sagesse ? *[Bilan du développement]*

Outre le roman, il convient de rappeler que le personnage en proie à cet au-delà de la raison, avec sa violence, ses transgressions, sa parole indicible, a souvent hanté la tragédie. Dans le monde grec, la folie est un châtiment divin ou le mal absolu qui frappe des personnages, telle Médée, l'infanticide, dans la pièce d'Euripide. Elle est au centre des drames de Shakespeare et la mise en scène de la folie d'Hamlet ou de Caligula apparaît comme un défi scénique, source majeure d'intérêt *[élargissement]*.

ÉCRITURE D'INVENTION

Travail préparatoire

■ La lecture du sujet

• Le type de sujet et ses difficultés propres (voir fiche 7)

Certains sujets d'invention sont des dissertations déguisées (corpus 5 par exemple) ; d'autres, comme ici, sont de purs exercices de style.

Un sujet de ce type pose toujours quelques problèmes :
– la diversité des exercices de style possibles est si grande que vous ne pouvez pas travailler dans le courant de l'année tous les genres, tous les registres, tous les procédés ;
– le sujet rappelle le brevet des collèges mais cette ressemblance est trompeuse. Vous êtes en Première et les exigences sont d'autant plus grandes que ce sujet est placé sur le même plan que deux exercices littéraires de haut niveau, le commentaire et la dissertation.
Vous devez lire avec attention chacun des termes de la consigne pour cerner ce que l'on attend de vous. Certains mots vous donnent des indications quant à la forme de votre devoir, d'autres, quant au contenu.

• Les attentes du sujet quant au contenu

Votre récit devra se nourrir du texte de Sartre en reprenant les informations données à propos de la folie de Pierre. C'est « *son hallucination* », au singulier, que vous raconterez. Mais il ne s'agit pas seulement d'imaginer des statues volantes. Vous « *rendr*[ez] *compte de la progression de* [la] *folie* », de « *l'évolution des émotions et sensations du personnage* ».
Votre récit se double donc d'une analyse de ce que ressent le malade. Les mots « *progression* » et « *évolution* » sont essentiels. Demandez-vous quelle peut être cette progression dans les symptômes comme dans les réactions de Pierre.

• Les attentes du sujet quant à la forme

Votre écriture doit se rapprocher du style de Sartre et adopter un point de vue interne tout en conservant la troisième personne. Vous aurez peut-être recours au style indirect libre.
L'expression « *travail stylistique recherché* » mérite de retenir toute votre attention.

■ La méthode (voir fiche 8)

• Le travail préparatoire

Dressez au brouillon la liste des attentes du sujet. Soulignez dans le texte les éléments que vous allez reprendre. Lisez attentivement ce qui concerne les statues, mais pensez aussi à l'attitude d'Ève et aux réactions qu'elle peut susciter chez Pierre. Établissez clairement une progression.

• La rédaction

Rédigez au brouillon le début de votre devoir au moins. Chaque phrase doit être travaillée avec soin. Pensez au rôle des images, aux adjectifs expressifs, aux paroles rapportées, au rythme des phrases. Courtes et en asyndète, elles rendront compte de l'angoisse du personnage.

QUELQUES SUGGESTIONS

Introduction

La cadre de la scène : une pièce dans l'ombre, des rideaux de mousseline flottant légèrement. Un silence pesant, une atmosphère oppressante, puis, sur un fauteuil dans le coin de la chambre, Pierre recroquevillé, la tête dans ses mains.

Entrée d'Ève, présence muette et hiératique.

La progression de la folie

– Pierre se redresse brutalement. Les voici revenues, ces statues volantes qui le harcèlent. Il les devine, les entend, les voit.

– Intrusion du fantastique : description des statues, sirènes de pierre, vues par le seul regard de Pierre.

– Interrogations au style indirect libre : cauchemar ou réalité ? Folie ou raison ? Lucidité critique qui peut faire penser au *Horla* de Maupassant.

– Les statues se multiplient, le frôlent. La peur le tenaille. Manifestations physiques d'angoisse. Pierre se lève, s'agite, lance les mains vers le ciel. Des convulsions, des mouvements spasmodiques contractent son corps.

Puis, tout se brouille dans son esprit. Plus de souvenirs. Aucune lumière intérieure. Lent ensevelissement dans les ténèbres. Impression d'être un mort-vivant.

– Effondrement psychique de Pierre sous le regard épouvanté d'Ève : aucune explication rationnelle ne rend compte de ses hallucinations. Une punition divine, des Érinyes* lâchées contre lui en liaison avec une faute passée ? Sentiment d'enfermement, d'encerclement. Pierre est coupé du monde, enfermé dans la forteresse de son délire.

– Un long cri troue le silence, déforme son visage, enveloppe l'espace d'une spirale colorée et libère Pierre de cette angoisse existentielle.

Conclusion

– Terrassé, il s'évanouit. Ève s'agenouille. Les rideaux flottent toujours et la nuit est tombée.

CORPUS ET SUJETS 2 Séries S, ES, L – France métropolitaine – Juin 2018

Objet d'étude : La question de l'Homme dans les genres de l'argumentation du XVIe siècle à nos jours.

CORPUS

Texte A. Montaigne, *Essais*, livre II, chapitre 11, « De la cruauté » (1580-1588), adapté en français moderne par André Lanly.

Texte B. Rousseau, *Discours sur l'origine et les fondements de l'inégalité parmi les hommes*, préface, (1754).

Texte C. Voltaire, *Dictionnaire philosophique, article* « BÊTES », (1764).

Texte D. Marguerite Yourcenar, *Le Temps, ce grand sculpteur*, « Qui sait si l'âme des bêtes va en bas ? », (1983).

ÉCRITURE

I. Vous répondrez d'abord à la question suivante :

Question (4 points)

Quels comportements humains les auteurs du corpus dénoncent-ils ?

II. Vous traiterez ensuite, au choix, l'un des sujets suivants :

1. Commentaire (16 points)

Vous commenterez l'article « BÊTES » extrait du *Dictionnaire philosophique* (1764) de Voltaire (texte C).

2. Dissertation (16 points)

La littérature vous semble-t-elle un moyen efficace pour émouvoir le lecteur et pour dénoncer les cruautés commises par les hommes ?

Vous appuierez votre réflexion sur les textes du corpus, sur les œuvres que vous avez étudiées en classe et sur vos lectures personnelles.

3. Écriture d'invention (16 points)

Vous êtes journaliste et vous cherchez à montrer qu'il est nécessaire de promulguer la « Déclaration des droits de l'animal ». Vous écrivez un article de presse d'au moins cinquante lignes, reprenant les caractéristiques du texte de Marguerite Yourcenar (texte D), et présentant des arguments variés sur un ton polémique.

TEXTE A

Montaigne, *Essais*, livre II, chapitre 11, (1580-1588), adapté en français moderne par André Lanly.

Pour ma part, je n'ai pas pu voir seulement sans déplaisir poursuivre et tuer une bête innocente, qui est sans défense et de qui nous ne recevons aucun mal. Et, comme il arrive communément par exemple que le cerf, se sentant hors d'haleine et à bout de forces, et n'ayant pas d'autre remède, se jette en arrière et se rend à nous qui le poursuivons en nous demandant grâce par ses larmes

quaestuque, cruentus
Atque imploranti similis[1],

cela m'a toujours semblé un spectacle très déplaisant.

Je ne prends guère bête en vie à qui je ne redonne la clef des champs. Pythagore les achetait aux pêcheurs et aux oiseleurs pour en faire autant[2] :

primoque a caede ferarum
Incaluisse puto maculatum sanguine ferrum[3].

Les naturels sanguinaires à l'égard des bêtes montrent une propension[4] naturelle à la cruauté.

Après que l'on se fut familiarisé à Rome avec les spectacles des meurtres des animaux, on en vint aux hommes et aux gladiateurs. La nature, je le crains, attache elle-même à l'homme quelque instinct qui le porte à l'inhumanité. Nul ne prend son amusement à voir des bêtes jouer entre elles et se caresser, et nul ne manque de le prendre à les voir se déchirer mutuellement et se démembrer.

Afin qu'on ne se moque pas de cette sympathie que j'ai pour elles, je dirai que la théologie elle-même[5] nous commande quelque faveur pour elles et que, considérant qu'un même maître nous a logés dans ce palais pour son service et qu'elles sont comme nous de sa famille[6], elle a raison de nous enjoindre[7] quelque égard et quelque affection envers elles.

---

1. Virgile, *Énéide*, VII, v. 501 : « et par ses plaintes, couvert de sang, il semble implorer pitié ».
2. Plutarque, *Propos de table*, VII, 8.
3. Ovide, *Métamorphoses*, XV, v. 106 : « c'est, je pense, par le sang des bêtes sauvages que le fer a été taché pour la première fois ».
4. *propension* : force intérieure, innée, naturelle, qui oriente spontanément ou volontairement vers un comportement.
5. Souvenir d'un ouvrage religieux de Raymond Sebon intitulé la *Théologie naturelle*, qui insiste sur les liens fraternels des hommes et des animaux.
6. *famille* : peut être compris au sens large de « maisonnée ».
7. *enjoindre* : ordonner.

TEXTE B

Rousseau, *Discours sur l'origine et les fondements de l'inégalité parmi les hommes*, préface, (1754).

Laissant donc tous les livres scientifiques qui ne nous apprennent qu'à voir les hommes tels qu'ils se sont faits, et méditant sur les premières et plus simples opérations de l'âme humaine, j'y crois apercevoir deux principes antérieurs à la raison, dont l'un nous intéresse ardemment à notre bien-être et à la conservation de nous-mêmes, et l'autre nous inspire une répugnance naturelle à voir périr ou souffrir tout être sensible, et principalement nos semblables. C'est du concours et de la combinaison que notre esprit est en état de faire de ces deux principes, sans qu'il soit nécessaire d'y faire entrer celui de la sociabilité, que me paraissent découler toutes les règles du droit naturel ; règles que la raison est ensuite forcée de rétablir sur d'autres fondements, quand, par ses développements successifs, elle est venue à bout d'étouffer la nature.

De cette manière, on n'est point obligé de faire de l'homme un philosophe avant que d'en faire un homme ; ses devoirs envers autrui ne lui sont pas uniquement dictés par les tardives leçons de la sagesse ; et tant qu'il ne résistera point à l'impulsion intérieure de la commisération[1], il ne fera jamais du mal à un autre homme, ni même à aucun être sensible, excepté dans le cas légitime où sa conservation se trouvant intéressée, il est obligé de se donner la préférence à lui-même. Par ce moyen, on termine aussi les anciennes disputes sur la participation des animaux à la loi naturelle ; car il est clair que, dépourvus de lumières et de liberté, ils ne peuvent reconnaître cette loi ; mais, tenant en quelque chose à notre nature par la sensibilité dont ils sont doués, on jugera qu'ils doivent aussi participer au droit naturel, et que l'homme est assujetti envers eux à quelque espèce de devoirs. Il semble, en effet, que si je suis obligé de nc faire aucun mal à mon semblable, c'est moins parce qu'il est un être raisonnable que parce qu'il est un être sensible : qualité qui, étant commune à la bête et à l'homme, doit au moins donner à l'une le droit de n'être point maltraitée inutilement par l'autre.

---

1. *commisération* : pitié que l'on ressent pour ceux qui sont dans le malheur, compassion.

TEXTE C

Voltaire, *Dictionnaire philosophique*, article « BÊTES », (1764).

Voltaire s'attaque dans cet article à la théorie élaborée par Descartes selon laquelle les animaux sont des « machines ».

BÊTES

Quelle pitié, quelle pauvreté, d'avoir dit que les bêtes sont des machines privées de connaissance et de sentiment, qui font toujours leurs opérations de la même manière, qui n'apprennent rien, ne perfectionnent rien, etc. !

Quoi ! cet oiseau qui fait son nid en demi-cercle quand il l'attache à un mur, qui le bâtit en quart de cercle quand il est dans un angle, et en cercle sur un arbre ; cet oiseau fait tout de la même façon ? Ce chien de chasse que tu as discipliné pendant trois mois n'en sait-il pas plus au bout de ce temps qu'il n'en savait avant les leçons ? Le serin[1] à qui tu apprends un air le répète-t-il dans l'instant ? n'emploies-tu pas un temps considérable à l'enseigner ? n'as-tu pas vu qu'il se méprend et qu'il se corrige ?

Est-ce parce que je te parle que tu juges que j'ai du sentiment, de la mémoire, des idées ? Eh bien ! je ne te parle pas ; tu me vois entrer chez moi l'air affligé, chercher un papier avec inquiétude, ouvrir le bureau où je me souviens de l'avoir enfermé, le trouver, le lire avec joie. Tu juges que j'ai éprouvé le sentiment de l'affliction et celui du plaisir, que j'ai de la mémoire et de la connaissance.

Porte donc le même jugement sur ce chien qui a perdu son maître, qui l'a cherché dans tous les chemins avec des cris douloureux, qui entre dans la maison, agité, inquiet, qui descend, qui monte, qui va de chambre en chambre, qui trouve enfin dans son cabinet le maître qu'il aime, et qui lui témoigne sa joie par la douceur de ses cris, par ses sauts, par ses caresses.

Des barbares saisissent ce chien, qui l'emporte si prodigieusement sur l'homme en amitié ; ils le clouent sur une table, et ils le dissèquent vivant pour te montrer les veines mésaraïques[2]. Tu découvres dans lui tous les mêmes organes de sentiment qui sont dans toi. Réponds-moi, machiniste, la nature a-t-elle arrangé tous les ressorts du sentiment dans cet animal, afin qu'il ne sente pas ? a-t-il des nerfs pour être impassible ? Ne suppose point cette impertinente contradiction dans la nature.

---

1. *serin* : petit oiseau dont le chant est fort agréable, et auquel on apprend à siffler, à chanter des airs.
2. *veine mésaraïque* : veine qui recueille le sang du gros intestin.

TEXTE D

Marguerite Yourcenar, *Le Temps, ce grand sculpteur*, « Qui sait si l'âme des bêtes va en bas ? », (1983), © Éditions Gallimard.

Dans l'état présent de la question, à une époque où nos abus s'aggravent sur ce point comme sur tant d'autres, on peut se demander si une *Déclaration des droits de l'animal*[1] va être utile. Je l'accueille avec joie, mais déjà de bons esprits murmurent : « Voici près de deux cents ans qu'a été proclamée une *Déclaration des droits de l'homme*, qu'en est-il résulté ? Aucun temps n'a été plus concentrationnaire, plus porté aux destructions massives de vies humaines, plus prêt à dégrader, jusque chez ses victimes elles-mêmes, la notion d'humanité. Sied-il de promulguer en faveur de l'animal un autre document de ce type, qui sera – tant que l'homme lui-même n'aura pas changé –, aussi vain que la *Déclaration des droits de l'homme* ? » Je crois que oui. Je crois qu'il convient toujours de promulguer ou de réaffirmer les Lois véritables, qui n'en seront pas moins enfreintes, mais en laissant çà et là aux transgresseurs le sentiment d'avoir mal fait. « Tu ne tueras pas. » Toute l'histoire, dont nous sommes si fiers, est une perpétuelle infraction à cette loi.

« Tu ne feras pas souffrir les animaux, ou du moins tu ne les feras souffrir que le moins possible. Ils ont leurs droits et leur dignité comme toi-même », est assurément une admonition[2] bien modeste ; dans l'état actuel des esprits, elle est, hélas, quasi subversive[3]. Soyons subversifs. Révoltons-nous contre l'ignorance, l'indifférence, la cruauté, qui d'ailleurs ne s'exercent si souvent contre l'homme que parce qu'elles se sont fait la main sur les bêtes. Rappelons-nous, puisqu'il faut toujours tout ramener à nous-mêmes, qu'il y aurait moins d'enfants martyrs s'il y avait moins d'animaux torturés, moins de wagons plombés amenant à la mort les victimes de quelconques dictatures, si nous n'avions pas pris l'habitude de fourgons où des bêtes agonisent sans nourriture et sans eau en route vers l'abattoir, moins de gibier humain descendu d'un coup de feu si le goût et l'habitude de tuer n'étaient l'apanage des chasseurs. Et dans l'humble mesure du possible, changeons (c'est-à-dire améliorons s'il se peut) la vie.

1. Une « Déclaration universelle des droits de l'animal » a été rédigée et adoptée par la Ligue internationale des droits de l'animal en 1977, puis proclamée solennellement par l'UNESCO en 1978. Elle n'a cependant aucune portée juridique.
2. *admonition* : avertissement, conseil, ordre.
3. *subversive* : qui menace l'ordre établi.

Corrigés

Attention : aucun titre ne doit figurer dans les devoirs corrigés.

OBSERVATION DE L'ÉPREUVE

Le corpus et l'objet d'étude

• Les textes

Quatre grands auteurs du XVIe siècle au XXe siècle sont réunis autour du thème des animaux et plus précisément de notre comportement à leur égard. L'objet d'étude « la question de l'homme » est abordée sous un angle original et les extraits proposés ne sont pas de lecture facile. Vous les lirez attentivement en vous aidant des notes.

• La problématique du corpus

Comme souvent, la question et le sujet de dissertation vous aident à dégager la problématique du corpus. Si le sujet d'invention évoque « *les droits de l'animal* », la question et la dissertation vous proposent d'examiner les « *cruautés commises par les hommes* » et plus généralement les « *comportements humains* ». Les remarques des quatre auteurs quant au sort que nous réservons aux animaux conduisent à une réflexion philosophique sur l'homme. Nous sommes au cœur d'un des quatre objets d'étude au programme.

Les travaux d'écriture

La **question** éclaire le corpus, prépare le commentaire et la dissertation.

Pour choisir le **commentaire**, il est nécessaire de bien comprendre le texte et de maîtriser la technique de l'exercice. Le champ d'étude de la **dissertation**, « *la littérature* », est vaste et vous devriez aisément disposer d'exemples : vous pourrez opter pour ce sujet si vous dominez la méthode et si vous avez cerné la consigne.

L'**invention** est ici un exercice de style argumentatif qui suppose une réflexion approfondie.

CORPUS ET QUESTION

Travail préparatoire

■ La lecture de la question et du corpus

• Les attentes de la question (voir fiche 31)

La consigne est claire : ce sont « *les comportements humains* » et non le sort réservé aux animaux qui seront au centre de votre réponse. La question ne porte pas sur les procédés mais sur les cibles de la dénonciation.

Vous avez noté par ailleurs que le mot « *comportements* » est au pluriel.

• La lecture des textes avec l'éclairage de la question

Lisez les passages en gardant en tête la question : quels comportements humains les auteurs critiquent-ils ? Certains paragraphes, notamment chez Rousseau, sont difficiles. Prenez le temps de les relire plusieurs fois mais ne vous affolez pas si quelques perspectives philosophiques vous échappent, car la question porte sur la dénonciation et vous êtes là en terrain connu.

• Des connaissances utiles

Le texte B vous sera plus accessible si vous avez déjà approché la pensée de Rousseau. Le philosophe oppose en effet d'une part l'« *état de nature* », antérieur à la raison et aux liens sociaux, et d'autre part la vie civilisée qui a perverti les penchants naturellement bons de l'homme.

Quant à Voltaire dans le texte C, en répondant à Descartes (le chapeau introducteur), grand philosophe du XVIIe siècle, il défend l'idée que les hommes et les animaux sont de même nature.

■ La méthode

• La gestion du temps

N'oubliez pas que la question est sur quatre points seulement et ne passez pas trop de temps à essayer de cerner toute la finesse philosophique des textes. Cet effort louable vous desservirait au bout du compte.

Centrez bien votre réponse sur la dénonciation.

• L'organisation de la réponse (voir fiche 9)

Vous présenterez les différents comportements dénoncés en mettant en avant ce qui rapproche les auteurs.

• Le plan

I La cruauté des hommes envers les animaux

II La cruauté des hommes entre eux

III Un sentiment de supériorité injustifié

RÉPONSE RÉDIGÉE

Le corpus s'interroge sur l'homme, sa nature et ses comportements, en abordant le sort réservé aux animaux *[présentation de la problématique]*. Montaigne, dans ses *Essais* écrits à la Renaissance, Rousseau et Voltaire, deux grands philosophes des Lumières, auteurs respectifs du *Discours sur l'origine et les fondements de l'inégalité parmi les hommes* et du *Dictionnaire philosophique*, ainsi que Marguerite Yourcenar dans *Le Temps, ce grand sculpteur* (1983) se penchent sur ce que révèle notre attitude vis-à-vis des animaux *[présentation du corpus]*. Tous quatre dénoncent les comportements humains : cruauté envers les bêtes mais aussi envers les hommes eux-mêmes, affirmation d'une supériorité injustifiée *[présentation de la question et annonce du plan]*.

I La cruauté des hommes envers les animaux

Les quatre auteurs s'entendent pour dénoncer la cruauté des hommes envers les animaux *[idée directrice du paragraphe]*.

On ne relève chez Rousseau qu'une seule occurrence des mots « *animaux* » et « *bête* » car ils sont inclus dans l'expression répétée « *tout être sensible* ». S'il est question de la maltraitance des animaux dans la dernière phrase du texte B, la réflexion reste abstraite et générale.

Les autres auteurs mentionnent des situations concrètes. Marguerite Yourcenar parle de ces « *fourgons où des bêtes agonisent sans nourriture et sans eau en route vers l'abattoir* ». En évoquant la chasse à courre qui tue « *une bête innocente* », « *sans défense et de qui nous ne recevons aucun mal* » puis en personnifiant le cerf, Montaigne souligne la violence gratuite. Voltaire dénonce la cruauté des expériences scientifiques effectuées sur des créatures de même nature que l'homme. Il prend l'exemple du chien fidèle que des « *barbares saisissent* » et « *dissèquent vivant* ».

Mais la réflexion des quatre auteurs est plus large. « *Les naturels sanguinaires à l'égard des bêtes montrent une propension naturelle à la cruauté* », explique Montaigne *[transition]*.

II La cruauté des hommes entre eux

Rousseau, Montaigne et Marguerite Yourcenar dénoncent également la cruauté des hommes entre eux *[idée directrice du paragraphe]*.

Pour Rousseau, l'homme « *éprouve une répugnance naturelle à voir périr ou souffrir tout être sensible, et principalement nos semblables* » et s'il lui vient de résister à « *l'impulsion intérieure de la commisération* », c'est qu'il a été corrompu par la société. Pour ce philosophe, la cruauté envers « *tout être sensible* » n'est pas un penchant naturel.

Montaigne et Marguerite Yourcenar dénoncent la violence des hommes envers leurs semblables sans adopter la position philosophique de Rousseau. Selon eux, le mauvais comportement des êtres humains envers les animaux ouvre la voie de la violence faite aux hommes. Montaigne se réfère à l'Antiquité romaine et observe qu'après « *les spectacles des meurtres des animaux, on en vint aux hommes et aux gladiateurs* ». On retrouve un parallélisme et un lien de causalité similaires chez Marguerite Yourcenar : « *il y aurait moins d'enfants martyrs s'il y avait moins d'animaux torturés* ».

Dans les quatre textes, la réflexion sur la cruauté s'inscrit dans une réflexion critique plus large à propos de la place que l'homme s'attribue au sein de la nature *[transition]*.

III Un sentiment de supériorité injustifié

Même si leurs positions philosophiques diffèrent, les auteurs s'accordent pour dénoncer l'arrogance de l'homme et pour le descendre du piédestal sur lequel il s'est injustement installé.

Avec l'expression « *être sensible* » qui réunit les animaux et les hommes, Rousseau sous-entend que les êtres humains n'occupent pas une place privilégiée dans la nature ; les animaux sont, certes « *dépourvus de lumières et de liberté* » mais ils « [tiennent] *en quelque chose à notre nature par la sensibilité dont ils sont doués* ». Montaigne, allait déjà dans ce sens quand il invoquait la théologie pour rappeler que les hommes et les animaux habitent le même « *palais* » pour servir le « *même maître* », c'est-à-dire Dieu. En argumentant contre Descartes et la nature divine de l'homme, Voltaire montre que les hommes et les animaux sont proches : une faculté de s'adapter et d'apprendre, des sentiments, un corps où courent des « *veines mésaraïques* ».

La position de Marguerite Yourcenar est un peu différente car elle ne s'interroge pas sur la place de l'homme par rapport aux animaux, mais sur son arrogance, sa fierté (« *fiers* ») en général. Elle l'accuse d'enfreindre les lois qu'il a promulguées, notamment la Déclaration des droits de l'homme et la loi fondamentale « *Tu ne tueras pas* ». « *Toute l'histoire, dont nous sommes si fiers, est une perpétuelle infraction à cette loi.* » Elle lui reproche à plusieurs reprises de ne pas se remettre en question, de ne pas changer. Et ce travers est si fortement ancré que, dans la dernière phrase, les bémols nous invitent à l'humilité autant qu'au changement : « *Et, dans l'humble mesure du possible, changeons (c'est-à-dire améliorons s'il se peut) la vie.* »

[Conclusion brève] Ainsi, malgré leurs perspectives philosophiques et leurs objectifs argumentatifs différents, les quatre auteurs dénoncent la cruauté de l'homme et nous appellent à plus de modestie.

COMMENTAIRE

Travail préparatoire

Lecture du texte

• Une lecture personnelle (voir fiche 37)

Le texte proposé en commentaire est doublement éclairé par le corpus dans lequel il est situé et par l'objet d'étude dans lequel il s'inscrit. Toutefois, une lecture indépendante et sensible est un gage de bonne compréhension.

Lisez attentivement le passage en vous interrogeant sur sa progression, sur les intentions de l'auteur. Sans doute serez-vous sensible au caractère polémique de l'article, au désir de convaincre et de persuader animant Voltaire.

• Les outils d'analyse

Définissez le genre du texte et ses différents registres.

Votre analyse doit se nourrir du repérage et de l'étude des procédés employés par l'auteur.

Intéressez-vous tout particulièrement aux indices d'énonciation, aux champs lexicaux, aux interrogations rhétoriques, aux anaphores*, autant de procédés porteurs de sens.

Autour du texte

• Voltaire et les Lumières

Voltaire est un philosophe des Lumières présent sur tous les fronts que vous connaissez bien. Vous savez qu'il mit au service de ses interrogations et de ses engagements les formes littéraires les plus diverses. Selon lui, « *tous les genres sont bons, sauf le genre ennuyeux* ». Les genres courts (le conte, l'article de dictionnaire, le pamphlet) répondent à son désir d'efficacité. Le *Dictionnaire philosophique* paru en 1764 est un instrument de combat comme en témoignent les articles « BÊTES » ou, plus connu, « TORTURE ».

• Voltaire et Descartes

Le chapeau introducteur éclaire suffisamment l'orientation de la critique. Voltaire s'attaque à la théorie des « *animaux machines* » élaborée par le philosophe du XVIIe siècle, Descartes (1596-1650).

Quelques précisions supplémentaires peuvent ici être apportées. Pour Descartes, l'animal est une créature entièrement déterminée, conçue sur le modèle d'un système mécaniste. L'homme au contraire, de nature divine, dispose de la pensée et du langage. Si l'animal n'a pas d'âme, l'âme de l'homme est immortelle. Voltaire, depuis son exil en Angleterre, a découvert l'empirisme de Locke qui s'oppose au rationalisme cartésien. Comme le philosophe anglais, il défend la thèse d'une continuité entre les hommes et les animaux. Tout écart entre eux et nous serait de degré et non pas de nature. Voltaire rappelle l'humanité à plus de modestie. Rappelons enfin que, depuis 1760, Voltaire vit à Ferney, entouré de bêtes qu'il élève, et devient de plus en plus sensible aux « *horreurs qui affligent le genre animal* ».

■ La méthode

• La recherche de la problématique

Vous devez bâtir le plan du commentaire autour d'une problématique. Quels arguments l'auteur oppose-t-il aux thèses de Descartes ? Comment parvient-il à persuader et convaincre ses lecteurs ?

• L'élaboration du plan (fiches 13 et 16)

Si chaque axe d'étude développe un enjeu important du texte, les sous-parties permettent d'explorer les différentes facettes de la perspective retenue.

Nous proposerons le plan suivant :

I **Un texte polémique**

II **... qui peut nous émouvoir**

III **... et emporter notre adhésion**

COMMENTAIRE RÉDIGÉ

Introduction

Le philosophe des Lumières est un homme de progrès qui va de l'avant, refuse le poids du conformisme. Il est aussi un homme de combat, luttant contre tout ce qui fait obstacle aux lumières de la raison, ou aux élans du cœur. Dans l'article « BÊTES » du *Dictionnaire philosophique* publié en 1764, Voltaire dénonce la théorie cartésienne des « *animaux-machines* » qui ouvre la voie aux maltraitances de l'animal *[approche et présentation du texte]*. Comment l'auteur parvient-il dans ce texte à convaincre et persuader ses lecteurs que, contrairement aux thèses de Descartes, il n'existe pas de fossé entre les hommes et les animaux mais une communauté de nature ? *[Problématique]* En nous fondant sur l'étude de la variété des registres, nous verrons que ce texte polémique et provocateur *[annonce de la première partie]*, peut aussi nous émouvoir *[deuxième partie]* et enfin nous convaincre *[troisième partie]*.

I Un texte polémique

Pour attaquer la théorie cartésienne des « *animaux-machines* », Voltaire, oscillant entre le mépris, l'indignation et l'insolence, recourt à un registre polémique* *[annonce des trois sous-parties]*.

I-1 Le mépris

Avec mépris, il souligne le vide de la pensée du philosophe : « *quelle pitié, quelle pauvreté* », s'exclame-t-il pour qualifier les thèses de Descartes. L'anaphore* de l'adjectif exclamatif, associée aux homéotéleutes* crée d'emblée une agressivité insistante. Un tel enseignement n'aboutit qu'au néant, comme le souligne l'épiphore* « *rien* ».

Pour marquer l'inconséquence des positions cartésiennes, il emploie l'abréviation « *etc.* », ne se donnant pas la peine de les développer. Les interrogations rhétoriques du paragraphe suivant (l. 5-11) confirment l'échec du philosophe d'autant qu'elles sont souvent négatives : « *n'emploies-tu pas un temps considérable à l'enseigner ? n'as-tu pas vu... ?* »

I-2 L'indignation

Le ton monte et l'indignation se fait jour. On repère des interjections qui disent la révolte : « *Quoi ! Eh bien !* »

Loin de l'objectivité associée au genre du dictionnaire, l'article se présente comme un duel verbal. Voltaire prend à parti Descartes au-delà du temps. « *Est-ce parce que je te parle que tu juges...* » Le pronom personnel « *tu* », récurrent, renvoie en effet au philosophe, en même temps qu'à ses partisans et peut-être au lecteur complice qu'il s'agit de convaincre.

I-3 L'insolence

Dans ce débat d'idées, Voltaire ne manque pas d'insolence, multipliant les injonctions : « *Porte donc le même jugement* », « *Réponds-moi* ». Ce dernier impératif est assorti d'une apostrophe infamante, « *machiniste* », réduisant Descartes à la théorie décriée. Sommé de répondre, Descartes est en fait confronté à son ignorance et l'adjectif « *impertinente* », dont le sens étymologique renvoie à un manque de justesse dans le raisonnement, traduit bien son échec. Voltaire inversant la relation maître-élève se propose enfin de faire découvrir à Descartes (l. 21) la vérité.

[Transition] Au-delà de ce ton provocateur, le texte polémique parvient à nous émouvoir et s'enrichit d'une dimension pathétique.

II Un texte qui peut nous émouvoir

Le lecteur est séduit par l'émotion de l'auteur qui défend la cause animale et, en creux, s'en prend à l'homme responsable de la souffrance des bêtes *[annonce des deux sous -parties]*.

II-1 L'affirmation d'une sensibilité animale

Il existe une sensibilité animale selon Voltaire. Les exemples qu'il nous donne nous touchent, notamment celui du « *chien qui a perdu son maître* ». Le lexique de l'affectivité très abondant rend compte de l'évolution des sentiments de l'animal : ses « *cris* » sont « *douloureux* », il est « *agité, inquiet* », puis témoigne sa « *joie* » au maître « *qu'il aime* » par des manifestations de tendresse. La structure même du paragraphe constitué d'une longue phrase, sans cesse relancée par des propositions relatives et nourrie de verbes d'action, mime la quête attendrissante du chien.

Il ne s'agit pas ici d'une personnification mais de l'affirmation d'une identité de nature entre l'homme et l'animal. Voltaire, avec une hyperbole qui se veut persuasive, ajoute même que ce chien « *l'emporte si prodigieusement sur l'homme en amitié* ». Et pourtant, l'homme trahit cette confiance et commet des actes de barbarie.

II-2 La cruauté de l'homme

La cruauté de l'homme vis-à-vis de l'animal révolte le lecteur. Il perçoit comme un rapport de cause à effet entre la théorie cartésienne des animaux-machines et l'insensibilité de l'homme à la souffrance des bêtes. La mise en scène de la dissection de « *ce chien* » fidèle est particulièrement saisissante. L'adjectif démonstratif rappelle la complicité originelle entre les deux êtres qui va être cruellement bafouée. Les hommes sont dits « *barbares* », c'est-à-dire non civilisés, agissant avec cruauté et sauvagerie. L'hypotypose* permet au lecteur d'assister à la scène de vivisection. Le présent des verbes d'action, le lexique réaliste (« *clouent* », « *dissèquent* »), voire scientifique avec la mention des « *veines mésaraïques* », créent un douloureux effet de réel. Loin d'être « *impassible* » l'animal souffre et le lecteur aussi.

[Transition] Si l'émotion est un gage de persuasion, le texte argumentatif au registre didactique achève de nous convaincre.

III Un texte qui emporte notre adhésion

L'article de dictionnaire avec son titre qui renvoie à un classement alphabétique contient de brefs paragraphes ne présentant toutefois qu'une objectivité apparente. Sa construction met en évidence deux thèses chères à l'auteur qui rejette catégoriquement les théories cartésiennes : l'animal pense et sent. *[Annonce des trois sous-parties]*

III-1 Un texte construit

Si l'on admet que le titre est polysémique, d'emblée il donne le ton et annonce la contestation.

Le premier paragraphe énonce la position de Descartes qu'il s'agit de contester : *« les bêtes sont des machines privées de connaissance et de sentiment »*. Par une démarche expérimentale fondée sur des exemples, Voltaire développe le principe de la « *connaissance* » animale au deuxième paragraphe puis celui du « *sentiment* » dans la suite de l'article.

Pour structurer la démonstration, on note des effets d'écho. L'auteur multiplie les exemples dans le deuxième paragraphe, où il cite et montre « *cet oiseau* », « *ce chien* », « *le serin* ». Il crée un parallélisme pertinent entre l'homme et le chien dans les paragraphes suivants.

La conclusion de l'article élargit les perspectives puisqu'elle transforme la critique acerbe de Descartes en réquisitoire contre l'homme, son disciple.

III-2 La capacité rationnelle de l'animal

Désireux de nous convaincre de la capacité rationnelle de l'animal, Voltaire choisit l'exemple de « *l'oiseau qui fait son nid* », avec méthode, en s'adaptant aux circonstances. Les expressions géométriques employées, « *en demi-cercle* », « *en quart de cercle* », « *en cercle* », mettent en relief sa faculté d'adaptation et d'innovation.

L'animal est aussi capable d'apprendre ; il est doué de mémoire et de sens critique. En témoigne le lexique de l'enseignement avec les verbes discipliner, savoir, apprendre, enseigner. À l'intelligence animale s'ajoutent les sentiments. Comme l'homme, l'animal a « *du sentiment, de la mémoire, des idées* ».

III-3 La capacité de sentir

Voltaire démontre la proximité émotionnelle de l'homme et de l'animal à la faveur de deux exemples parallèles. Seule l'absence de parole montre la différence entre les deux êtres vivants. Alors l'auteur qui se met en scène dans l'exemple choisit de ne pas parler : « *je ne te parle pas* ».

On repère la reprise des mêmes termes pour évoquer la quête de l'homme et celle du chien : tous deux sont inquiets, enchaînent les actions, entrant dans la chambre ou dans la maison, cherchant fébrilement l'un un papier, l'autre son maître, puis c'est la même « *joie* » finale qui marque les retrouvailles.

L'animal sent et souffre. Il est doté des « *mêmes organes de sentiment* » que l'homme. On peut comprendre ici qu'il s'agit du foie ou de la rate, siège des humeurs, selon la théorie hippocratique longtemps demeurée en vigueur. Mais on retient surtout l'idée d'une conformité de nature. Si Voltaire emploie à dessein le terme de « *ressorts* » qui renvoie à l'absurde théorie mécaniste, il insiste surtout sur l'idée d'une parenté. Nier la sensibilité de l'animal, ce serait supposer une contradiction dans la nature et rejeter la filiation divine des êtres vivants. « *Un pouvoir divin éclate dans la sensation du dernier des insectes comme dans le cerveau de Newton* », écrit Voltaire dans l'article « SENSATION ».

Conclusion

Dans cet extrait du *Dictionnaire philosophique*, Voltaire a choisi de réhabiliter les bêtes que Descartes avait discréditées en les réduisant à des machines, des objets. En combattant un adversaire absent, en se mettant lui-même en scène, il a su persuader et convaincre ses lecteurs de l'identité de nature, avec des différences de degré, entre l'homme et l'animal. Ce faisant, il s'est interrogé sur l'origine du mal et a rejeté l'anthropocentrisme* dominant à son époque.

Voltaire a appliqué le précepte antique *docere* et *movere* (enseigner et émouvoir) à une cause résolument moderne. Le philosophe a en effet ouvert la voie aux protestations en faveur des droits de l'animal qui ont abouti à la Déclaration universelle des droits de l'animal proclamée solennellement le 15 octobre 1978. Selon cette charte éthique, le respect des animaux par l'homme est inséparable du respect des hommes entre eux.

Rappelons enfin que l'animal n'est reconnu par le Code civil comme « *un être vivant doué de sensibilité* », et non plus comme « *un bien meuble* », que depuis 2015…

DISSERTATION

Travail préparatoire

■ La lecture du sujet

• ***« La littérature vous semble-t-elle… » :*** **la démarche attendue (voir fiches 4, 14 et 50)**

L'interrogation est totale (deux réponses possibles : oui/non) ; le sujet demande donc un plan dialectique.

Le pronom « *vous* » appelle une réflexion plus personnelle mais ne le surestimez pas : vous devez avant tout maîtriser la technique traditionnelle de la dissertation.

• **Les exemples (voir fiche 6)**

Le corpus réunit des essais mais le terme « *littérature* » est vaste et vous ne devriez donc pas manquer d'exemples. Par ailleurs, à titre de comparaison, vous pourrez mobiliser d'autres moyens de dénoncer : peinture, cinéma mais aussi engagement sur le terrain.

La méthode

• **Analyser les termes du sujet (voir fiche 31)**

« *un moyen efficace* » : la littérature parvient-elle à ses fins ? Existe-t-il d'autres moyens plus efficaces ? De quels ressorts les écrivains disposent-ils pour émouvoir et dénoncer les cruautés ?

« *émouvoir* » : on pense aux larmes, au registre pathétique, chez Zola par exemple. Mais le rire est aussi une émotion.

« *dénoncer les cruautés commises par les hommes* » : veillez à ce que vos exemples ne s'écartent pas de cette idée de cruauté.

• **Construire le plan**

Dans le cadre conventionnel du plan dialectique, vous montrerez dans un premier temps en quoi la littérature est un moyen efficace pour dénoncer les cruautés commises par les hommes. Puis vous nuancerez votre propos en vous interrogeant sur les limites de cette efficacité. Il est préférable d'ouvrir une troisième perspective qui élargisse le débat. Mais si vous n'y parvenez pas, préférez une conclusion riche et percutante.

• **Arguments et exemples (voir fiche 32)**

Dressez au brouillon une liste des exemples précis dont vous disposez et, à partir de là, dégagez les arguments qui pourront étayer vos axes de réflexion.

Le plan

I **La littérature est un moyen efficace pour émouvoir le lecteur et pour dénoncer les cruautés commises par les hommes**

II **La littérature a ses limites : d'autres arts peuvent être plus efficaces et, quoi qu'il en soit, l'action prime**

III **La littérature, parce qu'elle argumente, occupe une place privilégiée quand il s'agit de dénoncer**

PLAN DÉTAILLÉ

Dans le devoir rédigé, les exemples devront être précisés.

Introduction rédigée

« *Les naturels sanguinaires à l'égard des bêtes montrent une propension naturelle à la cruauté* » des hommes envers leurs semblables : deux cents ans après cette réflexion de Montaigne, Rousseau et Voltaire, les deux frères ennemis, s'accordent eux aussi pour dénoncer la violence envers les animaux. Puis c'est au tour de Marguerite Yourcenar d'accueillir « *avec joie* » une « *Déclaration des droits de l'animal* » [phrase destinée à introduire le sujet]. Certes, les écrivains se relaient pour rejeter la violence, mais la littérature est-elle un moyen efficace pour émouvoir et pour dénoncer les cruautés commises par les hommes ? [La question du sujet]

L'histoire montre que les écrivains de tous horizons savent nous toucher et mettre au service de cette dénonciation les moyens dont ils disposent [première partie]. Mais la plume est-elle d'une efficacité suffisante ? D'autres hommes, avec un pinceau, une caméra ou à mains nues participent aussi à ce combat [deuxième partie]. Toutefois, les écrivains, parce qu'ils formulent des arguments, occuperont toujours une place privilégiée dans cette lutte contre les cruautés [troisième partie envisageant une autre perspective pour dépasser la contradiction].

I La littérature est un moyen efficace pour émouvoir le lecteur et pour dénoncer les cruautés commises par les hommes

I-1 La littérature considérée comme subversive

Argument : les régimes autoritaires n'hésitent pas à écarter les écrivains parce qu'ils dénoncent la cruauté institutionnelle et constituent de ce fait une menace pour l'ordre établi.

Exemples : Voltaire vit en Suisse, loin de Paris, lorsqu'il dénonce les abus de la justice et de la religion catholique dans le contexte de l'affaire Calas (*Traité sur la tolérance*, 1763) On peut aussi évoquer Soljenitsyne envoyé au goulag soviétique ou le poète espagnol Frederico Garcia Lorca assassiné en 1936 par les milices franquistes.

I-2 Le pouvoir d'émouvoir

Argument : l'argumentation indirecte, par le détour de la fiction, permet d'atteindre le lecteur ou le spectateur. On peut mentionner « Le Pouvoir des fables » de La Fontaine et « La fable et la vérité » de Florian (1792).

Exemples : « Les animaux malades de la peste » puis « Les obsèques de la lionne » de La Fontaine illustrent une réflexion sur le pouvoir absolu et la cour.

Argument : la littérature a recours à différents registres pour toucher le lecteur. Elle peut le choquer, l'amener à éprouver la souffrance des victimes.

Exemples : le texte C choque avec un registre polémique ; Victor Hugo nous bouleverse en racontant la vie de Fantine ou de Cosette dans *Les Misérables*. Dans son « Hymne de la liberté » (1942), Pierre Emmanuel rend hommage aux Résistants, ces « *hommes vrais* » aux « *lèvres mutilées* ».

I-3 Un moyen d'émouvoir au service de la dénonciation des cruautés

Argument : de nombreux écrivains utilisent leur plume pour émouvoir et dénoncer les cruautés commises à leur époque.

Exemples : Montesquieu (*De l'Esprit des Lois*, chap. XV, 1748) et Voltaire (*Candide,* chap. XIX, 1759) ont recours, le premier à l'éloge paradoxal, le second à une fausse neutralité pour choquer leurs lecteurs et leur faire prendre conscience de la cruauté de l'esclavage. Dans « Mélancholia » (1856), un poème pathétique, Victor Hugo proteste contre le travail des enfants. De nombreux poètes ont dénoncé les barbaries nazies : par exemple René Char, *Feuillets d'Hypnos*, fragment 128.

II La littérature a ses limites : d'autres arts sont peut-être plus efficaces et, quoi qu'il en soit, l'action prime quand il s'agit de dénoncer

II-1 Une efficacité limitée quand il s'agit de dénoncer les cruautés

Argument : les œuvres littéraires engagées n'ont pas d'effet immédiat.

Exemples : les philosophes des Lumières ont dénoncé l'esclavage ; il n'a été aboli en France qu'en 1848. Le combat que Victor Hugo a mené contre la peine de mort (*Le dernier jour d'un condamné*, 1829) n'a abouti qu'en 1981.

Argument : Sartre, écrivain engagé, écrit en 1964 : « *Longtemps j'ai pris ma plume pour une épée : à présent je connais notre impuissance.* » Dans certains contextes la censure musèle les écrivains ou bien les textes sont difficiles d'accès, risquent d'être mal compris et finalement touchent un public restreint.

Exemples : le lecteur des fables de La Fontaine ou des contes de Voltaire ne risque-t-il pas de céder au charme de la fiction amusante, laissant de côté la dénonciation ? Le lecteur de « Souvenir de la nuit du 4 » comprend-il que le pathétique de la scène sert la critique du coup d'État de Napoléon III ? Est-il facile de lire dans *Le Silence de la mer* (1942) de Vercors un appel à lutter contre la cruauté nazie ?

II-2 D'autres arts efficaces

Argument : pour émouvoir un public plus large et dénoncer plus efficacement les cruautés, la musique vient en renfort de la poésie.

Exemples : Serge Reggiani prête sa voix à Jacques Prévert montrant les effets de la guerre dans « Barbara ». Paco Ibanez contribue à diffuser les poèmes engagés de Lorca.

Argument : les images, surtout aujourd'hui, sont plus faciles d'accès et semblent plus immédiatement marquantes que les textes littéraires.

Exemples : du côté de la peinture, pensez à Goya (*Tres de Mayo*), à Picasso (*Guernica*) ou à Chagall (*La Crucifixion blanche*). Les photographes (James Natchwey par exemple) proposent aussi des images bouleversantes. Nombreux sont les films qui gravent dans nos mémoires la violence des guerres pour nous en détourner : *Le Choix de Sophie* (1982), *Stalingrad* (2001), *Au revoir là haut* (2017)…

II-3 L'action prime

Argument : les écrivains engagés ne se contentent pas d'écrire, ils agissent.

Exemples : le poète Robert Desnos participe sur le terrain aux actions de la Résistance (lire *Légende d'un dormeur éveillé* de Gaëlle Nohant, 2018). André Malraux est aux commandes de l'escadrille internationale España pendant la guerre civile espagnole.

III La littérature parce qu'elle argumente, occupe une place privilégiée quand il s'agit de dénoncer les cruautés

III-1 Au-delà de l'émotion, les écrivains développent des arguments qui dénoncent les cruautés commises

Argument : l'émotion suscitée par un écrit ou une image est volatile ; pour dénoncer durablement la violence, une argumentation construite est nécessaire.

Exemples : sous des formes différentes, Montesquieu et Voltaire développent des arguments similaires contre l'esclavage. On peut aussi s'appuyer sur l'article « GUERRE » du *Dictionnaire philosophique* de Voltaire qui montre l'imbrication des causes politiques et religieuses. Les textes du corpus illustrent également l'importance d'une réflexion approfondie.

III-2 Les écrivains se répondent au fil des siècles et défendent des valeurs communes

Argument : bien que vivant dans des contextes différents, les écrivains s'en prennent à la barbarie au nom du même humanisme. Leurs points de vue et leurs philosophies peuvent être différents, mais ils partagent les mêmes valeurs et finissent par se faire entendre.

Exemples : les philosophes des Lumières ont demandé tolérance, liberté et dignité, des valeurs qui fondent notre démocratie. Elles sont déjà présentes à la Renaissance chez Rabelais et Montaigne. On peut aussi évoquer le corpus et la défense des animaux, un enjeu contemporain.

III-3 Les écrivains amènent leurs lecteurs à participer à la dénonciation des cruautés et à la défense des valeurs

Argument : la littérature présente la particularité d'impliquer fortement son destinataire. Au-delà de l'émotion, ce dernier doit comprendre un raisonnement. Le texte littéraire suppose une appropriation et une participation active.

Exemples : le processus d'indentification dans la fiction permet de vivre les aventures du héros (Étienne Lantier dans *Germinal*) et d'en tirer nos propres leçons. L'ironie (Voltaire), installant une connivence entre auteur et lecteur, conduit ce dernier à faire sienne la dénonciation des différentes formes de cruauté. En raison de l'abstraction et de la complexité de certains raisonnements (texte B), lire amène à mobiliser toute sa réflexion.

Conclusion rédigée

Au fil du temps et à la surface du globe, les écrivains qui ont pris position contre les cruautés commises par les hommes sont si nombreux que nous n'imaginons pas douter de l'efficacité de la littérature. Marqués au fer rouge par la petite Cosette subissant les mauvais traitements des Thénardier, nous nous sentons vaccinés contre les cruautés. Toutefois, la diffusion des œuvres littéraires reste circonscrite. Les images, qui savent toucher fortement et de façon large, semblent, surtout aujourd'hui, un moyen plus efficace pour dénoncer les violences. Ne reléguons pas pour autant la littérature au fond d'un grenier ! L'émotion passée, une dénonciation efficace doit être argumentée : nous avons donc toujours besoin des écrivains ; nous attendons d'eux qu'ils nous guident et nous apprennent à réfléchir.

Mais la littérature ne saurait être réduite à la dénonciation. L'écrivain peut célébrer la beauté d'une chevelure, d'un jardin, voire d'une orange… Dans ce cas, sans parler d'engagement, l'aspiration communicative de l'auteur à la beauté ne constitue-t-elle pas en elle-même le réquisitoire le plus puissant contre toutes les cruautés ?

ÉCRITURE D'INVENTION

Travail préparatoire

■ Le type de sujet et ses attentes (voir fiche 7)

L'écriture d'invention est argumentative et fait le choix du « *ton polémique* ». En vous invitant à reprendre « *les caractéristiques du texte de Marguerite Yourcenar* », on vous demande aussi un exercice de style.
La consigne vous éclaire sur :
le genre : « *un article de presse* ». Il comporte généralement un titre, un chapeau introducteur, une accroche qui donne le ton, un développement organisé en paragraphes, une chute, ou bien une citation en guise de conclusion ;
le format : « *cinquante lignes* », que l'on peut dépasser, mais mieux vaut sans doute veiller à la pertinence de l'argumentation et à la qualité de la rédaction ;
le sujet : un engagement en faveur d'une promulgation de la « *Déclaration des droits de l'animal* ». Le lien est explicite avec le texte de Marguerite Yourcenar ;
le registre : « *un ton polémique* » dont l'article provocant de Voltaire vous a donné un exemple.

■ La méthode

• **La lecture du texte de réference**
Il convient de relire le texte de Marguerite Yourcenar en repérant les éléments caractéristiques de sa démarche (le rappel des objections) et de son écriture, notamment le recours à la première personne.

• **La recherche d'arguments variés**
Vous pouvez reprendre certains arguments des auteurs du corpus, néanmoins, il est essentiel de vous ancrer dans l'actualité, en évitant les anecdotes trop personnelles.

• **Le plan**
Vous adopterez par exemple un plan dialectique développant :
1 **La nécessité de promulguer cette déclaration** accordant à l'animal des droits et assurant sa dignité
2 **Certaines objections** vite balayées
3 **Le devoir de révolte et la nécessité de changer l'homme**

PISTES SUGGÉRÉES

Titre possible : Pour une communauté des vivants ?

Introduction : l'enjeu de l'article

Notre monde est un charnier. L'homme reste un loup pour l'homme et n'en finit pas de maltraiter l'animal, son frère. Comment le vivant ose-t-il ainsi s'en prendre au vivant ? Il est grand temps de promulguer une Déclaration des droits de l'animal.

Développement organisé en paragraphes

La nécessité de promulguer cette Déclaration

– Rappel d'un débat ancien : Voltaire réfutant la théorie des « *animaux-machines* » de Descartes et affirmant qu'il existe une pensée et une sensibilité de l'animal.

– La réalité de la souffrance des animaux, aujourd'hui démontrée, implique la nécessité d'une Déclaration solennelle de leurs droits. Il faut rayer le contrat qui nous érige en maîtres et rendre à l'animal sa dignité en lui accordant des droits.

Les objections

Certains diront (discours rapporté au style direct) :

– *Une déclaration est lettre morte, sans cesse bafouée.*

Pourtant je note des avancées notoires : la haute couture renonce à la fourrure, le végétarisme a de plus en plus d'adeptes. Des associations comme L 214 informent l'opinion du scandale des abattoirs ou de l'élevage industriel.

– *Mieux vaut se préoccuper du sort des enfants exploités, des femmes battues. Aimer l'animal revient souvent à ne pas aimer l'humain.*

Pourquoi les opposer ? Il s'agit d'une même communauté de vivants. On peut se préoccuper de l'homme **et** de l'animal. En finir avec cette « *schizophrénie mentale* » dénoncée par Matthieu Ricard, moine bouddhiste tibétain.

– *Les animaux ne souffrent pas et cette tendance à les humaniser est ridicule.*

Pourtant des études scientifiques prouvent que ce sont des êtres sensibles qui cherchent leur bien-être : la promiscuité ou l'absence de lumière les rend fous, la violence les terrifie.

Le devoir de révolte

– **Nos interrogations :** quel genre d'éthique avons-nous ? Comment expliquer tant de barbarie ? À la déshumanisation des dictateurs ouvrant la voie aux génocides, nous répondons par la « désanimalisation » des animaux pour en faire des objets ou des marchandises. À l'esclavage moderne fait écho l'instrumentalisation de l'animal, aux crimes contre l'humanité le massacre de 60 milliards d'animaux terrestres.

Les solutions

– Continuer à informer l'homme, en espérant changer son comportement (rôle de l'éducation).

– Limiter notre consommation de viande, ce qui nous permettra aussi d'assurer une meilleure répartition des richesses et de protéger les générations à venir.

– Mieux contrôler les recherches scientifiques : mutilation d'un chimpanzé (proche de l'humain) à Boston pour s'entraîner à une greffe de main humaine.

– Stigmatiser la surconsommation : nous torturons les animaux pour nous enrichir et nous divertir (cirques et zoos créent souffrances et humiliations).

– En finir avec l'anthropocentrisme, cette forme d'hybris* moderne. Nos qualités, uniques, certes, ne nous donnent aucun droit pour disposer des autres formes de vie. Certains animaux ont développé des qualités que nous n'avons pas : les oiseaux migratoires parcourant 15 000 kilomètres en s'orientant sur les étoiles. Faisons appel à la solidarité des vivants, étendons notre bienveillance à tous les êtres sensibles. Pensons à Noé, à Saint-François d'Assise et montrons-nous dignes de notre filiation.

Conclusion

Je crois que cette Déclaration des droits de l'animal sera promulguée et qu'elle rendra à l'homme sa dignité. Comme le disait Gandhi, « *on peut juger de la grandeur d'une nation à la manière dont les animaux y sont traités* ».

Le personnage de roman

CORPUS ET SUJETS 3 Séries ES, S, L - France métropolitaine - Juin 2017

Objet d'étude : Le personnage de roman, du XVIIe siècle à nos jours

CORPUS

Texte A. Marcel Proust, *Du côté de chez Swann*, « Combray », extrait (1913).

Texte B. Marguerite Duras, *Un barrage contre le Pacifique*, Deuxième partie, extrait (1951).

Texte C. Albert Camus, *Le Premier Homme*, Première partie, chapitre 6, « La famille », extrait (1994, publication posthume).

ÉCRITURE

I. Après avoir lu les textes du corpus, vous répondrez à la question suivante.

Question (4 points)

Les personnages de ces romans sont-ils touchés de la même manière par l'univers fictif qu'ils découvrent ?

II. Vous traiterez ensuite au choix l'un des trois sujets suivants.

1. Commentaire (16 points)

Vous proposerez un commentaire du texte de Marguerite Duras (texte B).

2. Dissertation (16 points)

Le personnage de roman se construit-il exclusivement par son rapport à la réalité ? Vous appuierez votre réflexion sur les textes du corpus, sur les œuvres que vous avez étudiées en classe et sur vos lectures personnelles.

3. Écriture d'invention (16 points)

À la manière des auteurs de ces romans, vous imaginerez le récit que pourrait faire un spectateur / une spectatrice d'une séance de cinéma qui l'aurait particulièrement marqué(e).

Votre texte, d'une cinquantaine de lignes, comportera les références au film, la description des émotions ressenties et des réflexions diverses suscitées par la représentation.

TEXTE A

Marcel Proust, *Du côté de chez Swann*, « Combray », extrait (1913).

À travers ce roman, le narrateur livre des souvenirs d'enfance.

À Combray, tous les jours dès la fin de l'après-midi, longtemps avant le moment où il faudrait me mettre au lit et rester, sans dormir, loin de ma mère et de ma grand-mère, ma chambre à coucher redevenait le point fixe et douloureux de mes préoccupations. On avait bien inventé, pour me distraire les soirs où on me trouvait l'air trop malheureux, de me donner une lanterne magique[1], dont, en attendant l'heure du dîner, on coiffait ma lampe ; et, à l'instar des premiers architectes et maîtres verriers de l'âge gothique, elle substituait à l'opacité des murs d'impalpables irisations[2], de surnaturelles apparitions multicolores, où des légendes étaient dépeintes comme dans un vitrail vacillant et momentané. Mais ma tristesse n'en était qu'accrue, parce que rien que le changement d'éclairage détruisait l'habitude que j'avais de ma chambre et grâce à quoi, sauf le supplice du coucher[3], elle m'était devenue supportable. Maintenant je ne la reconnaissais plus et j'y étais inquiet, comme dans une chambre d'hôtel ou de « chalet », où je fusse arrivé pour la première fois en descendant de chemin de fer.

Au pas saccadé de son cheval, Golo[4], plein d'un affreux dessein[5], sortait de la petite forêt triangulaire qui veloutait d'un vert sombre la pente d'une colline, et s'avançait en tressautant vers le château de la pauvre Geneviève de Brabant. Ce château était coupé selon une ligne courbe qui n'était autre que la limite d'un des ovales de verre ménagés dans le châssis qu'on glissait entre les coulisses de la lanterne. Ce n'était qu'un pan de château et il avait devant lui une lande où rêvait Geneviève qui portait une ceinture bleue. Le château et la lande étaient jaunes et je n'avais pas attendu de les voir pour connaître leur couleur car, avant les verres du châssis, la sonorité mordorée[6] du nom de Brabant me l'avait montrée avec évidence. Golo s'arrêtait un instant pour écouter avec tristesse le boniment[7] lu à haute voix par ma grand-tante et qu'il avait l'air de comprendre parfaitement, conformant son attitude, avec une docilité qui n'excluait pas une certaine majesté, aux indications du texte ; puis il s'éloignait du même pas saccadé. Et rien ne pouvait arrêter sa lente chevauchée. Si on bougeait la lanterne, je distinguais le cheval de Golo qui continuait à s'avancer sur les rideaux de la fenêtre, se bombant de leurs plis, descendant dans leurs fentes.

---

1. *lanterne magique :* instrument d'optique qui permet de projeter des images sur un écran ou un mur à l'aide d'une lentille de verre.
2. *irisations :* reflets colorés produits par la dispersion de la lumière.
3. L'enfant est sujet à des angoisses au moment du coucher.

4. L'histoire de Geneviève de Brabant et de Golo figurait sur de petites plaques de verre coloré que l'on glissait dans la lanterne ; G. de Brabant est une héroïne du Moyen Âge, épouse du comte Siegfried. En l'absence de celui-ci, elle est victime du harcèlement et des calomnies de l'intendant Golo, qui, par vengeance, obtiendra sa mise à l'écart. Elle connaîtra un sort tragique.
5. *dessein :* but, intention.
6 *mordorée :* d'un brun chaud, avec des reflets dorés.
7. *boniment :* discours animé visant à susciter l'intérêt du public.

TEXTE B

Marguerite Duras, *Un barrage contre le Pacifique*, Deuxième partie, extrait (1951), © Éditions Gallimard.

L'action se situe en Indochine, péninsule d'Asie du Sud-Est, dans les années 1920. La famille de Suzanne, l'héroïne du roman, mène une existence misérable. Désœuvrée et livrée à elle-même, Suzanne erre dans les quartiers de la ville à la recherche de son frère Joseph.

[...] Elle ne trouva pas Joseph, mais tout à coup une entrée de cinéma, un cinéma pour s'y cacher. La séance n'était pas commencée. Joseph n'était pas au cinéma. Personne n'y était, même pas M. Jo[1].

Le piano commença à jouer. La lumière s'éteignit. Suzanne se sentit désormais invisible, invincible et se mit à pleurer de bonheur. C'était l'oasis, la salle noire de l'après-midi, la nuit des solitaires, la nuit artificielle et démocratique, la grande nuit égalitaire du cinéma, plus vraie que la vraie nuit, plus ravissante, plus consolante que toutes les vraies nuits, la nuit choisie, ouverte à tous, offerte à tous, plus généreuse, plus dispensatrice de bienfaits que toutes les institutions de charité et que toutes les églises, la nuit où se consolent toutes les hontes, où vont se perdre tous les désespoirs, et où se lave toute la jeunesse de l'affreuse crasse d'adolescence.

C'est une femme jeune et belle. Elle est en costume de cour. On ne saurait lui en imaginer un autre, on ne saurait rien lui imaginer d'autre que ce qu'elle a déjà, que ce qu'on voit. Les hommes se perdent pour elle, ils tombent sur son sillage comme des quilles et elle avance au milieu de ses victimes, lesquelles lui matérialisent son sillage, au premier plan, tandis qu'elle est déjà loin, libre comme un navire, et de plus en plus indifférente, et toujours plus accablée par l'appareil immaculé de sa beauté[2]. Et voilà qu'un jour de l'amertume lui vient de n'aimer personne. Elle a naturellement beaucoup d'argent. Elle voyage. C'est au carnaval de Venise que l'amour l'attend. Il est très beau l'autre. Il a des yeux sombres, des cheveux noirs, une perruque blonde, il est très noble. Avant même qu'ils se soient fait quoi que ce soit on sait que ça y est, c'est lui. C'est ça qui est formidable, on le sait avant elle, on a envie de la prévenir. Il arrive tel l'orage et tout le ciel s'assombrit. Après bien des retards, entre deux colonnes de marbre, leurs ombres reflétées par le canal qu'il faut, à la lueur d'une lanterne qui a, évidemment, d'éclairer ces choses-là, une certaine habitude, ils s'enlacent. Il dit je vous aime. Elle dit je vous aime moi aussi. Le ciel sombre de l'attente s'éclaire d'un coup. Foudre d'un tel baiser. Gigantesque communion de la salle et de l'écran. On voudrait bien être à leur place. Ah ! comme on le voudrait. [...]

1. M. Jo : un jeune Chinois, amoureux de la jeune fille.
2. L'ensemble de ses qualités physiques proches de la perfection.

TEXTE C

Albert Camus, *Le Premier Homme*, Première partie, chapitre 6 « La famille », extrait (1994 publication posthume), © Éditions Gallimard.

Ce roman se présente comme le récit de la vie de Jacques Cormery. Dans cet épisode se situant dans les années 1920, l'enfant se rend avec sa grand-mère au cinéma d'un quartier populaire d'Alger.

[...] Jacques escortait sa grand-mère qui, pour l'occasion, avait lissé ses cheveux blancs et fermé son éternelle robe noire d'une broche d'argent. Elle écartait gravement le petit peuple hurlant qui bouchait l'entrée et se présentait à l'unique guichet pour prendre des « réservés ». À vrai dire, il n'y avait le choix qu'entre ces « réservés » qui étaient de mauvais fauteuils de bois dont le siège se rabattait avec bruit et les bancs où s'engouffraient en se disputant les places les enfants à qui on n'ouvrait une porte latérale qu'au dernier moment. De chaque côté des bancs, un agent muni d'un nerf de bœuf[1] était chargé de maintenir l'ordre dans son secteur, et il n'était pas rare de le voir expulser un enfant ou un adulte trop remuant. Le cinéma projetait alors des films muets, des actualités d'abord, un court film comique, le grand film et pour finir un film à épisodes, à raison d'un bref épisode par semaine. La grand-mère aimait particulièrement ces films en tranches dont chaque épisode se terminait en suspens. Par exemple le héros musclé portant dans ses bras la jeune fille blonde et blessée s'engageait sur un pont de lianes au-dessus d'un cañon[2] torrentueux. Et la dernière image de l'épisode hebdomadaire montrait une main tatouée qui, armée d'un couteau primitif, tranchait les lianes du ponton. Le héros continuait de cheminer superbement malgré les avertissements vociférés des spectateurs des « bancs ». La question n'était pas alors de savoir si le couple s'en tirerait, le doute à cet égard n'étant pas permis, mais seulement de savoir comment il s'en tirerait, ce qui expliquait que tant de spectateurs, arabes et français, revinssent la semaine d'après pour voir les amoureux arrêtés dans leur chute mortelle par un arbre providentiel. Le spectacle était accompagné tout au long au piano par une vieille demoiselle qui opposait aux lazzis[3] des « bancs » la sérénité immobile d'un maigre dos en bouteille d'eau minérale capsulée d'un col de dentelle. […]

1. *nerf de bœuf* : ligament desséché du bœuf dont on se sert comme d'une cravache ou d'une matraque.
2. *cañon* : canyon.
3. *luzzis* : plaisanteries moqueuses.

Corrigés

Attention : aucun titre ne doit figurer dans les devoirs corrigés.

OBSERVATION DE L'ÉPREUVE

CORPUS ET QUESTION

Travail préparatoire

■ Le corpus

• Les textes

Trois grands auteurs du XXe siècle sont réunis autour du thème du cinéma de fiction. Le premier film des frères Lumières datant de 1895, le texte de Marcel Proust évoque la lanterne magique, un procédé plus ancien.

• **Le paratexte**
Les notes éclairent le lexique et les références : vous les lirez attentivement. On peut regretter que les chapeaux introducteurs ne précisent pas que les trois scènes fictives racontées se nourrissent des souvenirs des auteurs. Le narrateur de *Du côté de chez Swann* ressemble à Marcel Proust ; l'enfance de Marguerite Duras s'est déroulée en Indochine ; Albert Camus était un enfant pauvre d'Alger. Bien entendu, on n'attend pas de vous que vous ayez ces connaissances.

• **La problématique du corpus**
Comme souvent, la question et le sujet de dissertation vous aident à dégager la problématique du corpus. « *Personnages de ces romans* », « *l'univers fictif* », « *son rapport à la réalité* » : le corpus met en présence des personnages de roman qui nous semblent vrais et des héros de cinéma invraisemblables mais émouvants.

■ La lecture de la question (voir fiche 31)

• **La forme de la question**
La question laisse entendre qu'il vous faudra repérer ce qui rapproche les scènes et ce qui les différencie.

• **Les mots de la question**
La question porte sur la réaction (« *touchés* ») des personnages de roman lorsqu'ils sont confrontés à l'« *univers fictif* » des films qu'ils découvrent.

■ La méthode

• **La lecture des textes avec l'éclairage de la question**
Lisez les trois extraits en gardant en tête la question. Comment les personnages réagissent-ils lorsqu'ils assistent à la projection ? Distinguez bien l'inquiétude de l'enfant dans le texte A de ce qu'éprouvent Suzanne (B) et la grand-mère (C). Vous serez aussi sensible à l'écart entre l'émotion du personnage et le regard amusé du narrateur.

• **L'organisation de la réponse (voir fiche 9)**
Plusieurs démarches sont possibles mais vous éviterez de procéder texte par texte car la question insiste sur la comparaison (« *de la même manière* »).

■ Les outils d'analyse

La réponse, bien que synthétique, s'appuie sur un repérage et un commentaire des procédés : figures de style, syntaxe, choix des modes et temps verbaux…

• **Quelques rappels sur les temps verbaux**

Les principales valeurs du présent
– Présent de l'énonciation (ou d'actualité) : l'action relatée se déroule au moment où l'on parle.
– Présent de narration : le narrateur raconte au présent des événements passés pour frapper son lecteur, lui faire vivre l'événement.
– Présent de vérité générale : il exprime une action, un fait toujours vrai.
Le présent peut aussi donner un ordre, suggérer une action qui vient de se produire ou qui est imminente.

Le passé simple et l'imparfait
Ces deux temps sont complémentaires dans le récit au passé. Le premier exprime une action de premier plan, limitée dans le temps alors que le second est employé pour des actions d'arrière-plan. L'imparfait peut aussi être **descriptif** (portrait, décor) ou **itératif** (une action qui se répète, une habitude).

Le conditionnel présent exprime soit un futur dans le passé, soit une action dont la réalisation est incertaine, voire impossible.

Les temps composés rendent compte d'un fait antérieur au temps simple correspondant. Ainsi le passé composé exprime une action qui s'est passée avant une action au présent, tandis que le plus-que parfait est utilisé pour les actions antérieures à des faits évoqués à l'imparfait ou au passé simple.

• **Le plan**

I **Quitter la réalité pour la fiction : angoisse ou plaisir**
II **Un plaisir entre attente et certitude**
III **Un regard amusé sur les artifices de la fiction**

RÉPONSE RÉDIGÉE

Le corpus tend un miroir au genre romanesque en rapprochant trois scènes au cours desquelles des personnages de roman se trouvent confrontés à des fictions stéréotypées. Dans *Du côté de chez Swann* (1913) il s'agit d'une lanterne magique ; dans *Un barrage contre le Pacifique* (1951) et *Le Premier Homme* (publication posthume en 1994), Suzanne et la grand-mère assistent à la projection d'un film. *[Présentation du corpus et de la problématique]*

Les personnages de ces romans de Marcel Proust, Marguerite Duras et Albert Camus sont-ils touchés de la même manière par l'univers fictif qu'ils découvrent ? *[Présentation de la question]*

I Quitter la réalité pour la fiction : angoisse ou plaisir

Pénétrer dans l'imaginaire du film c'est d'abord abandonner les repères du réel. Se distraire (texte A, ligne 4) signifie bien se soustraire. Le « *changement d'éclairage* » fait que l'enfant ne reconnaît d'ailleurs plus sa chambre. La fiction en a pris possession, Golo n'hésitant pas « *à s'avancer sur les rideaux de la fenêtre* ». Dans le texte B, l'adverbe « *désormais* » marque l'entrée de Suzanne dans « *la grande nuit égalitaire du cinéma* », celle qui « *lave* » de toute la « *crasse* » du réel. Elle « *s'y cach*[e] », se sent « *invisible* ». Chez Camus, la grand-mère semble accomplir un rituel de passage ; elle entre « *escort*[ée] » de son petit-fils et commence par « *écart*[er] *gravement le petit peuple hurlant* ». Par la suite, la pianiste n'est plus qu'une « *bouteille d'eau minérale capsulée d'un col de dentelle* » tandis qu'un agent maintient l'ordre afin que les spectateurs habitent pleinement l'univers du film.

L'entrée dans l'imaginaire du film est marquée par une nouvelle perception temporelle qu'expriment les temps verbaux. Dans les textes A et C, les actions, même les plus brèves, s'installent dans la durée de l'imparfait itératif tandis que, chez Marguerite Duras, le présent marque le surgissement et l'emprise de la fiction.

À Combray, l'effacement du réel devant la fiction est source de *tristesse* et d'angoisse. L'emploi du verbe « *détruisait* » exprime la violence de la substitution. La « *tristesse* » de Golo rejoint sans doute d'ailleurs celle de l'enfant. Pourtant, Marcel finit par entrer dans la magie. Dans les deux autres textes, il n'est question que de plaisir. La brièveté des phrases à la fin du texte B, les paroles rapportées sans guillemets (« *Il dit je vous aime* »), l'asyndète* montrent que Suzanne, dans une « *gigantesque communion* », s'identifie pleinement à l'héroïne « *jeune et belle* ». La voilà même transfigurée, « *invincible* », sauvée par un cinéma plus puissant que « *toutes les églises* ». Dans le texte C, le feuilleton et l'attente qu'il suscite réjouissent les spectateurs qui reviennent « *la semaine d'après* ».

[Transition] Mais en quoi consiste ce plaisir du public plongé dans l'univers fictif des films ?

II Un plaisir entre attente et certitude

Dans les trois textes, bien que de différentes manières, le plaisir du spectateur tient à une tension entre attente et connaissance de ce qui va se passer.

Bien que son plaisir semble se cantonner à l'esthétique des « *impalpables irisations* », le petit Marcel apaisé se prend au jeu : « *je n'avais pas attendu de les voir pour connaître leur couleur* ». Le nom de « *Brabant* », perçu comme « *mordoré* », ouvre chez l'enfant à la fois une attente et une certitude. Cette tension, qui repose sur la sonorité d'un mot et ne s'applique qu'à des couleurs dans le texte A, concerne l'intrigue dans les autres textes et se nourrit d'une connaissance des stéréotypes de la fiction. Suzanne et la grand-mère n'en sont pas à leur premier film. « *Elle a naturellement beaucoup d'argent* » : l'adverbe et le présent de vérité générale dessinent les clichés. « *C'est ça qui est formidable, on le sait avant elle, on a envie de la prévenir.* » Suzanne et la grand-mère de Jacques partagent le même plaisir ; elles s'identifient au personnage certes, et ont peur pour/avec lui (« *les avertissements vociférés des spectateurs* » dans le texte C) mais surtout elles devancent l'histoire et, « *invincible*[s] », tiennent les fils du destin. Il ne s'agit pas alors « *de savoir si le couple s'en tirerait* » mais « *comment il s'en tirerait* », c'est-à-dire de quelle manière le cliché serait mis en scène.

[Transition] Si les spectateurs de nos textes sont absorbés, voire transformés, par la fiction qu'ils découvrent, les narrateurs, quant à eux, expriment une distance amusée.

III Un regard amusé sur les artifices de la fiction

Le petit Marcel, Suzanne et la grand-mère sont des figures de papier pourvues d'une épaisseur psychologique certaine. Comme dans une mise en abyme*, les trois scènes leur font découvrir d'autres héros fictifs, peu crédibles ceux-là. Golo (texte A), « *la femme jeune et belle* » (texte B) et « *la jeune fille blonde et blessée* » (texte C) sont des topoï* comme le souligne l'allitération en *-bl* dans la dernière expression. Les romanciers posent un regard amusé mais tendre sur ces artifices connus de la fiction qui, par contraste, rendent plus vrais leurs propres personnages et leurs propres histoires.

[Conclusion brève] Ainsi, les émotions diverses éprouvées par les personnages des trois romans, lorsqu'ils entrent dans l'imaginaire des films, nous amènent à réfléchir sur notre propre plaisir de lecteur.

COMMENTAIRE

Travail préparatoire

■ Autour du texte

• Le paratexte

Peut-être avez-vous lu ou étudié le roman de Marguerite Duras *Un barrage contre le Pacifique* qui appartient, comme le suggère le chapeau introducteur, au cycle indochinois de l'œuvre et paraît en 1951 ? Roman des origines, il nous renvoie à l'enfance de l'auteur, donnant d'emblée au texte une couleur autobiographique, même si Suzanne n'est pas Marguerite, même si Joseph n'est pas Paul le frère adulé, ni M. Jo (contrairement à ce que vous dit la note) le Chinois rencontré et célébré dans *L'Amant*. Marguerite Duras déclarera d'ailleurs qu'à l'exception de *L'Amant*, tous ses romans sont des fictions.

• L'auteur

Marguerite Duras (1914-1996) est surtout connue depuis le succès de *L'Amant* et le prix Goncourt qui la révéla au grand public en 1984. Auteur rebelle en littérature, elle reste en marge des principaux courants qui ont jalonné le XXe siècle. Ainsi n'a-t-elle jamais appartenu au groupe du Nouveau Roman*, même si sa technique narrative à partir des années 1960 s'en rapproche. Romancière, dramaturge (*L'Éden Cinéma* est une version théâtralisée du *Barrage contre le Pacifique*), Marguerite Duras est aussi cinéaste avec *Hiroshima mon amour* dont elle écrit le scénario en 1959. Le cinéma est au cœur de sa vie et de son œuvre, comme le rappelle notre extrait.

■ La démarche

• L'éclairage du corpus, de la question et de la dissertation

Le corpus présente une unité thématique, avec des personnages de roman plongés dans l'univers fictionnel. Comme le suggère la question, leurs réactions seront différentes face à cet univers qui contraste tant avec leur monde réel. En vous inspirant du sujet de dissertation, vous pourrez vous demander comment Suzanne se construit par la fiction.

• Une lecture attentive et sensible (voir fiche 37)

Sans négliger les connaissances extérieures, fiez-vous à vos impressions de lecteur. Imprégnez-vous du texte. Interrogez-vous : en quoi le passage nous touche-t-il ? Quelles sont les intentions de l'auteur ? Où intervient-il ?

• Les outils d'analyse

Cernez l'originalité de l'écriture de Marguerite Duras, les structures phrastiques, le jeu des pronoms et des temps verbaux. Étudiez les figures de style toujours porteuses de sens, les anaphores*, les métaphores et comparaisons. Précisez les différents registres du texte.

■ Le plan

• L'élaboration du plan (voir fiche 16)

Il convient de définir les enjeux du passage et de bâtir un plan autour d'une problématique : comment la magie du cinéma opère-t-elle sur Suzanne ? Quel est le sens de cette mise en abyme* ? Le regard de l'auteur est-il le même que celui de Suzanne ?

• Un plan en 3 parties

En veillant à adopter une progression cohérente et logique, on pourrait proposer le plan suivant qui met en relief les différents aspects du texte.

I Un témoignage sur l'univers du cinéma muet
II Le topos* de la rencontre amoureuse
III L'éloge du cinéma

PLAN DÉTAILLÉ

Introduction

La romancière Marguerite Duras connaît bien l'univers du cinéma. Enfant, en Indochine, elle accompagnait sa mère pianiste à l'Éden cinéma. Bien plus tard, en 1959, elle écrira pour Alain Resnais le scénario d'*Hiroshima mon amour*. On retrouve dans son œuvre et dans son écriture ce goût pour le septième art. *[Brève présentation de l'auteur et de l'œuvre. À défaut de connaissances personnelles, on peut s'aider du paratexte.]* Dans le roman d'inspiration autobiographique *Un barrage contre le Pacifique*, la jeune Suzanne a le bonheur d'assister dans les années 1920 à une histoire d'amour au cinéma muet. Cette scène de rencontre amoureuse est l'occasion d'un double regard, celui de l'auteur amusé, celui de Suzanne envoûtée. *[Présentation du texte et des aspects importants qui justifient le plan]* Au-delà du témoignage sur un art balbutiant, nous verrons que la parodie est vite dépassée par le lyrisme de l'éloge. *[Annonce du plan en 3 parties]*

I Un témoignage sur l'univers du cinéma muet

I-1 La mise en abyme

Par le biais d'une **mise en abyme**, l'auteur nous présente une scène de cinéma muet où un personnage de fiction romanesque assiste à une fiction cinématographique. La scène tout entière est vue par Suzanne en focalisation* interne.

Cet effet de miroir permet une **complicité avec le lecteur** qui, au cœur de l'illusion, finira par retrouver le chemin de la réalité autobiographique.

I-2 Les conditions matérielles

On repère **le piano** d'accompagnement (« *le piano commença à jouer* ») *[les citations dans un devoir rédigé seront intégrées à la phrase, voir fiche 23]*, souvenir de l'Éden cinéma, qui dans une phrase brève donne les premières notes, tandis que le son deviendra progressivement envoûtant comme la vague de la phrase (2e paragraphe).

Les effets de lumière. Aller au cinéma dans les années 1920, c'est d'abord entrer dans une atmosphère où les jeux de lumière ont une grande part. Tout l'extrait est construit sur des oppositions entre le noir et le blanc. On remarque une composition circulaire et des échos entre la salle et la scène. Au début du spectacle, « *la lumière s'éteignit dans la salle* ». Sur l'écran, à la beauté lumineuse de la femme succède l'ombre de la rencontre, « *l'orage* » annonçant « *la foudre* » et l'éclair du baiser (« *le ciel sombre de l'attente s'éclaire d'un coup* »). On peut imaginer que le baiser marque un *happy end* rendant la salle à la lumière.

I-3 Un art naissant

Le langage coupé existe bien, marqué par l'asyndète* et l'absence de ponctuation signalant le discours direct (« *Il dit je vous aime. Elle dit je vous aime aussi* »). Même muet, le cinéma n'a jamais pu être silencieux. On peut imaginer des intertitres.

La fascination collective du « *on* » : l'exaltation des spectateurs conquis par la nouveauté du spectacle n'épargne pas Suzanne englobée dans le pronom « *on* ». Le chiasme final traduit cette adhésion enthousiaste de la salle (« *On voudrait bien être à leur place. Ah ! comme on le voudrait* »).

[Transition] Face à ce désir d'identification, comment ne pas remarquer le regard distancié du narrateur dont l'ironie met à nu les clichés ?

II Le topos* de la rencontre amoureuse

II-1 La progression de la scène

Un topos : avec cette rencontre amoureuse, les spectateurs sont plongés dans un univers fictionnel idyllique. Pour Suzanne, c'est un éblouissement après l'errance initiale. La formulation est d'abord négative (« *Elle ne trouva pas Joseph* […] *Joseph n'était pas au cinéma. Personne n'y était, même pas M. Jo* »). Les phrases courtes scandent sa désillusion et renvoient à sa solitude. Puis tout change, et la magie du cinéma opère. Le passé simple ponctuel cède la place à l'imparfait enveloppant (2e paragraphe) et au présent de narration qui marque l'entrée heureuse dans la fiction (3e paragraphe).

La progression attendue du scénario est un gage de séduction : le jeu des pronoms est très convenu (« *Elle* », « *Il* », « *ils* »). Voilà les protagonistes enlacés, réunis dans la double déclaration et le baiser final. Un cliché que l'auteur souligne avec le discours indirect libre qu'on peut attribuer à Suzanne : « *Avant même qu'ils se soient fait quoi que ce soit on sait que ça y est, c'est lui.* » On repère ses maladresses de langage, sa naïveté d'adolescente.

II-2 Les personnages

L'héroïne : avec la récurrence du pronom « *elle* », l'héroïne du film envahit le texte, comme elle crève l'écran. Elle est parfaite (« *C'est une femme jeune et belle* »), trop parfaite ! Une princesse, « *en costume de cour* ». Elle incarne les rêves des spectateurs et comble toutes les attentes, comme le souligne la structure anaphorique de la phrase : « *On ne saurait lui en imaginer un autre, on ne saurait rien lui imaginer d'autre que ce qu'elle a déjà, que ce qu'on voit.* » Belle et riche, « *elle a naturellement beaucoup d'argent* ». Le modalisateur adverbial ne manque pas d'ironie. L'auteur poursuit ce stéréotype de la femme fatale en évoquant ses conquêtes par le biais d'une métaphore filée. « *Les hommes se perdent pour elle, ils tombent sur son sillage comme des quilles* [...] *tandis qu'elle est déjà loin, libre comme un navire, et de plus en plus indifférente* [...]. » Une inversion révélatrice de ce qui se passe dans la vraie vie où les femmes, telle Suzanne, sont plutôt des victimes...

Lui, c'est le faire-valoir, un prince de pacotille qui conjugue tous les atouts au superlatif : « *Il est très beau l'autre.* [...] *il est très noble.* » Sa beauté ténébreuse est naturellement complémentaire de celle de l'actrice qu'on imagine blonde. L'ironie éclate avec la postposition du pronom « *l'autre* » qui fait de lui le compère obligé.

II-3 Le décor ajoute à la conventionalité du topos

C'est au carnaval de Venise que l'amour l'attend. L'illusion est à son comble et tous les ingrédients romantiques sont là : « *les colonnes de marbre* », « *le canal qu'il faut* », la « *lanterne qui a, évidemment, d'éclairer ces choses-là, une certaine habitude* ». Le modalisateur verbal (« *qu'il faut* ») associé à l'adverbe souligne la parodie et la structure chaotique de la phrase est, à elle seule, un indice de dissonance.

[Transition] Cet univers codé, factice, ne pourrait-il pas être un facteur d'aliénation ? Le lyrisme pourtant l'emporte sur l'ironie.

III L'éloge du cinéma

III-1 Le personnage de Suzanne

À peine raillée, Suzanne fait l'objet d'une **ironie bienveillante**. Certes, l'auteur se moque de l'enthousiasme naïf de celle qui s'abandonne à la joie de l'identification en traduisant ses pensées au discours indirect libre : « *C'est ça qui est formidable, on le sait avant elle, on a envie de la prévenir.* »

Pourtant, l'essentiel réside dans **la transfiguration** de la jeune fille inquiète, enlisée dans le quotidien et la misère. Le zeugma* initial nous montre bien tout l'apport de la fiction dans sa vie. L'entrée de cinéma marque une pause dans l'errance (« *un cinéma pour s'y cacher* »). La libération est radicale comme l'indiquent la rupture du passé simple et l'adverbe « *désormais* ». « *Suzanne se sentit désormais invisible, invincible et se mit à pleurer de bonheur.* » La paronomase* (« *invisible, invincible* ») souligne la transfiguration du personnage. Et il n'est pas interdit d'ajouter au conditionnel final la valeur d'un irréel du présent, l'auteur mettant ainsi en relief le pouvoir d'illusion du cinéma.

III-2 Le cinéma un lieu magique

Cette illusion est bénéfique car **le cinéma réunit** dans une nuit maternelle et bienfaitrice et permet de transcender la solitude. Est évoquée dans une longue phrase de prose poétique relancée par l'anaphore* « *la nuit* », martelée par l'épiphore* « *à tous* », la communion régnant dans la salle obscure. L'éloge du cinéma, est encore scandé par des rythmes ternaires ou binaires, par des homéotéleutes* (« *ravissante* », « *consolante* » ; « *ouverte* », « *offerte* »). Dans le dernier paragraphe, une simple phrase nominale revient sur cette magie du lieu : « *Gigantesque communion de la salle et de l'écran.* »

La fiction est aussi salvatrice. « *C'était l'oasis.* » La métaphore rend bien compte du miracle opéré par le cinéma dans le désert d'une vie. L'image de l'eau affleure avec l'évocation de cette nuit « *où se lave toute la jeunesse de l'affreuse crasse d'adolescence* ». Le cinéma comme la tragédie antique permet la catharsis*. Suzanne est purifiée, sauvée par ce lieu régénérateur qui se substitue aux églises (comparatifs de supériorité). Le vocabulaire religieux contribue en effet à la sacralisation du cinéma (« *toutes les institutions de charité* » ; « *toutes les églises* »). Le passage progressif de Suzanne, d'abord évoquée à la troisième personne « *elle* » ou par son prénom, au pronom indéfini « *on* », l'associe aux spectateurs et semble conférer au cinéma une valeur universelle.

Conclusion

Dans ce texte où Marguerite Duras a assurément mis beaucoup d'elle-même, conjuguant ses souvenirs, ses émotions, sa nostalgie, nous assistons à un vibrant éloge du septième art. Certes, le cinéma peut apparaître comme une machine à fabriquer des rêves et un vecteur d'aliénation. Pourtant, peu à peu, l'auteur nous a livré sa vision politique et mystique du cinéma, lieu de vie et de survie. *[Bilan du développement]*

Si le procédé de la mise en abyme* a permis de créer une distanciation entre le lecteur, l'auteur et le personnage, on peut encore le poursuivre. Cette scène du *Barrage contre le Pacifique* a en effet été adaptée au cinéma en 2008, Astrid Bergès-Frisbey interprétant la fragile Suzanne.

DISSERTATION

Travail préparatoire

■ La lecture du sujet

• La composition du sujet

Le sujet de dissertation, de facture traditionnelle, comprend trois étapes, souvent nettement distinguées dans la consigne :
1. Le lien avec le corpus et l'objet d'étude.
2. Le sujet lui-même sous la forme d'une question.
3. Une injonction rappelant la nécessité de développer la réflexion en s'appuyant sur des exemples.

• *« Le personnage de roman se construit-il… »* : la démarche attendue

L'interrogation est totale (deux réponses possibles : oui / non) ; le sujet appelle donc un plan dialectique (voir fiches 4 et 50).

• La place des exemples

La seconde phrase de la consigne vous rappelle que la dissertation s'appuie sur des exemples et que les textes du corpus ne suffisent pas (voir fiche 6).

La méthode

FICHE 3

• Le plan à lire dans le sujet

Pour bâtir les grandes lignes (deux ou trois parties) d'un plan de dissertation, il ne faut pas partir de ses connaissances mais du sujet lui-même. La formulation des axes reprend et explicite les termes de la consigne. Ce n'est qu'une fois que les grandes lignes sont dégagées que les connaissances – indispensables ! – sont mobilisées.

Ici, la première phrase du sujet évoque, sous la forme interrogative, un lien possible entre personnage et réalité, une problématique que vous avez sûrement déjà rencontrée à l'occasion de vos lectures.

L'adverbe « *exclusivement* » autour duquel s'articule la question vous invite à imaginer une deuxième perspective : la place de la fiction dans les textes du corpus amorce la réflexion.

Vous pouvez aussi vous arrêter sur la construction pronominale : le personnage « *se construit-il* » lui-même ? N'est-il pas plutôt la création d'un écrivain ? Cette question ouvre une troisième voie.

FICHE 4

• Les principes de composition d'un plan de dissertation

– Les différentes réponses possibles à la question posée

Quel qu'il soit, le sujet de dissertation soulève une question à laquelle on peut proposer diverses réponses. Le devoir doit envisager successivement toutes les réponses possibles. On n'attend ni une réponse unique, ni l'exposition d'un point de vue strictement personnel. Ainsi, lorsque la question du sujet est dite « **totale** » (on répond « oui » ou « non » à une interrogation totale), le plan de la dissertation est **dialectique** (voir fiche 50). Et lorsque la question est « **partielle** » (une pluralité de réponses possibles), le plan est **analytique** (voir fiche 18).

– La progression : du moins important au plus important

Pour convaincre le lecteur, la démarche de l'argumentation commence par présenter le point de vue le plus discutable pour finir par celui qui présente la réflexion la plus approfondie et la plus large donc la plus pertinente. Cette progression concerne le plan d'ensemble comme l'architecture intérieure de chaque partie.

FICHE 5

• Une formulation claire des axes de réflexion

Lorsqu'on bâtit son plan au brouillon, on a tout intérêt à reprendre les termes du sujet pour s'en imprégner sans en négliger aucun.

En employant dans la formulation des axes les mots de la consigne, on dresse des garde-fous qui évitent le hors-sujet. Il est nécessaire bien entendu de s'assurer en même temps que l'on a compris le sens et les implications de chacun des termes. Lors de la rédaction du devoir, quand on annonce le plan dans l'introduction ou qu'on inaugure une nouvelle partie, il est aussi utile de reprendre les termes du sujet pour montrer au correcteur que la réflexion qui suit s'inscrit parfaitement dans le cadre de la question soulevée.

• Arguments et exemples

Notez au brouillon les personnages de roman que vous connaissez en incluant le corpus : se construisent-ils par leur « rapport à la réalité » ou bien d'une autre manière ? Dégagez les arguments en réfléchissant à partir des exemples (voir fiche 32).

• La place des exemples dans la dissertation

Pour choisir de traiter la dissertation, il est nécessaire d'en maîtriser la technique. Le correcteur attend une réflexion organisée qui envisage les différentes réponses possibles à la question posée. Chaque réponse constitue une grande partie du devoir et ces parties sont divisées en paragraphes correspondant aux différents arguments développés et illustrés.

La dissertation est une réflexion abondamment illustrée par des exemples. Pour simplifier, on peut dire que 80 % du développement est constitué d'exemples. Ajoutons que les textes du corpus ne suffisent pas pour illustrer l'argumentation ; la consigne elle-même le rappelle : « *Vous appuierez votre réflexion sur les textes du corpus, sur les œuvres que vous avez étudiées en classe et sur vos lectures personnelles.* » Il ne suffit pas non plus de proposer des titres de romans ; sans pour autant raconter l'histoire, vous devez évoquer des passages précis et justifier clairement leur choix.

Attention toutefois à ne pas faire de la dissertation un catalogue d'exemples. Aussi diversifiés et développés soient-ils, ils ne peuvent à eux seuls constituer la dissertation ; ils servent à illustrer, à montrer le bien-fondé des arguments exposés. Il est donc essentiel de leur accorder leur juste place : ni trop ni trop peu. Mais comprenez surtout leur place : ils viennent appuyer une réflexion et non s'y substituer.

Nous vous conseillons d'examiner la place et l'insertion des exemples dans le devoir rédigé ci-après.

• Des connaissances et une réflexion

Nous venons de le dire : la dissertation s'appuie sur des exemples et le corpus ne suffit pas. Référez-vous à des œuvres aussi variées que possible en veillant à l'exactitude des titres et des noms d'auteurs, en veillant également à ne pas vous écarter du domaine défini par le sujet, à savoir le roman. Par exemple, vous ne pouvez évoquer *Roméo et Juliette* puisqu'il s'agit d'une pièce de théâtre. On attend que vous ayez perçu l'enjeu du sujet et que vous sachiez réfléchir aux rapports que le roman peut entretenir avec le réel.

I **Le personnage de roman se construit par son rapport à la réalité**

II **Le personnage de roman est imaginaire : d'autres éléments entrent en jeu**

III **Le personnage de roman ne se construit pas lui-même, il est construit**

DEVOIR RÉDIGÉ

Introduction

[Phrase destinée à introduire le sujet] Quand on s'interroge sur le roman, on en vient rapidement à le présenter avec Stendhal comme « *un miroir que l'on promène le long d'un chemin* » et dans lequel viennent se refléter tour à tour des forêts, des cathédrales, des rois mais aussi des hommes et des femmes ordinaires. *[La question du sujet]* Est-ce à dire que le personnage de roman se construit exclusivement par son rapport à la réalité ?

Simple procédé ou finalité du genre, l'illusion réaliste nous invite à répondre « oui » et nous verrons en quoi, en effet, le personnage de roman se façonne au contact de la réalité *[première partie]*. Mais en rester là serait oublier que tout roman est « *songe* » (Julien Gracq) et que ses personnages s'abreuvent aussi aux sources de l'imaginaire *[deuxième partie]*. Enfin, en substituant à la construction pronominale du verbe « se construire » le passif « est construit par », nous pourrons nous tourner vers les architectes des édifices romanesques, les romanciers et peut-être aussi nous-mêmes, les lecteurs *[troisième partie envisageant une autre perspective pour dépasser la contradiction]*.

I Le personnage de roman se construit par son rapport à la réalité

[Présentation de l'axe et de ses sous-parties] La complexité du personnage de roman tient à ce que s'y reflètent les réalités historique, sociale et psychologique auxquelles il est confronté.

I-1 Une réalité historique

Le drame romanesque se noue dans la sphère privée, mais celle-ci est poreuse et les événements historiques se devinent, voire créent des remous. *[Exemples]* De même que *La Princesse de Clèves* pose le décor de la cour d'Henri II, de même Zola évoque en arrière-plan du *Bonheur des dames* le Paris en chantier sous le baron Haussmann. Mais il ne s'agit pas que de décor : les péripéties de l'Histoire modèlent les personnages : Julien Sorel (Stendhal) est, comme le Colonel Chabert (Balzac) un grand admirateur de Napoléon. Plus récemment, la vie du paisible Franz Huchel va être bouleversée par la montée de l'antisémitisme à Vienne dans les années 1930 et par sa rencontre avec un homme bien réel, Sigmund Freud (Robert Seethaler, *Le Tabac Tresniek*, 2012). La vie du garçon (*Le Garçon*, 2016), ce personnage sans nom de Marcus Malte, se trouve bouleversée par la Grande Guerre. *[Transition]* Dans certains romans, la réalité qui façonne les héros est davantage sociale qu'historique.

I-2 Une réalité sociale

En effet, ce sont souvent les clivages sociaux, toutes les lames de fond de l'Histoire qui nourrissent les personnages de roman. Leur position sociale les définit, conditionne leurs gestes, crée – et parfois détruit – leurs élans. *[Exemples]* N'est-ce pas en effet ce que Zola met en scène dans *Germinal* lorsque la Maheude et ses enfants aux mains « *gourdes de froid* » regardent Cécile Grégoire, la fille d'un des riches actionnaires, prendre son petit-déjeuner ? Ces failles sociales au bord desquelles le personnage se façonne stimulent son action, alimentent son désir. Dans le même mouvement, nous rencontrons Julien Sorel (*Le Rouge et le Noir*, 1831) quittant son père pour la famille de Rênal puis la province pour Paris, Rastignac (*Le Père Goriot*, 1835) prêt à conquérir la société parisienne, Georges Duroy (*Bel-Ami*, 1885) cet « *ancien sous-officier* » sans scrupules rejoignant les hautes sphères de la presse. C'est également la réalité sociale qui explique les luttes ou les renoncements des nombreux personnages de la toute récente saga napolitaine d'Elena Ferrante. *[Transition]* Le personnage réagit également à des mécanismes psychologiques.

I-3 Une réalité psychologique

Ce qui distingue les héros de romans des personnages des contes, tient principalement à leur personnalité complexe. Le romancier montre comment un trait de caractère oriente l'action du héros : l'amour paternel du Père Goriot, l'avarice de Félix Grandet (*Eugénie Grandet*, 1834) ou bien encore la jalousie dévorante de Pierre (*Pierre et Jean* de Maupassant, 1887). Les procédés ne manquent pas. Le romancier peut adopter un point de vue omniscient pour proposer une analyse du sentiment incarné par ses héros ou recourir au discours indirect libre. Nous voilà imaginant avec Emma Bovary un voyage romantique « *vers un pays nouveau* », emportés « *au galop de quatre chevaux* »... Si le titre du roman évoque avant tout une réalité sociale (une femme mariée), l'intrigue « *sur rien* », propice aux rêveries, donnera naissance au concept psychologique du bovarysme.

[Transition] Personne ne peut contester cette évidence : le personnage de roman se construit en se frottant à la réalité. Toutefois, nous ne devons pas oublier que, tout imprégné de réel qu'il soit, il n'en demeure pas moins une créature de papier.

II Le personnage de roman est imaginaire : d'autres éléments entrent en jeu

[Introduction] Le roman est songe, mensonge : ses personnages peuvent puiser dans nos rêves ou bien dans les héros de fiction qui les ont précédés. Ne se construisent-ils pas même comme de simples éléments d'une architecture qui les dépasse ?

II-1 Le personnage peut s'affranchir de la réalité et puiser dans l'imaginaire

Pourquoi les romanciers éprouvent-ils le besoin d'inventer des personnages plutôt que de parler de ce qui existe ou a vraiment existé ? La réponse la plus simple se trouve sans doute dans la première page de *Jacques le Fataliste* : « *Qu'est-ce qui m'empêcherait de marier le maître et de le faire cocu ? d'embarquer Jacques pour les îles ?* » Le romancier est libre ; il échappe aux contraintes du réel et peut mettre en scène nos cauchemars ou nos rêves. Dracula, le héros de Bram Stoker (1897), incarne le mal absolu. Après avoir vu le comte grimper le long de la muraille du château comme un lézard, Jonathan Harker accepte l'idée d'une créature surnaturelle maléfique. Ici, c'est en transgressant les lois du réel que le personnage se construit. Les rêves et l'idéal sont aussi en jeu comme en témoigne Félix de Vandenesse adoptant le langage des fleurs dans *Le Lys dans la vallée* de Balzac. « *Allons bon* » disent les personnages de Karuki Murakami qui se façonnent en acceptant le rêve. Dans *Kafka sur le rivage* on s'étonne à peine de voir le vieux Nakata parler aux chats. *[Transition]* Mais le titre même de cette œuvre nous montre aussi que les personnages de roman héritent d'un passé littéraire.

II-2 Le personnage se nourrit des héros fictifs qui l'ont précédé

[Les élèves de la série L pourront tirer profit de leur réflexion sur les réécritures.]

Les personnages de Murakami se réfèrent souvent à des œuvres littéraires antérieures ; par exemple, Aonamé, l'héroïne de *19Q4*, lit Tchékhov puis Proust. Ainsi, le romancier japonais éclaire le mécanisme de la création romanesque : les personnages se construisent notamment à partir des héros qui les ont précédés. Ainsi, le petit Marcel se nourrit des légendes naïves de la lanterne magique et de *François le Champi*, un roman de Georges Sand que lui lit sa mère. L'exemple le plus net est sans doute la toute jeune Emma Rouault (Bovary) transformée par ses lectures. Figure voisine de la femme au fuseau dans *La Belle au Bois dormant*, la vieille lingère du couvent distille le venin de la galanterie et du rêve : des héroïnes « *rêvant sur des sofas, près d'un billet décacheté* ». Emma n'aura de cesse de leur ressembler. *[Transition]* Mais, plutôt que de voir le personnage naître au contact de la réalité, ne doit-on pas le considérer comme une simple pièce de ce vaste puzzle qu'est la création romanesque ?

II-3 Le personnage se construit selon des critères esthétiques

Impossible en effet de réduire un roman à son ou à ses personnages. Les héros doivent être compris dans leur rapport avec l'édifice auquel ils appartiennent. Proust écrit dans *Le Temps retrouvé* : « *Je bâtirais mon livre, je n'ose pas dire ambitieusement comme une cathédrale, mais tout simplement comme une robe.* » On le conçoit quand, oubliant le corps d'un roman, on rapproche les premières et les dernières lignes. En 1885, dans *Bel-Ami* comme dans *Germinal*, le personnage principal émerge du décor (le Paris des bas quartiers ou la plaine glacée), se met en route et achève son voyage en se fondant à nouveau dans le paysage (les beaux quartiers parisiens ou la germination du printemps), comme si sa complexité psychologique résultait davantage de cette composition esthétique que d'un quelconque rapport à la réalité. Ceci est encore plus vrai pour le roman policier ; les héros se construisent à partir du nœud de l'intrigue. Par exemple, la polysémie de la « recluse » (araignée ou femme enfermée) chez Fred Vargas (*La Recluse*, 2017) donne naissance au personnage de l'assassin. Quant aux Nouveaux Romanciers comme Alain Robbe-Grillet, n'ont-ils pas déchiré le voile de l'illusion réaliste et vidé le personnage de toute substance ? Dans *La Jalousie*, l'héroïne se nomme simplement A.

[Transition] Ainsi, le rapport à la réalité est loin d'être seul en lice quand on parle du personnage de roman. Mais au lieu d'examiner la façon dont se construit le héros, pourquoi ne pas regarder plutôt qui le construit ?

III Le personnage de roman ne se construit pas lui-même, il est construit

Le personnage de roman ne se construit pas tout seul en effet ; il est une émanation de l'auteur et tire sa vitalité du plaisir de la lecture.

III-1 L'auteur se projette dans son personnage

Combray ressemble à Illiers, Balbec à Cabourg et le narrateur de *La Recherche du temps perdu* à son auteur même. Proust ne le cache pas mais il refuse de parler d'autobiographie ; son œuvre, « *cathédrale* » ou « *robe* », est avant tout une création littéraire et l'on ne jouera pas à qui représente qui. Car tous les personnages sont une émanation de l'auteur lui-même. Proust revit son enfance avec la lanterne magique de Marcel, mais il se projette aussi dans Swann et dans le baron de Charlus, dans le peintre Elstir ou le musicien Vinteuil. « *Madame Bovary, c'est moi* » : on attribue cette phrase à Flaubert. L'auteur se reconnaît-il dans cette héroïne dont il se moque ? Peut-être se reconnaît-il plutôt dans la diversité de ses personnages ? Le médiocre Binet qui fait marcher sans discontinuer son tour comme un écrivain remettant cent fois son ouvrage sur le métier ? Le mystérieux Docteur Larivière qui, dans un calembour passé inaperçu, s'inquiète du « *sens* » ? À croire que toute fiction est une autofiction comme le sous-entend Michel Butor : « *Chacun sait que le romancier construit ses personnages, qu'il le veuille ou non, le sache ou non, à partir des éléments de sa propre vie, que les héros sont des masques par lesquels il se raconte et se rêve.* » *[Transition]* Mais les personnages ne seraient-ils pas aussi des masques par lesquels le lecteur lui-même se rêve ?

III-2 Le lecteur contribue à construire le personnage et le roman

Notre plaisir de lecteur consiste justement à donner vie aux personnages. Les Nouveaux Romanciers n'ont pas réussi à dissoudre l'illusion réaliste. Nous voulons que les personnages de papier incarnent, non pas les préoccupations et les émotions de l'auteur, mais plutôt les nôtres. Bien sûr nous critiquons nos héros, nous essayons de dire au Père Goriot qu'il ne devrait pas être aussi gentil et nous mettons en garde Emma contre Rodolphe car nous voyons bien qu'il est un infâme séducteur. Comme les spectateurs pris dans la catharsis* tragique, nous avons compris que tout cela va mal finir : « *c'est ça qui est formidable* », dans les deux sens de l'adjectif, à la fois grandiose et effrayant. Notre plaisir de lecteur se situe dans cette tension et participe à la construction du personnage de roman.

Conclusion

Certes, les héros des romans se construisent par leur rapport à la réalité. Ils ne sont toutefois que des figures de papier qui échappent aux lois du réel. Dans leur arbre généalogique figurent Geneviève de Brabant, Golo, le « *héros musclé* » ou « *noble* », l'héroïne « *jeune et belle* », « *blonde et blessée* »… Le romancier a brodé leur destin sur la « *robe* » de son œuvre ; Julien Gracq parle de « *tricotage intime* » pour évoquer la complexité du genre romanesque.

Quant à ce qui fait vivre le personnage, nous savons bien que c'est le sang du romancier lui-même. Mais nous aimons à penser que c'est aussi un peu le nôtre. À l'instar de Suzanne au cinéma, nous nous glissons dans le roman comme dans « *la nuit des solitaires* », une « *nuit artificielle et démocratique* » qui nous « *lave* » et nous rend « *invincible* ». « *Gigantesque communion* »…

ÉCRITURE D'INVENTION

Travail préparatoire

■ Le type de sujet

HE

• Les attentes des différent sujets d'invention
Le sujet d'invention pourrait ressembler à ce qui figure au brevet des collèges. Mais qu'on ne s'y trompe pas : destiné à des lycéens et proposé à côté de la dissertation et du commentaire, deux exercices littéraires élaborés, il ne saurait être traité comme un sujet de Troisième.

Pour éviter les écueils qu'il peut présenter, vous devez d'abord voir à quel type d'écriture d'invention vous avez affaire. En effet, on distingue principalement deux types de sujets :
– **Les exercices de style pur**, comme pour le corpus 4. Les sujets pouvant être très variés, il est impossible de se préparer systématiquement à toutes les possibilités.
– **Les argumentations déguisées** : on vous demande d'analyser une question qui ressemble fort à un sujet de dissertation ou bien de commenter un texte en proposant, par exemple, la mise en scène pertinente d'une des scènes du corpus.
Toutefois, certaines consignes, comme celle de notre sujet sur le cinéma, conduisent à nuancer ce clivage.
Si le pluriel utilisé (« *à la manière des auteurs de ces romans* ») exclut le pastiche*, on peut imaginer un exercice de style s'appuyant ici sur des procédés repérés dans les textes du corpus. La mention de « *réflexions diverses* » implique aussi une dimension argumentative.

■ La lecture du sujet

Chaque mot du libellé a son importance.
– « *À la manière des auteurs de ces romans* » : outre les figures de rhétorique marquantes chez nos auteurs (images, anaphores*), il convient de s'inspirer des techniques d'écriture (énonciation à la première ou à la troisième personne, focalisation interne, discours indirect libre), de varier les registres.
– « *le récit* » : le récit intégrant des descriptions sera conduit aux temps du passé (passé simple, imparfait), sans s'interdire le recours au présent pour marquer l'adhésion du spectateur à la scène (texte B).
– « *un spectateur / une spectatrice d'une séance de cinéma* » : il s'agit donc de la projection d'un film vu par un narrateur (texte A) ou un personnage précis (textes B et C).
– « *les références au film* » : le choix du film est essentiel, le récit renvoyant à une expérience précise. Le recours au vocabulaire du cinéma est le bienvenu.
– « *la description des émotions ressenties* » : pour cerner les réactions affectives du spectateur, il convient de maîtriser le vocabulaire des émotions et de revenir sur les réactions observées dans les textes (identification, catharsis*).
– « *des réflexions diverses suscitées par la représentation* » : le sujet invite aussi à l'analyse, à la confrontation de la fiction et de la réalité.

■ La méthode

• Le travail préparatoire

Dressez la liste des différentes attentes avant d'esquisser le plan du devoir dont la progression vous est donnée par la consigne.

Pour cela, vous pouvez vous aider des questions suivantes :
– Le sujet suppose-t-il une argumentation ? Cette dernière s'apparente-t-elle à une dissertation (thèse(s), arguments, exemples) ou à un commentaire ? Quelles sont les connaissances nécessaires pour approfondir la réflexion attendue ?
– Quels sont les discours* demandés : argumentatif, narratif, descriptif, explicatif ? Il est fréquent que plusieurs types de discours soient convoqués.

– Quelle est la situation d'énonciation (qui parle à qui ?) ?
– Quel genre, voire quel(s) registre(s) sont demandés ?
– Quels procédés de style devront être employés ? S'agit-il d'imiter un texte ?
– Le sujet suggère-t-il une progression particulière ?
– Si vous devez vous appuyer sur une œuvre, un personnage ou une situation de votre choix, quelle sorte d'exemple sera le plus convaincant ? Pour notre sujet, choisissez un film riche, source d'émotions. Isolez des moments clés.

• Les écueils à éviter

Évitez de raconter longuement le film, de décrire l'ambiance de la salle. L'essentiel est dans l'étude du spectateur plongé dans la fiction.

QUELQUES PISTES

Présentation du contexte sous forme d'une lettre adressée à un ami. L'entrée dans l'univers du cinéma.

Bref rappel du scénario : à titre d'exemple, le film *Lion*, réalisé par Garth Davis en 2016. À 5 ans, Saroo se retrouve seul, séparé de son grand frère Guddu, dans un train qui traverse l'Inde et l'emmène jusqu'à Calcutta. Perdu dans l'immense ville, recueilli dans un orphelinat, Saroo est adopté par un couple d'Australiens. Après une ellipse de 25 ans, la deuxième partie du film retrace, non sans flash-back, la vie de Saroo dans le Nouveau Monde.

Certaines scènes marquantes :

– l'enfant dans le train : son regard habité, son cri déchirant « *Guddu !* », l'image d'un petit être affamé et affolé. Terreur et pitié du spectateur ;

– la course folle dans Calcutta : les contrastes entre le village perdu et la ville surpeuplée, les terribles menaces qui pèsent sur l'enfant. Angoisse et dégoût du spectateur ;

– l'accueil en Australie : un moment d'apaisement pour le personnage comme pour le spectateur, vite rompu par l'arrivée d'un « frère » indien autiste et violent ;

– le happy end : Saroo retrouve sa mère. Le pathos est évité, le spectateur est comblé par la rencontre des deux mères ; il partage le sentiment de plénitude du héros qui sait désormais d'où il vient et où il va.

Les réflexions associées aux émotions :

– la misère et la fragilité des enfants dans l'Inde moderne si contrastée ;

– le choc des cultures et l'intégration réussie (Saroo fait du bateau en famille, a une petite amie américaine) ;

– les problèmes liés à l'adoption : malgré la force des liens tissés avec sa famille australienne, Saroo est toujours en quête de ses racines. À la manière de la madeleine de Proust, la saveur de beignets indiens, les *jalebis*, lui rappelle soudainement son enfance ;

– à la fin du film, les images des personnages réels s'affichent à l'écran : loin de détruire l'illusion, elles donnent du crédit à la fiction.

Brève conclusion : un film à voir absolument !

CORPUS ET SUJETS 4 Séries ES, S, L - Pondichéry - Avril 2011

Objet d'étude : Le personnage de roman

CORPUS

TEXTE A. Stendhal (1783-1842), *La Chartreuse de Parme*, livre I, chapitre I, 1839.

TEXTE B. Honoré de Balzac (1799-1850), *Une Ténébreuse Affaire*, troisième partie, chapitre XXI, « Le bivouac de l'Empereur », 1843.

TEXTE C. Victor Hugo (1802-1885), *Les Misérables*, deuxième partie, chapitre XIII, « La catastrophe », 1862.

TEXTE D. Patrick Rambaud (1946-), *La Bataille*, 1997.

ANNEXE. Tableau de Jacques-Louis David (1748-1825), *Le Premier consul franchissant les Alpes au col du Grand Saint-Bernard*, 1800.

ÉCRITURE

I. Après avoir lu tous les textes du corpus, vous répondrez à la question suivante.

Question (4 points)

Confrontez les images de Napoléon qui se dégagent de ces quatre textes.

II. Vous traiterez ensuite, au choix, l'un des trois sujets suivants.

1. Commentaire (16 points)

Vous commenterez le texte de Victor Hugo (texte C).

2. Dissertation (16 points)

De nombreux romans sont nourris d'événements et de personnages historiques. En tant que lecteur, trouvez-vous que ces matériaux donnent de l'intérêt au roman ? Vous répondrez dans un développement organisé, en vous appuyant sur les textes du corpus, les œuvres étudiées en classe et vos lectures personnelles.

3. Invention (16 points)

Un jeune Milanais, « amoureux fou » de Napoléon Bonaparte, a assisté à son entrée dans Milan. Le soir même, il évoque l'événement dans son journal intime. Vous rédigerez un passage de ce journal où il exprime son enthousiasme et son émotion. Vous pouvez vous aider du tableau de David reproduit en annexe.

TEXTE A

Stendhal, *La Chartreuse de Parme*, livre I, chapitre I, 1839.

[*L'extrait suivant se situe au début du roman. Celui-ci évoque l'entrée de Napoléon Bonaparte à Milan en mai 1796, mettant fin à la domination de l'Autriche sur l'Italie. Des officiers français sont logés chez de riches Milanais, et notamment chez le marquis del Dongo, partisan des Autrichiens. Les Français ne seront chassés qu'en 1799.*]

Nous avouerons que, suivant l'exemple de beaucoup de graves auteurs, nous avons commencé l'histoire de notre héros une année avant sa naissance. Ce personnage essentiel n'est autre, en effet, que Fabrice Valserra, marchesino[1] del Dongo, comme on dit à Milan. Il venait justement de se donner la peine de naître lorsque les Français furent chassés, et se trouvait, par le hasard de la naissance, le second fils de ce marquis Del Dongo si grand seigneur, et dont vous connaissez déjà le gros visage blême, le sourire faux et la haine sans bornes pour les idées nouvelles. Toute la fortune de la maison était substituée au fils aîné Ascagnio Del Dongo, le digne portrait de son père. Il avait huit ans, et Fabrice deux, lorsque, tout à coup, ce général Bonaparte, que tous les gens bien nés croyaient pendu depuis longtemps, descendit du mont Saint-Bernard. Il entra dans Milan : ce moment est encore unique dans l'histoire ; figurez-vous tout un peuple amoureux fou. Peu de jours après, Napoléon gagna la bataille de Marengo. Le reste est inutile à dire. [...]

Peu de jours après la victoire, le général français, chargé de maintenir la tranquillité dans la Lombardie, s'aperçut que tous les fermiers des nobles, que toutes les vieilles femmes de la campagne, bien loin de songer encore à cette étonnante victoire de Marengo qui avait changé les destinées de l'Italie et reconquis treize places fortes en un jour, n'avaient l'âme occupée que d'une prophétie de saint Giovita, le premier patron de Brescia. Suivant cette parole sacrée, les prospérités des Français et de Napoléon devaient cesser treize semaines juste après Marengo. Ce qui excuse un peu le marquis del Dongo et tous les nobles boudeurs des campagnes, c'est que réellement et sans comédie, ils croyaient à la prophétie. Tous ces gens-là n'avaient pas lu quatre volumes en leur vie ; ils faisaient ouvertement leurs préparatifs pour rentrer à Milan au bout des treize semaines ; mais le temps, en s'écoulant, marquait de nouveaux succès pour la cause de la France. De retour à Paris, Napoléon, par de sages décrets, sauvait la révolution à l'intérieur comme il l'avait sauvée à Marengo contre les étrangers. Alors les nobles lombards, réfugiés dans leurs châteaux, découvrirent que d'abord ils avaient mal compris la prédiction du saint patron de Brescia : il ne s'agissait pas de treize semaines mais bien de treize mois. Les treize mois s'écoulèrent, et la prospérité de la France semblait s'augmenter tous les jours.

1. *marchesino* : titre donné, en Italie, à tous les fils de marquis.

TEXTE B

Honoré de Balzac, *Une Ténébreuse affaire*, troisième partie, chapitre XXI, « Le bivouac de l'Empereur », 1843.

[*Le roman s'inspire de faits historiques. Riche en péripéties, il débute avec l'évocation d'un complot de monarchistes contre Bonaparte, alors Premier consul (1799-1804), qui aboutit à un procès suivi de condamnations. Laurence de Saint-Cygne, une royaliste impliquée dans la conspiration, vient avec un de ses proches, le marquis de Chargeboeuf, demander la grâce de ses cousins sur le champ de bataille où se trouve Napoléon, devenu entre-temps empereur (1804). On est à la veille de la bataille de Iéna (1806).*]

L'Empereur descendit. Au premier mouvement qu'il fit, Roustan son fameux mameluck[1] s'empressa de venir tenir le cheval. Laurence était stupide d'étonnement : elle ne croyait pas à tant de simplicité.

– Je passerai la nuit sur ce plateau, dit l'Empereur.

En ce moment le grand-maréchal Duroc, que le gendarme avait enfin trouvé, vint au marquis de Chargeboeuf et lui demanda la raison de son arrivée ; le marquis lui répondit qu'une lettre écrite par son ministre des affaires extérieures lui dirait combien il était urgent qu'ils obtinssent, mademoiselle de Saint-Cygne et lui, une audience de l'Empereur.

– Sa majesté va dîner sans doute à son bivouac, dit Duroc en prenant la lettre, et quand j'aurai vu ce dont il s'agit, je vous ferai savoir si cela se peut.

– Brigadier, dit-il au gendarme, accompagnez cette voiture et menez-la près de la cabane en arrière.

Monsieur de Chargeboeuf suivit le gendarme, et arrêta sa voiture derrière une misérable chaudière bâtie en bois et en terre, entourée de quelques arbres fruitiers, et gardée par des piquets d'infanterie et de cavalerie.

On peut dire que la majesté de la guerre éclatait là dans toute sa splendeur. De ce sommet, les lignes des deux armées se voyaient éclairées par la lune. Après une heure d'attente, remplie par le mouvement perpétuel d'aides de camp partant et revenant, Duroc, qui vint chercher mademoiselle de Saint-Cygne et le marquis de Chargeboeuf, les fit entrer dans la chaumière, dont le plancher était en terre battue comme celui de nos aires de grange. Devant une table desservie et devant un feu de bois vert qui fumait, Napoléon était assis sur une chaise grossière. Ses bottes, pleines de boue, attestaient ses courses à travers champs. Il avait ôté sa fameuse redingote, et alors son célèbre uniforme vert, traversé par son grand cordon rouge, rehaussé par le dessous blanc de sa culotte de casimir[2] et de son gilet, faisait admirablement bien valoir sa pâle et terrible figure césarienne. Il avait la main sur une carte dépliée, placée sur ses genoux. Berthier se tenait debout dans son brillant costume de vice-connétable de l'Empire. Constant, le valet de chambre, présentait à l'Empereur son café sur un plateau.

– Que voulez-vous ? dit-il avec une feinte brusquerie en traversant par le rayon de son regard la tête de Laurence. Vous ne craignez donc plus de me parler avant la bataille ? De quoi s'agit-il ?

– Sire, dit-elle en le regardant d'un œil non moins fixe, je suis mademoiselle de Saint-Cygne.

– Eh bien ? répondit-il d'une voix colère en se croyant bravé par ce regard.

– Ne comprenez-vous donc pas ? Je suis la comtesse de Saint-Cygne, et je vous demande grâce, dit-elle en tombant à genoux et en lui tendant le placet[3] rédigé par Talleyrand, apostillé[4] par l'Impératrice, par Cambacérès et par Malin.

L'Empereur releva gracieusement la suppliante en lui jetant un regard fin et lui dit :

– Serez-vous sage enfin ? Comprenez-vous ce que doit être l'Empire français ?

– Ah ! je ne comprends en ce moment que l'Empereur, dit-elle vaincue par la bonhomie avec laquelle l'homme du destin avait dit ces paroles qui faisaient pressentir la grâce.

– Sont-ils innocents ? demanda l'Empereur.

– Tous, dit-elle avec enthousiasme.

---

1. *mameluck* : soldat d'origine orientale formant la garde personnelle de l'Empereur.
2. *casimir* : le casimir est un tissu léger.
3. *placet* : lettre sollicitant une grâce.
4. *apostillé* : annoté.

TEXTE C

Victor Hugo, *Les Misérables*, deuxième partie, chapitre XIII, « La catastrophe », 1862.

[*Le narrateur évoque longuement, au début de la seconde partie du roman, un événement historique : la bataille de Waterloo du 18 juin 1815. L'armée française emmenée par Napoléon fut vaincue par l'armée alliée commandée par Wellington – composée principalement de Britanniques et de Hollandais – et par l'armée prussienne dirigée par le général Blücher.*]

La victoire s'acheva par l'assassinat des vaincus. Punissons, puisque nous sommes l'histoire : le vieux Blücher se déshonora. Cette férocité mit le comble au désastre. La déroute désespérée traversa Genappe, traversa les Quatre-Bras, traversa Gosselies, traversa Fresnes, traversa Charleroi, traversa Thuin, et ne s'arrêta qu'à la frontière. Hélas ! et qui donc fuyait de la sorte ? la grande armée.

Ce vertige, cette terreur, cette chute en ruine de la plus haute bravoure qui ait jamais étonné l'histoire, est-ce que cela est sans cause ? Non, l'ombre d'une droite[1] énorme se projette sur Waterloo. C'est la journée du destin. La force au-dessus de l'homme a donné ce jour-là. De là le pli épouvanté des têtes ; de là toutes ces grandes âmes rendant leur épée. Ceux qui avaient vaincu l'Europe sont tombés terrassés, n'ayant plus rien à dire ni à faire, sentant dans l'ombre une présence terrible. *Hoc erat in fatis*[2]. Ce jour-là, la perspective du genre humain a changé. Waterloo, c'est le gond du dix-neuvième siècle. La disparition du grand homme était nécessaire à l'avènement du grand siècle. Quelqu'un à qui on ne réplique pas s'en est chargé. La panique des héros s'explique. Dans la bataille de Waterloo, il y a plus que du nuage, il y a du météore. Dieu a passé.

À la nuit tombante, dans un champ près de Genappe, Bernard et Bertrand saisirent par un pan de sa redingote et arrêtèrent un homme hagard, pensif, sinistre, qui, entraîné jusque là par le courant de la déroute, venait de mettre pied à terre, avait passé sous son bras la bride de son cheval, et, l'œil égaré, s'en retournait seul vers Waterloo. C'était Napoléon essayant encore d'aller en avant, immense somnambule de ce rêve éveillé.

1. *droite* : main divine.
2. *Hoc erat in fatis* : locution latine signifiant « cela était formulé par les Dieux », « c'était fatal ».

TEXTE D

Patrick Rambaud, *La Bataille*, 1997, © Éditions Grasset.

[*Ce texte constitue l'ouverture du roman, lequel évoque la campagne d'Allemagne et d'Autriche, marquée par la défaite d'Essling, en mai 1809.*]

Le mardi 6 mai 1809, dans la matinée, une berline entourée de cavaliers sortit de Schönbrunn pour longer à petit train la rive droite du Danube. C'était une voiture ordinaire, de couleur olive, sans écussons. À son passage des paysans autrichiens ôtaient leur chapeaux noirs à large bord, par prudence mais sans respect, car ils connaissaient les officiers, qui trottaient sur leurs chevaux arabes à crinière longue, une peau de panthère sous les fesses, avec des uniformes à la hongroise, blancs, écarlates, chargés d'or, une plume de héron au shako[1] : ces jeunes messieurs accompagnaient partout Berthier, le major général de l'armée d'occupation.

Par la vitre abaissée, une main s'agita au bout d'une manche. Aussitôt, le grand écuyer Caulaincourt, qui maintenait son cheval contre la portière, serra sa monture des genoux, enleva son bicorne et ses gants avec des gestes d'acrobate, puis il détacha d'un bouton de sa veste une carte pliée des environs de Vienne qu'il tendit en saluant. La voiture s'arrêta peu après devant le fleuve jaune et rapide.

Un mameluk en turban sauta du siège des laquais, déplia le marchepied, ouvrit la porte et exagéra des courbettes. L'Empereur descendit de la voiture en mettant son chapeau de castor au poil roussi par les repassages. Il avait jeté comme une cape, sur son habit de grenadier, sa redingote en drap gris de Louviers. Sa culotte était tachée d'encre parce qu'il avait la manie d'y essuyer ses plumes : avant la parade quotidienne il avait dû signer une brassée de décrets, puisqu'il voulait tout décider, depuis la distribution de souliers neufs à la Garde jusqu'à l'approvisionnement des fontaines parisiennes, mille détails qui souvent ne relevaient pas de cette guerre qu'il menait en Autriche.

Napoléon commençait à s'empâter. Son gilet de casimir serrait un ventre déjà rond, il n'avait plus de cou, presque pas d'épaules. Son regard détaché ne s'enflammait que sous la colère. Ce jour-là il était maussade, la bouche pincée. Quand il avait eu la certitude que l'Autriche s'armait contre lui, il était rentré en cinq jours de Valladolid à Saint-Cloud, crevant au galop on ne sait combien de chevaux. Lui qui dormait alors dix heures par nuit et deux heures dans son bain, grâce à ses revers en Espagne et à cette nouvelle équipée, il retrouvait d'un coup son endurance et sa force.

1. *shako* : couvre-chef militaire.

ANNEXE

Jacques-Louis David, *Le Premier consul franchissant les Alpes au col du Grand Saint-Bernard*, 1800.

Corrigés

Attention : aucun titre ne doit figurer dans les devoirs rédigés.

CORPUS ET QUESTION

Travail préparatoire

■ La lecture de la question et des textes

• La lecture des textes et la problématique du corpus

Le personnage de Napoléon fédère le corpus ; s'il côtoie des personnages de fiction comme Fabrice del Dongo dans le texte de Stendhal, Laurence de Saint-Cygne et le marquis de Chargeboeuf dans le roman de Balzac, c'est lui qui, au cœur des extraits, pose le problème du rapport entre l'univers romanesque et l'Histoire. Dans quelle mesure un personnage de roman peut-il être historique ? Que devient sous la plume du romancier un personnage historique ?

• Le paratexte (voir fiche 15)

Le paratexte réunit tout ce qui accompagne le texte, ses références, les notes et les chapeaux introducteurs. Les dates de publication ainsi que celles de naissance et de mort des romanciers et du peintre, figurant en tête du sujet puis de chaque texte, sont importantes.
Chacun des extraits est précédé d'une introduction que vous devrez lire avec attention. D'une part ces paragraphes précisent la place du passage dans la fiction, d'autre part ils situent l'évocation des romanciers dans le contexte de l'Empire.
Différentes dates permettent de retrouver la chronologie de l'Empire : entrée de Napoléon à Milan en 1796 (texte A), Consulat de 1799 à 1804 (texte B), le Premier Consul franchit les Alpes en 1800 (tableau de David) et entre à Milan avant de remporter la bataille de Marengo (texte A), Napoléon sacré empereur en 1804, victoire de Iéna en 1806 (texte B), défaites d'Essling en 1809 (texte D) et de Waterloo en 1815 (texte C). Vous veillerez tout particulièrement aux dates de 1899 et de 1804 : avant 1899 (texte A), Napoléon est un général des armées révolutionnaires, en 1800, il est Premier Consul et après 1804 il est empereur.

• La lecture de la question (voir fiche 31)

Chacun des termes de la question mérite d'être pesé. Le terme « *images* » suppose une représentation plus qu'une vérité historique et le verbe « *confronter* » appelle une démarche comparative et synthétique. Vous devez organiser la réponse en dégageant différents aspects de la représentation littéraire de l'empereur.

■ La démarche

• Les qualités d'une bonne réponse

On attend de la réponse qu'elle soit construite et synthétique, qu'elle sache mettre en relief ce qui est essentiel. Vous devrez opérer des rapprochements et introduire des nuances ; vous vous appuierez sur des citations significatives.

• La méthode

Après avoir lu attentivement chacun des textes, soulignez les passages où il est question de l'empereur et repérez les éléments qui se font écho.
N'oubliez pas de tenir compte de la chronologie : le personnage qui prépare la victoire de Iéna (1806) n'est pas l'« *homme hagard* » de Waterloo (1815).

• La composition de la réponse

Quelle que soit la question, il est indispensable de bâtir le plan de la réponse en s'appuyant sur les termes mêmes de l'énoncé. La question invite fréquemment à suivre plusieurs pistes ; on veillera bien à les dégager clairement et à suivre le plan indiqué afin d'éviter une réponse confuse ou simplement paraphrastique. On attend une démarche synthétique, c'est-à-dire une organisation qui opère des rapprochements entre les textes sans pour autant gommer leurs particularités.
Le corps de la réponse doit être précédé d'une brève introduction qui présente le corpus et la question. Vous n'oublierez pas de conclure en résumant rapidement ce que vous avez montré.

• Le plan

I Un personnage qui évolue au fil du temps
II Un personnage reconnaissable à sa tenue
III Le choix de la simplicité
IV Un personnage hors du commun

*[**Mettre en relief, en rédigeant, la composition de la réponse :** les titres ne devant en aucun cas figurer dans un devoir rédigé, ce sont la mise en page et la rédaction elle-même qui indiquent les étapes du plan suivi. Tout d'abord, l'introduction présente le corpus, la question et la démarche choisie ; puis chaque nouvelle étape est signalée par un alinéa.]*

Le corpus est constitué de quatre extraits de roman qui évoquent l'empereur. Les trois premiers romanciers sont de fervents admirateurs de Napoléon Ier : Stendhal l'évoque lors des campagnes d'Italie au début de *La Chartreuse de Parme* (1839), Balzac brosse son portrait à la veille de la bataille de Iéna dans *Une Ténébreuse affaire* (1843) et, en 1862, Hugo donne toute son ampleur à la légende lorsqu'il dépeint « *l'assassinat des vaincus* » à Waterloo dans *Les Misérables*. Beaucoup plus tard, en 1997, Patrick Rambaud écrit *La Bataille* dont le thème est la défaite d'Essling. *[Présentation du corpus.]* Nous confronterons les images de Napoléon qui se dégagent de ces quatre textes. *[Présentation de la question.]*

I Un personnage qui évolue au fil du temps

De la première campagne d'Italie à la défaite de Waterloo, l'empereur change. *[Présentation de ce qui va être développé au cours du paragraphe.]* Si Balzac nous présente un homme sûr de lui (« *terrible figure césarienne* ») à la veille de la victoire de Iéna, Hugo peint « *un homme hagard* » et solitaire dans la déroute de Waterloo. Patrick Rambaud, dont le roman raconte la défaite d'Essling, montre également l'impact des années sur son personnage : « *commençait à s'empâter* », « *un ventre déjà rond* », « *plus de cou* ». Mais les textes insistent davantage sur une image immuable qui fait de l'empereur un homme de légende, hors du temps.

II Un personnage reconnaissable à sa tenue

Trois des quatre textes présentent la tenue vestimentaire de l'empereur comme si elle permettait de le reconnaître et faisait partie du personnage. *[Présentation du thème du deuxième paragraphe.]* Le texte B souligne le rôle des vêtements en parlant de « *sa fameuse redingote* » et de « *son célèbre costume vert* ». Les deux adjectifs montrent que dans l'esprit de tous, avant même de passer à la postérité littéraire et picturale, l'empereur est devenu une image. Sa tenue lui confère, de son vivant, l'éternité d'une légende. Dans les textes B, C et D, il est question de la redingote, de l'uniforme et de la « *culotte de casimir* » : « *un pan de sa redingote* » (texte C) qui permet peut-être de le retrouver dans la débâcle de Waterloo, « *son habit de grenadier, sa redingote en drap gris* », « *son gilet de casimir* » (texte D).

III Le choix de la simplicité

Dans le texte D, la culotte « *tachée d'encre parce qu'il avait la manie d'y essuyer ses plumes* » suggère le peu de souci du personnage pour son apparence, laissant entendre que son esprit est entièrement accaparé par des préoccupations plus importantes. De manière plus générale, les textes B et D soulignent la simplicité de l'empereur. *[Thème du paragraphe.]* Ainsi, dans le roman de Balzac, Napoléon est installé dans une simple chaumière dont le sol est en terre battue. Ses bottes sont « *pleines de boue* » et il a placé la « *carte dépliée* » « *sur ses genoux* ». Il ne craint pas de donner à ses deux visiteurs cette image d'un homme ordinaire prenant son café au coin du feu. Dans le roman de 1997, sa « *voiture ordinaire, de couleur olive, sans écussons* » témoigne aussi de cette simplicité.

IV Un personnage hors du commun

Cette image profondément humaine de l'empereur contribue paradoxalement à mettre en valeur sa personnalité hors du commun. *[Thème du paragraphe.]* Balzac souligne son intelligence particulière en s'attardant à deux reprises sur son regard : « *en traversant par le rayon de son regard la tête de Laurence* », « *un regard fin* ». Dans les textes A et D, les romanciers mettent en avant un rapport au temps particulier : « *peu de jours après* », « *treize places fortes en un jour* », « *il était rentré en cinq jours de Valladolid à Saint-Cloud* ». Cette maîtrise du temps et de l'espace révèle une autorité peu commune. Balzac parle en effet de « *terrible figure césarienne* » et, avec le recul de l'historien, Patrick Rambaud explique qu'« *il voulait tout décider* ». Habitué à tout diriger, l'empereur ne supporte pas la contradiction comme on le voit dans le texte B lorsqu'il s'exprime avec « *une voix colère en se croyant bravé par* [le] *regard* » de Laurence de Saint-Cygne. Dans le contexte de la défaite de Waterloo (texte C), on retrouve cette obstination d'un homme qui ne peut accepter de perdre : « *C'était Napoléon essayant encore d'aller en avant.* »

Ce mélange de simplicité et de force ouvre à l'empereur la porte de la légende. Sous la plume de Stendhal, il est confronté à une prédiction et incarne « *la prospérité de la France* » ; dans le texte B, « *sa pâle et terrible figure césarienne* » rappelle à la fois l'idéal du héros romantique et la dynastie des empereurs romains ; Victor Hugo, évoquant la bataille de Waterloo, en fait l'« *immense somnambule de ce rêve éveillé* » et insiste sur le rôle du destin dont Napoléon a été à la fois l'instrument et la victime : « *Hoc erat in fatis.* » Y compris dans sa défaite, l'empereur sert la cause du « *genre humain* » : « *La disparition du grand homme était nécessaire à l'avènement du grand siècle.* »

Le corpus esquisse le parcours de Napoléon Ier, de ses victoires à son ultime défaite à Waterloo, mais les romanciers s'attachent avant tout à souligner la personnalité hors du commun de l'empereur, mélange de simplicité et de force. Napoléon, sous la plume des écrivains, comme déjà face à ses contemporains « *amoureux fou[s]* », devient une légende romantique qui nous fascine encore aujourd'hui. *[La conclusion résume brièvement ce qui a été montré.]*

COMMENTAIRE

Travail préparatoire

■ La lecture du texte

• L'introduction et les connaissances historiques nécessaires

Le chapeau introducteur apporte des précisions historiques qui vous aident à bien lire le texte : la date de la bataille de Waterloo, la défaite de l'armée française, la victoire des alliés, notamment celle des Prussiens commandés par le général Blücher, personnage évoqué par Hugo.

Pour bien comprendre le texte, il est par ailleurs nécessaire de savoir que Waterloo marque la fin de l'Empire.

• Les outils d'analyse

Les connaissances historiques sont indispensables pour comprendre le texte mais elles ne suffisent pas. Le corpus et la question constituent un éclairage important car la confrontation des extraits montre comment un personnage historique est devenu, sous la plume des romanciers, une véritable légende. C'est cette image littéraire de la bataille et de l'empereur que vous devrez analyser.

Pour donner vie à la déroute et magnifier Napoléon, Victor Hugo a recours à différents procédés de rhétorique (gradations, antithèses*, métonymies*...) que vous devrez identifier et commenter.

La méthode

• **Une lecture attentive et sensible** (voir fiches 37 et 46)

Lisez minutieusement le texte pour vous assurer d'une bonne compréhension ; dégagez-en le plan pour saisir sa progression et ses enjeux. N'oubliez pas que cette page est tirée d'un roman et non d'un livre d'histoire.
Soyez sensible aux images suggérées par le texte et à la transfiguration du personnage de l'empereur. Relevez au fil du passage, les différents champs lexicaux et les procédés de style.

• **Un commentaire littéraire et sa problématique**

L'exercice demandé est un commentaire littéraire et vous éviterez de le confondre avec l'étude de documents en histoire même si l'ancrage dans la réalité historique est un aspect du texte que vous devrez étudier. Il s'agit donc de montrer comment un romancier (et non un historien) représente de façon littéraire un personnage historique. Cette problématique croise celle de la dissertation.

• **L'élaboration du plan**

Interrogez-vous sur les intentions du romancier. Notez au fil de votre lecture vos remarques et regroupez-les de façon à mettre en place une progression qui permette de traiter la problématique de l'image littéraire d'un personnage historique.

FICHE 11

• **Le nombre de parties dans un devoir**

Traditionnellement, un plan se construit en deux ou trois parties. L'essentiel est de justifier son choix et d'établir une progression. Les deux (ou trois) parties ne doivent pas être juxtaposées comme deux (ou trois) devoirs indépendants mais être liées dans une même démarche d'approfondissement de la lecture du texte (commentaire) ou de la réflexion sur l'objet d'étude (dissertation).
Dans la dissertation, lorsque le sujet prend la forme d'une interrogation totale (deux réponses possibles : oui/non), les deux axes de réflexion ne doivent pas être présentés comme contradictoires. Pour éviter de conduire une réflexion en forme de sondage d'opinion (ceux qui pensent que « oui » et ceux qui pensent que « non »), on pourra envisager une démarche qui va de l'apparence à la réalité : on pourrait penser que… mais, en réalité… La solution idéale, dans ce cas, reste le plan dialectique car la troisième partie a pour fonction de dépasser la contradiction apparente des deux premiers axes (voir fiches 50 et 28).
Que l'on choisisse un plan en deux ou trois parties, ces parties doivent être elles-mêmes construites. Les sous-parties sont cohérentes entre elles et correspondent au projet de la partie à laquelle elles se rattachent. Sans doute, dans un plan en deux mouvements, est-il préférable de composer chaque axe en trois sous-parties de manière à éviter des passages trop massifs ou un devoir trop court.

FICHE 12

• **Un plan dans le mouvement**

De manière générale, le commentaire peut se mener selon deux démarches : en suivant la progression du texte ou en fédérant l'analyse autour d'axes d'étude. Dans les deux cas, il s'agit de mettre en relief le sens et les finalités du texte de

façon à la fois synthétique (les centres d'intérêt du texte) et analytique (l'étude précise des procédés et de leurs effets).
On peut être amené à opter pour un plan dans le mouvement du texte si la composition du passage est fortement marquée et si l'on ne risque pas de se répéter lors du commentaire. Suivre la progression du passage ne consiste jamais à enchaîner des remarques ponctuelles : à l'intérieur de chaque partie, l'analyse est composée et non linéaire.
On pourrait, pour cette page de Victor Hugo, être tenté par cette démarche en étudiant successivement les trois paragraphes pour mettre en avant, en fin de devoir, la découverte d'un Napoléon « *hagard* ». Ce plan, cependant, ne permet pas de dégager la transfiguration de l'événement historique et risque de conduire à des répétitions.

• La cohérence du plan de commentaire
La finalité du commentaire étant de rendre compte d'une lecture (au singulier) du texte, il importe de construire une progression cohérente qui élabore étape par étape une définition pertinente du texte.
Pour éviter un plan éclaté, obligez-vous à rédiger les axes d'étude de sorte qu'ils puissent être réunis en une phrase cohérente : Ce texte, c'est ... qui... et qui... Ce travail préalable au brouillon garantira la progression logique du commentaire et préparera la rédaction de l'annonce du plan dans l'introduction.

• Le plan
I Le récit vivant d'un événement historique
II L'analyse de cet événement
III La transfiguration littéraire du personnage et de l'événement : la légende

COMMENTAIRE RÉDIGÉ

Introduction

Pour les écrivains romantiques dont Victor Hugo est le chef de file, Napoléon incarne l'enthousiasme et la passion. La bataille de Waterloo, en juin 1815, marque la fin des rêves révolutionnaires et de l'Empire ; elle ouvre une ère où vont dominer les valeurs de l'argent comme le dénonceront les écrivains réalistes (Balzac, Flaubert) et Hugo lui-même. Si, dans son roman *Les Misérables*, Victor Hugo interrompt le fil des intrigues pour évoquer longuement la bataille du 18 juin 1815, c'est que cet événement a pour lui un retentissement essentiel. Mais quelle place un fait et un personnage historiques peuvent-ils occuper dans une œuvre de fiction ? Comment le romancier donne-t-il à l'Histoire une force littéraire et une portée légendaire ? En effet, le romancier cherche à donner vie à l'événement historique et à le comprendre mais, sous sa plume, l'Histoire bascule dans la légende.

I Le récit vivant d'un événement historique

Au début de la deuxième partie des *Misérables*, Victor Hugo quitte la fiction pour nous emmener sur le terrain de l'Histoire en évoquant la bataille de Waterloo. La narration puise dans la réalité pour raconter la défaite et lui donner vie.

I-1 L'ancrage dans la réalité

Dans cette page du roman, Victor Hugo tourne nettement le dos à la fiction en multipliant les indices qui garantissent la vérité historique du récit. Ainsi, au début, l'accumulation des noms de lieux met l'accent sur la réalité du cadre géographique et l'on retrouve à la fin de l'extrait une allusion à Genappe pour mieux assoir l'ancrage historique. L'auteur prend la peine de préciser les lieux en indiquant même qu'il s'agit d'« *un champ près de Genappe* ». Le nom de Waterloo apparaît quant à lui à trois reprises. On retrouve le même souci du détail précis dans le traitement du temps : Napoléon est arrêté « *à la nuit tombante* ». Même précision pour les personnages : du côté de l'armée alliée, Victor Hugo mentionne « *le vieux Blücher* » qui commande les forces prussiennes ; du côté de la « *grande armée* », il est question des généraux Bernard et Bertrand et, à la toute fin du texte, de Napoléon lui-même, reconnaissable à sa célèbre redingote.

I-2 Le récit d'une défaite

Dès le premier paragraphe, l'accent est mis sur l'ampleur de la défaite. L'armée ennemie ne se contente pas de vaincre les troupes napoléoniennes, elle les assassine (« *l'assassinat des vaincus* ») et l'opposition entre les termes « *victoire* » et « *vaincus* » placés aux deux extrémités de la première phrase vient donner plus de force encore au verbe « *achever* » auquel on pourrait prêter son deuxième sens de mise à mort. Les mots « *déroute* » et « *désespérée* » font écho au « *désastre* » ; la répétition du préfixe négatif « *dé* » martèle l'échec avant que la reprise du verbe « *traverser* » ne vienne exprimer cette fuite de la Grande Armée. Dans le deuxième paragraphe, le champ lexical de la ruine est présent : « *chute en ruine* », « *rendant leur épée* », « *tombés terrassés* » ; il se double de l'expression de la peur, sentiment inhabituel chez des soldats réputés courageux : « *Ce vertige, cette terreur* », « *le pli épouvanté des têtes* », « *La panique des héros* ». À la fin du deuxième paragraphe, la représentation de la défaite se focalise sur l'empereur et « *la disparition du grand homme* » prépare l'image, au début anonyme, de l'« *homme hagard* » qui achève le passage. Les adjectifs ou participes « *hagard* », « *sinistre* », « *égaré* » et « *seul* » expriment une défaite individuelle qui rejoint la débâcle collective dans l'expression « *entraîné jusque là par le courant de la déroute* ».

I-3 Un récit vivant

L'ambition du romancier est de donner vie à la scène. C'est le rôle de l'énumération des lieux qui jalonnent le repli de l'armée en déroute jusqu'au mot « *frontière* » marquant l'échec définitif. La reprise ternaire du déterminant démonstratif (« *ce vertige, cette terreur, cette chute en ruine* ») accompagne de façon similaire la gradation des substantifs. L'expression « *chute en ruine* » donne l'impression que la défaite est si grande qu'un seul terme ne suffit pas pour l'évoquer. À la fin du texte le présentatif « *C'était* », introduisant le nom de celui qui jusque-là n'a été désigné que comme un « *grand homme* » puis simplement un « *homme hagard* », parachève la mise en scène de la déroute comme si le regard du lecteur était finalement invité à se focaliser sur Napoléon après un processus de retardement. Le recours au passé composé et au participe présent (« *rendant* ») contribue également à rendre la scène plus proche du lecteur. Hugo n'hésite pas à s'adresser à son lecteur en adoptant des intonations orales : « *Hélas ! et qui donc fuyait de la sorte ?* », « *est-ce que cela est sans cause ? Non.* »

[Conclusion-transition] Sous la plume du romancier, la scène de la déroute prend vie ; mais Victor Hugo ne se contente pas de raconter et de donner un souffle à ce grand moment de l'Histoire, il veut aussi le situer et le comprendre.

II L'analyse de cet événement

En effet, la bataille de Waterloo est analysée ; elle est tout d'abord située dans le contexte plus large de l'Empire et l'on voit que Victor Hugo cherche des causes et propose des explications.

II-1 La situation de l'événement dans le contexte de l'Empire

Les figures d'opposition, nombreuses dans le texte, permettent de situer Waterloo dans le contexte de l'épopée impériale. L'ampleur de la défaite est opposée à la bravoure des troupes de Napoléon. Ainsi la réponse à la question rhétorique concernant la fuite dans le premier paragraphe est lapidaire : « *la grande armée* ». Par la suite, les oppositions lexicales sont plus nettes encore. Au sein du groupe nominal « *cette chute en ruine de la plus haute bravoure* », les termes antithétiques sont doublés. Plus loin, c'est la métonymie qui cristallise l'opposition : « *toutes ces grandes âmes rendant leur épée* ». « *Ceux qui avaient vaincu l'Europe sont tombés terrassés* » : ici, les verbes sont nettement contraires, la voix active ayant fait place à une construction passive pour signifier l'impuissance et l'échec des soldats. L'oxymore « *panique des héros* » résume le parcours de la Grande Armée, de sa gloire à sa défaite à Waterloo tandis que le verbe « *achever* » met un point final à cette page épique de l'histoire de France.

II-2 La recherche des causes

Victor Hugo ne se contente pas de saisir la trajectoire impériale, des sommets de sa gloire à sa défaite la plus cuisante, il entreprend d'expliquer l'événement. Pour cela il se met à la place de son lecteur : « *est-ce que cela est sans cause ?* ». La réponse est clairement « *non* ». Un peu plus loin, la démarche explicative est une nouvelle fois soulignée : « *La panique des héros s'explique.* » La tournure pronominale réfléchie laisse entendre cette fois-ci que les explications sont à chercher dans l'événement lui-même et non à l'extérieur, comme si la panique des soldats tenait justement à leur héroïsme initial. Dans le premier paragraphe, la recherche des causes se présente différemment. Victor Hugo se met dans la peau du général Blücher : « *Punissons, puisque nous sommes l'histoire.* » Le récit à la troisième personne a fait place à une phrase au discours direct qu'aucune ponctuation ne signale et c'est l'explication du général prussien qui est donnée, introduite par la conjonction de subordination « *puisque* ».

II-3 Les explications

À première vue, Victor Hugo donne deux raisons à la défaite de Waterloo. Dans le premier paragraphe, il explique l'ampleur de la déroute par l'acharnement démesuré des vainqueurs. « *Cette férocité mit le comble du désastre* » : c'est la violence gratuite des Prussiens qui a causé cette fuite éperdue jusqu'à la frontière. Hugo désapprouve cette attitude de la coalition européenne avec des termes forts : « *assassinat* », « *déshonora* ». La seconde explication, longuement développée dans le deuxième paragraphe, ôte, elle aussi, toute responsabilité à l'empereur et à son armée. « *C'est la journée du destin.* » La brièveté de cette phrase donne toute sa force implacable à cette puissance extérieure évoquée par différents termes au fil du texte : « *l'ombre d'une droite énorme* », « *la force au-dessus de l'homme* », « *une présence terrible* », le *fatum* (« *Hoc erat in fatis* »), « *quelqu'un* ». Cette force sans visage agit de façon inéluctable ; elle est « *nécessaire* ». À la toute fin du deuxième paragraphe, dans une dernière phrase très brève, Hugo met un nom sur cette puissance invincible : « *Dieu a passé.* » Mais les deux explications – l'acharnement des ennemis et le destin – se rejoignent dans la pensée attribuée par Hugo au général Blücher : « *Punissons, puisque nous sommes l'histoire.* » Le vainqueur, très proche du vaincu finalement, n'est lui-même qu'un instrument du destin.

[Conclusion-transition] Ainsi, pour expliquer Waterloo, Victor Hugo situe l'événement dans un contexte plus large et évoque des forces qui dépassent l'homme. Ce dépassement de l'Histoire fait entrer la bataille et l'empereur dans la légende.

III La transfiguration littéraire du personnage et de l'événement : la légende

Dans cette page des *Misérables*, Victor Hugo fait davantage œuvre d'artiste que d'historien. Grâce aux ressources de la transposition littéraire, il réhabilite les soldats et l'empereur, contribuant ainsi à l'édification de la légende napoléonienne.

III-1 La réhabilitation de la Grande Armée et de l'empereur

Comme nous venons de le voir Victor Hugo ne rend pas la Grande Armée responsable de la défaite. Dans ces conditions, le déshonneur de cette fuite galopante est finalement pour les Prussiens (« *le vieux Blücher se déshonora* »), ce qui laisse intact l'honneur des troupes napoléoniennes. Dans le deuxième paragraphe, les soldats de Napoléon ne sont pas tombés sous les coups de l'ennemi mais sous ceux de Dieu lui-même. C'est la droite qui a frappé. Et si les hommes sont terrifiés, c'est parce qu'ils « *sent* [ent] *dans l'ombre une présence terrible* ». Face à « *quelqu'un à qui on ne réplique pas* », les soldats ne sont plus, dans ce combat divin, que des « *grandes âmes rendant leur épée* ». Par le même processus, l'empereur est innocenté lui aussi : sa disparition est « *nécessaire* » et l'« *homme hagard* » est devenu « *sinistre* » (adjectif signifiant étymologiquement la gauche et donc opposé à la droite) dès lors que « *la droite* » intervient.

III-2 La glorification au seuil de la légende

Mais la réhabilitation est un terme d'historien. Hugo, lui, est un artiste qui transforme la bataille de Waterloo en moment de gloire. Tout se passe en effet comme si l'abondance et la force des termes exprimant le désastre opéraient un retournement de situation : l'ampleur de la défaite est telle qu'elle est à la hauteur des victoires ; elle trouve pleinement sa place dans l'épopée napoléonienne et montre, jusque dans l'humiliation de la défaite, que la Grande Armée, tout comme l'empereur, est hors du commun. C'est la démesure – celle de la déroute après celle des victoires – qui fait entrer Napoléon dans la légende romantique. L'empereur acquiert, de plus, la dimension littéraire d'un héros tragique. Victime du destin, il se bat jusqu'au bout, « *essayant encore d'aller en avant* », « *seul* » face à Dieu. Héros romantique, « *immense somnambule de ce rêve éveillé* », il est en proie à des passions et à des rêves qui le dépassent. Les allitérations (*-s*, *-m*) et les assonances (*-en*, *-é*) confèrent à ces derniers mots une résonnance toute particulière. En situant l'empereur et la bataille dans le contexte de son siècle, Hugo présente la mort de l'Empire comme un acte de naissance ; la déroute de Waterloo est un sacrifice, le « *grand homme* » acceptant de disparaître pour qu'advienne le « *grand siècle* ». « *Waterloo, c'est le gond du dix-neuvième siècle* » : grâce à Napoléon, l'histoire bascule dans la modernité et la défaite devient une éclatante victoire. Dans l'abondance des démonstratifs (« *ce* », « *cette* », « *ceux* »...) et des présentatifs (« *c'est* »), nous pouvons voir le doigt tendu d'un romancier nous montrant, jusque dans la défaite même, l'épopée glorieuse d'un empereur devenu héros de légende.

Conclusion

Ancrant son récit dans une réalité géographique et historique bien précise, Victor Hugo affiche son projet d'expliquer l'événement. Mais, plus artiste qu'historien fidèle, le romancier contribue surtout à l'édification de la légende napoléonienne en opérant un renversement des valeurs. En effet, sous sa plume, la coalition européenne est déshonorée tandis que la Grande Armée devient l'instrument de la main divine pour que s'ouvre enfin la porte de la modernité. Quant à Napoléon, sa « *disparition* », qui préfigure sa mort, est « *nécessaire à l'avènement du grand siècle* ». Cette page des *Misérables*, écrite durant l'exil sous le règne de Napoléon III, nous montre comment la littérature, comme cela a déjà été fait, dans *La Chanson de Roland* par exemple, peut faire d'un personnage historique un héros de légende. Victor Hugo, avec son recueil des *Châtiments* (1853), nous a déjà montré dix ans auparavant, comment la plume d'un écrivain peut, d'une autre façon, contribuer à donner d'un homme, Napoléon III, une image négative qui vient s'opposer, pour la postérité, à celle du « *grand homme* » dont *Les Misérables* font l'éloge.

DISSERTATION

Travail préparatoire

■ La lecture du sujet

• Un sujet de forme traditionnelle

Comme c'est l'usage, le sujet comprend deux parties : la question puis un rappel des attentes méthodologiques de la dissertation.

La question est une interrogation totale (réponses oui/non) qui demande un plan dialectique (voir fiche 50) puisqu'il vous faut envisager l'ensemble des réponses possibles au sujet tout en veillant à la cohérence de votre réflexion.

On vous rappelle d'une part que la dissertation suppose « *un développement organisé* », c'est-à-dire, un plan bâti au brouillon et, d'autre part, que les exemples sont nécessaires pour illustrer l'argumentation : le corpus, s'il est indispensable (« *en vous appuyant sur les textes du corpus* ») n'est pas suffisant et vous devrez puiser dans « *les œuvres étudiées en classe et vos lectures personnelles* ».

• Le sentiment personnel dans la dissertation

Les consignes de dissertation emploient parfois l'adjectif « personnel » ou des termes similaires (« trouvez-vous », « privilégiez-vous »...) et invitent à présenter une position personnelle. Une part de subjectivité intervient nécessairement dans toute réflexion. Veillez toutefois à ne pas négliger les principes de base de la dissertation. Les différentes réponses possibles à la question posée doivent être envisagées. Simplement, vous mettrez en relief ce qui vous semble, personnellement, le plus important. Et sentiment personnel ne valant pas argumentation, il faut toujours justifier et illustrer vos propos.

• L'éclairage du corpus

Les quatre textes du corpus ainsi que la reproduction du tableau de David présentent le personnage historique de Napoléon. Dans tous les cas, l'œuvre artistique nous donne une image et non une représentation exacte du personnage historique : c'est ce que vous avez montré en répondant à la question.
Ainsi le sujet de dissertation prolonge la question en interrogeant le rapport entre l'écriture littéraire et l'Histoire. Il s'agit d'approfondir l'étude en passant du simple constat (« *les images de Napoléon* ») à une réflexion sur l'intérêt de cette place accordée aux événements historiques dans le roman.

• Le problème du sujet

Par définition, le roman est une création de l'écrivain et suppose une part de fiction. Pourtant, nombreux sont les romans qui évoquent des événements ou des personnages historiques. Il convient donc de se demander si cette présence de l'Histoire, aux côtés de la fiction, présente un intérêt pour le lecteur.

• Les attentes des correcteurs

Les correcteurs attendent :
– que le sujet soit compris et que les différentes réponses possibles à la question soient envisagées ;
– que le devoir soit construit de façon rigoureuse et claire : une introduction qui amène et pose le problème, un développement en deux, si possible trois parties, une conclusion qui dresse un bilan de ce qui a été montré ;
– que la réflexion s'appuie sur des exemples précis et variés sans se réduire à un catalogue de références ;
– que le devoir soit correctement rédigé.

■ Méthode

• La lecture du sujet (voir fiche 31)

Chacun des termes de la consigne doit être pesé. Si les textes mettent en avant le personnage de Napoléon plaçant au second plan les événements historiques, le sujet élargit la réflexion à ces derniers. Ne restreignez donc pas vos exemples aux seuls personnages et creusez la notion d'événements.
N'oubliez pas non plus la mention « *en tant que lecteur* ». On ne vous demande pas de vous placer du côté du romancier mais de votre côté à vous. Cela ne

signifie pas que l'on attende une opinion personnelle étroite, proche d'un épanchement lyrique ou d'un discours engagé… Étudiez la fiche 14.

• **La construction du plan dans ses grandes lignes** (voir fiches 4 et 28)
Le plan figure dans la question elle-même. Vous devrez montrer en quoi les événements et les personnages historiques peuvent intéresser le lecteur, puis voir que ce même lecteur peut avoir d'autres attentes. Vous veillerez à ce que les deux réponses n'apparaissent pas contradictoires dans votre développement car la dissertation littéraire est une réflexion cohérente et non un collage (comme dans un sondage d'opinions) d'avis différents.
Une troisième partie, capable de dépasser les deux premières, est la bienvenue.

• **La recherche des arguments et des exemples** (voir fiche 32)
La consigne vous rappelle la place des exemples. Pour développer les axes de votre réflexion, dressez la liste des exemples dont vous disposez, en pensant plus particulièrement aux romans dans lesquels interviennent des personnages historiques ou qui évoquent des moments de l'Histoire.

• **Le plan**

I **Les événements et les personnages historiques présentent un intérêt pour le lecteur d'un roman**
II **Mais le lecteur attend davantage d'un roman que d'un livre d'histoire**
III **Pour le lecteur, le roman, œuvre de fiction nourrie par la réalité, est un moyen d'élucider le monde**

DEVOIR RÉDIGÉ

Introduction

Des *Misérables* de Victor Hugo, nous avons surtout retenu les figures devenues légendaires de Cosette, de Jean Valjean ou de Gavroche. Ces personnages font partie de notre patrimoine, de notre existence, au même titre que les grandes figures de l'histoire que sont, par exemple, Louis XIV ou Napoléon Bonaparte. Pourtant Victor Hugo, au début de la seconde partie de son vaste roman, quitte la fiction pour s'étendre sur un événement historique qui a infléchi le cours du XIXe siècle. Fervent admirateur de l'empereur, il évoque le désastre de Waterloo en donnant à l'événement et à Napoléon la puissance d'un mythe. Nombreux sont, de manière générale, les romanciers qui situent leur intrigue dans un cadre historique. Quelle place l'Histoire – ses moments et ses acteurs – peut-elle occuper dans une œuvre romanesque qui, par définition, est une fiction ? Le lecteur de roman s'intéresse-t-il à ces matériaux historiques ? Après avoir vu l'intérêt que peut présenter pour le lecteur cette présence de l'Histoire au sein du roman, nous montrerons que ce même lecteur, s'il se tourne vers le roman, plutôt que vers un livre d'histoire, attend bien autre chose de ce genre littéraire. Mais l'œuvre romanesque, fiction nourrie d'Histoire, n'est-elle pas avant tout un fascinant moyen d'élucider le monde ?

I Les événements et les personnages historiques présentent un intérêt pour le lecteur d'un roman

Du XVIIe siècle avec *La Princesse de Clèves* au XXIe siècle avec Patrick Rambaud ou Laurent Gaudé (*Cris*), de nombreux romans rapportent des événements historiques et l'on peut s'interroger sur l'intérêt qu'ils présentent pour le lecteur. La fiction romanesque assure sa crédibilité en se situant dans un cadre géographique et historique, mais l'histoire peut aussi nourrir l'intrigue et révéler le caractère des personnages fictifs.

I-1 L'Histoire contribue à l'illusion de réel

Échappant depuis ses origines aux règles qui font de la poésie ou du théâtre un monde à part, le roman est prédisposé à imiter le réel ; aussi déploie-t-il de nombreux procédés pour donner cette illusion de réalité que dénonceront les nouveaux romanciers au XXe siècle. L'ancrage dans une réalité historique et géographique constitue le principal procédé de cette écriture en trompe-l'œil. Les romanciers font évoluer leurs personnages fictifs dans un cadre géographique fidèle. Par exemple, Zola dès le début de *L'Œuvre* ou du *Bonheur des dames*, raconte le déplacement de son personnage (Claude Lantier dans un cas, Denise dans l'autre) dans le Paris du XIXe siècle. Le décor indique l'époque et cet arrière-plan bien réel semble déteindre sur les personnages eux-mêmes. Si la gare Saint-Lazare et la rue Neuve-Saint-Augustin existent, pourquoi la jeune Denise n'existerait-elle pas aussi ? Victor Hugo n'emploie pas un autre procédé lorsqu'il pose le cadre médiéval de *Notre-Dame de Paris* en évoquant « *la haute façade gothique du palais* » de justice puis son immense salle. Dans *La Princesse de Clèves,* Madame de Lafayette, situant son action au milieu du XVIe siècle, prend la peine de décrire longuement la cour des Valois à la fin du règne d'Henri II avant d'introduire ses héros. De façon plus complexe, Stendhal au début de *La Chartreuse de Parme* mêle le destin de son personnage à celui d'un héros historique, ce qui apporte crédit à sa fiction : Fabrice Del Dongo avait deux ans « *lorsque, tout à coup, ce général Bonaparte* [...] *descendit du mont Saint-Bernard* ». Ici, dans un saisissant effet de trompe-l'œil, c'est l'événement historique lui-même qui se situe par rapport à la chronologie fictive.

I-2 L'Histoire nourrit l'intrigue romanesque

Mais l'Histoire n'est pas un simple décor planté pour que le lecteur y voie évoluer les personnages fictifs, elle peut également nourrir les intrigues romanesques. Ainsi, dans le roman de Madame de Lafayette, la cour, présente au grand complet lors de la scène de la première rencontre, contribue à la cristallisation amoureuse. N'est-ce pas d'ailleurs, lors de cette scène du bal au Louvre, le roi lui-même qui « *cria* » à madame de Clèves de « *prendre* [comme danseur] » celui qui arrivait, à savoir le « *brillant* » duc de Nemours ? On voit ainsi un personnage historique jouer un rôle déterminant dans l'intrigue romanesque. C'est un procédé fréquent dans le roman historique, comme on peut le voir chez Alexandre Dumas. En effet D'Artagnan a bel et bien existé et son existence mouvementée de mousquetaire du roi sert de canevas au roman d'aventure. Dumas n'hésite pas à mettre en scène des personnages de plus grande envergure, notamment la reine Anne d'Autriche et le cardinal de Richelieu. De ce dernier, il fait un personnage machiavélique et cette image romanesque, opposée aux valeurs héroïques des mousquetaires, déteindra sans doute sur notre représentation du personnage historique. Ainsi, l'Histoire constitue un canevas à partir duquel le romancier brode, en ajoutant des passages secrets et des complots, en accentuant les caractères.

I-3 Les événements historiques révèlent les caractères

De manière plus profonde, le contexte historique, permet de révéler le caractère des personnages fictifs confrontés à un événement difficile. Les circonstances obligent les protagonistes à prendre position ; on les voit s'engager ou au contraire fuir, penser à eux ou aux autres. C'est ainsi que le lecteur découvre toute la vitalité, l'innocence et l'héroïsme de Gavroche, personnage des *Misérables* qui meurt dans les barricades lors de l'insurrection républicaine de 1832. Au contraire, Frédéric Moreau, le héros de *L'Éducation sentimentale*, traversera les troubles de 1848 sans parvenir à s'y intéresser vraiment ; durant les journées les plus sanglantes on le voit en effet filant le parfait amour avec Rosanette en forêt de Fontainebleau. Il passera à côté de la vie comme il est passé à côté de l'Histoire : tel est le thème du roman de Flaubert. D'une manière similaire, Irène Némirovsky, dans le roman *Suite française* qu'elle écrit juste avant d'être déportée, confronte ses différents personnages à la débâcle de juin 1940 puis à l'occupation allemande. Dans ce roman, s'opposent par exemple, au sein de la même banque, l'attitude égoïste du directeur, qui quitte Paris sans se soucier de ses employés, et l'intégrité de Maurice et Jeanne Michaud. Dans le contexte douloureux de la défaite de 1940, les personnalités se révèlent et les masques de respectabilité tombent.

[Conclusion-transition] Ainsi le contexte historique n'est pas qu'une simple toile de fond devant laquelle évoluent les personnages fictifs. Le lecteur qui veut se documenter précisément sur un moment de l'Histoire préfèrera sans doute pourtant consulter les travaux d'un historien ; le lecteur de roman, quant à lui, a d'autres attentes.

II Mais le lecteur attend davantage d'un roman que d'un livre d'histoire

Le lecteur de roman s'intéresse autant, si ce n'est davantage, aux libertés et fantaisies de l'écrivain qu'au réel évoqué, car le monde romanesque est avant tout un espace-temps imaginaire au sein duquel les personnages évoluent en marge de l'Histoire.

II-1 Les libertés prises par rapport à l'Histoire

Le lecteur des *Trois Mousquetaires* ne cherche pas à savoir si D'Artagnan est conforme au mousquetaire historique, ni même si Richelieu était dans la réalité aussi diabolique que sous la plume de Dumas ; ce qui l'intéresse, ce sont les péripéties et tant mieux si le cardinal est si calculateur… le lecteur, entrant dans la sphère privée du personnage historique, ne désire pas savoir si tout ce qu'il lit est exact. Peut-être même se réjouit-il des libertés que l'écrivain ose prendre par rapport à l'Histoire, comme si enfin le cours des événements se pliait à nos désirs au lieu de s'imposer à nous ! Sous prétexte de peindre un cadre ancien ou lointain, le romancier laisse libre cours à son imagination en créant des personnages que les historiens n'ont pas connus. Halmicar, par exemple, un des deux sulfètes de Carthage, a, quand Flaubert s'intéresse à lui, une fille nommée Salammbô, héroïne imaginée par le romancier. Carthage à la fin de la première guerre punique constitue, pour l'écrivain comme pour son lecteur, une destination exotique, un moyen d'échapper au présent. Et ce qui séduit le lecteur, n'est-ce pas justement cette échappée, cette liberté plus que la fidélité à une réalité historique ? Plus que la fidélité historique, ce qui nous intéresse n'est-ce pas l'expression des angoisses et des tensions qui hantent notre imaginaire ?

II-2 Le lecteur attend que le romancier lui ouvre les portes de l'imaginaire

Si notre histoire littéraire française est profondément marquée par la place du réalisme puis du naturalisme, nous ne devons pas pour autant oublier la place de l'imaginaire dans le roman. Car tout est possible dans une œuvre romanesque : voyages au centre de la Terre ou au fin fond du système solaire (*Hector Servadac*) chez Jules Verne, lutte de la Transylvanie à Londres contre un vampire éternel (*Dracula* de Bram Stoker), civilisations hors du temps dans *La Mort du roi Tsongor* de Laurent Gaudé ou créatures magiques en quête d'un anneau chez Tolkien… Rien n'empêche même que cet univers imaginaire s'ouvre au cœur d'un contexte historique. C'est ce qui se passe chez Umberto Eco avec la bibliothèque de l'abbaye médiévale du *Nom de la rose*.

II-3 Le lecteur s'attache à des personnages qui lui ressemblent

Désireux de se plonger dans un monde imaginaire, le lecteur s'attache davantage à des personnages anonymes qui lui ressemblent. On peut noter en effet que, dans les romans historiques, les grandes figures de l'Histoire sont rarement au premier plan. Richelieu disparaît derrière les mousquetaires, Napoléon derrière Fabrice Del Dongo (*La Chartreuse de Parme* de Stendhal), Danton et Robespierre derrière Lantenac et Cimourdain (*Quatre-vingt-treize* de Victor Hugo). Ce qui intéresse le lecteur, ce sont des destins (secondaires comme D'Artagnan ou imaginaires somme Salammbô) qui ont échappé aux historiens. Ces personnages peuvent être des figures héroïques (Jean Valjean, Gavroche dans *Les Misérables*, les protagonistes de *La Condition humaine* de Malraux…) ou bien des personnages ordinaires comme Frédéric Moreau dans *L'Éducation sentimentale* ou Georges Duroy dans *Bel-Ami* de Maupassant. En marge des héros historiques, les personnages de roman éprouvent des sentiments que nous reconnaissons : la déception de Jeanne (*Une vie* de Maupassant) ou d'Emma Bovary, l'ambition de Rastignac (*Le Père Goriot*) ou de Georges Duroy, la jalousie de Swann (*Un amour de Swann* de Proust)… Les grandes figures de l'Histoire, prisonnières d'un destin qui les dépasse, ne nous parlent pas de nous ; nous aimons les personnages de roman parce qu'ils nous ressemblent et nous aident à mieux nous comprendre.

[Conclusion-transition] Si le lecteur de roman peut apprécier la présence de l'Histoire dans le genre romanesque, il est avant tout sensible aux écarts du romancier, à l'imaginaire et à des personnages qui lui ressemblent. Car le lecteur cherche à se comprendre et à comprendre le monde qui l'entoure. Dans cette mesure, le détour par la fiction ne constitue-t-il pas une façon vivante d'interroger l'homme et l'Histoire ?

III Pour le lecteur, le roman, œuvre de fiction nourrie par l'Histoire, est un moyen d'élucider le monde

N'opposons pas fiction et Histoire, deux forces qui, au sein du genre romanesque, ont depuis toujours noué des liens étroits. Montrons plutôt que le romancier transfigure l'Histoire et lui donne vie, que le lecteur cherche à donner un sens à son existence.

III-1 Histoire et fiction

Inutile de chercher à démêler les fils de l'imaginaire et de la vérité historique au sein du roman. Inutile également de se demander celle qui, de ces deux perspectives, intéresse le plus le lecteur. Car la spécificité du genre romanesque réside justement dans cette fusion entre Histoire et fiction, cette façon dont le romancier, en s'appuyant sur des faits ou un contexte historiques, construit une intrigue fictive qui permet à son tour de donner un sens à ce contexte. Et si l'on veut faire la généalogie de ce mariage, on remontera jusqu'aux origines de notre fiction, jusqu'aux épopées d'Homère où la légende devient une explication de l'Histoire et un fondement de l'âme grecque. Par la suite, le roman lui-même se situe dans un cadre historique et, s'il ne met pas en scène des personnages réels comme dans *Les Trois Mousquetaires* ou *Quatre-vingt-treize*, il éprouve cette nécessité de brosser un moment de l'Histoire. Dans *Le Colonel Chabert* de Balzac, cela n'aurait aucun sens de considérer séparément les événements historiques (de Napoléon à la Restauration) et le destin des personnages fictifs, celui du héros de la bataille d'Eylau ou celui du comte Ferraud, représentant de la monarchie rétablie.

III-2 La fiction donne vie et sens à l'histoire

Genre avant tout narratif, le roman nous donne à voir un événement : un décor est brossé, les personnages parlent, le lecteur a l'impression d'assister à une scène. Dans *Quatre-vingt-treize*, Victor Hugo imagine la rencontre de trois légendes de la Terreur, dans l'arrière-salle d'un café parisien : « *Le premier de ces hommes s'appelait Robespierre, le second Danton, le troisième Marat.* » La peinture des personnages et la théâtralité du dialogue fictif permettent au lecteur de se représenter cette période de la Révolution. La mise en scène d'un personnage historique dans un cadre fictif permet de souligner son caractère ; c'est ce que l'on voit dans la rencontre entre les trois révolutionnaires ; c'est également ce qui se passe dans le texte B (Balzac) : le regard de Laurence de Saint-Cygne sur l'empereur fait revivre le héros et révèle sa personnalité.

Mais la fiction joue elle-même un rôle essentiel car les personnages fictifs symbolisent les forces en présence : Lantenac pour représenter le camp royaliste, Cimourdain et Gauvain pour incarner le camp républicain, dans le roman de Victor Hugo. De manière générale, la transposition dans la fiction d'un événement historique est une façon de lui donner vie et sens. Évoquons simplement pour exemple Zola qui, avec *Germinal*, représente, dans le contexte fictif du Voreux, le combat des mineurs (Étienne, Maheu) et le poids du capital (les Grégoire). La rencontre entre la Maheude, venue mendier du pain, et la fille des Grégoire, lui offrant un morceau de sa brioche, cristallise pour le lecteur les tensions sociales et l'incompréhension au sein de la société industrielle du XIXe siècle.

III-3 Histoire et fiction cherchent à donner un sens à notre existence

Mais le lecteur attend du romancier davantage encore qu'une représentation vivante de l'Histoire ; il est en quête d'un sens qui dépasse le fait historique. C'est ce qui se passe lorsque Victor Hugo (texte C) évoque la bataille de Waterloo et lui donne une portée universelle (« *la perspective du genre humain a changé* »). La réécriture épique des événements historiques aspire à révéler les lignes de force qui orientent notre existence : le destin et le progrès selon Hugo. Dans *Le Colonel Chabert*, contexte historique et fiction se combinent pour que le lecteur découvre l'échec des valeurs héroïques et des idéaux face aux mesquineries politiques et à la médiocrité. Flaubert, en évoquant les rêves révolutionnaires de 1848 et la passivité égoïste de Frédéric, propose la même lecture de notre existence. Malraux, en situant l'intrigue de *La Condition humaine* (1933) dans le contexte de la révolution chinoise (1927), lie le sens de notre existence à l'action ; son analyse dépasse le cadre historique particulier, comme le montre bien la célèbre scène du don du cyanure dans les dernières pages du roman.

Conclusion

Il est tentant à première vue de séparer, voire d'opposer, la fiction et l'Histoire, au cœur même du roman. Tentant de dire que le lecteur peut être séduit par la présence de l'Histoire dans une œuvre de fiction car elle dépayse et contribue à l'illusion de réel. Elle peut même proposer une trame à l'intrigue ou révéler le caractère des personnages. Mais on nous objectera que le lecteur de roman est avant tout en quête d'imaginaire et qu'il s'attachera davantage au destin d'un personnage ordinaire qu'à celui d'une figure historique… Cessons d'opposer ainsi fiction et Histoire, deux perspectives que le roman, de façon marquée ou implicite, associe intimement. Cessons de nous demander si le lecteur préfère la vérité historique ou la fiction. Ce qu'il cherche, quand il entre corps et âme dans l'univers romanesque, c'est, au-delà du divertissement, une réponse aux questions qu'il se pose sur la nature humaine et le sens de l'existence. La puissance littéraire des mots, réconciliant au sein du roman fiction et réalité, nous ouvre un monde où nous cherchons à lire notre histoire personnelle.

ÉCRITURE D'INVENTION

Travail préparatoire

■ La lecture du sujet

• Le type de sujet

À la différence de la dissertation et du commentaire, le sujet d'invention ne suppose pas la maîtrise d'une technique particulière. Sous des formes variées (une argumentation proche de la dissertation, une réflexion puisant dans un texte, un pastiche…), l'écriture d'invention a des attentes liées au sujet lui-même plus qu'à un type d'exercice. Il est dangereux de s'y réfugier quand on ne maîtrise pas les méthodes de la dissertation et du commentaire car, sous l'apparence trompeuse d'un sujet de collège, le sujet d'invention est très exigeant.
Vous devez tout d'abord identifier le type de sujet : il s'agit ici d'un exercice de style prenant appui sur le texte de Stendhal.

• Les difficultés de ce type de sujet

Pour réussir ce type de devoir, vous devez maîtriser parfaitement la langue et même avoir un certain style. Vous devez également avoir dégagé clairement les attentes du sujet, celles qui sont explicites comme celles qui sont sous-entendues, car c'est à partir de ces attentes que sera élaboré le barème de notation.

• Des connaissances historiques nécessaires

L'entrée de Napoléon à Milan évoquée par Stendhal se situe dans un contexte historique bien défini et il vous faudra en tenir compte.
Le chapeau introducteur du texte A vous apporte des informations qui risquent de vous troubler car « *l'entrée de Napoléon Bonaparte à Milan en mai 1796* » n'est pas celle évoquée dans le texte. On apprend en effet ensuite que Fabrice Del Dongo avait deux ans lors de l'événement. Stendhal évoque d'ailleurs l'épi-

sode du mont Saint-Bernard représenté par David (1800). Il s'agit donc bien de la deuxième campagne d'Italie.
Vous devrez situer cette entrée à Milan en 1800, après un premier triomphe en 1796. Pensez à ce que représente pour les Milanais cette victoire contre la coalition dont fait partie l'Autriche, cet empire qui s'était emparé de l'Italie.

• **Les attentes du sujet**

Le sujet doit être examiné avec attention en pesant chacun des termes employés.

Les termes de la consigne	Les attentes
« *Un jeune Milanais* [...] *a assisté à l'entrée à Milan* » de Napoléon Bonaparte.	Des connaissances historiques sont nécessaires ; il s'agit ici de la deuxième campagne d'Italie. Le corpus peut vous aider ainsi que les chapeaux introducteurs ; mais il est préférable de disposer de notions supplémentaires quant au Premier Empire.
« *amoureux fou* de Napoléon Bonaparte »	La citation est extraite du roman de Stendhal et vous devrez vous appuyer sur le texte.
	Le texte rédigé sera centré sur le personnage de Napoléon.
« *amoureux fou* », « *jeune* », « *enthousiasme* », « *émotions* »	La page doit exprimer les sentiments passionnés du narrateur : les procédés du registre épidictique (éloge) sont attendus.
« *Son entrée dans Milan* », « *il évoque l'événement* »	Votre texte sera narratif même s'il est aussi descriptif.
« *le soir même* », « *son journal intime* »	Le narrateur écrit sous le coup de l'émotion et la distance entre l'événement et son compte rendu est réduite.
« *son journal intime* »	L'écriture est spontanée, ce qui ne veut pas dire relâchée. Le narrateur note sans masque ce qu'il a vu et ce qu'il ressent.
« *le tableau de David* »	Le discours descriptif est essentiel dans le texte. Napoléon est une figure glorieuse.

■ Méthode

• **Le travail préalable à la rédaction**

Ne vous laissez pas tromper par la spontanéité demandée : elle sera le résultat d'un travail plus que d'une écriture au fil de la plume.
Vous devez d'abord analyser le sujet pour en dégager les attentes. Puis vous repèrerez dans les textes et dans les introductions les éléments que vous allez utiliser. Rassemblez également vos connaissances historiques ; elles vous seront utiles. Choisissez ensuite la personnalité du narrateur sans oublier qu'il est « *jeune* ». Bâtissez enfin la progression de votre devoir et préparez dès le début la fin qui devra être particulièrement soignée.

• **La rédaction**

La qualité du style étant essentielle, il est prudent de rédiger une bonne partie de votre devoir au brouillon afin de le corriger soigneusement. Par exemple, vous pouvez composer la première étape de votre évocation puis marquer une pause pour l'améliorer avant de poursuivre. Veillez à la précision du vocabulaire.

CORRIGÉ RÉDIGÉ

Hier, il bravait la montagne à la tête de ses hommes. Aujourd'hui, il est avec nous. Hier, le col du Grand Saint-Bernard ! Aujourd'hui Milan ! Et demain ? Jamais ce journal n'aura rapporté événement plus enthousiasmant !

Qu'avaient imaginé les Autrichiens ? Qu'ils pouvaient profiter de son absence pour reconquérir l'Italie ? Quelle naïveté ! Quelle méconnaissance du destin incarné par cet homme ! Napoléon Bonaparte ! Ce nom même fait frémir ma plume comme il a soulevé la foule tout à l'heure. Celui qui vient tout juste de contempler les pyramides d'Egypte est parmi nous ! La gloire des civilisations passées et des conquêtes présentes éclaire son visage. Les Autrichiens le pensaient occupé ailleurs… Les Français eux-mêmes lui avaient confié une armée fatiguée et mal équipée pour faire diversion en Italie tandis que la victoire se jouerait sur le Danube… C'était bien mal connaître cet homme à qui rien ni personne ne résiste. Galvanisant ses troupes, prenant des risques avec elles, il a franchi les Alpes pour entrer à Milan. Et nous l'avons accueilli comme le messie, l'envoyé d'un Dieu qui défend l'âme italienne ! Les mots me manquent pour dire la force de l'ovation milanaise ce matin.

Hier tout le monde le savait en chemin ! On ne parlait que de ça ! Il n'était pas loin, dans la plaine. Certains assuraient même entendre gronder le sol sous les pas des chevaux. Un petit garçon en guenilles a posé son oreille à même la terre. « Je les entends ! Je les entends ! Des milliers de chevaux au galop ! ». En insistant un peu, on aurait pu, tant son excitation était grande, lui faire dire que Napoléon était en tête, qu'il reconnaissait le pas bien particulier de son cheval blanc… Il est facile de se moquer de cet enfant. Mais ne lui ressemblais-je pas hier ? Ne m'a-t-on pas vu guetter, au nord de la ville, une ombre au loin, un nuage de poussières et de gloire…

Ce matin, la fièvre avait gagné tout le monde. Les marchandes de légumes criaient plus fort que jamais. Les vendeurs de volailles brandissaient leurs coqs colorés comme des trophées. Les charretiers juraient en déployant tout un dictionnaire de fête. Les enfants se flanquaient des raclées comme s'il s'agissait de l'armée autrichienne toute entière. Et moi ? Je riais et je courais de tous les côtés, faisant semblant de calmer les uns, attisant les autres, brûlant sous le regard des jeunes filles qui ne rêvaient plus que de Lui.

Et puis, ils sont arrivés. Non pas comme une horde au galop, dévastant la plaine, mais comme une armée triomphante, marchant au pas lent de la victoire. La montagne s'était écartée pour les laisser passer ; ils étaient les élus de l'Histoire ! Ils étaient venus pour nous sauver.

La foule se massait sur leur passage, des vieillards courbés sur leur canne, des demoiselles aux joues roses d'émotion agitant des fleurs, des garnements qui se seraient fait tuer pour le Français ! J'ai réussi à me glisser ; je ne raconterai pas comment…

Un moment, mon regard fut distrait par l'apparition, à l'une des fenêtres du palais du marquis del Dongo *[texte A]*, d'un tout jeune garçon de deux ans environ. Ses yeux brillaient et il avait appuyé son front et ses petites mains potelées sur la vitre, comme pour la traverser et se retrouver au premier rang. Mais un bras sombre l'a brusquement tiré en arrière.

Mon attention est vite revenue vers l'armée qui avançait solennellement. J'étais bouleversé. Cet homme fatigué serait un jour empereur, roi d'Italie… Que sais-je ? Je ne doutai pas un instant que sa renommée dût dépasser celle d'Alexandre le Grand ou de César !

Je veux écrire sur ce cahier l'image qui est gravée dans ma mémoire. Et si je savais peindre, c'est un pinceau qui exprimerait la force rayonnante de cet homme. Certes, il est petit et son visage est banal, pâle, fatigué ; ses vêtements sont usés par la route. Il n'a pas le panache d'un roi ! C'est qu'il a bien plus que cela : la grandeur d'un césar ! *[texte B et annonce du prochain sacre]* Il se tenait droit en tête de ses troupes ! Impossible de ne pas reconnaître son uniforme vert traversé par le cordon rouge de la gloire, sa culotte de casimir blanc *[texte B]* : il est un tableau vivant, une légende. Impossible de le quitter des yeux. Ce matin, pas un qui ne le regardât, fasciné, possédé, comme si cet homme était la main de Dieu *[texte C]*. Napoléon voit au-delà de Milan et c'est cela qui nous galvanise. La botte italienne, c'est la sienne. Il fait des pas de géant. Ce ne sont pas les rues d'une ville qu'il découvre sous le pas de son cheval, c'est l'Italie toute entière, l'Europe elle-même, le monde… Pourtant, ce n'est pas un héros nimbé d'or, inaccessible. Bien au contraire. Cet homme qui a remporté tant de victoires, cet homme qui en remportera tant d'autres encore, est simplement un homme, un homme fatigué. C'est sa simplicité même qui fait sa force. Il marche avec ses troupes, peine avec l'artillerie quand elle doit gravir les pentes abruptes des Alpes, souffre avec chacun de ses hommes.

Et si je ne craignais de blasphémer, j'oserais le comparer au Christ sauveur, si humain et si divin à la fois.

Le texte théâtral et sa représentation

CORPUS ET SUJETS 5 Séries ES, S, L - Pondichéry - Avril 2013

Objet d'étude : Le texte théâtral et sa représentation

CORPUS

Texte A. Pierre Corneille, *Horace*, acte IV, scène 5 (extrait), 1641.

Texte B. Alfred de Musset, *Lorenzaccio*, acte IV, scène 11, 1834.

Texte C. Jean Giraudoux, *Électre*, acte II, scène 9 (extrait), 1937.

ÉCRITURE

I. Vous répondrez d'abord à la question suivante.

Question (4 points)

Après avoir précisément déterminé les raisons pour lesquelles les meurtriers commettent leur crime, vous examinerez comment les trois extraits du corpus parviennent à représenter ou évoquer ces actes violents.

II. Vous traiterez ensuite, au choix, l'un des trois sujets suivants.

1. Commentaire (16 points)

Vous ferez le commentaire du texte C.

2. Dissertation (16 points)

La représentation de la violence peut provoquer une certaine fascination chez le spectateur. Vous montrerez que le théâtre peut être le reflet d'une telle fascination mais aussi que cet art peut utiliser la violence à des fins plus profondes.
Vous développerez votre argumentation en vous appuyant sur les textes du corpus et sur votre culture personnelle.

3. Invention (16 points)

Dans un dialogue de théâtre, deux personnes délibèrent : la violence sur scène peut-elle constituer un spectacle acceptable ?
Ce dialogue argumenté entre les deux personnes qui s'affrontent sur cette question s'enrichira de votre connaissance du corpus et d'autres références au genre théâtral.

TEXTE A

Pierre Corneille, *Horace*, acte IV, scène 5 (extrait), 1641.

[*Deux Romains, Horace et Camille sont frère et sœur. Par un tragique hasard, Horace doit combattre l'époux de Camille, un guerrier issu de la cité voisine, Albe. N'écoutant que son devoir patriotique, il tue cet ennemi provoquant la colère de sa sœur Camille.*]

Horace – Suis moins ta passion, règle mieux tes désirs,
Ne me fais plus rougir d'entendre tes soupirs ;
Tes flammes désormais doivent être étouffées ;
Bannis-les de ton âme, et songe à mes trophées :
Qu'ils soient dorénavant ton unique entretien[1].
Camille – Donne-moi donc, barbare, un cœur comme le tien ;
Et si tu veux enfin que je t'ouvre mon âme,
Rends-moi mon Curiace[2], ou laisse agir ma flamme :
Ma joie et mes douleurs dépendaient de son sort ;
Je l'adorais vivant, et je le pleure mort.
Ne cherche plus ta sœur où tu l'avais laissée ;
Tu ne revois en moi qu'une amante offensée,
Qui comme une furie attachée à tes pas,
Te veut incessamment reprocher son trépas[3].
Tigre assoiffé de sang, qui me défends les larmes,
Qui veux que dans sa mort je trouve encor des charmes
Et que jusques au ciel élevant tes exploits,
Moi-même je le tue une seconde fois !
Puissent tant de malheurs accompagner ta vie,
Que tu tombes au point de me porter envie[4] ;
Et toi, bientôt souiller par quelque lâcheté
Cette gloire si chère à ta brutalité !
Horace – O ciel ! qui vit jamais une pareille rage !
Crois-tu donc que je sois insensible à l'outrage,
Que je souffre en mon sang ce mortel déshonneur ?
Aime, aime cette mort qui fait notre bonheur,
Et préfère du moins au souvenir d'un homme
Ce que doit ta naissance aux intérêts de Rome.
Camille – Rome, l'unique objet de mon ressentiment !
Rome, à qui vient ton bras d'immoler mon amant[5] !
Rome qui t'a vu naître, et que ton cœur adore !
Rome enfin que je hais parce qu'elle t'honore !

Puissent tous ses voisins ensemble conjurés
Saper ses fondements encor mal assurés !
Et si ce n'est assez de toute l'Italie,
Que l'Orient contre elle à l'Occident s'allie ;
Que cent peuples unis des bouts de l'univers
Passent pour la détruire et les monts et les mers !
Qu'elle-même sur soi renverse ses murailles,
Et de ses propres mains déchire ses entrailles !
Que le courroux du ciel allumé par mes vœux
Fasse pleuvoir sur elle un déluge de feux !
Puissé-je de mes yeux y voir tomber la foudre,
Voir ses maisons en cendre, et tes lauriers en poudre,
Voir le dernier Romain à son dernier soupir,
Moi seule en être cause, et mourir de plaisir !

Horace, *mettant l'épée à la main, et poursuivant sa sœur qui s'enfuit.* –
C'est trop, ma patience à la raison fait place ;
Va dedans les enfers plaindre ton Curiace !

Camille, *blessée derrière le théâtre*[6]. – Ah ! traître !

Horace, *revenant sur le théâtre*[7]. –
Ainsi reçoive un châtiment soudain
Quiconque ose pleurer un ennemi romain !

---

1. Horace reproche à sa sœur Camille de pleurer la mort de son époux, et lui ordonne de se réjouir plutôt de sa victoire.
2. Curiace : époux passionnément aimé de Camille.
3. *trépas* : mort violente.
4. Puisse ta vie être plus malheureuse que la mienne.
5. Horace a tué l'époux de Camille, Curiace, pour honorer Rome.
6. Camille, assassinée dans les coulisses.
7. Horace, revenant sur scène.

TEXTE B

Alfred de MUSSET, *Lorenzaccio*, acte IV, scène 11, 1834.

[*Le Duc de Florence, un débauché tyrannique, est craint et détesté par tous les habitants de la ville. Lorenzo, surnommé Lorenzaccio, a gagné la confiance du Duc pour l'assassiner. Il lui a donné rendez-vous dans sa chambre, lui faisant croire que sa tante Catherine est prête à passer la nuit avec lui. Il est accompagné de son valet Scoronconcolo.*]

La chambre de Lorenzo. Entrent Le Duc et Lorenzo.

Le Duc – Je suis transi, – il fait vraiment froid. (*Il ôte son épée.*) Eh bien, mignon, qu'est-ce que tu fais donc ?

Lorenzo – Je roule votre baudrier[1] autour de votre épée, et je la mets sous votre chevet. Il est bon d'avoir toujours une arme sous la main.

Il entortille le baudrier de manière à empêcher l'épée de sortir du fourreau.

Le Duc – Tu sais que je n'aime pas les bavardes, et il m'est revenu que la Catherine était une belle parleuse. Pour éviter les conversations, je vais me mettre au lit. – À propos, pourquoi donc as-tu fait demander des chevaux de poste à l'évêque de Marzi ?

Lorenzo – Pour aller voir mon frère, qui est très malade, à ce qu'il m'écrit.

Le Duc – Va donc chercher ta tante.

Lorenzo – Dans un instant.

Il sort.

Le Duc, *seul* – Faire la cour à une femme qui vous répond « oui » lorsqu'on lui demande « oui ou non », cela m'a toujours paru très sot et tout à fait digne d'un Français. Aujourd'hui surtout que j'ai soupé comme trois moines, je serais incapable de dire seulement : « Mon cœur », ou « Mes chères entrailles », à l'infante d'Espagne[2]. Je veux faire semblant de dormir ; ce sera peut-être cavalier[3], mais ce sera commode.

Il se couche. Lorenzo entre l'épée à la main.

Lorenzo – Dormez-vous, seigneur ?

Il le frappe.

Le Duc – C'est toi, Renzo ?

Lorenzo – Seigneur, n'en doutez pas.

Il le frappe de nouveau. Entre Scoronconcolo.

Scoronconcolo – Est-ce fait ?

Lorenzo – Regarde, il m'a mordu au doigt. Je garderai jusqu'à la mort cette bague sanglante, inestimable diamant.

Scoronconcolo – Ah ! mon Dieu ! c'est le duc de Florence !

Lorenzo, *s'asseyant sur le bord de la fenêtre* – Que la nuit est belle ! Que l'air du ciel est pur ! Respire, respire, cœur navré[4] de joie !

Scoronconcolo – Viens, maître, nous en avons trop fait ; sauvons-nous.

Lorenzo – Que le vent du soir est doux et embaumé ! Comme les fleurs des prairies s'entrouvrent ! Ô nature magnifique, ô éternel repos !

Scoronconcolo – Le vent va glacer sur votre visage la sueur qui en découle. Venez, seigneur.

Lorenzo – Ah ! Dieu de bonté ! quel moment !

Scoronconcolo, *à part* – Son âme se dilate singulièrement. Quant à moi, je prendrai les devants.

Il veut sortir.

Lorenzo. Attends ! Tire ces rideaux. Maintenant, donne-moi la clef de cette chambre.

Scoronconcolo – Pourvu que les voisins n'aient rien entendu !

Lorenzo – Ne te souviens-tu pas qu'ils sont habitués à notre tapage ? Viens, partons.

Ils sortent.

---

1. Sangle qui permet de porter une arme en bandoulière.
2. Titre donné à une princesse d'Espagne.
3. Se comporter de façon cavalière signifie se comporter avec sans-gêne.
4. Cœur blessé par la joie.

TEXTE C

Jean Giraudoux, *Électre*, acte II, scène 9 (extrait), 1937,
© Fondation Jean et Jean-Pierre Giraudoux / Fondation de France.

[*Clytemnestre, aidée de son amant Égisthe, a assassiné son mari le roi Agamemnon. Un tel crime, commis à l'insu de tous, leur a permis d'usurper le pouvoir. Vers la fin de la pièce, le Mendiant dévoile aux personnages présents les circonstances de ce meurtre encore impuni.*]

Le Mendiant

Alors le roi des rois[1] donna de grands coups de pied dans le dos de Clytemnestre, à chacun elle sursautait toute, la tête muette sursautait et se crispait, et il cria, et alors pour couvrir la voix, Égisthe poussait de grands éclats de rire, d'un visage rigide. Et il plongea l'épée. Et le roi des rois n'était pas ce bloc d'airain et de fer qu'il imaginait, c'était une douce chair, facile à transpercer comme l'agneau ; il y alla trop fort, l'épée entailla la dalle. Les assassins ont tort de blesser le marbre, il a sa rancune : c'est à cette entaille que moi j'ai deviné le crime. Alors il cessa de lutter ; entre cette femme de plus en plus laide et cet homme de plus en plus beau, il se laissa aller ; la mort a ceci de bon qu'on peut se confier à elle ; c'était sa seule amie dans ce guet-apens, la mort : elle avait d'ailleurs un air de famille, un air qu'il reconnaissait, et il appela ses enfants, le garçon d'abord, Oreste, pour le remercier de le venger un jour, puis la fille, Électre, pour la remercier de prêter ainsi pour une minute son visage et ses mains à la mort. Et Clytemnestre ne le lâchait pas, une mousse à ses lèvres, et Agamemnon voulait bien mourir, mais pas que cette femme crachât sur son visage, sur sa barbe. Et elle ne cracha pas, tout occupée à tourner autour du corps, à cause du sang qu'elle évitait aux sandales, elle tournait dans sa robe rouge, et lui déjà agonisait, et il croyait voir tourner autour de lui le soleil. Puis vint l'ombre. C'est que soudain, chacun d'eux par un bras l'avait retourné contre le sol. À la main droite quatre doigts déjà ne bougeaient plus. Et puis, comme Égisthe avait retiré l'épée sans y penser, ils le retournèrent à nouveau, et lui la remit bien doucement, bien posément dans la plaie.

1. Cette expression désigne Agamemnon.

Corrigés

Attention : aucun titre ne doit figurer dans les devoirs rédigés.

CORPUS ET QUESTION

Travail préparatoire

■ La lecture de la question et des textes

• Le corpus

Le corpus réunit trois textes rattachés à l'étude du théâtre. Si le thème retenu (le meurtre) exclut la comédie, vous noterez toutefois le parti-pris de la diversité : trois siècles différents, deux tragédies et un drame romantique, deux dialogues et une tirade.

Les auteurs et les œuvres sont tous connus même si vous n'avez pas eu l'occasion de rencontrer les textes proposés.

Le corpus, en posant la question de la représentation sur scène de la mort, marque son lien avec l'objet d'étude au programme. De façon plus profonde, les textes vous amènent également à réfléchir sur la place de la violence au théâtre, sur la fascination qu'elle exerce sur le spectateur comme l'exprime le sujet de dissertation.

• Le paratexte

Le paratexte, réunissant tout ce qui accompagne le texte (ses références, les notes et les chapeaux introducteurs), constitue une aide à ne pas négliger. Il peut en effet vous informer sur :

– les personnages, ce qui vient de se passer ;

– l'auteur : ne seront retenus que les éléments biographiques liés au texte ;

– le contexte historique et littéraire susceptible d'éclairer le texte ;

– l'œuvre : certains aspects peuvent expliquer les choix de l'auteur dans l'extrait.

Ici, les dates d'écriture et de publication sont importantes car elles vous permettent de situer les extraits : vous vous référerez à l'esthétique classique et à sa règle de bienséance pour le texte A puis, pour le texte B, au drame romantique qui prône le mélange des genres. Le texte C renouvelle la tragédie au XXe siècle.

Si vous connaissez *Horace* de Corneille, vous relèverez peut-être l'erreur concernant Camille : elle n'est pas l'épouse de Curiace, ce qui explique les termes « *amante* » (vers 12) et « *amant* » (qui aime) au vers 30 au lieu de « *épouse* » et « *époux* ».

• **La lecture de la question** (voir fiche 31)

Il est essentiel de dégager clairement les attentes de la question. L'expression initiale « *après avoir* » trace le plan de votre réponse : d'abord « *les raisons pour lesquelles les meurtriers commettent leur crime* », puis les moyens grâce auxquels les dramaturges « *parviennent à représenter ou évoquer ces actes violents* ».
Demandez-vous quelle place ces deux aspects doivent occuper dans votre réponse. En accordant trop de place à la première partie de la question, vous risquez la paraphrase. Il faut donc la traiter de façon concise et approfondir l'étude des procédés, comme vous le précise le verbe « *examinerez* ».
Chacun des termes de la question doit être pesé. Interrogez-vous notamment sur « *représenter* » et « *évoquer* » qui, ouvrant deux perspectives d'étude, vous aident à organiser votre réponse de façon synthétique.

• **La compréhension des textes**

Vous devez lire avec attention les textes et leurs introductions respectives en vous aidant des notes pour vous assurer d'une bonne compréhension. Demandez-vous, notamment pour le texte A, de quel(s) meurtre(s) il s'agit. Vous avez compris qu'Horace assassine sa sœur Camille mais n'est-il pas aussi question de la mort de Curiace ? Vous ne négligerez pas non plus la dernière tirade dans laquelle la jeune fille rêve la destruction (le meurtre) de Rome.

■ La démarche

• **Les qualités d'une bonne réponse**

Alors que vous pouvez suivre l'ordre du corpus pour traiter la première partie de la consigne, pour l'étude des moyens employés, une démarche synthétique est préférable. Votre réponse devra être concise et précise.

• **Le plan**

I **Les raisons des meurtriers**
II **Les moyens employés pour représenter les actes violents**
III **Les moyens employés pour évoquer les actes violents**

RÉPONSE RÉDIGÉE

Suscitant chez le spectateur « *terreur et pitié* » (Aristote), trois dramaturges célèbres représentent ou évoquent un meurtre dans toute sa violence. La tragédie, classique avec Corneille (*Horace* en 1641) ou renouvelée par Giraudoux (*Électre* en 1937), met en scène des conflits qui se dénouent dans le sang. Le drame romantique, en mêlant les genres et les registres, fait également de la mort un de ses ressorts : *Lorenzaccio* (1834) de Musset se noue avec les préparatifs de l'assassinat du duc et s'achève avec le suicide de Lorenzo, ultime conséquence de son acte.

Après avoir déterminé les raisons pour lesquelles les meurtriers commettent leur crime, nous examinerons comment les textes du corpus parviennent à représenter ou évoquer ces actes violents.

I Les raisons des meurtriers

Dans les deux tragédies (textes A et C) comme dans le drame romantique (texte B), les personnages impliqués dans les meurtres évoluent dans les hautes sphères du pouvoir : Horace et Curiace ont agi comme les représentants respectifs des Romains et des Albains ; le duc de Médicis gouverne Florence et Lorenzo, son meurtrier, est son cousin ; Agamemnon est « *le roi des rois* », celui qui va mener les Grecs sous les murailles de Troie ; il est assassiné par son épouse Clytemnestre et par son cousin Égisthe. Les meurtres ont des racines politiques et sont intimement liés aux valeurs qui fondent le pouvoir.

Le texte A tisse des liens entre trois meurtres. Tout d'abord Horace a tué Curiace, le représentant des Albains et l'amant de sa sœur. Il a agi par devoir pour servir les « *intérêts de Rome* » ; son acte est celui d'un héros glorieux : « *mes trophées* », « *notre bonheur* ». Cependant, dans la scène 5 de l'acte IV, Camille éplorée voit dans son frère un « *Tigre assoiffé de sang* » dont elle souhaite se venger. Dans une longue tirade, s'en prenant à la ville défendue par Horace, à « *Rome, l'unique objet de* [s]*on ressentiment* », elle devient alors, dans une sorte de rêve, la meurtrière de la ville elle-même : « *Que le courroux du ciel allumé par mes vœux/Fasse pleuvoir sur elle un déluge de feux* », « *Moi seule en être cause* ». Enfin, la violence de la dernière tirade de Camille déchaîne la colère de son frère : le glorieux meurtrier de Curiace commet un fratricide. S'il semble tuer Camille par rage (« *C'est trop* », « *poursuivant sa sœur* »), Horace justifie son acte par la « raison » (« *ma patience à la raison fait place* »). Le meurtre de Camille n'est que la conséquence de celui de Curiace ; il est le « *châtiment* » pour trahison de celle qui « *ose pleurer un ennemi romain* ».

Les propos du duc dans la scène 11 de l'acte IV de *Lorenzaccio* le montrent comme un débauché. En effet, il a « *soupé comme trois moines* » et n'a aucune estime pour la femme avec qui il veut passer la nuit, « *une belle parleuse* » selon lui. Lorenzo a gagné les faveurs du duc (« *mon mignon* ») pour le tuer et ainsi débarrasser la ville de Florence d'un monarque aussi tyrannique qu'immoral.

Le Mendiant de Giraudoux revient sur la mort non élucidée du « *roi des rois* ». Alors qu'on raconte à Argos que, de retour de Troie, Agamemnon a trébuché et s'est mortellement blessé avec son épée (hors extrait), le Mendiant reconstitue une scène de meurtre : pour s'emparer du pouvoir, Égisthe et Clytemnestre ont tué le roi. Le pouvoir n'est pas aux mains d'un « *bloc d'airain et de fer* » ; il appartient à ceux qui s'en emparent. Mais peut-être s'agit-il aussi d'une vengeance : la robe rouge de Clytemnestre peut rappeler le sacrifice de sa fille Iphigénie.

Pour représenter ou évoquer ces actes meurtriers, les trois dramaturges recourent à différents moyens.

II Les moyens employés pour représenter les actes violents

Selon Aristote, le théâtre, à la différence de l'épopée qui les raconte, mime (la mimesis*) les actions ; il les montre, les rend une deuxième fois présentes comme le suggère le mot « re-présentation ». Musset, prenant ses distances par rapport à la fameuse règle classique qui veut qu'on ne montre pas la mort au spectateur, choisit de mettre en scène l'assassinat du duc. On assiste aux préparatifs : le baudrier entortillé « *de manière à empêcher l'épée de sortir du fourreau* », les mouvements des personnages avant (« *Il sort* », le duc « *se couche* », « *Lorenzo entre l'épée à la main* »), pendant (« *il le frappe* ») et après (« *s'asseyant sur le bord de la fenêtre* ») le meurtre. Les nombreuses didascalies permettent au lecteur de se représenter l'action et l'on remarque le redoublement du geste mortel : « *Il le frappe de nouveau* ». Les paroles des personnages jouent également un rôle dans cette représentation du meurtre. On entend le duc frappé à mort dire : « *C'est toi, Renzo ?* » puis Scoronconcolo s'exclamer : « *c'est le duc de Florence !* ». La scène est particulièrement violente mais le mélange des registres la rend supportable. Après les propos comiques du duc, se mêlent des phrases prosaïques (« *il m'a mordu au doigt* ») et d'autres profondément lyriques : « *Que le vent du soir est doux et embaumé* ».

Le théâtre classique du XVIIe siècle impose la règle de bienséance et Corneille doit recourir, dans *Horace* comme dans *Le Cid* (le meurtre du comte) à un subterfuge. La violence sur scène sera celle des propos de Camille ; sa tirade s'achève d'ailleurs par l'expression « *et mourir de plaisir* » qui annonce la mort de l'héroïne elle-même. La violence des gestes, quant à elle, se réduit à la poursuite d'Horace « *mettant l'épée à la main* » ; la mort a lieu en coulisses, « *derrière le théâtre* », pour respecter les conventions mais le spectateur entend le cri de Camille blessée tandis que son meurtrier revient sur scène.

Le théâtre peut, de manière directe ou détournée, représenter la mort ; il peut aussi recourir à la force des mots pour l'exprimer.

III Les moyens employés pour évoquer les actes violents

Les actes violents qui ne sont pas représentés peuvent être évoqués et ce sont les propos des personnages qui suggèrent ce qui s'est passé. Ainsi dans le texte C, le Mendiant, comme un enquêteur de police au terme de son investigation, vient raconter le crime. Le récit devient alors une reconstitution qui explique les traces matérielles : « *l'épée entailla la dalle* », « *c'est à cette entaille que moi j'ai deviné le crime* ». Mais le Mendiant est aussi un poète qui donne vie à son récit en imaginant ce qui s'est passé grâce à l'hypotypose*. On voit en effet Clytemnestre « *occupée à tourner autour du corps* » puis on assiste à l'agonie d'Agamemnon dont « *quatre doigts déjà ne bougeaient plus* » tandis que des adverbes viennent caractériser les actions : « *soudain* », « *doucement* », « *posément* ». Le point de vue* du « *roi des rois* » (« *cette femme de plus en plus laide* », « *un air qu'il reconnaissait* ») en complétant le regard du Mendiant donne tout son relief à la scène.

Corneille a lui aussi recours au langage pour évoquer le meurtre dans *Horace*. Les expressions « *ta brutalité* » ou « *Tigre assoiffé de sang* » suggèrent la violence du héros romain affrontant Curiace. À la fin de la scène, la tirade de Camille est elle aussi le récit imaginaire de la mort de Rome. Le vocabulaire de la destruction qui ponctue les phrases injonctives semble une incantation d'une force inouïe. À la toute fin, la violence atteint son paroxysme avec l'anaphore de « *voir* » reprise par le pronom « *moi* », la répétition de « *dernier* » au milieu de chaque hémistiche du vers 45, ainsi que les mots « *dernier* », « *soupir* » et « *mourir* » qui évoquent et annoncent la mort.

Si les raisons des meurtriers dans les trois textes du corpus sont particulières, elles restent liées à la sphère et aux valeurs du pouvoir. Les meurtres accomplis ou rêvés sont tous profondément violents, ce qui amène les dramaturges à déployer, sur scène ou avec les mots, des moyens variés pour bouleverser le spectateur.

COMMENTAIRE

Travail préparatoire

■ Les connaissances nécessaires

• La lecture du chapeau introducteur

L'expression « *vers la fin de la pièce* » montre que nous approchons du dénouement. Le « *meurtre encore impuni* », laisse entendre que la tragédie va se conclure sur le châtiment de cet assassinat.

Il est fréquent dans les tragédies du XVIIe siècle qu'un personnage vienne rendre compte sur scène d'une action qui, par respect des règles de bienséance ou de vraisemblance, ne peut être montrée au spectateur. Giraudoux renouvelle la tragédie classique en proposant un récit bien postérieur (sept ans) à l'action elle-même, un retour en arrière sur l'événement qui est à l'origine de l'intrigue. La dimension policière suggérée par le paratexte est confirmée par une lecture attentive de la tirade : « *c'est à cette entaille que moi j'ai deviné le crime* ».

• La connaissance du mythe

Mobilisez ce que vous savez sur Agamemnon, « *le roi des rois* » : il a dû sacrifier sa fille Iphigénie pour obtenir les vents nécessaires au départ de la flotte grecque pour Troie. Dans le chapeau introducteur, le mobile du meurtre d'Agamemnon est présenté comme politique mais, dans le mythe, il s'agit également pour Clytemnestre de venger le sacrifice de sa fille.

Les noms d'Électre et Oreste apparaissent dans l'extrait : ce sont les enfants d'Agamemnon et de Clytemnestre. Ils vont venger la mort de leur père.

Ce mythe a intéressé le poète Homère puis de nombreux dramaturges. Eschyle, dans sa trilogie L'*Orestie* (458 av J.-C.), centre la tragédie sur le personnage d'Oreste qui, chez Sophocle (*Électre*, vers 414 av J.-C.) et Euripide (*Électre,* vers 413 av J.-C.), est davantage l'instrument de la vengeance de sa sœur. Dans le passage de Giraudoux, vous pouvez remarquer la place particulière d'Électre.

• La connaissance de la pièce

Les informations données dans l'introduction sont maigres et, si vous ne connaissez pas la pièce, vous éviterez prudemment les interprétations qui feraient trop précisément appel à l'intrigue.

■ La méthode

• Une lecture attentive et sensible (voir fiches 37 et 46)

Interrogez-vous : de quelle sorte de texte de théâtre s'agit-il ? Que se passe-t-il ? Que raconte le Mendiant ? Quelles sont les intentions de Giraudoux ici ?

Lisez le texte en vous demandant ce que vous ressentez. Vous serez sans doute sensible à la violence de la scène, au ralenti, aux points de vue, au style qui multiplie les virgules et les connecteurs (« *et* », « *alors* »).

• Les outils d'analyse

Le corpus et la question vous aident à cerner certains aspects du texte : le meurtre, la violence. À la différence du texte B, Giraudoux ne représente pas la mort, il

la raconte. C'est ici un événement ancien que le Mendiant rend actuel et vivant grâce à la force suggestive de son récit.
Les notions relatives au théâtre sont utiles ici. Pensez notamment au statut particulier de la parole, aux caractéristiques de la tragédie.

• **Les principes de composition d'un plan de commentaire**

FICHE 16

En deux ou trois parties, le commentaire rend compte, de manière organisée et progressive, d'une lecture du texte. Chaque axe développe une définition du passage. Ainsi on peut écrire les titres des parties sous la forme d'une phrase commençant par « ce texte, c'est… ».
La composition obéit aux principes suivants :
– Les axes n'annoncent pas une description formelle ; par exemple, on ne peut pas proposer un intitulé « ce texte est un récit » ou « ce texte est une scène de théâtre » ; il faut caractériser le texte, dégager sa spécificité. Les axes réunis donnent une lecture complète du texte. C'est la différence fondamentale avec la lecture analytique qui, à l'oral du Bac, est orientée, voire restreinte, par une question.
– Le commentaire est progressif. La règle est la même que pour toute composition : du moins important au plus important.
La démarche choisie doit être présentée et justifiée dans l'introduction.

• **Le plan** (voir fiches 11 et 13)

I **Le récit dramatisé du meurtre d'Agamemnon…**
II **… renouvelle le genre de la tragédie**

PLAN DÉTAILLÉ

Introduction rédigée

FICHE 17

*[**La rédaction de l'introduction du commentaire** : après une présentation concise de l'œuvre dont est tiré le passage à commenter, vous préciserez les principales caractéristiques du texte puis vous annoncerez le plan choisi.]*

Entre les deux guerres mondiales, la tragédie, rejetée par les dramaturges du XIXe siècle, connaît un nouvel essor. Avant *Antigone* d'Anouilh (1944) qui propose, dans le contexte de la guerre, une réflexion sur le pouvoir, Giraudoux s'inspire de la famille des Atrides pour proposer *La guerre de Troie n'aura pas lieu* en 1934 puis, en 1937, *Électre*. Cette dernière tragédie, s'inspirant de celles d'Eschyle, de Sophocle et surtout d'Euripide (vers 413 av J.-C.), se noue autour de la vengeance du personnage éponyme. À son retour de la guerre de Troie, Agamemnon, victorieux, est assassiné par Clytemnestre et Égisthe qui prennent le pouvoir. *[Présentation de l'œuvre. Quand on ne dispose pas de connaissances personnelles, on s'aide du paratexte et des références.]* Dans l'œuvre de Giraudoux, Électre et le Mendiant comprennent petit à petit ce qui s'est passé et, à la fin, juste avant qu'Oreste, poussé par sa sœur, ne venge son père, le mystérieux Mendiant raconte le meurtre du « *roi des rois* ». La violence du récit est à la mesure de l'acte lui-même, à la mesure aussi d'un genre théâtral dont la fonction est, selon Aristote, d'inspirer « *terreur et pitié* ». *[Présentation du texte et des aspects importants qui justifient le plan.]*

Après avoir montré que la force des mots suggère la violence de l'assassinat, nous examinerons comment cette violence caractérise la tragédie, un genre que Giraudoux renouvelle en 1937. *[Annonce claire et fluide du plan]*

I Le récit dramatisé du meurtre d'Agamemnon…

I-1 Les criminels et le mobile

Deux coupables. Clytemnestre et Égisthe agissent : ils sont les sujets de verbes d'action ou de mouvement (« *il plongea* », « *elle tournait* », « *ils le retournèrent* »). Dans cette dernière expression, alors qu'Agamemnon est représenté par un pronom COD, le pronom sujet « *ils* » réunit les deux criminels qui sont aussi amants.

Clytemnestre. On note sa résistance : « *se crispait* », « *Clytemnestre ne le lâchait pas* ». Elle semble presque ignorer Agamemnon (« *muette* », « *ne cracha pas* ») comme si elle se repliait sur elle-même et sur son acte (« *tout occupée à tourner* »). Par une forme de chiasme*, son attitude suggère la folie : « *elle sursautait toute, la tête muette sursautait* ».

Égisthe. Son attitude évoque également la folie : « *de grands éclats de rire* » en contradiction avec son « *visage rigide* », la force (« *il y alla trop fortement* ») démentie à la fin du texte par la douceur (« *bien doucement, bien posément* ») ; il agit « *sans y penser* » ou pour se protéger de la violence du meurtre (« *pour couvrir la voix* »).

Le mobile. En tournant « *dans sa robe rouge* » couleur de sang autour de son époux à terre, Clytemnestre semble assouvir une vengeance personnelle, sans doute celle du sacrifice de sa fille Iphigénie. Mais c'est Égisthe et non Clytemnestre (de même qu'Oreste servira la vengeance d'Électre) qui frappe Agamemnon. L'expression répétée « *le roi des rois* » suggère cette fois-ci un mobile politique. Le pouvoir est fragile ; n'étant pas un « *bloc d'airain et de fer* », il appartient à celui qui le prend.

I-2 La violence de la scène

Un récit cru pour souligner la violence de l'acte : la force des gestes (« *de grands coups de pied dans le dos* », « *il plongea l'épée* ») et de la voix (« *il cria* », « *grands éclats de rire* ») est marquée par la reprise de l'adjectif « *grand* » et par l'adverbe « *trop* ». Les détails suggestifs ajoutent à la violence : « *se crispait* », « *une mousse à ses lèvres* », « *à cause du sang qu'elle évitait aux sandales* », « *quatre doigts déjà ne bougeaient plus* ».

L'attitude calculée des personnages. Le meurtre est commis froidement et les assassins ont gardé leur raison malgré la folie qui s'empare d'eux : Égisthe pousse « *de grands éclats de rire* » pour que les cris d'Agamemnon ne soient pas entendus, Clytemnestre veille à ne pas salir ses sandales, les deux meurtriers prennent la peine de retourner le corps et de remettre l'épée dans la plaie afin de faire croire à un accident.

I-3 La dramatisation

Les contrastes. L'attitude des personnages, à la fois raisonnée et saisie de folie, contribue à dramatiser la scène de même que le contraste entre l'agonie (« *et lui déjà agonisait* ») du roi et les cercles que Clytemnestre fait autour de lui. À la fin du passage l'antithèse du « *soleil* » et de l'« *ombre* » est renforcée par la brièveté de la phrase « *Puis vint l'ombre* » et par l'inversion du sujet.

Le jeu des points de vue. Le recours au style indirect libre, en ajoutant d'autres voix à celle du Mendiant (le style oral peut être étudié), donne vie à la narration : on entend Égisthe (« *c'était une douce chair facile à transpercer comme l'agneau* ») et un peu plus loin Agamemnon lui-même (« *c'était sa seule amie dans ce guet-apens* »).

La progression de la scène. On pourra étudier le changement d'attitude d'Agamemnon qui, au début, donne « *de grands coups de pied* » puis « *se laiss*[e] *aller* » et « [veut] *bien mourir* ». Le verbe « crier » cède le pas au verbe « appeler » puis à des verbes de volonté ou de perception : « *il voulait bien* », « *il croyait voir* ». Le dernier verbe dont le roi est sujet est un modalisateur (« *croyait* ») qui efface progressivement son autorité. À la fin, l'adverbe « *déjà* » associé à une négation (« *quatre doigts déjà ne bougeaient plus* ») exprime également la progression dramatique de la scène.

Le ralenti. Différents procédés viennent ralentir l'action pour la rendre plus dramatique. L'imparfait, installant une durée non précisée, fige la scène : « *Égisthe poussait de grands éclats de rire* », « *Clytemnestre ne le lâchait pas* ». La reprise du verbe « tourner » et son sens même ont un effet similaire. Les virgules découpent les phrases en de nombreux segments, ce qui freine également la progression du récit. On notera surtout l'abondance des connecteurs temporels : « *Alors* », « *et* », « *puis* », « *déjà* », « *ne… plus* ». L'anaphore de la conjonction « *et* » à valeur temporelle (mais pas uniquement, voir plus loin), en ponctuant le récit, en ralentit considérablement le déroulement.

II … renouvelle le genre de la tragédie

II-1 Des personnages de tragédie

L'univers clos de la tragédie. Dans le théâtre classique (XVIIe siècle), chez Racine par exemple, la règle des unités resserre l'intrigue et donne une impression de clôture. Chez Giraudoux, l'unité est avant tout familiale. Égisthe est le cousin d'Agamemnon, Clytemnestre est sa femme. La robe rouge qu'elle porte rappelle peut-être le sang de sa fille Iphigénie. Durant la scène du meurtre, Agamemnon fait appel à Oreste et à Électre, ses enfants. La mort elle-même a « *un air de famille* ». En tournant autour de son époux, Clytemnestre contribue également à refermer l'espace scénique tragique.

La transfiguration des personnages tragiques. Les héros tragiques ne sont pas des personnages ordinaires. Clytemnestre, en portant sur sa robe rouge le sang des sacrifices (Iphigénie puis Agamemnon), semble un monstre : « *la tête muette sursautait* », « *de plus en plus laide* ». À la fin, elle devient, dans le délire hallucinatoire d'Agamemnon, un « *soleil* ». De même, Égisthe est métamorphosé par son acte : « *cet homme de plus en plus beau* ». Alors qu'il se trompait au début (« *il imaginait* ») et ne mesurait pas sa force (« *il y alla trop fort* »), il acquiert à la fin du passage une tranquillité toute spontanée (« *sans y penser* ») qui le fait agir « *bien doucement, bien posément* ».

II-2 La logique du destin : la vengeance programmée

La soumission au destin. Agamemnon, après avoir lutté, accepte son destin : « *il se laissa aller* », « *Agamemnon voulait bien mourir* ». La personnification de la mort (« *sa seule amie* ») exprime cette soumission du personnage tragique.

La logique de la vengeance. Clytemnestre venge la mort d'Iphigénie. En comparant Agamemnon à un « *agneau* », le Mendiant rappelle le sacrifice de la jeune fille. De même Oreste et Électre vengeront leur père en tuant ses meurtriers. Si le roi accepte son destin, c'est qu'il comprend cette logique de la vengeance : « *il appela ses enfants* », « *pour le remercier de le venger un jour* ». Le remerciement par anticipation, malgré la date imprécise (« *un jour* »), souligne la force de cette logique tragique.

Le marbre lui-même est susceptible de se venger quand il est blessé, car « *il a sa rancune* ».

La conjonction de coordination « *et* » joue un rôle dans cette logique ; il ne s'agit pas simplement de chronologie mais aussi d'accumulation.

Clytemnestre éprouve des remords : sa « *robe rouge* » et ses cercles. Le Mendiant achèvera en effet cette tirade (hors extrait) en faisant allusion aux cauchemars du personnage : *« Voilà sept ans qu'elle l'a tué : elle l'a tué trois mille fois ».*

II-3 Une tragédie renouvelée

Le mélange des genres renouvelle l'esthétique de la tragédie. Les romantiques (*Hernani* de Hugo en 1830 ou *Lorenzaccio*) ont aboli les frontières entre les genres. Giraudoux poursuit cette voie : stylisation dramatique (« *elle tournait dans sa robe rouge* »), évocation concrète et emprunts à la littérature policière. Le Mendiant mène l'enquête et vient expliquer ce qui s'est passé. Il fait preuve d'un esprit de déduction : l'entaille dans le marbre l'amène à remettre en cause l'explication de l'accident.

Une réflexion sur le genre : la force universelle de la tragédie. En comparant le meurtre d'Agamemnon (« *comme l'agneau* ») à un sacrifice, Giraudoux met en avant le lien entre le genre très ancien de la tragédie et des pratiques collectives plus anciennes encore. Les mouvements circulaires de Clytemnestre évoquent aussi un rite primitif. La violence, ritualisée dans le sacrifice ou au théâtre, est d'une certaine façon canalisée. C'est la catharsis dont parle Aristote. L'incantation du style biblique (anaphore du « *et* ») suggère de plus la dimension religieuse de la tragédie.

Par ailleurs, Giraudoux éclaire le lien profond qui, dans la tragédie, unit deux forces universelles, l'amour et la mort (« *sa seule amie* [...], *la mort* » : Éros et Thanatos), ce que montrera davantage encore l'ultime rencontre entre Égisthe et Électre.

En 1937 : une tragédie sans dieu(x). Le critique littéraire Lucien Goldmann montre que l'intrigue tragique se dénoue sous le regard d'un « *dieu caché et muet* » mais chez Giraudoux, aucune puissance muette ne préside au déroulement tragique ni ne lui donne un sens. L'engrenage tragique semble puiser son énergie dans son fonctionnement même, ce qui renforce sa cruauté. Les héros sont solitaires (« *la tête muette* ») et c'est au spectateur de les juger : on étudiera le jeu des points de vue dans le passage (le Mendiant mais aussi Agamemnon) qui montre qu'il n'existe pas de vérité unique.

Conclusion rédigée

Ainsi, en recourant au récit pour évoquer le meurtre du « *roi des rois* », Giraudoux renoue avec la tragédie classique. Mais il ne s'agit pas seulement ici de tradition, de vraisemblance ou de bienséance : dans la bouche du Mendiant, détective et oracle, la violence des mots évoque l'acte bien mieux peut-être que ne le ferait sa représentation même. De cette façon, au-delà de l'emprunt formel à un genre ancien, les propos du Mendiant, à la fin d'*Électre*, nous éclairent sur les origines et la dimension universelle de la tragédie : sa violence et sa folie sont celles des sacrifices primitifs, mais ce qui nous fascine en elle, n'est-ce pas plutôt cette tension entre la force meurtrière des personnages et une action qui se déroule « *bien doucement, bien posément* » ?

DISSERTATION

Travail préparatoire

■ L'analyse du sujet

• La composition du sujet

On repère trois parties dans le libellé. Un postulat* liminaire oriente la réflexion sur la réception de la violence dans la représentation théâtrale. La deuxième phrase est directive et suggère, à elle seule, deux axes d'étude : il s'agit d'étudier la fascination ressentie par le spectateur et, au-delà de cette fascination, d'envisager d'autres implications de la représentation de la violence au théâtre.

• La lecture du sujet (voir fiche 31)

Une lecture attentive permettra de déterminer les mots clés du sujet et de dégager une problématique.

La « *violence* » désigne l'utilisation de la force physique (*vis* en latin) ou psychologique pour contraindre, dominer, tourmenter, voire détruire l'humanité de l'individu. Elle est associée à la souffrance et à la mort. On voit que la scène du sac, les coups assénés à Géronte dans *Les Fourberies de Scapin* ne relèvent pas de cette définition. La virtuosité de Scapin malgré sa rudesse suscite le rire. Le genre comique échappe donc aux termes du sujet, de même qu'il ne figure pas dans les textes du corpus. La « *fascination* » ressentie par le spectateur renvoie aux grands ressorts de la tragédie selon Aristote, et notamment à la terreur. Le spectacle de la violence captive, envoûte, mais il a des « *fins plus profondes* », c'est-à-dire une mission didactique, un rôle moral ou philosophique.

Remarquons la récurrence du verbe « pouvoir », excluant toute généralisation et nuançant le point de vue, sans pour autant le remettre en cause.

■ La méthode

• La liaison avec l'objet d'étude

La dissertation est rattachée à l'objet d'étude *Le texte théâtral et sa représentation, du XVIIe siècle à nos jours.* Elle traite de la représentation de la violence et suppose donc une prise en compte de la mise en scène.

Vous devez mobiliser vos connaissances théoriques sur le genre théâtral sans céder pour autant à la question de cours. Revenez sur Aristote (384-322 av. J.-C.), philosophe et théoricien du théâtre qui, dans la *Poétique*, s'est intéressé à la tragédie. Toute création artistique est pour lui imitation, mimesis*. Lorsqu'il contemple une tragédie, le spectateur éprouve des sentiments tels que terreur ou pitié ; il connaît la catharsis ou purification des passions, à laquelle la notion de fascination, par le biais de l'identification, assurément se rattache. Aristote fut la référence des Classiques et de leurs règles, codifiées par Boileau en 1674 dans *L'Art poétique*.

Les noms d'Antonin Artaud (1896-1948) et son théâtre de la cruauté ou de Bertolt Brecht (1898-1956) prônant la distanciation au contraire d'Aristote ne vous sont sans doute pas étrangers. Les dramaturges eux-mêmes se sont expliqués sur leur art, dans des préfaces ou des essais théoriques, tel Ionesco dans *Notes et contre-notes* en 1962 et ces références contribueront à enrichir votre réflexion.

• **Arguments et exemples** (voir fiche 32)

Vous approfondirez la problématique, en la scindant en sous-questions : quelle violence est représentée au théâtre ? Quelles sont les modalités de cette représentation ? Pourquoi une telle fascination du spectateur ? Quelles autres fins attribuer au choix de la violence par le dramaturge ? Quelles incidences la violence a-t-elle sur le spectateur ?
Des exemples précis de pièces mettant en scène la violence seront à la fois la source et la confirmation de vos arguments. Utilisez les extraits du corpus ; recensez ensuite les pièces que vous connaissez où intervient la violence, du drame shakespearien au Nouveau Théâtre de Ionesco ou Beckett.
Ces exemples devront être développés de manière claire et précise.

• **Le plan analytique**

Les questions introduites par « *Vous montrerez* », « *en quoi* », « *comment* », « *de quelle manière* » n'appellent pas un plan dialectique (voir fiche 50) mais analytique qui envisage successivement les différentes réponses à la question posée. À chaque sujet correspond un plan spécifique, ce qui n'est pas le cas des plans dialectiques. Vous vous efforcerez de proposer trois réponses bien distinctes au problème posé en gardant pour la fin celle qui vous semble la plus intéressante.
Quand la question commence par « *Dans quelle mesure* », la troisième partie peut émettre des réserves quant à la thèse exprimée par le sujet.

I Le théâtre représente la violence
II La représentation de la violence crée la fascination
III La représentation de la violence a des visées plus profondes

DEVOIR RÉDIGÉ

Introduction

« *La cérémonie commence* » s'écrie le garde au début de la représentation de la pièce de Ionesco, *Le roi se meurt*, présentant le théâtre comme une fête sacrée, un rituel solennel toujours renouvelé. Depuis l'Antiquité et avant même l'instauration des grandes Dionysies, le théâtre est associé au culte de Dionysos et une étroite parenté se dessine entre le jeu des rites bachiques et les jeux théâtraux. Quelques jours avant le début des festivités, un grand cortège se déplaçait à Athènes, accompagnait la statue en bois de Dionysos et l'installait au théâtre. Une hécatombe de taureaux alimentait la procession. Ce contexte de violence sacrificielle semble présider aux destinées du théâtre. Si la dimension conflictuelle du spectacle théâtral s'est constamment affirmée, suscitant des rires ou une intense émotion, c'est le théâtre tragique qui offre la violence à notre fascination. De l'Antiquité à nos jours, meurtres, mutilations, violences en tous genres ont constamment hanté les fictions du théâtre occidental. *[Ces faits incontestables permettent d'aborder la question soulevée par le sujet ; il est également possible d'ouvrir l'introduction par une référence à un ou plusieurs textes du corpus.]* Mais pourquoi ce choix des dramaturges ? Et quelles répercussions a-t-il sur le spectateur ? Nous étudierons les différentes formes de la violence tragique, avant de nous interroger sur la fascination qu'elle engendre et les prises de conscience plus profondes qu'elle autorise.

I Le théâtre représente la violence

Dans son *Essai sur le genre dramatique sérieux* paru en 1767, Beaumarchais énonçait ainsi ses griefs à l'encontre de la tragédie : « *Tout est énorme dans ces drames* [...]. *On n'y marche que parmi des décombres, à travers des flots de sang, sur des monceaux de morts, et l'on n'arrive à la catastrophe que par l'empoisonnement, l'assassinat et le parricide.* » Ainsi, la violence réside dans l'excès et suppose un exercice illégitime de la force. Elle est d'emblée associée à un contexte tragique. Nous distinguerons différentes formes de violence : mythique, physique et psychologique.

I-1 La violence mythique

La tragédie grecque est sous-tendue par le mythe et sa violence sanglante primitive, son pouvoir quasi hypnotique.

Elle nous présente le spectacle terrible de l'infanticide. Euripide, dans *Médée* composée en 431, s'écarte des données légendaires pour faire égorger ses enfants par Médée, la magicienne de Colchide, alors qu'ils étaient auparavant tués par les Corinthiens. Le personnage de Médée, épouse trahie et mère, est pathétique dans la mesure où nous la voyons évoluer, hésitante face à l'horreur du crime puis emportée par la fureur jalouse. C'est en ces termes qu'elle s'adresse finalement au chœur : « *Mes amies, la chose est décidée : le plus vite possible, je tue mes enfants et m'en vais de ce pays. Tout les oblige à mourir ; et puisqu'il le faut, nous tuerons, nous qui avons fait naître.* » Alors, dans un geste d'une violence inouïe, la mère saisit l'épée... À Rome, c'est Sénèque qui nous présente dans *Thyeste* la monstruosité d'Atrée. Le roi de Mycènes accueille son frère Thyeste avec une bonté feinte alors qu'il lui a ravi son épouse Aéropé, avant d'égorger ses enfants, de les lui faire manger, de lui faire boire leur sang mêlé à du vin. À l'infanticide s'ajoute l'insupportable cruauté du cannibalisme. Et cet abominable forfait fait fuir le soleil.

La violence du parricide est aussi au cœur de la tragédie grecque. En témoignent la légende des Labdacides et le meurtre de Laïos par Œdipe dans *Œdipe roi* de Sophocle. Œdipe, aveuglé par les dieux, tue son père et épouse sa mère Jocaste.

L'inceste, admis et même institutionnalisé en Égypte, est soumis en Grèce à la réprobation des dieux. C'est ainsi qu'Œdipe commet l'inceste sans le savoir : une innocence coupable en somme, Œdipe payant le prix d'une malédiction ancestrale. Au fur et à mesure que la machine infernale tisse ses rets, les crimes sont révélés dans une progression dramatique foudroyante. Le clairvoyant Œdipe devient aveugle, tandis que sa mère-épouse se pend.

La violence criminelle est bien liée aux origines de la tragédie, consubstantielle aux mythes et à leurs interdits.

I-2 La violence physique

Au-delà du mythe, la violence théâtrale est physique et se manifeste aux yeux du spectateur comme un usage illégitime de la force, des coups au meurtre.

La violence physique s'amplifie au deuxième acte d'*En attendant Godot,* quand Beckett choisit de montrer la dégradation des protagonistes. Alors que Pozzo est à terre, « *se tord, gémit, frappe le sol avec ses poings* », les deux compères, dans un dénuement extrême, cèdent à la tentation de la vengeance, violence qui détruit les rapports humains. « *Si on lui donnait une bonne correction tous les deux* » interroge Estragon ; et Vladimir de répondre : « *Tu veux dire, si on lui tombait dessus pendant qu'il dort ?* »

C'est le théâtre élisabéthain, et Shakespeare en particulier, qui a privilégié le spectacle de violences sanglantes, reflets de notre monde. Macbeth, aiguillonné par son épouse, poignarde le roi Duncan. Nous voyons Lady Macbeth prendre ensuite les dagues et rougir de sang les gardes afin d'innocenter son mari. L'horreur est à son comble quand la fin de la tragédie nous présente Macduff tenant la tête de Macbeth et se dirigeant vers le nouveau roi, Malcolm : « *Salut, roi ! Tu es roi. Et regarde comme est la tête de l'usurpateur.* » Au XXe siècle, fortement imprégné du drame shakespearien, Paul Claudel a mis en scène la violence physique, dans son drame *Tête d'or* par exemple, où le conquérant qui nouait son destin à la course du soleil, blessé à mort au pied du Caucase, exhale sa rage de n'avoir pu dominer les monts et les mers et de devoir accepter sa condition d'homme. Agonisant, Tête d'or entend soudain gémir : c'est la fille de l'ancien Empereur qu'un déserteur a crucifiée. Tête d'Or quitte alors son bûcher, va vers la princesse et arrache les clous de ses mains avec ses dents.
Dans l'extrait d'*Électre* de Giraudoux, c'est le roi Agamemnon qui est transpercé par l'épée d'Égisthe, « *une douce chair, facile à transpercer comme l'agneau* ».

Le dolorisme s'inscrit donc dans l'histoire du théâtre et la scène est bien le lieu de blessures et de souffrances qui s'offrent à la vue du spectateur.

I-3 La violence psychologique

Le spectateur peut enfin être confronté à une violence psychologique exercée au théâtre et traduite par les mots ou les sentiments.

La violence est aussi un acte de langage. Une violence verbale, et non seulement physique, va marquer les esprits et traduire la souffrance des personnages. Les insultes fusent dans *En attendant Godot*, comiques par leur répétition incongrue mais infiniment réductrices de la personne humaine. Un cri terrible annonce la venue de Pozzo et Lucky, celui-là dirige celui-ci au moyen d'une corde passée autour du cou. Lucky est traité en sous-homme, en « *knout* », par son maître violent et tyrannique qui manie le fouet : « *Debout charogne* [...] *On te parle, porc, réponds* [...] *Danse, pouacre* [...] *Pense porc.* » Le couple de Pozzo et Lucky renvoie aux relations de maître à esclave mais incarne surtout toutes les formes d'aliénation.

Les imprécations de Camille tuant Rome par l'anaphore face à son frère Horace révèlent à elles seules une douleur exacerbée bouleversant le spectateur : « *Rome qui t'a vu naître, et que ton cœur adore/Rome enfin que je hais parce qu'elle t'honore !* »

Par ailleurs, la violence vient parfois emprisonner les esprits, une violence mentale telle la folie d'Oreste à la suite du meurtre de Pyrrhus, traduite par un délire hallucinatoire dans *Andromaque* de Racine : « *Quoi ? Pyrrhus, je te rencontre encore ?/ Trouverai-je partout un rival que j'abhorre* [...] *Mais que vois-je ? À mes yeux Hermione l'embrasse ?* [...] » Harcelé par la fureur vengeresse des Érinyes*, il s'adresse à elles : « *Hé bien ! filles d'enfer, vos mains sont-elles prêtes ?/Pour qui sont ces serpents qui sifflent sur vos têtes ?* »

[Conclusion-transition] La violence est donc multiforme au théâtre. Elle jaillit dans le sang, envahit la scène par les actes et les mots, tend à s'intérioriser dans le tourment des personnages. Chez le spectateur, cette représentation quasi permanente de la violence dans le drame ou la tragédie crée la fascination.

II La représentation de la violence crée la fascination

Pour rendre compte de cette réaction fascinée ou outrée (ce qui peut se lire comme l'envers de la fascination), il convient d'envisager trois motifs.

II-1 Le voyeurisme

La fascination ressentie par le spectateur naît d'abord du regard. Le voici confronté sur scène à une violence déferlante qui lui permet, le temps du spectacle, de rompre avec la tiédeur des habitudes. La dynamique de la violence l'entraîne en effet dans le cycle envoûtant des péripéties. La représentation d'*Andromaque* de Racine reflète par exemple l'omniprésence de la mort. À la violence du chantage de Pyrrhus menaçant de tuer Astyanax si Andromaque ne consent à l'aimer, s'ajoute son meurtre suivi du suicide d'Hermione et de la folie d'Oreste. Le tempo inverse peut aussi conduire à la fascination : dans l'extrait d'*Électre*, le spectateur, par le biais du récit du Mendiant, assiste à la violence du meurtre d'Agamemnon en même temps qu'il suit au ralenti l'agonie du « *roi des rois* ».

Si la violence qui s'offre au spectateur a cet attrait, c'est surtout parce qu'elle répond à un interdit transgressé et provoque une jouissance particulière. À ce titre, on a pu comparer le spectacle de la violence théâtrale, de la cruauté qui étymologiquement renvoie au sang, aux jeux du cirque dans la Rome antique. Le théâtre nous permet de voir ce qu'on n'a pas le droit de voir. Caligula, héros éponyme de la pièce de Camus, après avoir abusé de la femme de Mucius au cours d'un banquet, s'en prend violemment à Mereia. La didascalie fidèlement suivie par Charles Berling au théâtre de l'Atelier (2006), nous éclaire précisément sur la cruauté de l'empereur. Le vieillard est sommé de boire un poison ; il « *tente alors de s'enfuir. Mais Caligula d'un bond sauvage, l'atteint au milieu de la scène, le jette sur un siège bas, et, après une lutte de quelques instants, lui enfonce la fiole entre les dents et la brise à coups de poing. Après quelques soubresauts, le visage plein d'eau et de sang, Mereia meurt* ».

La mutation de l'homme en monstre fascine en même temps qu'elle foudroie. Avec les *Bacchantes* d'Euripide, l'horreur est à son comble. La folie dionysiaque a conduit Agavé à tuer son fils révolté contre le dieu. Il connaît le supplice de l'écartèlement. La représentation de la mort de Penthée à la Comédie-Française (2005) nous a fait assister à ce cortège de ménades* possédées, les mains en sang, se lançant l'une à l'autre les débris de Penthée tandis que sa mère prenait sa tête dans ses mains et la fichait sur son thyrse*.

La pétrification du spectateur devant la représentation de la violence peut donc s'expliquer par un désir de sensation extrême, voire un plaisir sadique et une pulsion morbide associant Éros et Thanatos (le désir et la mort, deux pulsions constitutives de l'homme selon Freud). Ainsi est-il conduit à apprécier un spectacle que, dans le même temps, il rejette avec horreur.

II-2 L'esthétique de l'horreur

Conformément au principe des bienséances cher aux Classiques, les actes de violence nous sont souvent transmis par un récit. Déjà chez Euripide, le massacre de Penthée faisait l'objet du récit du messager, d'autant plus saisissant qu'il incluait au discours direct la supplique de Penthée à sa mère. Si l'interdiction pour la tragédie de représenter le sang sur la scène n'existait pas chez Aristote, philosophe et théoricien grec du IVe siècle avant J.-C., Horace, à Rome, dans son *Art poétique* prônait en revanche la représentation indirecte de faits monstrueux. « *Ce n'est pas devant le public que Médée doit massacrer ses enfants, l'exécrable Atrée faire cuire les membres de ses fils.* »

C'est précisément à Horace que dramaturges et théoriciens classiques, notamment Boileau dans son *Art poétique* en 1674, empruntèrent l'idée de bannir toute représentation directe de violence ou de mort. Corneille sut admirablement concilier le respect de cet interdit et le suspens dramatique dans *Horace* : lorsque Camille maudit Rome, Horace brandit son épée pour venger une telle offense et poursuit sa sœur dans les coulisses. La scène reste vide quelques secondes, cependant que parviennent au spectateur les plaintes de Camille mourante, Horace réapparaissant une fois le meurtre accompli.

Le recours au contournement, ellipse ou récit, amoindrit-il la violence ? Si le récit dénature partiellement la violence, on peut considérer qu'il la revitalise par l'image et la rhétorique. La fascination naît alors du récit, de la poétisation de l'horreur. Le récit de Théramène bouleversé par la mort d'Hippolyte conjugue ainsi, dans *Phèdre* de Racine, fantastique et pathétique. Par le jeu des assonances et des allitérations, par le rythme de l'alexandrin et la force du chiasme* le spectateur voit et entend le monstre qu'affronta le fils de Thésée : « *Indomptable taureau, dragon impétueux/Sa croupe se recourbe en replis tortueux/Ses longs mugissements font trembler le rivage./Le ciel avec horreur voit ce monstre sauvage.* » La fascination du spectateur est ici favorisée par l'hypotypose* qui le fait assister à la scène. Les deux récitatifs du Mendiant dans *Électre* de Giraudoux ont le même effet. Personnage extérieur à l'intrigue, il propose un double éclairage sur un passé énigmatique avec son récit du meurtre d'Agamemnon et sur un présent concomitant, avec celui du meurtre de Clytemnestre et Égisthe. Le récit du meurtre de Clytemnestre est violent par son lexique qui tétanise l'auditeur : « *Mais on la saignait. Son fils la saignait* ». Voilà le spectateur séduit par la rhétorique du texte rehaussant la violence, la transfigurant en poésie.

II-3 Le rôle du metteur en scène

Le metteur en scène a enfin son rôle à jouer dans cette entreprise de séduction. Il crée les conditions favorables à la fascination par différents procédés.

La gestuelle des acteurs est la traduction concrète de la souffrance et captive le spectateur. Phèdre, incarnée par Dominique Blanc dans la mise en scène de Patrice Chéreau (Odéon-Théâtre de l'Europe, 2003), parvint à nous faire ressentir sa souffrance par un jeu très physique, apparaissant comme terrassée. À l'inverse, l'interprétation plus distanciée et statique d'Elsa Lepoivre dans la récente mise en scène de Michael Marmarinos à la Comédie-Française (2013), n'a pas le même effet sur le spectateur. Dans *Le Théâtre et son double* paru en 1938, Antonin Artaud affirme que « *le langage théâtral pur ce n'est pas la parole dialoguée mais la mise en scène* ». Il veut inventer un langage spécifiquement théâtral, destiné aux sens et indépendant de la parole. Ce théâtre, inspiré du modèle balinais est un spectacle total où la violence s'impose. « *Le théâtre de la cruauté* » défini par Artaud voit dans la représentation des excès, de la violence, un moyen d'atteindre l'intensité d'expression recherchée.

Il en est de même pour les costumes qui concourent à capter notre adhésion : le manteau rouge de Thésée, omnipotent dans la pièce, a assurément plus d'impact dans la mise en scène de Chéreau que le costume trois pièces d'une banalité bourgeoise arboré à la Comédie- Française.

Musique et lumières contribuent efficacement aussi à la mise en scène. Le son du cor renforce notre terreur dans *Hernani* de Hugo (mise en scène de Nicolas Lormeau, Vieux Colombier, 2013) et accompagne la mort des deux protagonistes auréolés de lumière dans la nuit.

[Conclusion-transition] Face à cette violence assénée ou enrichie par son contournement même, le spectateur ne reste pas passif, sous le choc, prisonnier de la scène. Il dépasse et interroge cette fascination qui n'est pas perte de conscience mais prise de conscience.

III La représentation de la violence a des visées plus profondes

Loin d'en rester à une apparente gratuité, la dramaturgie de l'horreur a des visées plus profondes. Si elle repose sur la catharsis*, elle peut conduire à une réflexion et une révélation.

III-1 La catharsis

Le spectateur envoûté par le spectacle, saisi de terreur et de pitié, s'identifie aux héros, vit par procuration leurs tourments, leur démesure coupable et connaît ce qu'Aristote, dans la *Poétique*, nomme la catharsis. Le temps du spectacle, il est Rodrigue, Lorenzo ou Phèdre. Par une sorte de purgation, de purification, il évacue les émotions refoulées qui peuvent l'habiter. Ressentant les angoisses des personnages, il se trouve libéré des siennes. La catharsis est donc une crise émotionnelle salvatrice. Au XXe siècle, on évoquerait, pour rendre compte de cette vertu libératrice de la représentation de la violence, la cure psychanalytique.

Mais si l'on regarde pour voir, on regarde aussi pour savoir. La représentation de la violence obéit à des visées didactiques et morales.

III-2 Une prise de conscience

Le spectacle de la violence autorise des prises de conscience, une réflexion morale, historique et philosophique.

La mise en scène de la violence est d'abord celle de la démesure, ce que les Grecs nommaient l'*hybris**. Œdipe par exemple paie pour s'être cru heureux, non pour avoir tué son père et épousé sa mère. Au XXe siècle, en nous présentant le lyrisme inhumain de Caligula qui instaure une folle logique au service de ses ambitions démesurées, qui veut renverser l'ordre des choses pour libérer les hommes et conquérir la lune, Camus nous met en garde. Caligula veut créer l'insécurité. Si le destin est aveugle, il lui répondra par une plus grande cécité. Niant la vie et la valeur des choses, il substituera la haine à l'amour dans une ivresse destructrice. Mais toute cette violence ne sert à rien et l'Empereur le reconnaît en mourant. « *Ma liberté n'est pas la bonne* » s'écrie-t-il. L'intérêt du parcours de Caligula est pourtant de nous avoir dessillés : même si le mal peut avoir la couleur du bien, être séduisant, voire sublime, il nous faut le refuser de toutes les forces de notre raison.

Cette mise en garde morale se double d'une intention politique. Le spectacle de la violence nous invite à une réflexion sur la tyrannie, le totalitarisme. Déjà Racine dans *Britannicus* nous présentait Néron comme un maître absolu, « *un monstre naissant* » s'affranchissant par le meurtre de Britannicus de toute entrave à son désir de pouvoir. Le théâtre de l'absurde, rompant avec la tragédie, envisage le mélange des genres au service de la critique. Dans *Rhinocéros* de Ionesco, la violence de l'épidémie de « *rhinocérite* » finit par troubler voire angoisser le spectateur, et la résistance de Béranger dans le monologue délibératif final le fera réfléchir à la nécessaire lucidité face à un monde où chacun se laisse aveugler et conditionner par divers systèmes.

Il n'est plus question alors d'identification mais plutôt de distanciation critique. Le dramaturge allemand Bertolt Brecht prône la distanciation pour casser l'illusion et rappeler au spectateur qu'il est au théâtre. Sans être édifiant, le théâtre permet une réflexion politique. Pour Brecht, la mise en scène de la violence illustre la pensée marxiste et conduit à une révolte sociale. Si cette conception politique du théâtre a séduit aux lendemains de la guerre, Sartre l'a nuancée et Ionesco condamnée. « *Tout théâtre d'idéologie,* écrit-il dans *Notes et contre-notes* (1964), *risque de n'être que théâtre de patronage* », c'est-à-dire abusivement simplificateur. Ainsi, en se dégageant du théâtre à thèse, on peut admettre, avec Sartre, que la représentation de la violence au théâtre permet de poser les problèmes sinon de les résoudre.

Une réflexion philosophique est enfin ouverte par le spectacle de la violence. Le désespoir de Phèdre, le fascinant combat contre les sortilèges de Vénus qui la conduisent au suicide nous invitent à une interrogation sur la transcendance. Phèdre est-elle « *une janséniste* à qui la grâce a manqué* », selon la formule d'Arnauld, théologien janséniste* du XVIIe siècle ? Le théâtre de l'absurde quant à lui a évacué le divin. Dans *En attendant Godot* pourtant, on peut s'interroger et considérer la pièce selon la formule de Jean Anouilh comme « *un sketch des Pensées de Pascal joué par les Fratellini* » (trio de clowns célèbres à Paris dans la première moitié du XXe siècle). En effet, les deux clochards métaphysiques connaissent la misère pascalienne de l'homme sans Dieu. La religion est raillée, la divinité caricaturée dans la figure même de l'improbable Godot, dans la tirade de Lucky affirmant l'indifférence et l'arbitraire de cette divinité qui nous aime bien, « *à quelques exceptions près* ». La pièce exclut toute compassion et la violence advient, violence physique, violence contre l'esprit. Même le décor minimaliste – « *route avec arbre* » – a un aspect lazaréen* et renvoie à l'arbre de la croix, au gibet, aux sculptures de Giacometti (1901-1966) qui disent l'épuisement. La désespérance nous envahit avec le constat que l'homme absurde n'est pas condamné par une fatalité transcendante mais par une fatalité intérieure. L'homme apparaît voué au néant. Avec sa parole trouée de silence, son attente infinie d'un sens qui ne vient pas, sa quête toujours inaboutie, il incarne à nos yeux effarés le tragique de la condition humaine.

Le spectacle de la violence manifeste, ou bien larvée et insidieuse, est assurément l'occasion d'un retour sur soi et sur la condition de l'homme. Il est enfin une manière de renouer, de manière collective, avec le sacré des origines, comme une initiation.

III-3 Une manière de renouer avec la dimension sacrée du théâtre

La violence théâtrale nous permet de ressaisir une violence primordiale constitutive des sociétés humaines. Selon René Girard, dans son ouvrage *La Violence et le sacré* paru en 1972, toute culture est fondée sur un acte de violence originelle. Cette violence est sacrificielle en ce qu'elle surmonte les désirs d'appropriation qui opposent les différents individus ou groupes, en les faisant converger vers le meurtre collectif d'un substitut arbitrairement choisi : le bouc émissaire. Le lynchage rituel de ce bouc émissaire a pour but de purger le corps social de son agressivité et de créer une nouvelle société. Tout ordre social est donc fondé sur le sang d'une victime innocente. Cette conception appliquée au théâtre de la violence reproduit la catharsis au niveau social et non plus individuel. La tragédie véhicule une violence archaïque. C'est ainsi qu'Œdipe peut être considéré comme une victime émissaire dont le sacrifice permettra la réintroduction de l'ordre dans Thèbes et l'évacuation de la souillure de la peste.

D'une manière plus générale et au-delà du modèle grec, la représentation de la violence est garante d'un ordre social retrouvé.

Conclusion

Selon la formule d'Artaud, « *sans un élément de cruauté à la base de tout spectacle, le théâtre n'est pas possible* ». Quand le quatrième mur* tombe, la violence fait irruption dans notre intimité et la barbarie nous fascine. Le spectateur, captif de l'espace théâtral est alors arraché à son confort. Le dramaturge doit-il faire violence au spectateur ? Au nom du respect de ce dernier, on peut instaurer des limites à la violence théâtrale, comme le fait la règle des bienséances, mais aussi considérer que la représentation de cette violence est un devoir moral. Il convient non seulement de provoquer les émotions du spectateur, mais encore de susciter sa réflexion. Loin d'en rester à la prostration, il est conduit à interroger la violence, en quête d'une leçon de vie. En donnant la parole aux criminels davantage qu'aux victimes, ce théâtre lève le tabou de l'incompréhension et de l'hébétude horrifiée. On ne voit pas seulement le résultat de la violence banalisée comme à la télévision, mais on la voit s'organiser, se justifier et déboucher sur une expérience plus profonde.

Sans doute la comédie nous rappelle-t-elle que le premier objectif du théâtre est de plaire et divertir, sans doute Beaumarchais a-t-il raison de souligner le caractère oppressant de l'atmosphère tragique, il nous semble pourtant qu'en renouant avec ses origines sacrées et sacrificielles, le théâtre de la violence permet de conjuguer plaisir et leçon de vie.

ÉCRITURE D'INVENTION

Travail préparatoire

■ Le sujet : une dissertation déguisée

• Un exercice de style

Les premiers mots du sujet précisent l'exercice de style : « *un dialogue de théâtre* », « *deux personnes délibèrent* ». Aucune indication n'étant donnée quant aux protagonistes*, vous devrez choisir le contexte du débat.

Le verbe « *délibèrent* » doit attirer votre attention. La délibération est une des formes de l'argumentation ; elle suppose un échange de points de vue et une progression.

• **Une dissertation**

La deuxième partie de la consigne montre clairement que ce sujet est une dissertation. Votre devoir devra donc développer des arguments et se fonder sur des exemples qui ne se limiteront pas au seul corpus.

Dans le premier alinéa, la question posée appelle un plan dialectique (voir fiche 50). L'interrogation totale suppose en effet deux réponses contraires qui devront être toutes deux envisagées : 1) la violence sur scène peut constituer un spectacle acceptable ; 2) la violence sur scène ne peut constituer un spectacle acceptable.

La méthode

• **Les attentes du sujet** (voir fiche 31)

Le correcteur attend un dialogue de forme théâtrale entre deux personnes, une discussion argumentée et illustrée pour savoir si la violence sur scène peut constituer un spectacle acceptable.

Il va de soi que la correction de la langue est attendue également. En aucun cas, le mot « *dialogue* » n'autorise un langage relâché.

• **Le choix des « *personnes* »**

Qui seront les deux personnes/personnages de votre dialogue ? Pour disposer d'un large choix d'exemples, vous avez tout intérêt à choisir un contexte contemporain. De plus, les interlocuteurs devant faire preuve d'une bonne connaissance du genre théâtral et de ses enjeux, il semble judicieux de les choisir parmi les professionnels du théâtre.

• **L'argumentation** (voir fiche 32)

Dans le cas d'un dialogue délibératif, les deux thèses peuvent s'affronter clairement et finir par trouver un terrain de réconciliation correspondant à la synthèse du plan dialectique (voir fiche 50) traditionnel.

En utilisant deux feuilles de brouillon, faites le tour des exemples et des arguments qui viennent soutenir chacune des thèses sans vous préoccuper dans un premier temps de l'organisation. Si des arguments ou des références permettant de dépasser la contradiction vous viennent à l'esprit, notez-les à part : ils seront les bienvenus à la fin du dialogue.

• **La progression**

La difficulté du dialogue délibératif est de faire se répondre de façon naturelle et logique les arguments développés par les deux personnages opposés. Quand vous aurez réuni suffisamment d'arguments et d'exemples, établissez la progression de votre débat.

• **La rédaction**

Afin de donner vie à votre dialogue, imaginez la personnalité des deux interlocuteurs, représentez-vous la scène pour la rédiger de la façon la plus naturelle

(sans être familière…) possible. N'hésitez pas à recourir aux didascalies : les déplacements ou les gestes des personnages sont utiles pour marquer les charnières de votre argumentation.
Quelques informations narratives, sous la forme d'une didascalie d'ouverture, peuvent introduire le dialogue en précisant le contexte de la scène.
Vous veillerez à ce que les dernières répliques remplissent bien leur rôle de conclusion.

Le plan

I La question de la censure des œuvres littéraires
II Débat autour des règles du théâtre classique
III Les finalités du théâtre justifient-elles la représentation/expression de la violence ?
IV Accord des personnages : la violence stylisée

DEVOIR RÉDIGÉ

[L'écriture d'invention argumentative suppose que soit bâtie avec rigueur une réflexion argumentée. La rédaction doit mettre en valeur la composition de l'argumentation.]

Deux metteurs en scène travaillent ensemble sur le drame de Musset Lorenzaccio. *Dans le salon de l'un d'eux, devant le texte de la scène 11 de l'acte IV, ils s'interrogent sur la représentation de la violence au théâtre. Ils sont assis à une table.* *[Courte introduction narrative qui pose le problème du sujet.]*

I La question de la censure des œuvres littéraires

Alexis : Non, je ne suis pas du tout d'accord avec toi. *[Les personnages en présence défendent des positions opposées.]* Si Musset a voulu montrer l'assassinat du duc, nous ne pouvons pas jouer la scène derrière un rideau ! La violence est un spectacle tout à fait acceptable au théâtre *[Thèse incarnée par Alexis]* et je ne sais pas pourquoi certains censeurs se mêlent de dire le contraire ! *[Présentation de la première perspective]*

Camille : Le théâtre est destiné à être vu par un public large et…

Alexis : Ne me parle pas d'atteinte aux bonnes mœurs, Camille, de public offusqué ! Les œuvres littéraires ont été souvent condamnées pour des raisons qui n'avaient rien à voir avec la littérature. *Tartuffe* en 1664 ! *Le Mariage de Figaro* en 1778 ! Molière s'en prenait aux abus de pouvoir des dévots et Beaumarchais à ceux de la noblesse. Ces deux comédies ont été interdites sans que soient prises en considération leurs qualités esthétiques !

Camille : Ne réduis pas la censure au théâtre : rappelle-toi que l'année 1857 fut celle de deux célèbres procès. Si Flaubert a eu l'autorisation de publier *Madame Bovary*, Baudelaire a été condamné pour ses *Fleurs du Mal* ! Je suis tout à fait d'accord avec toi. Les œuvres d'art doivent être jugées selon des critères esthétiques et non des préjugés sociaux ou politiques. Mais là n'est pas la question. (*Elle se lève et se dirige vers la fenêtre qui donne sur le jardin, s'arrête un instant tandis qu'Alexis la regarde ; puis elle se retourne*). Le théâtre classique est pour moi un modèle…

Alexis : Oui, pour toi…

II Débat autour des règles du théâtre classique

Camille : Ne sois pas un des ces censeurs et laisse-moi m'expliquer. Il y a longtemps que les écrivains romantiques ont jeté par la fenêtre les règles de vraisemblance et de bienséance. Mais n'était-ce pas une erreur ? *[Présentation de la deuxième perspective]* Ces codes n'étaient pas un carcan artificiel mais plutôt l'expression de l'essence même du théâtre et ils sont bien souvent respectés dans les pièces plus récentes, chez Giraudoux, dans *Électre* par exemple. Regardons de près ce qu'il en est. Je prends la règle de vraisemblance qui interdit que la bataille contre les Maures soit montrée aux spectateurs du *Cid* (Corneille, 1637) ou que l'on assiste à la mort d'Hippolyte entraîné par « *un monstre furieux* » « *armé de cornes menaçantes* », « *couvert d'écailles jaunissantes* » dans *Phèdre* (Racine, 1677). Tu sais comme moi que le récit de Théramène est effrayant. Que serait cette mort violente sur la scène ? Un spectacle ridicule sûrement !

Alexis : Oui, sûrement. Mais laissons de côté la règle de vraisemblance qui permet au spectateur d'entrer en douceur dans l'illusion théâtrale et parlons plutôt des scènes qui sont techniquement représentables sur scène. (*Alexis s'est levé à son tour et s'approche de Camille*). Rien n'empêche que le duc de Florence soit assassiné devant le spectateur et d'ailleurs Musset met en scène cet assassinat sans qu'il nous semble invraisemblable.

Camille. Tu oublies que la pièce était destinée à être lue….

Alexis : Sans doute, mais…

Camille : À la fin de la pièce, Musset ne montre pas le suicide du personnage principal qui se laisse pousser dans la lagune de Venise. Dans *Les Caprices de Marianne* (Musset, 1833), la mort de Coelio n'est pas non plus représentée… Et pourtant nous sommes chez les romantiques qui ont banni les Classiques…

Alexis : Oui, Musset est peut-être plus classique que romantique en définitive. Mais ne réduis pas, je t'en prie, le théâtre au passé ! N'en fais pas une pièce de musée ! Pense à Ionesco qui fait de la mort de son personnage le thème de sa pièce. C'est son agonie même qui constitue l'intrigue ! Le titre le dit clairement : *Le roi se meurt.*

Camille : Mais ne s'agit-il pas là justement d'apprivoiser la mort, de lui ôter toute violence, pour le roi lui-même comme pour le spectateur ?...

Alexis : Alors, pense aux *Chaises* (Ionesco, 1951) : les deux personnages ne finissent-ils pas par se jeter dans la mer ? Et rappelle-toi dans *Le Roi Lear* (1606) de Shakespeare cette horrible scène où le duc de Cornouailles arrache un œil au comte de Gloucester. En Angleterre, le théâtre élisabéthain, avant que les puritains n'interdisent les théâtres publics (1642), ne s'encombre pas de bienséance ! Et que fait Corneille dans *Horace* ? L'assassinat de Camille a bien lieu en coulisses pour satisfaire nos Classiques mais que cela ne dupe personne ! Horace ne s'absente que le temps de frapper sa sœur. Le cri de la jeune fille a à peine retenti que son meurtrier poursuit sur scène l'alexandrin : « *Ah ! traître !/Ainsi reçoive un châtiment soudain* »… Ne me dis pas que la violence n'est pas représentée dans cette célèbre scène ! Dans *Rodogune*, d'ailleurs, quelques années après *Horace*, Corneille n'a pas hésité à montrer sur scène Cléopâtre buvant elle-même la coupe empoisonnée qu'elle destinait à son fils Antiochus. La violence est non seulement un spectacle acceptable ; elle est même souhaitable ! En effet, le dramaturge tient sous son emprise le spectateur fasciné et peut ainsi l'amener à réfléchir à cette violence qui déchire nos esprits et nos sociétés.

Camille. Tu as raison sûrement. Il ne faut pas regarder le théâtre par la lorgnette des règles de Boileau et de nombreux auteurs n'ont pas hésité à représenter la violence.

(*Elle s'assied sur l'accoudoir du canapé tandis qu'Alexis est retourné s'assoir devant leur table de travail.*) J'ai encore en mémoire la fin du *Caligula* (1945) de Camus. Te rappelles-tu cette scène ? Caligula fait face, seul, aux conjurés en armes qui le frappent. Il rit et râle en même temps. J'ai l'impression de l'entendre hurler…

Alexis : « *Je suis encore vivant !* ». Viens, remettons-nous au travail. Le duc lui aussi est encore vivant et il nous attend…

III Les finalités du théâtre justifient-elles la représentation/expression de la violence ?

Camille (*ignorant Alexis*) : Mais ces scènes ne sont que des exceptions. Je ne pense pas que le théâtre ait pour vocation de faire de la violence un spectacle *[Présentation de la troisième perspective]*. Le théâtre est dès son origine associé à des fêtes ; nous y allons pour nous divertir tous ensemble, pour nous réjouir, partager le même plaisir. J'aime rire avec les autres spectateurs quand Zerbinette dans l'acte III des *Fourberies de Scapin* raconte à Géronte lui-même la fourberie dont il a été la victime quelques instants auparavant. Dans une sorte de moment de grâce, la scène et la salle se trouvent réunies contre l'égoïsme et la bêtise. Te souviens-tu de la scène au cours de laquelle Tartuffe tente de séduire Elmire alors qu'Orgon son mari est caché sous la table ? Ou bien Dom Juan s'adressant tour à tour à Charlotte et à Mathurine pour leur promettre le mariage ? Ce sont ces grands moments de plaisir partagé qui font le théâtre ! La violence choque et divise ; on s'en repaît ou on la rejette et voilà la salle écartelée. Le théâtre doit rassembler et non diviser ; telle est sa fonction première.

Alexis a refermé le livre de Musset et rangé ses notes. Il se lève et s'assied dans un fauteuil en face de Camille.

Alexis : Tu oublies que les comédies ne sont au début que des intermèdes, une pause pour alléger la violence des tragédies. Le genre noble, depuis le théâtre grec, c'est la tragédie ! Ne met-elle pas en scène des dieux et des rois ? (*après une pause*). La tragédie, c'est de la violence à l'état pur ! Je te rappelle ce que dit le prologue au début de l'*Antigone* [voir page 154] d'Anouilh : « *la maigre jeune fille noiraude et renfermée* » va soudain « *se dresser seule en face du monde, seule en face de Créon, qui est le roi. Elle pense qu'elle va mourir, qu'elle est jeune et qu'elle aussi, elle aurait bien aimé vivre.* » Antigone contre Créon, la mort contre la vie ! Le conflit est une notion fondamentale au théâtre : conflit entre les dieux et les hommes chez Sophocle, entre des valeurs héroïques chez Corneille et, dans la comédie elle-même, entre les pères et leurs enfants, entre les maîtres et les valets… Et ce conflit est une tension primitive, une violence première qui donne toute sa force et sa signification au théâtre. On peut s'en repaître, comme tu le disais, ou bien le rejeter mais l'important est de comprendre que le théâtre a vocation d'exprimer cette violence première de la vie. Aristote le disait quand, demandant à la tragédie d'inspirer « *terreur et pitié* », il lui attribuait une fonction cathartique* : elle doit purger les hommes de leurs passions. C'est ce qu'explique également Antonin Artaud dans *Le Théâtre et son double* : refusant de donner au théâtre « *une fonction psychologique ou morale* » il lui demande d'être « *sanguinaire et inhumain* […] *pour manifester et ancrer inoubliablement en nous l'idée d'un conflit perpétuel où la vie est tranchée à chaque minute* ». Le « *théâtre de la cruauté* » d'Artaud, c'est le théâtre de la vie et tout sur scène doit exprimer cette violence ; il ne suffit pas de raconter comme Rodrigue (*Le Cid*), Théramène (*Phèdre*) ou le Mendiant (*Électre*), il faut rendre sensible cette violence car, je cite encore Artaud, « *la scène est un lieu physique et concret qui demande qu'on le remplisse, et qu'on lui fasse parler son langage concret* ».

Voilà pourquoi je ne veux pas qu'un rideau vienne masquer l'assassinat du duc de Florence dans la pièce de Musset ! Le roman et le cinéma ne reculent pas devant la représentation de la violence. Je ne vois pas pourquoi le théâtre devrait, lui, s'en écarter alors que cette violence, depuis ses racines religieuses, constitue son essence même !

Camille : Le roman suggère, comme le récit de Théramène ou du Mendiant dont tu parlais. C'est le lecteur qui se représente la violence ; on ne la lui impose pas, ce qui est différent.

Alexis : Et le cinéma ? N'impose-t-il pas des images ?

Camille : Justement, ce ne sont que des images et non des êtres de chair comme chaque soir sur la scène d'un théâtre. Au théâtre, le spectateur ne voit pas une image : il voit des comédiens bien vivants et c'est pour cela que la violence doit être traitée d'une façon particulière.

IV Accord des personnages : la violence stylisée

Alexis : Il se pourrait alors que nous soyons finalement d'accord *[Présentation de la quatrième perspective (synthèse)]*….

Camille : Comment cela ?

Alexis : Tu dis que le théâtre fait subir à la violence un traitement particulier. Nous parlons d'une violence littéraire, symbolique et non d'une violence réelle. Ce qui compte c'est que chaque spectateur éprouve cette violence en lui pour mieux ensuite la dépasser.

Camille : Aristote….

Alexis : Oui, c'est bien cela. Si nous acceptons le spectacle de la violence au théâtre c'est qu'elle est stylisée. Elle acquiert une dimension littéraire, celle par exemple de la tirade que Camille prononce juste avant de mourir frappée par son frère. Je pense aussi à la pièce *Les Bonnes* : reprenant le terrible fait divers des sœurs Papin, Jean Genet stylise la violence grâce à un jeu de théâtre dans le théâtre qui aboutit à la mort d'une des deux domestiques.

Camille : On peut même parler de violence stylisée dans la comédie. Dans *La Double Inconstance*, Marivaux met en scène un prince décidé à séparer deux jeunes gens amoureux pour épouser la jeune fiancée qu'il aime. La jeune Silvia est séquestrée, séparée d'Arlequin. On avait déjà une violence similaire dans *Dom Juan*, à la fin de l'acte IV, lorsque le « *grand seigneur méchant homme* » exige que Sganarelle boive à la santé de la statue du Commandeur.

Alexis : Oui, la comédie n'est pas exempte de violence et, là aussi, elle est stylisée. C'est au metteur en scène de faire en sorte que le spectateur soit touché par cette force primitive qui explose ou affleure sans cesse au théâtre.

Camille (*en se levant pour se diriger vers la table de travail*) : Alors, passons aux travaux pratiques et reprenons cet assassinat du duc de Florence !

CORPUS ET SUJETS 6 Séries ES, S, L – Pondichéry – Avril 2015

Objet d'étude : Le texte théâtral et sa représentation

CORPUS

Texte A. Jean Racine, *Phèdre*, Acte II, scène 5 (extrait), 1677.

Texte B. Victor Hugo, *Ruy Blas*, Acte I, scène 3 (extrait), 1838.

Texte C. Nathalie Sarraute, *Pour un oui ou pour un non* (extrait), 1982.

ÉCRITURE

I. Vous répondrez d'abord à la question suivante.

Question (4 points)

Comment ces dialogues de théâtre rendent-ils perceptibles les difficultés des aveux ?

II. Vous traiterez ensuite au choix l'un des trois sujets suivants.

1. Commentaire (16 points)

Vous ferez le commentaire de l'extrait de *Ruy Blas* de V. Hugo (texte B).

2. Dissertation (16 points)

Au théâtre, les personnages ne se révèlent-ils que par la parole ?

Vous répondrez à cette question en un développement structuré, en vous appuyant sur le corpus et sur les textes et représentations étudiés pendant l'année. Vous pouvez aussi faire appel à vos connaissances et lectures personnelles.

3. Écriture d'invention (16 points)

Vous rédigerez une scène de déclaration rendant compte des difficultés à dire (une faute, un sentiment, une décision...). Vous veillerez à tirer profit des caractéristiques du théâtre.

Votre texte comportera une soixantaine de lignes environ.

TEXTE A

Racine, *Phèdre*, Acte II, scène 5 (extrait), 1677.

[Du fait de la malédiction divine, Phèdre, épouse de Thésée, se consume en secret d'un amour incestueux pour le fils de celui-ci, Hippolyte. Un jour, la rumeur court de la mort de Thésée...]

HIPPOLYTE

Madame, il n'est pas temps de vous troubler encore.
Peut-être votre Époux voit encore le jour.
Le Ciel peut à nos pleurs accorder son retour.
Neptune le protège, et ce Dieu tutélaire
Ne sera pas en vain imploré par mon Père.

PHÈDRE

On ne voit point deux fois le Rivage des morts,
Seigneur. Puisque Thésée a vu les sombres bords,
En vain vous espérez qu'un Dieu vous le renvoie,
Et l'avare Achéron[1] ne lâche point sa proie.
Que dis-je ? Il n'est point mort, puisqu'il respire en vous.
Toujours devant mes yeux je crois voir mon Époux.
Je le vois, je lui parle, et mon cœur... Je m'égare,
Seigneur, ma folle ardeur malgré moi se déclare.

HIPPOLYTE

Je vois de votre amour l'effet prodigieux.
Tout mort qu'il est, Thésée est présent à vos yeux.
Toujours de son amour votre âme est embrasée.

PHÈDRE

Oui, Prince, je languis, je brûle pour Thésée.
Je l'aime, non point tel que l'ont vu les Enfers,
Volage adorateur de mille objets divers,
Qui va du Dieu des Morts déshonorer la couche ;
Mais fidèle, mais fier, et même un peu farouche,
Charmant, jeune, traînant tous les cœurs après soi,
Tel qu'on dépeint nos Dieux, ou tel que je vous vois.
Il avait votre port, vos yeux, votre langage.

Cette noble pudeur colorait son visage,
Lorsque de notre Crète il traversa les flots,
Digne sujet des vœux des Filles de Minos[2].
Que faisiez-vous alors ? Pourquoi sans Hippolyte
Des Héros de la Grèce assembla-t-il l'élite ?
Pourquoi trop jeune encor ne pûtes-vous alors
Entrer dans le Vaisseau qui le mit sur nos bords ?
Par vous aurait péri le Monstre de la Crète
Malgré tous les détours de sa vaste retraite.
Pour en développer l'embarras incertain
Ma Sœur du fil fatal eût armé votre main,
Mais non, dans ce dessein je l'aurais devancée,
L'Amour m'en eût d'abord inspiré la pensée,
C'est moi, Prince, c'est moi dont l'utile secours
Vous eût du Labyrinthe enseigné les détours.
Que de soins m'eût coûtés cette Tête charmante !
Un fil n'eût point assez rassuré votre Amante.
Compagne du péril qu'il vous fallait chercher,
Moi-même devant vous j'aurais voulu marcher,
Et Phèdre au Labyrinthe avec vous descendue,
Se serait avec vous retrouvée, ou perdue.

HIPPOLYTE

Dieux ! Qu'est-ce que j'entends ? Madame, oubliez-vous
Que Thésée est mon Père, et qu'il est votre Époux ?

PHÈDRE

Et sur quoi jugez-vous que j'en perds la mémoire,
Prince ? Aurais-je perdu tout le soin de ma gloire ?

---

1. Le héros grec Thésée serait descendu dans le royaume des morts en franchissant le fleuve des enfers, l'Achéron, dans le but d'enlever l'épouse du dieu des Morts (*« du dieu des Morts déshonorer la couche »*, v. 20).
2. Ariane et Phèdre, filles du roi de Crète Minos, ont été successivement séduites par Thésée. Celui-ci guidé par le fil d'Ariane est entré dans le labyrinthe pour tuer le Minotaure (*« le Monstre de la Crète »*, v. 32).

TEXTE B

Victor Hugo, *Ruy Blas*, Acte I, scène 3 (extrait), 1838.

[*Ruy Blas, homme du peuple, et Don César, de famille aristocratique, ont vécu jadis, en vrais amis, une jeunesse vagabonde et pauvre, mais libre et insouciante. Ils se retrouvent quelques années plus tard. Don César, surnommé Zafari, est resté le même libre vagabond, mais Ruy Blas, poussé par la nécessité, est devenu un laquais d'un ministre du roi dont il porte l'habit (*« la livrée »* au v. 3).*]

RUY BLAS

Hier, il[1] m'a dit : – Il faut être au palais demain.
Avant l'aurore. Entrez par la grille dorée. –
En arrivant il m'a fait mettre la livrée,
Car l'habit odieux sous lequel tu me vois,
Je le porte aujourd'hui pour la première fois.

DON CÉSAR, *lui serrant la main.*

Espère !

RUY BLAS

Espérer ! Mais tu ne sais rien encore.
Vivre sous cet habit qui souille et déshonore,
Avoir perdu la joie et l'orgueil, ce n'est rien.
Être esclave, être vil ; qu'importe ? – Écoute bien :
Frère ! je ne sens pas cette livrée infâme,
Car j'ai dans ma poitrine une hydre[2] aux dents de flamme
Qui me serre le cœur dans ses replis ardents.
Le dehors te fait peur ? Si tu voyais dedans !

DON CÉSAR

Que veux-tu dire ?

RUY BLAS

Invente, imagine, suppose.
Fouille dans ton esprit. Cherches-y quelque chose
D'étrange, d'insensé, d'horrible et d'inouï.
Une fatalité dont on soit ébloui !
Oui, compose un poison affreux, creuse un abîme
Plus sourd que la folie et plus noir que le crime,
Tu n'approcheras pas encor de mon secret.

– Tu ne devines pas ? – Hé ! qui devinerait ? –
Zafari ! dans le gouffre où mon destin m'entraîne,
Plonge les yeux ! – je suis amoureux de la reine !

DON CÉSAR

Ciel!

RUY BLAS

Sous un dais[3] orné du globe impérial,
Il est, dans Aranjuez ou dans l'Escurial,
– Dans ce palais, parfois, – mon frère, il est un homme
Qu'à peine on voit d'en bas, qu'avec terreur on nomme ;
Pour qui, comme pour Dieu, nous sommes égaux tous
Qu'on regarde en tremblant et qu'on sert à genoux :
Devant qui se couvrir est un honneur insigne[4] :
Qui peut faire tomber nos deux têtes d'un signe ;
Dont chaque fantaisie est un événement ;
Qui vit, seul et superbe, enfermé gravement
Dans une majesté redoutable et profonde,
Et dont on sent le poids dans la moitié du monde.
Eh bien ! – moi, le laquais, – tu m'entends, – eh bien ! oui,
Cet homme-là ! le roi ! je suis jaloux de lui !

DON CÉSAR

Jaloux du roi !

RUY BLAS

Hé, oui ! jaloux du roi ! sans doute,
Puisque j'aime sa femme !

DON CÉSAR

Oh ! malheureux !

---

1. *Il* : le ministre du roi.
2. *Hydre* : monstre mythologique
3. *dais* : tenture fixée au-dessus d'une estrade ou d'un trône.
4. *insigne* : remarquable. Les Grands d'Espagne avaient le privilège de conserver leur chapeau en présence du roi.

TEXTE C

Nathalie Sarraute, *Pour un oui ou pour un non* (extrait), Nathalie Sarraute, 1982, © Éditions Gallimard.

[*H1 et H2 figurent deux amis de toujours. Un jour, cependant, H2 s'éloigne, car il a ressenti le mépris inconscient dans lequel le tient son ami. Celui-ci, qui ne comprend pas ce qui se passe, vient lui demander de s'expliquer...*]

H1 : Eh bien, je te demande au nom de tout ce que tu prétends que j'ai été pour toi... au nom de ta mère... de nos parents... je t'adjure solennellement, tu ne peux plus reculer... Qu'est-ce qu'il y a eu ? Dis-le... tu me dois ça...

H2, *piteusement* : Je te dis : ce n'est rien qu'on puisse dire... rien dont il soit permis de parler...

H1 : Allons, vas-y...

H2 : Eh bien, c'est juste des mots...

H1 : Des mots ? Entre nous ? Ne me dis pas qu'on a eu des mots... ce n'est pas possible... et je m'en serais souvenu...

H2 : Non, pas des mots comme ça... d'autres mots... pas ceux dont on dit qu'on les a « eus »... Des mots qu'on n'a pas « eus », justement... On ne sait pas comment ils vous viennent...

H1 : Lesquels ? Quels mots ? Tu me fais languir... tu me taquines...

H2 : Mais non, je ne te taquine pas... Mais si je te les dis...

H1 : Alors ? Qu'est-ce qui se passera ? Tu me dis que ce n'est rien...

H2 : Mais justement, ce n'est rien... Et c'est à cause de ce rien...

H1 : Ah on y arrive... C'est à cause de ce rien que tu t'es éloigné ? Que tu as voulu rompre avec moi ?

H2, *soupire* : Oui... c'est à cause de ça... Tu ne comprendras jamais... Personne, du reste, ne pourra comprendre...

H1 : Essaie toujours... Je ne suis pas si obtus...

H2 : Oh si... pour ça, tu l'es. Vous l'êtes tous, du reste.

H1 : Alors, chiche... on verra...

H2 : Eh bien... tu m'as dit il y a quelque temps... tu m'as dit... quand je me suis vanté de je ne sais plus quoi... de je ne sais plus quel succès... oui... dérisoire... quand je t'en ai parlé... tu m'as dit : « C'est bien... ça... »

H1 : Répète-le, je t'en prie... j'ai dû mal entendre.

H2, *prenant courage* : Tu m'as dit : « C'est bien... ça... » Juste avec ce suspens... cet accent...

H1 : Ce n'est pas vrai. Ça ne peut pas être ça... ce n'est pas possible...

H2 : Tu vois, je te l'avais bien dit... à quoi bon ?...

H1 : Non mais vraiment, ce n'est pas une plaisanterie ? Tu parles sérieusement ?

H2 : Oui. Très. Très sérieusement.

H1 : Écoute, dis-moi si je rêve... si je me trompe... Tu m'aurais fait part d'une réussite... quelle réussite d'ailleurs...

H2 : Oh peu importe... une réussite quelconque...

H1 : Et alors je t'aurais dit : « C'est bien, ça ? »

H2, *soupire* : Pas tout à fait ainsi... il y avait entre « C'est bien » et « ça » un intervalle plus grand : « C'est biiien... ça... » Un accent mis sur « bien »... un étirement : « biiien... » et un suspens avant que « ça » arrive... ce n'est pas sans importance.

H1 : Et ça... oui, c'est le cas de le dire... ce « ça » précédé d'un suspens t'a poussé à rompre...

H2 : Oh... à rompre... non, je n'ai pas rompu... enfin pas pour de bon... juste un peu d'éloignement.

H1 : C'était pourtant une si belle occasion de laisser tomber, de ne plus jamais revoir un ami de toujours... un frère... Je me demande ce qui t'a retenu...

Corrigés

Attention : aucun titre ne doit figurer dans les devoirs rédigés.

CORPUS ET QUESTION

Travail préparatoire

■ Le corpus et l'objet d'étude

• Les textes : trois époques

Le corpus, qui présente trois scènes d'aveu respectivement écrites en 1677, 1838 et 1982, réunit trois esthétiques différentes.

Racine et Hugo sont deux géants de notre théâtre : le premier constitue un modèle pour l'esthétique classique (XVIIe siècle) alors que le second, chef de file du mouvement romantique, a rejeté ce classicisme pour innover avec le drame*. Nathalie Sarraute est davantage une figure du Nouveau Roman mais sa façon d'écrire, tout en exprimant des préoccupations qui lui sont propres, rappelle les difficultés de la communication chères à Ionesco ou Beckett.

• Le paratexte (voir fiche 15)

Les trois chapeaux introducteurs présentent les personnages et leurs relations. Lisez-les attentivement pour bien cerner les enjeux des différentes scènes. Ne négligez pas non plus les notes.

• La composition du corpus

Le corpus peut se réduire à un long texte, un conte par exemple, ou comprendre plusieurs extraits d'auteurs variés. Il peut aussi comporter un document annexe ou un document iconographique.

De manière générale, les documents annexes qui accompagnent le corpus contribuent à l'éclairer et apportent une aide précieuse pour la compréhension d'un ou plusieurs textes. Ils peuvent aussi alimenter la réflexion au cœur du sujet de dissertation. Les documents annexes ne font jamais l'objet d'une question ou d'un commentaire.

• Le théâtre : une dimension collective

Alors que le roman est le fruit de la rencontre d'un auteur, d'un éditeur et d'un lecteur, le théâtre est une création collective qui suppose un dramaturge, un metteur en scène qui interprète la pièce à sa manière, des comédiens qui incarnent les personnages, des techniciens qui contribuent au spectacle (décor, costume, éclairage…) et un public nombreux qui ne cache pas ses réactions. Lieu mondain, le théâtre est un espace de rencontre entre tous ceux qui vont collaborer pour que la représentation d'un soir soit une œuvre unique réussie.

• Le texte théâtral et sa représentation

Le théâtre est envisagé, dans le sujet comme dans le programme de Première, comme un genre dont la finalité spécifique est la représentation. On peut être amené à lire une pièce de théâtre, mais cette lecture ne saurait se confondre avec celle d'un roman ou d'un poème. La dimension spectaculaire du théâtre doit être sans cesse présente à l'esprit du lecteur et lorsque vous travaillez sur un texte théâtral, vous devez lire et réfléchir en ce sens.

On ne saurait en effet réduire le théâtre à un texte. Le théâtre est, au-delà du texte, un spectacle donné à voir (décors, éclairages, costumes, gestes, mimiques) et à entendre (bruits, cris, paroles, musique éventuellement). Le texte (répliques et didascalies*) constitue le support d'une mise en scène ; il n'est pas la finalité de l'œuvre.

■ La méthode

• La lecture de la question (voir fiche 31)

L'adverbe interrogatif « ***comment*** » vous invite à rechercher des procédés.

Les noms « ***dialogues*** » et « ***aveux*** » éclairent le corpus. Vous devrez au préalable vous interroger sur le statut de chacun des personnages et sur la nature de l'aveu pour bien en mesurer les difficultés.

L'adjectif « ***perceptible*** » est essentiel ici. Sur lui repose le sens de la question ainsi que la problématique partagée par le corpus et la dissertation. En effet, comme nous le dit Aristote, le théâtre est mimésis : il est représentation. Comment dès lors peut-il nous dire les difficultés d'un aveu, exprimer ce qui relève de l'intériorité du personnage ?
De quelles ressources le dialogue (parole et mise en scène) dispose-t-il pour nous faire partager le trouble intérieur du personnage ?

• La lecture des textes : la difficulté de l'aveu

Dans un premier temps, vérifiez que vous avez bien cerné ce qui rend difficiles les aveux.
Dans les textes A et B, l'aveu est difficile car la vérité à énoncer est frappée d'interdit : l'amour de Ruy Blas pour la Reine est aussi impensable que celui de Phèdre pour son beau-fils.
Le texte C est différent : la vérité à avouer est trop ténue pour être perceptible ; elle se réduit à un « *rien* », à un « *i* » accentué, à des points de suspension.

• Le plan

I **Les procédés employés par le personnage qui avoue**
II **Les procédés relatifs à la dramaturgie**

RÉPONSE RÉDIGÉE

FICHE 23

[Les citations dans la réponse à la question, comme dans le commentaire, doivent être soigneusement insérées. Vous privilégierez les citations brèves qui sont toujours plus significatives, veillerez à leur exactitude et n'oublierez pas les guillemets.]

Nous avons choisi de développer amplement la réponse en présentant des procédés variés accompagnés de leur interprétation ; mais pour l'examen, il est nécessaire de réduire l'analyse en se limitant à quelques procédés significatifs.

[Introduction] Péripétie essentielle de nos fictions, la scène d'aveu est un *topos** littéraire. À la différence du romancier, très armé pour entrer dans l'intimité de ses personnages, le dramaturge est confronté à un défi : rendre perceptible les difficultés de cette révélation. Notre corpus réunit trois esthétiques : *Phèdre* de Racine (1677) représente la pureté du classicisme*, *Ruy Blas* de Victor Hugo (1838) est un des plus célèbres drames romantiques* alors que Nathalie Sarraute, avec *Pour un oui ou pour un non* (1982) nous introduit dans le théâtre contemporain.

Dans les textes A et B, l'aveu est difficile car la vérité est impensable : Phèdre ose aimer son beau-fils ; Ruy Blas, le laquais, est amoureux de la Reine d'Espagne. Nathalie Sarraute, même si elle reprend l'idée d'un interdit (« *rien dont il soit permis de parler* ») propose, quant à elle, un aveu rendu difficile en raison d'une vérité réduite à un « *rien* ».

Nous verrons comment ces scènes rendent perceptibles les difficultés des aveux en examinant d'abord les propos du personnage qui avoue puis en étudiant les ressources liées à l'art dramatique.

I Les procédés employés par le personnage qui avoue

Les modalités* interrogative et exclamative expriment le trouble dû aux difficultés de l'aveu. Le « *Que dis-je ?* » de la première réplique de Phèdre ouvre une voie à la tirade qui suit : trois interrogations de plus en plus amples se succèdent dans les vers 28 à 31 et une phrase exclamative fait son apparition au vers 40. Dans le drame romantique, qui a renoncé à la retenue de l'esthétique classique, ces deux modalités sont plus nombreuses encore et Victor Hugo accroît leur intensité en les combinant : « *qu'importe ?* » au vers 9 et « *Frère !* » au vers 10 ou bien « *Le dehors te fait peur ? Si tu voyais dedans !* ». *[Les deux points permettent d'introduire des citations indépendantes placées entre guillemets.]* Prônant le naturel, le dramaturge romantique emploie même des interjections (vers 21, 36, 38) pour exprimer l'émotion brute du personnage. De même, on retrouve à deux reprises le « *Eh bien* » dans la bouche de H2 (texte C) et par trois fois un « *Oh* » qui jouent un rôle similaire. Mais ce qui frappe dans le texte C, c'est plutôt le recours aux points de suspension. Les phrases sont interrompues pour mieux rendre perceptible la difficulté de la formulation, voire son impossibilité. La syntaxe souvent brisée semble se dissoudre dans le silence (« *Mais si je te les dis...* », « *tu m'as dit il y a quelque temps...* ». *[Les citations peuvent, exceptionnellement, être placées entre parenthèses. Il ne faut surtout pas abuser de ce procédé.]* Phèdre, au vers 12, avait déjà recours à une syntaxe inachevée pour exprimer une souffrance liée au dilemme tragique (« *ma folle ardeur malgré moi se déclare* », précise le vers suivant). Dans les textes A et C, les points de suspension tracent un non-dit qui souligne la difficulté de l'aveu.

Chez Racine, l'emportement de l'amour se lit dans les verbes comme dans les adjectifs : « *je languis, je brûle* », « *Je l'aime* », « *charmant* », « *Tête charmante* ». Chez Hugo, le lexique de la souffrance domine : « *un poison affreux* », « *le gouffre* »... Dans ces deux textes, la souffrance de l'aveu tient à une passion scandaleuse que soulignent différentes figures. On peut citer pour exemple la gradation du vers 12 (*Phèdre*) « *Je le vois, je lui parle, et mon cœur...* », l'accumulation des adjectifs aux vers 21 et 22 du texte A, ou au vers 16 (« *D'étrange, d'insensé, d'horrible et d'inouï* ») du texte B.

La comparaison et la métaphore sont, sous les plumes de Racine et d'Hugo, les procédés les plus marquants. Sans doute la difficulté de la révélation tient-elle au fait que les mots ordinaires ne sont pas à la hauteur de la vérité à révéler. Ruy Blas évoque alors « *une hydre aux dents de flamme* » puis un « *poison affreux* » *[les expressions du texte trouvent leur place dans la syntaxe de la phrase]* avant de déclarer forfait car, en définitive, les comparaisons servent non pas à éclairer la vérité mais à mesurer son indicibilité : « *Plus sourd que la folie et plus noir que le crime, / Tu n'approcheras pas encor de mon secret* ». Chez Racine, la comparaison quitte le territoire de la rhétorique pour devenir une véritable substitution dont les phases rendent sensible la douleur de l'aveu. Dans un premier temps, comme le comprend Hippolyte, Phèdre, avec le « *oui* » du vers 17, laisse entendre que le visage du jeune homme évoquerait celui de son père. Mais la double comparaison du vers 23 opère un glissement ; en effet, le Thésée pour lequel elle dit brûler ressemble à un Dieu, puis à Hippolyte lui-même : « *Tel qu'on dépeint nos Dieux, ou tel que je vous vois* ». Dans ce vers, la comparaison a pour effet d'associer le jeune homme aimé à un dieu tout en cachant la passion interdite sous le masque de l'attachement conjugal. La substitution est totale par la suite quand Phèdre réécrit l'histoire du Minotaure au conditionnel en attribuant à son beau-fils le rôle de Thésée : « *Et Phèdre au Labyrinthe avec vous descendue, / Se serait avec vous retrouvée ou perdue.* »

La versification, dans *Phèdre* et *Ruy Blas* contribue aussi à exprimer la difficulté de l'aveu. Par exemple, avant d'être emportée par son rêve (vers 30 à 45), l'héroïne tragique exprime son désarroi par un désordre qui, en privilégiant l'apostrophe « *Seigneur* » aux vers 7 et 13, met à mal la césure. *[La terminologie grammaticale permet d'insérer une citation brève.]* Chez Hugo, la césure peut, au vers 13, servir à souligner le chiasme suggérant la souffrance du héros ; déplacée, (vers 23 : 4/8), elle donne tout son relief à la révélation : « *je suis amoureux de la reine !* ».

Comme Nathalie Sarraute fait le choix du langage ordinaire, les procédés qui rendent perceptibles les souffrances de l'aveu sont différents dans le texte C. L'expression « *Tu ne comprendras jamais* », élargie ensuite à « *Personne, du reste, ne pourra comprendre* », éclaire une difficulté que les « *on ne sait pas* », « *je ne sais plus quoi* », « *je ne sais plus quel succès* » viennent corroborer. *[Le terme « expression » est un procédé commode.]* Aux interruptions de syntaxe, s'ajoute le tâtonnement des synonymes (« *rompre* », « *éloignement* », « *laisser tomber* ») et des répétitions : « *dire* » et « *mots* » reviennent très souvent alors que justement H2 ne parvient pas à s'exprimer et que la vérité se réduit à un « *i* » accentué. La reprise du pronom « *rien* » rejoint, de son côté, le vide des points de suspension. Ce « *rien* » oscille entre la négation d'un « *ce n'est rien* » et l'épaisseur d'une chose, aussi ténue soit-elle, dans « *c'est à cause de ce rien* » : « *rien* » ne vient-il pas d'ailleurs du latin *rem* qui désigne la chose ? Une même tension existe entre le « *peu importe* » et le « *ce n'est pas sans importance* » dans le dernier mouvement du dialogue.

[Transition] À ces procédés présents dans les propos du personnage qui avoue s'ajoutent ceux propres à l'art dramatique.

II Les procédés relatifs à la dramaturgie

Dans les trois scènes, l'aveu difficile trouve sa place dans un dialogue ; il n'est pas spontané mais déclenché par un personnage : Hippolyte croyant rassurer Phèdre au sujet de la mort de Thésée, l'amène à se révéler ; Don César et H1 interrogent respectivement Ruy Blas et H2 au nom de leur amitié : « *Que veux-tu dire ?* » (texte B), « *Qu'est-ce qu'il y a eu ?* » ou « *Allons, vas-y* », dans le texte C. De plus, l'erreur d'Hippolyte qui ne pense pas si bien dire dans le vers 14 (« *Je vois de votre amour l'effet prodigieux.* ») révèle les hésitations de Phèdre ; à la fin de la scène, sa stupeur montre bien au spectateur que la difficulté de l'aveu tenait au scandale de la vérité. La brièveté des répliques de Don César, dans le texte B, joue un rôle similaire.

Mais ce qui domine dans les trois scènes, c'est l'effet d'attente qui accroît la tension dramatique tout en rendant sensibles les douleurs de l'aveu. C'est à l'issue de plusieurs glissements que Phèdre parvient à dire à Hippolyte ce qu'elle éprouve pour lui. Après avoir annoncé la révélation en disant « *Tu ne sais rien encore* », Ruy Blas procède en trois temps, chacune de ses répliques s'achevant (vers 13, 23 et 37) par un pan de la vérité. Dans le texte C, les nombreuses questions de H1 semblent les différentes étapes d'une mise en lumière délicate de ce qui s'est passé. Curieusement, la révélation elle-même du « *ça* » infime qui a produit « *juste un peu d'éloignement* » suffit pourtant à provoquer la rupture exprimée par la dernière phrase du passage.

En plus de cette tension dramatique qui repose sur la composition des scènes, on peut supposer que le dilemme exposé dans la dernière réplique de Phèdre, ainsi que les envolées de Ruy Blas traduisant sa conscience de n'être qu'un laquais, font appel aux talents des comédiens. Dans le texte C, les didascalies concernent toutes H2 et expriment sa souffrance et ses hésitations : d'abord « *piteusement* », puis « *prenant courage* ».

[Conclusion] Déclinée selon les modèles classique, romantique ou contemporain, la scène d'aveu emploie toutes les ressources de la parole et de la dramaturgie afin de rendre palpable l'extériorisation difficile de la vérité intérieure du personnage.

COMMENTAIRE

Travail préparatoire

■ Les outils d'analyse

• Commenter une scène de théâtre

Le texte de théâtre est destiné à être représenté ; on l'oubliera d'autant moins que l'intitulé de l'objet d'étude *(« Le texte théâtral et sa représentation »)* le souligne. Le mot « lecteur » est donc à éviter ; l'auteur s'adresse à un public, à une salle, à des spectateurs. Il ne faut pas oublier de commenter les didascalies et les modalités* des répliques.

• Les sous-genres théâtraux

Le théâtre est un genre particulièrement codifié.

Après l'Antiquité, et dans son prolongement, l'**époque classique*** sert de référence. On distingue alors principalement trois genres.

– La tragédie : le personnage, héros mythologique ou prince (princesse) de haut rang, est confronté à son destin ; le dénouement* (le plus souvent la mort) marque l'accomplissement de cette inéluctable fatalité.

– La comédie* : les personnages sont des bourgeois ou des gens du peuple ; héritiers de la comédie latine, ils sont stéréotypés (pères avares et bêtes, valets débrouillards…) ; l'intrigue se termine bien, souvent grâce à un coup de théâtre*.

– La tragi-comédie : elle est très proche de la tragédie mais se termine bien.

Le XIXe siècle prône le mélange des genres : c'est le drame romantique* (*Lorenzaccio* de Musset, *Hernani* ou *Ruy Blas* de Victor Hugo).

À partir de là, les formes se renouvellent mais continuent de se définir par rapport à ces modèles classiques initiaux : le théâtre du XXe siècle explore de nouvelles voies (théâtre de l'absurde de Ionesco ou de Beckett), tout en se positionnant par rapport aux genres classiques.

• La parole au théâtre

Le **dialogue** est un échange de paroles entre plusieurs (souvent deux) personnages. On examinera les temps de parole, le ton des répliques, l'enjeu de l'échange. On se demandera qui domine et quelles sont les intentions de l'auteur.

Quand l'échange est rapide, comme un duel, on parle de **stichomythie**.

Un **aparté** est une parole qui n'est pas destinée à être entendue par les autres personnages en scène.

La **tirade** est une longue réplique. On ne la confondra pas avec le **monologue** qui suppose qu'un personnage est seul sur scène.

• **Les connaissances grammaticales et stylistiques**

La question, en vous invitant à examiner les procédés (« *comment* ») employés vous a amené(e) à mobiliser vos connaissances. La rhétorique hugolienne est particulièrement riche. Repérez les effets de rythme, les gradations, les métaphores, les hyperboles... Soyez sensible aux ruptures, aux exclamations, à la syntaxe complexe de la longue phrase des vers 24 à 35 et à la composition de la réplique qui la contient.

• **La versification**

Si *Ruy Blas* est un drame en vers, Hugo s'écarte du modèle racinien. « *J'ai disloqué ce grand niais d'alexandrin* » écrit-il dans *Les Contemplations*. Préférant le naturel au lisse, il malmène les rythmes (le vers 36) sans pour autant renoncer systématiquement à la césure (le vers 29 par exemple) ou nier les ressources de la diérèse (« *impéri-al* », « *Escuri-al* »).

Il est donc nécessaire de disposer ici d'un minimum de notions de versification.

■ La démarche

• **Les grandes lignes de la progression**

Quelles sont les grandes caractéristiques du texte ? En quoi nous touche-t-il ? Quelles sont les intentions de Victor Hugo dans cette scène ? Si vous deviez présenter en deux ou trois phrases, ce qui est important ici, que diriez-vous ?

Dans un premier temps, en vous aidant de la question, prenez en compte ce que vous avez éprouvé et ce que vous savez. Vous pourrez ainsi tracer les grandes lignes de votre progression.

• **Le plan**

I **Une scène d'aveu classique*...**

II **... représentative du drame romantique*...**

III **... et du héros selon Hugo**

DEVOIR RÉDIGÉ

« *25 février 1830 ! Cette date reste écrite dans le fond de notre passé en caractères flamboyants !* ». Ces propos de Théophile Gautier évoquent la célèbre bataille d'*Hernani*. Si les partisans des classiques et ceux des romantiques en sont venus aux mains, c'est dire à quel point le drame romantique* rompait avec les critères en vigueur depuis Racine et Molière. Les principes que Victor Hugo a exposés en 1827 dans la préface de *Cromwell*, président également, en 1838, à l'écriture de *Ruy Blas*.

L'exposition développée au fil de l'acte I présente le valet éponyme dans la première scène et Don César, un aristocrate, dans la deuxième. La troisième met en présence le laquais et le grand d'Espagne pour révéler leur amitié ancienne. À cette occasion, Ruy Blas avoue progressivement l'inconcevable : son amour pour la reine. Hugo reprend ici le *topos** de la scène d'aveu tel qu'on le rencontre à deux reprises dans *Phèdre* par exemple. Que devient cette scène conventionnelle sous la plume du chef de file des romantiques ?

Nous verrons comment Victor Hugo, reprenant le schéma de la scène d'aveu classique*, l'inscrit dans l'esthétique du drame romantique et contribue à peindre le portrait d'une nouvelle sorte de héros.

I Une scène d'aveu classique...

Victor Hugo ne renie pas le classicisme dans cette scène d'aveu ; en effet, il attribue à Don César le rôle traditionnel du confident, retarde la révélation pour accentuer la tension dramatique et mettre en relief le caractère scandaleux de la vérité révélée.

I-1 Le rôle du confident

Victor Hugo semble imiter Racine ici : la troisième scène du premier acte de *Phèdre*, afin d'exposer l'amour interdit au cœur de l'intrigue, met en présence le personnage éponyme et Œnone sa confidente. De même, dans la scène 3 de l'exposition de *Ruy Blas,* l'aveu destiné aux spectateurs se fait à un confident dont le rôle sera de faire parler le héros et de communiquer sa propre émotion à la salle. Dans notre passage, les répliques de Don César sont très brèves ; si les deux premières comportent un verbe, les trois suivantes tendent à se réduire à une interjection : « *Ciel !* », « *Oh ! malheureux !* ». Mesurant deux ou quatre syllabes, elles ne constituent jamais un vers entier mais initient systématiquement un alexandrin qui se prolonge dans les propos de Ruy Blas comme si leur fonction était bien exclusivement tournée vers le personnage éponyme.

De plus, Don César ne parle pas de lui ici, comme il a pu le faire au début de la scène *[avant notre passage]*, et ses courtes répliques ne portent que sur son interlocuteur. Les deux premières ont pour noyau un verbe à la deuxième personne (« *Espère !* », « *veux-tu* ») et les deux dernières emploient chacune un adjectif se rapportant à Ruy Blas. L'aveu se fait dans le cadre d'une amitié ancienne et solide qui a fait fi des barrières sociales : l'aristocrate Don César, parce qu'il voit en son interlocuteur un ami de valeur et non un simple laquais, est le confident idéal, le seul à pouvoir entendre la vérité scandaleuse qui va être révélée. Au début de notre passage, il exprime d'ailleurs tout son soutien à son ami. L'impératif encourageant « *Espère !* » est souligné par un geste qui abolit les frontières entre les castes sociales ; en « *serrant la main* » de Ruy Blas, Don César garantit son amitié et rend possible l'expression d'une vérité qui, justement, bouscule les rapports sociaux.

Par ailleurs, le trouble du confident se communique aux spectateurs. La réplique « *Que veux-tu dire ?* » est à la fois un artifice théâtral destiné à déclencher la révélation et une marque d'inquiétude. Par la suite, la modalité exclamative, les interjections et la syntaxe averbale *[sans verbe]* rendent perceptible le trouble de Don César. Lointain héritier du chœur antique, le confident invite ici le spectateur à se lamenter avec lui sur le sort du héros : « *Oh ! malheureux !* ». *[Transition]* Ainsi, Victor Hugo, bien que chef de file du romantisme, ne renie pas ici les procédés de l'esthétique classique. La composition de la scène le montre également.

I-2 La révélation progressive et la tension dramatique

La progression de notre passage retarde la révélation de façon à accentuer la tension dramatique. Après une première réplique qui rappelle sa condition de laquais, Ruy Blas annonce une révélation : « *tu ne sais rien encore* ». L'adverbe « *encore* » et la négation, tous deux repris au vers 20, expriment l'aveu tout en contribuant à le retarder. Ce jeu d'annonce et de retardement maintient l'impression d'imminence sur laquelle repose en partie la tension dramatique.

Le dévoilement s'effectue en trois temps et la gradation est la même dans les trois répliques concernées. Tout d'abord une annonce qui suscite l'attente : « *tu ne sais rien encore* » (vers 7), « *Invente, imagine, suppose.* » (vers 14), « *Sous un dais orné du globe impérial,* [...] *il est un homme* » (vers 24 à 26). Puis une gradation : « *ce n'est rien* », « *qu'importe* » pour la première étape, une succession d'impératifs et d'adjectifs (« *étrange* », « *insensé* », « *horrible* » et « *inouï* ») dans un deuxième temps. Dans la troisième réplique concernée, la longue phrase des vers 24 à 35 est ponctuée par l'anaphore* du relatif : deux « *que* » aux vers 27 et 29, quatre « *qui* » aux vers 28, 30, 31 et 33, deux « *dont* » aux vers 32 et 35. L'accumulation des neuf subordonnées relatives *[aux huit mentionnées s'ajoute « et qu'on sert à genoux »]* développant l'antécédent « *un homme* », retarde la révélation de l'identité du personnage évoqué tandis que la « *terreur* » et le « *redoutable* » déclinés tout au long du passage ajoutent l'angoisse à l'attente. Enfin, dans chacune de ces trois répliques, le dernier vers marque un moment essentiel de la révélation. Le chiasme du vers 13 qui achève la première étape oppose le « *dehors* » et le « *dedans* » : le dehors connu, c'est la « *livrée infâme* », la révélation, quant à elle, portera sur le dedans, c'est-à-dire les sentiments. Dans la deuxième réplique, la seconde partie du vers conclusif (23) livre enfin la vérité : « *je suis amoureux de la reine !* ». Mais ce n'est pas tout, La dernière étape se présente comme le point culminant de la révélation : l'homme caractérisé par les neuf relatives est le roi si bien que la passion avouée au vers 23 présente au vers 37 la face plus terrible encore d'une jalousie envers le souverain lui-même. *[Transition]* Les effets d'annonce et de retardement créent une tension dramatique tout en accentuant la force bouleversante de la vérité révélée.

I-3 Une vérité scandaleuse

Après avoir fait de son « *habit odieux* », de « *cette livrée infâme* », la métonymie* de sa condition d'homme « *vil* », Ruy Blas se tourne vers le sommet de la hiérarchie, la reine au vers 23 puis, plus haut encore, celui « *Qu'à peine on voit d'en bas* », le roi au vers 37. Ce grand écart social montre à quel point la vérité dévoilée est scandaleuse.

Scandaleuse au point d'être indicible ! La syntaxe elliptique* de la proposition principale au vers 13 *[la subordonnée « Si tu voyais dedans » n'est pas accompagnée d'une principale formulée]*, laisse entendre que le « *dedans* » n'est pas nommable. Aux vers 16 et 17, la rime et la diérèse rapprochent « *inouï* » et « *ébloui* » : la vérité ne peut être ni entendue ni regardée. Seuls la métaphore et le comparatif, qui pratiquent le détour, permettent de l'approcher. Ainsi la passion s'incarne dans la double (le monstre puis le feu) métaphore de l'« *hydre aux dents de flamme* » ; elle « *compose un poison affreux, creuse un abîme* ». Le comparatif du vers 19 accumule les termes négatifs sans parvenir à nommer ce qui reste encore un « *secret* ». Dans la troisième réplique de l'aveu, c'est le roi lui-même qui est indicible : « *il est un homme* [...] *qu'avec terreur on nomme* », en réalité qu'on ne nomme pas encore, si ce n'est avec des relatives qui sont autant de périphrases approchant peu à peu l'impensable rival. Le spectateur sait pourtant qu'il est question du roi puisque la reine a été mentionnée au vers 23. Aucune attente, aucune surprise ici donc : du « *globe impérial* » à la « *majesté redoutable* », les nombreux indices sont là pour nous dire que si le nom du rival ne peut être prononcé c'est parce que la jalousie de Ruy Blas, plus encore que son amour pour la reine, brave une interdiction absolue.

[Transition] Comme dans la troisième scène de l'exposition de *Phèdre*, la passion avouée par Ruy Blas est frappée d'interdit ; la vérité fait scandale. Si Victor Hugo reprend ici les ressorts de la tragédie classique, cette scène d'aveu, pourtant, est également représentative du drame romantique.

II ... représentative du drame romantique...

Sans renier les procédés qui ont fait leur preuve dans le théâtre classique, Victor Hugo met en œuvre en 1838 le mélange des genres et le naturel, deux caractéristiques du drame romantique.

II-1 Le mélange des genres

Dans le théâtre classique, la tragédie et la comédie occupent des territoires bien distincts. Victor Hugo, en préface à son drame *Cromwell*, dénonce cette « *arbitraire distinction des genres* » et, rejetant l'« *ancien régime littéraire* », prône une esthétique nouvelle. Dans *Ruy Blas*, il place l'aveu conventionnel d'un amour tragique sous un éclairage qui appartient davantage à la comédie. En effet, si Don César, un grand d'Espagne, peut évoluer dans une sphère tragique, Ruy Blas est un valet comme le soulignent son costume et ses propos, ce qui est impensable pour les partisans de l'esthétique classique. De plus, Ruy Blas est le personnage principal, le personnage éponyme et, quand il mentionne « *cet habit qui souille et déshonore* », il se permet d'employer le vocabulaire noble de la tragédie pour évoquer sa condition de laquais.

Les liens que l'intrigue elle-même noue entre les conditions sociales abolit les frontières entre les genres classiques. Ruy Blas et Don César sont amis et la livrée que porte le héros n'empêche pas César de « *lui serr*[er] *la main* ». Le nœud de la pièce joue le même rôle. Lorsque Ruy Blas se dit « *amoureux de la reine* » puis « *jaloux du roi* », il brouille le jeu social et réunit le « *sublime* » royal et le « *grotesque* » d'un valet jaloux de « *cet homme-là* » *[Dans la préface de* Cromwell, *Hugo prône ce rapprochement du* « sublime » *et du* « grotesque »*]*. La dernière réplique de Ruy Blas rappelle même, avec un accent presque comique, le bon sens traditionnel du valet de comédie : « *Hé oui ! jaloux du roi ! sans doute, / Puisque j'aime sa femme* ». En mélangeant de la sorte les genres, voire les registres, le drame romantique se veut plus naturel.

II-2 Le naturel

« *La nature donc ! La nature et la vérité.* » : la troisième scène de *Ruy Blas* illustre bien cette injonction formulée dans la préface de *Cromwell*. Certes, Victor Hugo continue à employer l'alexandrin et la rhétorique qui le soutient : la phrase des vers 24 à 35 par exemple ou bien la diérèse à la rime des vers réguliers 16 et 17, 24 et 25. Mais il fait le choix de la souplesse, étouffe souvent la césure, a recours aux interjections : « *Eh bien ! – moi, le laquais, – tu m'entends, – eh bien ! oui* ». La reprise de l'adverbe « *oui* » (vers 18 et 36), comme les « *Écoute bien* » ou « *tu m'entends* », accentuent la force orale des propos et contribuent ainsi au naturel revendiqué par le dramaturge.

La première réplique de notre passage semble particulièrement prosaïque. Aucun de ces « *mots de qualité* », de ces « *syllabes exquises* » dont Victor Hugo se moquera dans *Les Contemplations*. La chronologie est simple : « *hier* », « *demain* », « *Avant l'aurore* »,

« *En arrivant* ». Le lexique, à l'image des actions elles-mêmes, se veut très ordinaire : « *dire* », « *être* », « *entrer* », « *arriver* », « *faire* », « *mettre* ». De même, la syntaxe épouse très simplement la situation relatée dans les trois premiers vers. Don Salluste, représenté par le pronom « *il* » et défini par son statut de ministre, est un personnage qui « *dit* », ordonne (« *il faut* », « *Entrez* ») alors que Ruy Blas, son subalterne désigné par le pronom « *m'* », est en position de complément d'objet second. Le recours au discours direct enchâssé dans la réplique relève du même souci de simplicité et de naturel.

[Transition] Sans négliger les ressources du théâtre classique, Victor Hugo, en mélangeant les genres et en assouplissant l'alexandrin, brandit la bannière du drame romantique pour donner vie à un héros selon ses aspirations.

III ... et du héros selon Hugo

Faisant fi des conventions sociales, Ruy Blas est un héros complexe à l'image de la démesure hugolienne.

III-1 Un héros au-delà des conventions sociales

Pour mieux rompre avec le cloisonnement des genres dans l'esthétique classique, Hugo imagine l'amitié entre un grand d'Espagne et un simple laquais. Au-delà de l'artifice théâtral, cette fraternité entre deux hommes que tout devrait séparer dans l'Espagne du XVIIe siècle, dessine la silhouette du héros selon Hugo. Si Ruy Blas se sent souillé par la livrée qu'il se voit contraint de porter, c'est que celle-ci le rend « *esclave* » et « *vil* ». On devine ici un écart, une opposition, entre la tenue, le « *dehors* » et ce qu'est vraiment Ruy Blas, un homme qui a connu « *la joie et l'orgueil* » et qui, comme un noble, craint le déshonneur. D'ailleurs, si notre héros est devenu l'ami de Don César, c'est bien que la grandeur d'âme n'a rien à voir avec la condition sociale. Le roi lui-même, « *seul et superbe* » a beau peser « *dans la moitié du monde* », il n'est en définitive, à l'issue de la longue phrase des vers 24 à 35, que « *Cet homme-là* », un homme ordinaire dont un laquais peut oser être jaloux.

Notre passage définit des relations fondées sur l'estime mutuelle et non sur le rang social. Don César serre la main de Ruy Blas et lui exprime toute sa compassion ; ce dernier le tutoie, emploie son surnom Zafari au vers 23 et l'appelle à deux reprises (vers 10 et 26) « *Frère* ». Il n'hésite pas à lui avouer son amour pour la reine alors qu'il s'agit d'une passion interdite. Victor Hugo semble mettre en scène des conditions sociales éloignées pour mieux montrer que les sentiments et les valeurs morales tiennent à l'individu et non à sa position. *[Transition]* Mais le héros selon Hugo s'avère plus complexe encore.

III-2 Un héros complexe

Chez Corneille ou Racine, la complexité du Cid, de Titus ou de Phèdre tient au dilemme qui les déchire. Ruy Blas est différent : la scène 3 ne dévoile pas un déchirement entre devoir et passion. En effet, la complexité de notre héros n'est pas le fait d'un écartèlement entre deux impératifs. Aucune hésitation chez lui mais plutôt la conscience d'éprouver un sentiment présenté comme oxymorique* : « *je suis jaloux de lui* », « *je* » étant un simple laquais et « *lui* » le « *superbe* » et « *redoutable* » roi d'Espagne.

Pris dans la fatalité de cette situation impensable (« *le gouffre où le destin m'entraîne* »), il éprouve lui-même, non pas un dilemme tragique, mais des émotions contradictoires. D'abord, il adhère tout à fait à la hiérarchie sociale de son temps : tout en bas de l'échelle, sa condition de valet, signalée par « *l'habit odieux* » est « *infâme* » ; il se voit déshonoré, « *esclave* » et « *vil* » tandis que, à l'autre extrémité du spectre social, le roi « *vit, seul et superbe, enfermé gravement / dans une majesté redoutable et profonde* ». Dans ces vers 33 et 34, la royauté se décline sous forme d'un nom, d'un adverbe et de quatre adjectifs. Associée à Dieu au vers 28, sommet d'une verticalité suggérée par les expressions « *qu'à peine on voit d'en bas* » et « *qu'on sert à genoux* », elle incarne un pouvoir absolu qui inspire à Ruy Blas une admiration mêlée de « *terreur* ». Mais, paradoxalement, ses propos abolissent dans le même temps cette hiérarchie : s'il voit sa tenue comme « *infâme* », c'est qu'il se sent homme d'honneur.

Quant au roi, malgré tout le respect qu'impose son rang, il n'est finalement pour notre héros qu'un homme – « *cet homme-là* » – dont on peut être jaloux. *[Transition]* Ces contradictions font de Ruy Blas un personnage complexe selon la démesure hugolienne.

III-3 Un héros selon la démesure hugolienne

En effet, les répliques de notre héros romantique présentent une cohérence au-delà de leurs contradictions. Qu'il s'agisse de la livrée déshonorante et du prestige royal ou, de l'autre côté, de la désacralisation du roi, la démesure est devenue la norme. Ruy Blas manifeste le même excès, quand il tarde à nommer celui « *Devant qui se couvrir est un honneur insigne* » ou quand, juste après, il lance sa lapalissade « *Hé, oui ! jaloux du roi ! sans doute, / Puisque j'aime sa femme !* ». Ruy Blas est ici un homme qui ose, un héros qui, sans perdre ses valeurs, s'affranchit de toutes les règles et fait le choix de la vérité. Si Phèdre, prisonnière des convenances, peine à confier son amour à Œnone puis à l'avouer à Hippolyte lui-même, Ruy Blas, quant à lui, révèle, sans difficulté ni mesure, son amour scandaleux : « *je suis amoureux de la reine !* », je suis « *jaloux du roi !* ». Les hyperboles sont dans cette scène les marqueurs de la démesure hugolienne. Le procédé affecte le lexique (« *ardents* », « *inouï* », « *abîme* »...) et se traduit notamment par un rythme binaire dû au doublement amplificateur des termes ou des constructions : « *qui souille et déshonore* », « *la joie et l'orgueil* », « *compose un poison affreux, creuse un abîme* », « *Plus sourd que la folie et plus noir que le crime* », « *seul* et *superbe* »... Les sonorités, dans un jeu d'assonances et d'allitérations, se font écho pour souligner les reprises : « *souille* » / « *déshonore* », « *dehors* »/ « *dedans* », « *compose* » / « *creuse* »...

Conclusion

Ainsi, une lecture attentive de la scène 3 de *Ruy Blas* permet d'écarter un malentendu concernant le drame romantique. D'*Hernani*, on aurait tort de ne retenir que le gilet rouge d'un Théophile Gautier se battant contre les partisans de Racine. Victor Hugo ne rejette pas le classicisme : il le dépasse en proposant une esthétique qui en absorbe les traits pour dessiner le portrait d'un nouveau héros. Cette scène d'aveu en témoigne. En effet, elle emprunte à la tragédie classique des procédés qui ont fait leur preuve : le rôle du confident, la rhétorique de la révélation imminente, la vérité scandaleuse. Mais, loin d'une Phèdre, partagée entre mesure et passion, Ruy Blas, sans craindre le déshonneur ni s'inquiéter des règles, ose être amoureux de la reine et jaloux du roi. Même si, dans l'acte V, le dernier mot revient à la mort, rien n'est impossible au héros romantique et sa souffrance est proportionnelle à cette infinie liberté. Ruy Blas ressemble à Hernani et annonce d'une certaine façon, bien que dans un tout autre genre, Jean Valjean, le héros des *Misérables* : ces grandes figures de notre univers littéraire sont animées par le souffle démesuré de Victor Hugo lui-même.

DISSERTATION

Travail préparatoire

■ L'analyse du sujet

• La composition du sujet

Le sujet est traditionnellement composé de deux parties : la question, suivie d'un rappel des attentes méthodologiques de la dissertation.

La question posée, sans introduction ni citation liminaire, constitue le corps du sujet. Il s'agit d'une interrogation totale concise et claire, remarquable par la locution négative restrictive *ne... que* qu'elle introduit. D'emblée sont ainsi avancés la nécessité d'une confrontation et le recours à un plan dialectique [**voir fiche** 50]. Si elle n'est pas requise à l'examen, une troisième partie est toutefois conseillée pour éviter le caractère artificiel du raisonnement binaire (oui/non).

• La lecture du sujet

La question met en relief trois termes essentiels dont il convient de peser le sens.

– **Le personnage théâtral** : si l'on se réfère à l'étymologie latine, *persona,* qui désigne un masque, le personnage de théâtre est un acteur dont la personne disparaît sous le masque qu'il porte. Dans la comédie antique, ce masque rendait immédiatement reconnaissable un type psychologique et social. Selon le principe aristotélicien de la *mimesis*, cet être de papier et de fiction est pourtant doté d'une personnalité forgée par le dramaturge et interprétée par le metteur en scène.

– **Se révéler** : par la parole, le personnage se démasque, se révèle, c'est-à-dire lève le voile (*velum* en latin) sur ce qu'il est, ses sentiments, sa vraie nature, son passé, ses projets, son rôle dans l'action. À qui se révèle-t-il ? À lui-même et au spectateur, en vertu du principe de la double énonciation.

– **La parole théâtrale** apparaît essentielle dans la mesure où elle fait exister les personnages. Elle adopte différentes formes (dialogue, monologue, tirade, stichomythie*, aparté).

FICHE 27

• Le lien avec le corpus

Le sujet de dissertation se présente souvent comme un approfondissement de la question. Les textes du corpus, s'ils se limitent à l'aveu, illustrent bien l'importance de la parole qui permet d'exprimer l'intériorité des personnages. La notion de perception renvoie aussi à d'autres moyens d'expression. Quant aux *difficultés des aveux*, elles peuvent déjà suggérer certaines défaillances de la parole.

Ainsi, la question éclaire la dissertation et vous propose des pistes de réflexion inscrites dans le corpus. Vous pourrez tirer parti de ce lien en vous appuyant sur les textes du corpus pour amener le problème du sujet dans l'introduction.

■ La méthode

• **Le problème du sujet : attention aux sujets voisins**

Les sujets de dissertation, dans un objet d'étude donné, se ressemblent, se croisent sans être identiques. Soyez donc attentif à ne pas traiter un sujet voisin, ce qui conduirait inévitablement à des digressions (voir fiche 43).

Antonin Artaud déclare par exemple : « *Pour nous, au théâtre, la Parole est tout et il n'y a pas de possibilité en dehors d'elle.* » Cette citation invite évidemment à la discussion, et à la prise en compte de la dimension spectaculaire du théâtre. Si la problématique est voisine, notons toutefois que la notion essentielle de « *personnage* [qui] *se révèle* » est absente de cet autre sujet potentiel de réflexion.

• **La recherche des arguments et des exemples**

Pour nourrir votre développement, vous devez convoquer les exemples dont vous disposez. Souvent l'argument, dans le travail préparatoire, naît de l'exemple. Chaque sous-partie présente un argument que viendront illustrer un ou plusieurs exemples précis et développés.

• **L'élaboration du plan**

Les grandes lignes du plan dialectique se dessinent à partir des réponses possibles à la question posée. Votre réflexion devra être progressive : défendre une position, la réfuter, puis, sans en rester à la confrontation, envisager un dépassement, voire une conciliation.

I Le personnage de théâtre se révèle par la parole
II Mais la parole n'est pas le seul mode d'expression
III Et les défaillances de la parole sont elles-mêmes signifiantes

DEVOIR RÉDIGÉ

[Nous avons choisi de proposer de nombreux exemples dans certaines des sous-parties de façon à enrichir vos connaissances mais, en temps limité, il faudrait bien entendu restreindre les références.]

HE 8 *L'introduction de la dissertation : elle doit amener le sujet de façon naturelle et logique, poser le problème soulevé puis annoncer le plan.*

HE 9 *Le paragraphe : il constitue l'unité de base du devoir rédigé. Il développe une idée en s'appuyant sur des citations ou des exemples.*

Introduction

Le personnage de théâtre apparaît masqué, en Grèce, à Rome. L'étymologie du mot personnage provient du latin *persona*, le masque. Il s'agissait pour les acteurs de dissimuler leurs caractéristiques personnelles afin de présenter, par le biais du masque, un rôle type psychologique et social. Au-delà du masque, la parole est révélatrice d'un personnage et créatrice d'émotion. Elle permet de doter d'une personnalité cet être de papier et de fiction. Pourtant, dans *Le Théâtre et son double*, en 1938, Antonin Artaud déplore que le théâtre occidental consacre « *la suprématie de la parole* ». Selon lui « *la révélation du théâtre balinais a été de nous fournir du théâtre une idée physique et non verbale* ». *[Annonce du problème posé]* Les personnages de théâtre ne se révèlent-ils que par la parole ? Si le théâtre est un texte à transmettre, n'est-il pas aussi un art total qui nous permet de découvrir l'univers extérieur et intérieur de ces personnages qui évoluent sur scène ? *[Le problème du sujet est présenté et expliqué.]* Dans cette quête de vérité sur le personnage, nous étudierons le pouvoir de la parole *[première partie]* mais aussi les autres moyens d'expression qui nous sont offerts par le spectacle théâtral, *[deuxième partie]* avant de nous interroger sur la dérive de la parole elle-même porteuse de sens *[troisième partie]*.

I La parole révèle le personnage

Le personnage de théâtre se révèle par la parole, au spectateur et à lui-même. Ôtant le masque, il dévoile son identité sociale, son rôle dramatique, ses états d'âme. *[Il convient en début de partie d'annoncer les sous-parties.]*

I-1 Le statut social

Le langage permet d'identifier socialement le personnage en action, qu'il s'agisse d'un valet ou d'un maître. *[La première phrase présente l'idée développée dans le paragraphe.]* Au début du *Mariage de Figaro*, le langage métaphorique et enjoué de Figaro nous permet de le situer : « *La nuit, si Madame est incommodée, elle sonnera de son côté ; zeste, en deux pas tu es chez elle. Monseigneur veut-il quelque chose ? il n'a qu'à tinter du sien ; crac en trois sauts me voilà rendu.* » Le parler populaire des paysans à l'acte II de *Dom Juan* est encore plus révélateur ! Le langage de Pierrot et de Charlotte, en même temps qu'il est source de comique, met en relief le discours séducteur du libertin. *[Dans la dissertation, les exemples viennent illustrer l'argument, dans la réponse et le commentaire, il s'agit de citations.]*

Toutefois, la parole théâtrale est parfois brouillée et la domestique peut contrefaire sa maîtresse, telle Suzanne à l'ombre des marronniers empruntant les habits et les accents de la Comtesse (V, 7). *[On peut ensuite approfondir l'idée.]* On retrouve le même travestissement dans *Les Bonnes* de Jean Genet où Claire et Solange, habillées avec les robes de leur maîtresse, jouent alternativement Madame. Ce sont alors d'autres traits de caractère qui se dévoilent, la pièce exprimant un malaise identitaire *[transition]*.

I-2 Le rôle dans la pièce

La prise de parole est encore révélatrice du rôle du personnage dans la pièce.

La confidente de tragédie, telle Œnone dans *Phèdre*, ne se démarque pas par son niveau de langue, mais par l'impact de sa parole. Ses insistances, ses questionnements, à la manière d'une maïeutique* obtiendront l'aveu de Phèdre (I, 3). Dans *Andromaque*, Céphise aiguillonne la veuve d'Hector et vante Pyrrhus à ses yeux (III, 8). Ce faisant, elle favorise le récit d'Andromaque qui évoque, sous forme d'analepse*, sa tragique destinée, la mort d'Hector, la chute de Troie. « *Songe, songe, Céphise, à cette nuit cruelle / Qui fut pour tout un peuple une nuit éternelle.* » Céphise déclenche la parole d'Andromaque en proie au plus cruel dilemme : perdre son fils ou trahir son époux. Elle l'incite à l'action : « *Allons.* » / « *Où donc, madame ? et que résolvez-vous ?* »

La parole dans *Phèdre*, tour à tour libératrice et destructrice, conduit l'action. Elle est l'action même. Et c'est la parole mensongère d'Œnone face à Thésée (IV, 1) qui est à l'origine de la mort d'Hippolyte. La calomnie ici précipite le dénouement tragique et donne à la nourrice une puissante fonction dramatique.

Si la parole permet de définir le rôle des confidents, elle met évidemment en relief les protagonistes. Le personnage de Tartuffe qui n'apparaît, comme Thésée, qu'à l'acte III est l'objet de toutes les conversations. Il suffit de se rappeler le leitmotiv comique de « *Et Tartuffe ?* » reflétant la compassion d'Orgon pour son ami. Personnage éponyme, Tartuffe devient ensuite, par l'ampleur de sa prise de parole, le véritable maître du dialogue et de l'action.

I-3 La personnalité

La parole théâtrale revêt de multiples formes qui sont autant de manières de découvrir l'intériorité des personnages.

Le monologue, illusion théâtrale qui révèle la vérité, est riche d'enseignements.

En vertu de la double énonciation*, le personnage, laisse échapper ses sentiments intimes et profonds et se révèle au spectateur. Si Figaro à l'acte V retrace son parcours, il dévoile par là-même ses talents, son habileté mais aussi son désenchantement et sa lassitude extrême : « *j'ai tout vu, tout fait, tout usé. Puis l'illusion s'est détruite et, trop désabusé... Désabusé !... Désabusé !...* » La rhétorique, avec la ponctuation affective et les rythmes ternaires appuyés, vient soutenir la plainte et le désordre de l'âme.

Le monologue permet aussi une sorte d'introspection du personnage qui, seul sur scène, tente de s'analyser et de construire une réponse à son destin. Le monologue délibératif nous livre le conflit intérieur du personnage qui doit choisir et orienter sa vie. Dans la comédie de Molière *L'École des femmes* (IV, 1), Arnolphe s'efforce de voir clair en lui-même. Ce faisant, il révèle une personnalité complexe qui fait de lui une victime ou un bourreau. Doit-il se venger des jeunes gens amoureux ou persévérer dans la folle illusion de se faire aimer d'Agnès ? Doit-il s'abandonner à la rage ou croire encore à l'amour ? La deuxième solution est retenue et le monologue se termine par un défi à son rival.

Dans la tragédie de Corneille *Cinna*, les sentiments de l'Empereur évoluent au cours du monologue (IV, 2). Par le tutoiement, Auguste plonge au plus profond de son intimité qui le renvoie à la vérité, à son passé. L'examen de conscience nourri de revirements se termine pourtant par une douloureuse irrésolution : « *Ou laissez-moi périr, ou laissez-moi régner* » s'écrie Auguste en s'adressant aux dieux.

Le dialogue connaît lui aussi bien des variantes dans son pouvoir de révélation. Lyrique, il fait part des sentiments des personnages en proie à la passion. La scène d'aveu est un *topos** littéraire qui lève le voile sur un amour interdit. C'est ainsi que le héros romantique Ruy Blas confie à Don César son amour interdit pour la Reine, par le détour d'une saisissante métaphore : « *j'ai dans ma poitrine une hydre aux dents de flamme / Qui me serre le cœur dans ses replis ardents* ». Quand Phèdre confie à Œnone (I, 3) son amour coupable pour son beau-fils, on a pu parler du « *grand air de Phèdre* », l'obsession hallucinatoire traduisant l'aliénation amoureuse. À la scène 2 de l'acte II, c'est Hippolyte, dans un registre élégiaque*, qui avoue à Aricie son amour vécu comme une désertion héroïque et un reniement de soi-même. « *Cette âme si superbe est enfin dépendante* ». Lui aussi est envoûté par l'image d'Aricie. « *Présente, je vous fuis, absente, je vous trouve* ». La variété des registres permet toutefois de mieux cerner les personnalités.

Parfois le dialogue lyrique prend l'allure d'un chant amœbée *[chant d'origine antique fondé sur des dialogues en écho]*. Mésa et Ysé, dans le drame de Paul Claudel *Partage de Midi* (1905), chantent leur rencontre née d'un miracle sur la mer dans la splendeur de l'août *[l'expression est claudélienne]* « *Mesa, je suis Ysé c'est moi* ».

Mais la déclaration n'a pas toujours cette puissance d'émotion pure. En témoigne la tirade où Néron (*Britannicus*), s'ouvrant à Narcisse de son amour pour Junie, retrace la scène de première vue. Image dérobée, parole perdue, il revit chaque instant de cette rencontre :

« *De son image en vain j'ai voulu me distraire.*
Trop présente à mes yeux je croyais lui parler,
J'aimais jusqu'à ses pleurs que je faisais couler. »

Comme Hippolyte, Néron est possédé par l'image de Junie, mais ce que Néron voit inconsciemment en elle dans ce décor d'ombre et de lumière, c'est lui-même. Dans son discours, Néron se révèle narcissique et sadique à la fois *[des exemples apparemment voisins permettent de creuser l'argument]*.

Le dialogue stichomythique traduira enfin la colère et la violence des protagonistes. Ainsi Médée et Jason, dans la tragédie d'Euripide *Médée*, s'affrontent en un dialogue serré qui dévoile l'intensité de leur commune haine : Jason : « *Mes enfants, quelle mère indigne fut la vôtre !* » ; Médée : « *Mes fils, comme vous perdit la folie d'un père* ! ».

Même les apartés sont révélateurs d'un trait de caractère, tel le goût de l'intrigue chez Figaro qui manipule le Comte (II, 5) : « *Voyons-le venir, et jouons serré* ».

[Transition] Amour ou haine, humour ou nostalgie, désespoir ou insolence, la variété des états d'âme des personnages est transcrite par la parole. Toutefois, d'autres moyens d'expression viennent s'associer ou se substituer à elle, lui ôtant son monopole.

II Les autres moyens d'expression théâtrale

La communication théâtrale se définit par la densité et la diversité des signes transmis au cours de la représentation. Loin d'utiliser le seul langage comme vecteur de la caractérisation des personnages, le théâtre sollicite le corps, le décor et les effets sonores.

II-1 Le langage du corps

« *Le théâtre est corps* » déclare Anne Ubersfeld *[théoricien du théâtre, auteur de* Lire le théâtre, *1977]*. Si le théâtre tend vers la pantomime, le texte disparaît même pour laisser place à un langage strictement corporel. C'est ce que tente Samuel Beckett en 1958 dans un mimodrame, *Actes sans paroles*, une pièce sans paroles écrite pour le mime. Un personnage, sorte de pantin désarticulé, est confronté à de curieux objets qu'il tente d'attraper, tel l'homme moderne assailli par les sollicitations absurdes du monde. Au-delà de ces cas extrêmes, le corps s'ajoute à la parole pour exprimer la vérité du personnage. Le texte est en effet destiné à prendre chair à travers la voix et le jeu des acteurs.

Les didascalies* sont précieuses au metteur en scène pour transcrire physiquement l'intériorité du personnage. À la scène 1 de l'acte V, Ruy Blas est seul et les didascalies envahissent l'espace textuel. « *Il fixe son regard sur la fiole* », « *Il pleure* », « *Il avance avec angoisse ses mains vers la fiole et la saisit convulsivement.* » Ces indications permettent d'exprimer et de faire ressentir au spectateur tout le désespoir du personnage résolu à mourir.

En l'absence de didascalies, c'est au metteur en scène que revient le choix de l'interprétation. Quand Patrice Chéreau met en scène *Phèdre* au théâtre de l'Odéon, en 2003, il choisit d'exacerber les émotions des personnages. Pour lui, Phèdre est un personnage magnifique « *qui se plante les épines dans le corps* ». Ainsi, Dominique Blanc, qui incarne Phèdre, se présente, au moment de l'aveu à Œnone, comme une figure christique, un corps souffrant, rampant, se traînant, écrasée par son voile sur un chemin de douleur. Il n'est jusqu'à l'alexandrin qui accompagne cette déchéance ; désacralisé, sortant de sa rigidité traditionnelle, il épouse les désirs de la chair et les blessures de l'âme. Selon Jean-Louis Barrault, « *l'art de l'acteur combine geste et verbe* ». La gestuelle parfois révèle ce que le texte ne dit pas.

Plus étonnant encore, l'exemple de Lucrèce Borgia[1] qui, dans la mise en scène de Denis Podalydès à la Comédie-Française en 2014, est jouée par Guillaume Gallienne : une femme portant une magnifique robe noire jouée par un homme pour traduire, selon Podalydès, « *une apparence, un masque d'infamie* » dont elle aspire à se défaire. « *Le travestissement, c'est moins une femme jouée par un homme qu'une femme enfermée dans une apparence qui n'est pas la sienne, qui la contredit, la défigure.* »

Au langage du corps, on peut associer celui des costumes et des objets significatifs. En lui ordonnant de quitter sa livrée, un habit « *qui souille et déshonore* » et en lui faisant endosser les vêtements d'un grand d'Espagne, Don Salluste ne flatte-il pas l'ambition de Ruy Blas ? Les costumes, symboles de la condition des personnages reflètent aussi leurs sentiments et leur évolution psychologique. À l'acte IV, Ruy Blas est « *vêtu de noir, sans manteau et sans la Toison*[2] », signe de son désarroi rendu ainsi immédiatement perceptible ; à l'acte V, « *il écarte sa robe noire, sous laquelle on entrevoit la livrée qu'il portait au premier acte* ». Voilà révélée sa soumission finale à la fatalité.

L'objet s'associe enfin au corps pour cristalliser les penchants et les conflits entre les personnages. Ainsi, le désir vital de pouvoir est représenté dans *L'Avare* par la cassette d'écus d'Harpagon. Lorsqu'il découvre la disparition de son trésor, Harpagon, dans son célèbre monologue, s'écrie : « *je suis perdu, je suis assassiné, on m'a coupé la gorge* ». Quant au miroir de Caligula (Camus), n'est-il pas l'instrument de sa prise de conscience ? À la fin de la pièce, il n'a plus que le miroir, c'est-à-dire lui-même comme interlocuteur. L'objet favorise la mise en scène du dédoublement de celui qui a compris son échec. Sa « *liberté n'est pas la bonne* », si bien que le reniement de soi-même s'accompagne du bris de la glace.

II-2 Les décors et effets de spectacle

Pour soutenir la parole, le scénographe installe des décors et éclairages particuliers.

Les décors d'Éric Ruf dans *Cyrano de Bergerac*, pièce d'Edmond Rostand jouée en 2013 à la Comédie-Française, sont étourdissants de variété. Pourtant, dans la scène du balcon, aidé par l'obscurité de la nuit, le bruissement des feuilles, la hauteur du

1. Victor Hugo, *Lucrèce Borgia*, 1933.
2. La Toison d'or est une distinction suprême en Espagne au XVIIe siècle.

balcon, Cyrano, à distance, peut enfin révéler son amour à Roxane. À l'inverse, les décors minimalistes ont aussi leur pouvoir de révélation. Dans la pièce de Beckett, *En attendant Godot*, le vide de la scène est à lui seul signifiant ; l'arbre sur une route de campagne déserte souligne d'emblée l'enracinement des personnages dans leur solitude.

Dans *Lucrèce Borgia*, les éclairages font émerger de la nuit des corps et des visages. C'est le jeune Gennaro endormi qui est arraché à la nuit et au sommeil par le baiser de Lucrèce qui illumine son visage comme une goutte de lait maternel. Ainsi est soulignée la pureté du jeune homme ignorant être le fruit des amours incestueuses de Lucrèce et de son frère.

Le langage théâtral fait donc appel aux messages visuels mais aussi aux messages sonores.

II-3 La musique

Au-delà de la parole des personnages, intervient un langage non verbal, sous forme de chant, de musique ou de bruits.

Quand Paul Claudel écrit *L'Annonce faite à Marie* (1911), il a l'intention de présenter « *un opéra de paroles* ». De fait, Yves Beaunesne, dans sa remarquable mise en scène du drame claudélien au Théâtre des Bouffes du Nord en 2012, a choisi pour suivre le cheminement de Violaine vers la sainteté une orchestration sonore : les musiciennes, deux violoncellistes, sont présentes sur scène et insèrent leur partition en résonance avec les cantiques et prières mentionnés dans le texte. Plus surprenant, dans *Cyrano de Bergerac*, l'envahissement sonore du boléro de Ravel, scandé et lancinant, est censé illustrer le désespoir des protagonistes à la fin du siège d'Arras où Christian sera tué par le premier assaut ennemi.

D'autres effets acoustiques enfin peuvent être traduits en dehors de la scène, des bruits de fond ajoutant à l'angoisse du personnage, tel « *le bruit d'armes* » entendu par Caligula pendant son soliloque final signifiant une mort attendue. Dans le théâtre grec antique, la mer était omniprésente et la rumeur marine dans la pièce de Sophocle *Philoctète* répond aux plaintes de ce dernier, abandonné, agonisant, par ses compagnons d'armes sur l'île de Lemnos.

[Transition] Le personnage de théâtre, s'il se révèle par le langage verbal, visuel ou sonore, s'exprime aussi par la vacuité et les avatars* de la parole.

III Les dérives révélatrices de la parole

Les dérives de la parole elles aussi permettent au personnage de se révéler, qu'il s'agisse des banalités échangées, d'une parole avortée ou de la faillite même de cette parole.

III-1 Les banalités échangées

Pour certains dramaturges, parler, c'est parler pour ne rien dire ou s'enliser dans des clichés. La parole alors tourne à vide et fonctionne moins comme un révélateur psychologique que comme l'indice de la stérilité d'un personnage représentant l'homme moderne figé dans un rôle social, des conformismes.

Dans *La Cantatrice chauve*, Ionesco met en scène M. et Mme Smith dont les échanges réduits à des banalités quotidiennes sont interchangeables avec ceux des Martins, comme en témoigne la construction cyclique de la pièce : « *Tiens, il est neuf heures. Nous avons mangé de la soupe, du poisson, des pommes de terre au lard, de la salade anglaise.* »

Le dialogue de Marc et Serge, dans l'exposition de la pièce de Yasmina Reza, *Art*, révèle des personnages stéréotypés qui s'affrontent cette fois autour de l'art contemporain. Marc est « *l'adepte du bon vieux temps* », tandis que Serge, l'acquéreur d'un monochrome blanc signé Andrios, « *a toujours hanté les galeries de manière ridicule* ». L'affrontement banal et mécanique finit par se figer en un échange où la parole ne circule plus.

III-2 La parole avortée

Du cri au silence, la parole avortée est aussi significative.

Le cri est une non-parole qui appartient au langage. Signe de libération salutaire, il exprime la joie, la douleur, la révolte, la victoire. Comme le suggère le tableau de Munch, quand il est symptôme de violence, le cri est une expérience existentielle qui émane d'un être mis à mal.

Le cri dans la tragédie grecque, sous forme de sanglots ou d'interjections, est accompagné par les lamentations du chœur et signifie la reddition du héros, tel Œdipe découvrant sa vérité, Clytemnestre tuée par Oreste, ou Médée apprenant avec horreur la trahison de Jason : « *J'ai entendu la voix, j'ai entendu le cri de l'infortunée colchidienne, que rien ne peut apaiser* » commente le chœur dans la pièce d'Euripide. Le cri est alors l'aboutissement implacable de l'angoisse, le couronnement de la souffrance, le désir de la mort. Et il libère là où le silence emprisonne.

Que de paroles délibérément enfouies parce qu'il faut se taire, comme dans *Phèdre* !

Faire entendre les voix du silence pour le personnage, c'est traduire un penchant à la rêverie ou à la nostalgie. Dans la scène 3 de l'acte I de *Caligula*, l'Empereur reste prostré, assis, quand son fidèle Hélicon entre et l'observe en silence. Caligula éperdu cherche la lune...

Dans le théâtre de la deuxième partie du XXe siècle, parvenir à dire est une épreuve et les personnages sont souvent condamnés à adopter un langage troué de silences, heurté par des parataxes*, ralenti par des points de suspension. L'extrait de *Pour un oui pour un non* de Nathalie Sarraute illustre cette difficulté à faire advenir l'aveu. Marguerite Duras dans *India Song* (1972) adopte la même esthétique de la fragmentation, le ressassement des propos, la progression par amplification pour parvenir à cerner, à travers l'opacité des silences, la vérité de ses personnages. Quatre voix sans visage sont à la recherche de leurs souvenirs sur l'histoire d'un amour vécu aux Indes dans les années 1930. Cette parole tremblée, questionnant sans cesse, recherchant l'exactitude par le biais de rectifications, d'enallages[1] matérialise les difficultés de l'échange, les failles de la mémoire.

Cette parole blanche avoisine la faillite de la parole.

III-3 La faillite de la parole

Le théâtre de l'absurde met en évidence une déroute de la parole, rompant avec la logique, se délitant jusqu'au naufrage final.

L'échange du couple Smith sur Bobby Watson « *le plus joli cadavre de Grande-Bretagne* », montre que le langage ne peut plus assumer sa fonction essentielle de

1. Substitution à une forme attendue d'une autre forme, par exemple l'infinitif de narration au lieu de l'indicatif.

communication. Ionesco bafoue le principe aristotélicien de non-contradiction. Bobby est « *mort il y a deux ans* ». « *Tu te rappelles, commente Mme Smith, on a été à son enterrement, il y a un an et demi.* » Par ces aberrations, le discours nous révèle que l'heure est à la régression pour l'homme moderne et que l'incommunicabilité s'installe au sein d'un couple même. La parole se dégrade en combat verbal, à la fin de *La Cantatrice chauve* (1950). Le langage en délire éclate en onomatopées et se réduit à des enchaînements sonores : « *Bizarre, beaux-arts, baisers* ».

Beckett consacre cet échec de la logique avec le discours chaotique de Lucky dans *En attendant Godot* (1952). Vecteur de tragique, malgré son effet de disque rayé, il renvoie l'homme à ses limites, caricature son acharnement à comprendre, à élaborer des systèmes, à rechercher la communication.

Que signifie ce naufrage de la parole ? Au-delà d'une dimension comique, il illustre le tragique de la condition humaine. Chaque personnage incarne un désespoir moins psychologique que métaphysique. Dans *Oh les beaux jours* (1962) mis en scène au théâtre de la Madeleine en 2012, les gestes et paroles de Winnie jouée par Catherine Frot sont répétitifs et la fixité du personnage à demi enterré, figé, suggère la mort. La seule consolation réside dans le langage qui permet d'oublier un temps sa misère. Là encore, les longs silences soulignent l'impossibilité de la communication avec Willie « *allongé par terre endormi* ». Winnie se raccroche donc aux mots qui lui donnent un semblant d'existence. « *Cette femme s'enfonce en chantant...* » écrivait Beckett.

La parole se réduit alors à sa fonction phatique *[une des six fonctions que le linguiste Jakobson attribue au langage]* : elle établit le contact entre deux interlocuteurs. Pour les deux clochards métaphysiques, Vladimir et Estragon, parler c'est exister.

Dans ce théâtre des années 1950 ébranlé par la Deuxième Guerre mondiale, les personnages sont des anti-héros marqués par la précarité, l'usure, un flou identitaire. Amnésiques, aphasiques et meurtris dans leurs corps, ils sont aliénés. Le corps finit par se substituer à la parole. Il crie le malheur, exhibe les souffrances. Le corps humilié et le langage disloqué rattachent ces auteurs au théâtre de la cruauté prôné par Artaud.

Conclusion

La parole qui permet de communiquer, d'échanger, apparaît comme un mode privilégié d'affirmation et de traduction de soi. Au théâtre, la parole est le matériau de base à l'aide duquel se construit la pièce et se révèlent les personnages. Barthes, dans *Essais critiques*, présente le théâtre comme « *une machine cybernétique* » qui fait intervenir simultanément des informations multiples à travers le texte, le décor, les costumes, les éclairages, le jeu des acteurs, etc. Le spectateur est donc confronté à une véritable « *polyphonie informationnelle* » qui est l'essence même de la théâtralité. Est nécessaire aussi le temps du silence, du murmure, du soupir et du cri.

On distinguera enfin les paroles pour dire et pour ne pas dire, les paroles pour dire qui on est, mais aussi les paroles pour dire que l'on est. Même le naufrage de la parole est porteur de sens et transforme le personnage en symbole.

C'est au point de rencontre de ces différents langages dans l'espace théâtral que se révèle le personnage.

ÉCRITURE D'INVENTION

Travail préparatoire

■ Choisir ce sujet

On distingue deux sortes de sujet d'invention (voir fiche 7). Aucune argumentation ici : il s'agit d'un pur exercice de style.
La dissertation et le commentaire demandant des connaissances et des méthodes particulières, l'invention ne doit pas être le refuge de ceux qui ne disposeraient ni des unes ni des autres. Pour cette raison le niveau d'exigence est élevé.
Si votre maîtrise de l'écrit est fragile, il est préférable de choisir le commentaire ou la dissertation afin de montrer d'autres qualités : la rigueur, la compréhension fine du texte, les connaissances qui sont le fruit d'un travail sérieux...

■ La méthode

• Dégager les attentes explicites du sujet

« ***Une scène*** » : le corpus réunit trois dialogues. Mais rien ne vous empêche de composer un monologue. Dans ce cas, le spectateur est, sans l'intermédiaire d'un interlocuteur tel Don César chez Hugo, le destinataire de l'aveu.
« ***Déclaration*** » : dans l'acte de déclarer, le personnage s'engage personnellement en même temps qu'il rend public un fait, une situation, un sentiment, une vérité, une décision... Si l'aveu suppose la reconnaissance d'une faute, comme c'est le cas dans *Phèdre*, le terme « *déclaration* » est plus large.
« ***Rendant compte des difficultés à dire*** » : vous devrez avoir repéré en quoi peuvent consister ces difficultés pour imaginer votre propre scène de déclaration. Il s'agira non seulement de justifier ces difficultés mais aussi de les rendre perceptibles grâce à des procédés.
« ***Une faute, un sentiment, une décision...*** » : ces pistes sont des suggestions pour vous aider.
« ***Tirer profit des caractéristiques du théâtre*** » : vous devrez mobiliser dans votre scène les différentes ressources du langage dramatique : dialogue, intonations, gestes mais aussi décor, costume...

• Dégager les attentes implicites du sujet

Vous montrerez que vous avez compris les choix des dramaturges réunis dans le corpus en employant à votre tour certains de leurs procédés.
Vous veillerez à la justesse du lexique, à la qualité de la syntaxe et de l'orthographe, à l'usage pertinent des procédés de style.

• Choisir le thème de la scène, le(s) personnage(s)

Imaginez le personnage central, l'enjeu et les difficultés de sa déclaration. Rapprochez-vous d'une situation que vous connaissez bien. Fixez le contexte de la scène, la présence éventuelle d'un autre ou d'autres personnages, la progression de l'aveu.
Vous pouvez présenter dans une brève introduction narrative, les personnages et leur situation.

QUELQUES SUGGESTIONS

Quelle déclaration ?

Nous empruntons les pistes suggérées entre parenthèses dans le sujet pour proposer quelques exemples :

Une faute : une trahison (avoir divulgué une information confidentielle, un amour, une difficulté familiale, un projet qui devait rester secret...).

Un sentiment : un amour (non réciproque, associé à un interdit...), une angoisse inattendue devant un projet supposé susciter un enthousiasme (exploit sportif, choix particulier d'études...).

Une décision : un déménagement à l'étranger, une orientation en contradiction avec les projets familiaux...

Le danger

Vous veillerez à éviter les lieux communs qui pourraient donner l'impression que vous rédigez la scène d'un médiocre téléfilm... N'oubliez pas en effet que le corpus vous propose pour modèles trois textes littéraires !

Les procédés

Les suggestions qui suivent ne sont en aucun cas exhaustives :

– **Les didascalies** : décor, éclairage, costume du personnage, expression du visage, gestes et mouvements signifiant la difficulté de l'aveu...

– **Les répliques de l'interlocuteur** : questions qui font progresser l'aveu, réactions qui viennent souligner la gravité, le scandale de la vérité révélée...

– **La progression de la scène** : relisez notamment les deux premiers textes du corpus, la substitution progressive d'Hippolyte à Thésée chez *Phèdre*, les trois étapes de la révélation (vers 6 à 13, 14 à 23, 24 à 37) dans la scène de *Ruy Blas*.

– **Le lexique, la syntaxe et la rhétorique** : le choix des adjectifs et le recours aux adverbes, la longueur de la phrase (*Ruy Blas*, vers 24 à 37) qui retarde l'aveu, la syntaxe interrompue pour souligner l'indicible et créer une attente, la gradation, la comparaison et la métaphore qui tentent d'approcher de façon détournée la vérité, les périphrases qui évitent de nommer, les effets de sonorité et de rythmes qui mettent en relief la déclaration ou les sentiments éprouvés...

Quelques conseils de prudence

Nous vous déconseillons l'usage de la versification et vous invitons à recourir prudemment aux hyperboles. En effet, ce procédé permet d'accentuer l'émotion que l'on veut exprimer ; il peut aussi la rendre ridicule si vous basculez involontairement dans la parodie.

Écriture poétique et quête du sens

CORPUS ET SUJETS 7 **Séries ES, S, L – Pondichéry – Avril 2014**

Objet d'étude : Écriture poétique et quête du sens

CORPUS

Texte A. Yves Bonnefoy, « Vrai lieu », *Du Mouvement et de l'immobilité de Douve*, 1953.

Texte B. Louis Aragon, « Les Mots qui ne sont pas d'amour » (extrait), *Le Roman inachevé*, 1956.

Texte C. Claude Roy, « Jamais je ne pourrai » (extrait), *Poésies*, 1970.

Texte D. Emmanuel Merle, « Ce poignet démis de toi », *Pierres de folie*, 2010.

ÉCRITURE

I. Vous répondrez d'abord à la question suivante.

Question (4 points)

Dans ces quatre textes, quelles missions les auteurs confient-ils à la poésie ?

II. Vous traiterez ensuite au choix l'un des trois sujets suivants.

1. Commentaire (16 points)

Vous commenterez le texte de Claude Roy (texte C).

2. Dissertation (16 points)

Dans un essai intitulé *L'Acte et le lieu de la poésie*, Yves Bonnefoy affirme qu'il ne croit pas « *qu'il soit de poésie vraie aujourd'hui qui ne veuille chercher jusqu'à son dernier souffle à fonder un espoir* ». Dans quelle mesure la poésie peut-elle représenter un espoir pour l'être humain ?
Vous répondrez à la question en vous appuyant sur les textes du corpus, les textes que vous avez étudiés en classe et sur vos lectures personnelles.

3. Écriture d'invention (16 points)

« *Ce ne sont pas les mots d'amour / Qui détournent les tragédies / Ce ne sont pas les mots qu'on dit / Qui changent la face des jours* » écrit Aragon dans « Les

Mots qui ne sont pas d'amour ». En vous fondant sur l'opposition apparente entre la parole poétique et les préoccupations dominantes de la société, rédigez un dialogue argumenté entre deux lecteurs : l'un ne croit pas que la poésie puisse aider l'homme à mieux vivre ; l'autre pense, au contraire, qu'elle lui est indispensable.

TEXTE A

Yves Bonnefoy, « Vrai lieu », *Du Mouvement et de l'immobilité de Douve*, 1953, © Mercure de France.

Qu'une place soit faite à celui qui approche,
Personnage ayant froid et privé de maison

Personnage tenté par le bruit d'une lampe,
Par le seuil éclairé d'une seule maison.

Et s'il reste recru[1] d'angoisse et de fatigue,
Qu'on redise pour lui les mots de guérison.

Que faut-il à ce cœur qui n'était que silence,
Sinon des mots qui soient le signe et l'oraison[2],

Et comme un peu de feu soudain la nuit,
Et la table entrevue d'une pauvre maison ?

1. *Recru* : épuisé.
2. *L'oraison* : la prière.

TEXTE B

Louis Aragon, « Les Mots qui ne sont pas d'amour » (extrait), *Le Roman inachevé*, 1956, © Éditions Gallimard.

Attention : la présentation en colonnes n'est pas le fait de l'auteur.

[...]
Ce ne sont pas les mots d'amour
Qui détournent les tragédies
Ce ne sont pas les mots qu'on dit
Qui changent la face des jours

Le malheur où te voilà pris
Ne se règle pas au détail
Il est l'objet d'une bataille
Dont tu ne peux payer le prix

Apprends qu'elle n'est pas la tienne
Mais bien la peine de chacun
Jette ton cœur au feu commun
Qu'est-il de tel que tu y tiennes

Seulement qu'il donne une flamme
Comme une rose du rosier
Mêlée aux flammes du brasier
Pour l'amour de l'homme et la femme

Va Prends leur main Prends le chemin
Qui te mène au bout du voyage
Et c'est la fin du moyen âge
Pour l'homme et la femme demain

Cela fait trop longtemps que dure
Le Saint-Empire des nuées[1]
Ah sache au moins contribuer
À rendre le ciel moins obscur

Qui sont ces gens sur les coteaux
Qu'on voit tirer contre la grêle
Mais va partager leur querelle
Qu'il ne pleuve plus de couteaux

Peux-tu laisser le feu s'étendre
Qui brûle dans les bois d'autrui
Mais pour un arbre ou pour un fruit
Regarde-toi Tu n'es que cendres

Chaque douleur humaine sens-
La pour toi comme une honte
Et ce n'est vivre au bout du compte
Qu'avoir le front couleur du sang

Chaque douleur humaine veut
Que de tout ton sang tu l'étreignes
Et celle-là pour qui tu saignes
Ne sait que souffler sur le feu

1. *Saint-Empire* : empire fondé par Charlemagne, qui associe pouvoir politique et religieux. C'est la croyance religieuse que récuse Aragon dans cette métaphore.

TEXTE C

Claude Roy, « Jamais je ne pourrai » (extrait), *Poésies*, 1970, © Éditions Gallimard.

Jamais jamais je ne pourrai dormir tranquille aussi longtemps
que d'autres n'auront pas le sommeil et l'abri
ni jamais vivre de bon cœur tant qu'il faudra que d'autres
meurent qui ne savent pas pourquoi
J'ai mal au cœur mal à la terre mal au présent
Le poète n'est pas celui qui dit Je n'y suis pour personne
Le poète dit J'y suis pour tout le monde
Ne frappez pas avant d'entrer
Vous êtes déjà là

Qui vous frappe me frappe
J'en vois de toutes les couleurs
J'y suis pour tout le monde

Pour ceux qui meurent parce que les juifs il faut les tuer[1]
pour ceux qui meurent parce que les jaunes cette race-là c'est fait pour être exterminé
pour ceux qui saignent parce que ces gens-là ça ne comprend que la trique
pour ceux qui triment parce que les pauvres c'est fait pour travailler
pour ceux qui pleurent parce que s'ils ont des yeux eh bien c'est pour pleurer
pour ceux qui meurent parce que les rouges ne sont pas de bons Français
pour ceux qui paient les pots cassés du Profit et du mépris des hommes

Dépêche AFP[2] de Saïgon De notre correspondant particulier sur le front de Corée
L'Agence Reuter[3] mande de Malaisie Le Quartier Général des Forces Armées communique Le tribunal Militaire siégeant à huis clos De notre envoyé spécial à Athènes
Les milieux bien informés de Madrid

Mon amour ma clarté ma mouette mon long cours
depuis dix ans je t'aime et par toi recommence
me change et me défais m'accrois et me libère
mon amour mon pensif et mon rieur ombrage
en t'aimant j'ouvre grand les portes de la vie
et parce que je t'aime je dis

Il ne s'agit plus de comprendre le monde
il faut le transformer

Je te tiens par la main
La main de tous les hommes
[…]

1. Dans ce vers et ceux qui suivent (jusqu'au vers 19), Claude Roy rapporte des propos qu'il dénonce.
2. *AFP* : Agence France Presse. Dans les lignes en italique, Claude Roy énumère des sources d'informations de différentes origines.
3. *Agence Reuter* : agence de presse anglaise.

TEXTE D

Emmanuel Merle, « Ce poignet démis de toi », *Pierres de folie*, 2010, © La Passe du vent.

Attention : la présentation en colonnes n'est pas le fait de l'auteur.

[*Emmanuel Merle consacre son recueil* Pierres de folie *aux victimes de l'extermination commise par les nazis.*]

Ce poignet démis de toi
Dans la cohorte[1] des poignets
Nus
Poignet aile à palpitation
Ton
Attache vitale

Les pores cautérisés[2] d'encre
Bleu enfer
Ta peau s'épèle en chiffres
Poignet bleu nu dans la cohorte
Des poignets dénommés

Je réincarne tes os
Je décode ton nom

Toi seul parmi les seuls
Je te rends ton nom

1. *Cohorte* : groupe de personnes ayant un comportement commun et, par extension, éléments de même nature constituant un groupe, un ensemble plus ou moins organisé.
2. *Cautériser* : brûler les tissus cutanés au fer rouge (ici, la cautérisation évoque le tatouage du matricule sur le bras des déportés).

Corrigés

Attention : aucun titre ne doit figurer dans les devoirs rédigés.

CORPUS ET QUESTION

Travail préparatoire

■ La lecture de la question et des textes

• Un corpus résolument moderne

Le corpus réunit quatre poèmes modernes, écrits entre 1953 et 2010. La présence du texte d'Emmanuel Merle souligne ce parti-pris de modernité : la poésie n'est pas une pièce de musée ; elle existe bien de « *nos jours* » comme le rappelle l'intitulé de l'objet d'étude.

Les images insolites (« *Bleu enfer* » dans le texte D, par exemple), la suppression de la ponctuation (textes B, C et D) et le vers libre (textes A, C et D) sont des signes de cette modernité. Cependant les formes traditionnelles se devinent encore chez Bonnefoy avec les alexandrins organisés en distiques et chez Aragon (quatrains, octosyllabes et rimes embrassées).

• La problématique du corpus

L'unité du corpus ne saute pas aux yeux et la question, en parlant de « *missions* », apporte un éclairage utile : les différents poètes expriment leur conception de la poésie. Partez du texte le plus accessible pour affiner votre réflexion : le poème de Claude Roy se clôt avec « *la main de tous les hommes* ». Cette idée d'un poète tourné vers les « *autres* » (mot répété au début du texte C) est présente dans l'ensemble du corpus.

• La lecture de la question (voir fiche 31)

Vous devez commencer par dégager les attentes de la question. Les deux termes clés sont bien sûr « *poésie* » et « *missions* ». Le pluriel de ce dernier mot invite à explorer différentes voies : les auteurs n'envisagent pas tous la poésie de la même manière.

• La lecture des textes

Lisez avec attention les poèmes et interrogez-vous après chacun d'eux : Que doit faire le poète ? Quelle est sa vocation ? Dans quel but écrit-il ? Pour qui ? Dans « Vrai Lieu », le poète fait « *une place* » « *à celui qui approche* » « *recru d'angoisse et de fatigue* ». Chargé de prononcer « *les mots de guérison* », il est tourné vers les autres comme le disent aussi Aragon et Claude Roy quand ils évoquent respectivement le « *feu commun* » et « *tout le monde* ». Emmanuel Merle rend hommage aux victimes de l'extermination commise par les nazis. Les auteurs du corpus empruntent donc la même voie, celle d'une écriture humaniste.
Mais n'oubliez pas le pluriel de « *missions* » et pensez à nuancer : Aragon, par exemple, émet des doutes quant à cette fonction de la poésie : « *Ce ne sont pas les mots d'amour / Qui détournent les tragédies* ». Yves Bonnefoy reste prudent : « *un peu de feu* », « *une pauvre maison* ».

■ La démarche

• Les qualités d'une bonne réponse

La réponse doit être à la fois synthétique, structurée et précise.
Synthétique, elle met en avant ce qui fédère les textes sans oublier de nuancer le propos. Elle ne suit pas l'ordre chronologique du corpus.
Proposez une réponse **structurée**, construite autour de la notion de « *missions* ». N'oubliez pas de rédiger une introduction et une conclusion.
Précise, la réponse s'appuie sur les textes et les cite pour illustrer ce qu'elle avance.

• Le plan

I **Une poésie tournée vers les hommes**
II **Les différentes formes de cette mission humaniste**
III **Les limites de cette mission**

RÉPONSE RÉDIGÉE

En affirmant sa différence par un langage spécifique, la poésie suscite inévitablement la question de son utilité. Les quatre auteurs contemporains que réunit le corpus répondent à cette interrogation. Pour Yves Bonnefoy, dans « Vrai lieu » tiré de *Du Mouvement et de l'immobilité de Douve* (1953), Louis Aragon dans un passage de « Les Mots qui ne sont pas d'amour » (*Le Roman inachevé*, 1956), Claude Roy dans un extrait de « Jamais je ne pourrai » (*Poésies*, 1970) et, tout récemment (2010), Emmanuel Merle avec *Pierres de folie* d'où est tiré « Ce poignet démis de toi », le poète contribue au « *feu commun* » et prononce « *les mots de guérison* ». Après avoir analysé cette mission humaniste, nous verrons qu'elle prend différentes formes selon les poètes et qu'elle ne va pas nécessairement de soi *[voir fiches 9 et 10]*.

I Une poésie tournée vers les hommes

Le corpus peint un monde qui souffre. *[Avant de montrer la mission humaniste du poète, on souligne que le monde, parce qu'il souffre, a besoin de son aide.]* Dans le texte A, il fait nuit et le personnage « *tenté* » par le « *vrai lieu* » est « *recru d'angoisse et de fatigue* », réduit au « *silence* ». Chez Aragon, « *les tragédies* » se succèdent : il est question de « *bataille* » et de « *querelle* », de « *couteaux* », de « *cendres* » et de « *sang* ». Le poète a « *mal au cœur, mal à la terre, mal au présent* » nous dit Claude Roy en nous rappelant que certains n'ont pas « *le sommeil et l'abri* ». De même que le vers d'Emmanuel Merle disloque la syntaxe (« *Ton / attache vitale* »), de même le nazisme a « *démis* », « *épel*[é] », « *dénomm*[é] » les corps.

Dans ce monde violent, « *Le poète n'est pas celui qui dit Je n'y suis pour personne* » (texte C). Il ne se réfugie pas dans une tour d'ivoire mais ouvre sa porte à « *tout le monde* » si bien qu'il n'est même pas nécessaire de frapper : « *Vous êtes déjà là* ». Yves Bonnefoy a également recours à cette image de la porte ouverte pour définir la mission du poète : « *le seuil éclairé* » et la « *table* » qui accueillent « *celui qui approche* ». Le démonstratif « *celui* » comme le nom « *personnage* » indiquent bien qu'il s'agit de « *tout le monde* » (texte C, vers 12). Emmanuel Merle, lui aussi, quand il consacre, plus de 60 ans après la fin de la guerre, un recueil à l'extermination commise par les nazis, exprime son attachement aux grandes causes humanistes.

Dans le corpus, ce souci des autres, qui fait du poète un être tourné vers le monde, se manifeste notamment par de nombreuses références à la communauté des hommes. Le « *personnage* » du texte A présente le même visage anonyme que le « *chacun* » du texte B ; c'est celui d'un de « *ces gens* » (vers 25), d'un de « *ceux qui meurent* », « *saignent* », « *triment* » ou « *pleurent* » dans le texte C. Et pour Emmanuel Merle, le « *poignet démis de toi* » est un symbole dans la « *cohorte des poignets / Nus* » et « *dénommés* ». En étant le « *seul parmi les seuls* », le poignet est celui de chacune des victimes de l'extermination. Ainsi, le poète se montre solidaire, « *va partager* » (texte B, vers 27) les querelles et faire sienne « *la peine de chacun* » (vers 10) ; il est celui qui « *jette* [son] *cœur au feu commun* ».

II Les différentes formes de cette mission humaniste

Mais les poètes de notre corpus n'envisagent pas le partage de la même manière.

Yves Bonnefoy *[on peut suivre l'ordre du corpus : le texte A pour commencer]* souligne le rôle des mots ; à l'homme privé de tout (la chaleur et la maison au vers 2, la parole au vers 7), la poésie offre un accès au monde. On pourrait croire que les mots qui se font « *le signe et l'oraison* » sont tournés vers un au-delà du réel mais le monde qu'entrouvrent les vers de Bonnefoy est l'ici bien ordinaire de la lampe, du feu et de la « *pauvre maison* ». Peut-être entend-on résonner dans l'interrogation rhétorique qui achève le poème, celle qui se déploie dans le second quatrain du très célèbre sonnet 31 (« Heureux qui comme Ulysse »...) des *Regrets*. Du Bellay y exprime la transfiguration poétique de sa « *pauvre maison* » qui est pour lui « *une province et beaucoup davantage* ». Chez Bonnefoy, la rime qui rapproche la « *maison* » de la « *guérison* » et de l'« *oraison* » ne manifeste-t-elle pas également la transfiguration ou la rédemption opérée par le langage poétique ?

Aragon et Claude Roy *[textes B et C]*, quand ils évoquent l'engagement du poète, se situent sur le terrain des grandes causes : il est question de « *bataille* » et de « *sang* » dans le texte B et d'hommes qui n'ont pas « *le sommeil et l'abri* » dans le texte C. Les voix qui se font entendre dans « Jamais je ne pourrai » évoquent toutes les drames de notre monde. Dans le texte C, Claude Roy s'engage en mettant au service des hommes sa sensibilité personnelle ; la poésie amoureuse elle-même (« *Mon amour ma clarté* »...) sert l'humanité entière : « *Je te tiens par la main / La main de tous les hommes* ».

Le choix d'Emmanuel Merle *[texte D]* est encore différent. Certes, comme Louis Aragon et Claude Roy, il porte son regard sur les drames de l'Histoire mais ses vers se tournent vers le passé afin d'entretenir le souvenir. En chantant les disparus, il leur redonne vie. En effet, les mots de l'éloge, ceux d'un étrange blason*, donnent corps à ces poignets démis, nomment ces victimes « *dénommé*[e]*s* » : « *Je réincarne tes os* », « *Je te rends ton nom* ».

III Les limites de cette mission

Cependant les poètes ne partagent pas tous la belle confiance d'Emmanuel Merle. Yves Bonnefoy avance prudemment sur le chemin qui invite le poète à offrir le monde aux hommes. Les bémols se font écho : la maison est « *seule* » et « *pauvre* » et que pourra le « *peu de feu* » contre la nuit ? Il semble d'ailleurs difficile de pénétrer dans le « *vrai lieu* » ; on reste seulement sur le « *seuil éclairé* » et la table du partage réconfortant n'est qu'« *entrevue* ».

Dans son *Roman inachevé*, Aragon dresse le bilan poétique de son engagement et les certitudes de l'homme de terrain, résistant et communiste, ont fait ici place au doute. « *Prends leur main* », « *va partager leur querelle* » et ne laisse pas « *le feu s'étendre* » dans « *les bois d'autrui* » : le poète doit s'engager. Pourtant, on peut douter de l'efficacité de la poésie : « *Ce ne sont pas les mots qu'on dit / Qui changent la face des jours* ». Les quatre dernières strophes du poème, dans leur composition même, expriment cette douloureuse hésitation. Dans chacune d'elle, une conjonction de coordination en tête du troisième vers (deux fois « *Mais* » et deux fois « *Et* ») relie et oppose en même temps deux conceptions contraires, celle de l'engagement nécessaire (vers 27 à 30, 33 et 34, 37 et 38) et celle de la déception (vers 25 et 26, 31 et 32, 35 et 36, 39 et 40).

Ainsi, autour du « *feu commun* », les voix des poètes, fermes, hésitantes ou bouleversées par le doute, n'ont pas le même timbre. Mais elles célèbrent à l'unisson la même conception humaniste de la poésie.

COMMENTAIRE

Travail préparatoire

■ Les outils d'analyse

• Le corpus et la problématique

La dissertation qui se réfère à Yves Bonnefoy et le sujet d'invention qui cite Aragon éclairent la problématique déjà explicitée dans la question. Il s'agit de réfléchir aux missions de la parole poétique, de s'interroger sur la poésie humaniste. L'extrait du poème de Claude Roy s'intègre naturellement dans le corpus en exprimant avec conviction le nécessaire engagement du poète au sein de la communauté humaine. Quelle est toutefois sa spécificité ?

• Le paratexte (voir fiche 15)

Autour du texte, on pourra repérer certaines indications essentielles : l'auteur Claude Roy, le titre et la date du recueil *Poésies*, 1970, le titre de l'extrait « Jamais je ne pourrai » qui reprend et condense le premier vers.

Des notes explicatives nous sont aussi données qui éclairent l'interprétation de la première strophe en italique.

Le contexte littéraire ne manque pas d'intérêt puisque les poètes dont l'œuvre s'impose dans les années 1970, tels Claude Roy, Jacques Réda, Yves Bonnefoy ou Philippe Jaccottet, au-delà de leurs grandes différences, conçoivent tous la poésie comme une mise à l'épreuve du langage, une interrogation sur l'homme et le monde, autant qu'une célébration.

Romancier, journaliste, critique littéraire et artistique, mais surtout poète, Claude Roy, dont la vie est faite de grands engagements[1], est l'écrivain de notre mal du siècle qui a foi en la vie, celui qui, à la fin de notre poème, s'écrie (vers non présents dans l'extrait) :

« *J'entends venir à moi du très loin de l'aurore*
un monde où la bonté rit dans tous les miroirs. »

• La versification (voir fiches 47 et 52)

Ce poème en vers libres s'inscrit dans le mouvement de libération des formes poétiques inauguré par Baudelaire et Rimbaud. Le vers est toujours présent en tant qu'organisation graphique sur la page, mais la rime disparaît. Le vers libre,

de longueur irrégulière, peut dépasser 12 syllabes. Au lecteur de participer à la création du poème en découvrant son rythme.
Admirateur d'Apollinaire, Claude Roy abandonne lui aussi la ponctuation et choisit de varier la typographie, c'est-à-dire l'art et la manière de se servir des caractères d'imprimerie. À la suite des surréalistes, Claude Roy choisit d'insérer dans l'écriture romaine[2] des passages en italique[3]. Quel est l'effet voulu ? Sans doute s'agit-il par cette rupture de marquer l'emphase, de créer un effet d'insistance, de mettre en évidence des propos essentiels (vers 31-32) ou, au contraire (vers 20-24) des voix différentes et menaçantes.

• **Les connaissances grammaticales et stylistiques**
En observant le poème, vous serez particulièrement attentif :
– à l'énonciation, en repérant les marques de présence du locuteur et du destinataire, le jeu des pronoms. Qui parle à qui dans notre extrait ? Les nombreux discours rapportés introduisent une polyphonie intéressante ;
– aux champs lexicaux qui vous permettront de repérer les thèmes récurrents, tels « *la vie l'amour la mort le temps* » comme le dit plaisamment Claude Roy lui-même dans son poème « Je dis toujours la même chose » !
– aux figures de style, en notant bien que les repérages doivent être suivis d'une interprétation. Les procédés stylistiques sont toujours reliés à des effets de sens (voir fiche 40). Le martèlement de l'anaphore* par exemple vient renforcer la condamnation des injustices et de la barbarie ;
– aux registres du texte. Comment les vers de Claude Roy concilient-ils le pathétique, l'ironie et le lyrisme ?

La démarche

• **Le projet de lecture**
Le commentaire est un bilan organisé de lecture.
Composez une définition du texte à partir des impressions ressenties, des observations effectuées. Interrogez-vous sur sa progression. À partir du vers 26, le changement de registre semble introduire un deuxième versant, lyrique. Comment retrouver l'unité du poème ? Les deux derniers vers qui associent la poésie amoureuse et la mission humaniste du poète ne donnent-ils pas la réponse ?

---

1. Membre actif de la Résistance communiste, il dénoncera par la suite le totalitarisme soviétique et sera exclu du Parti.
2. L'écriture romaine (caractères droits) date de 1465 au moment de l'arrivée de l'imprimerie en Italie ; les premiers caractères furent réalisés près de Rome.
3. Inventée en 1499 par un artiste italien, l'écriture italique ou vénitienne est inclinée vers la droite.

• L'élaboration du plan (voir fiche 11)

Chaque axe d'étude développe un enjeu important du texte. Les sous-parties permettent d'explorer les différentes facettes de la perspective retenue.

Le plan retenu pourra, par exemple, retrouver la force de l'engagement de Claude Roy, selon un mouvement crescendo conduisant de la dénonciation à la compassion en passant par la sympathie (au sens originel, le terme *sympathie* désigne le fait de souffrir avec, *sun pathein* en grec).

I Le poète observateur et témoin dénonce les misères humaines
II À l'écoute des autres, il partage leur douleur
III Par le biais du lyrisme amoureux, il s'engage à une solidarité active

COMMENTAIRE RÉDIGÉ

[Rédaction : mettre en relief le plan du commentaire.]

Introduction

[L'introduction présente le texte, la problématique envisagée et annonce le plan du commentaire : voir fiche 17.]

Au sein de la Résistance, Claude Roy rencontre Éluard et Aragon qui contribuent en 1943 à son adhésion au Parti communiste. Tout particulièrement proche de Paul Éluard, il lui dédie un hommage funèbre, *Tombeau* de Paul Éluard*, où l'on peut lire ces vers lumineux : « *Le soleil incessant me donnait un ami / un miroir exigeant* ». Avec les poètes de la Résistance, Claude Roy a partagé l'espoir, la foi en la liberté face à l'oppression. Comme Éluard qui s'exprimait en 1936 dans une conférence à l'occasion de l'exposition internationale du surréalisme, il estime que « *les poètes sont descendus des sommets sur lesquels ils se croyaient* [...] *ils ont maintenant l'assurance de parler pour tous.* » L'extrait du poème « Jamais je ne pourrai » inséré dans le recueil *Poésies* publié en 1970 révèle la mission du poète selon Claude Roy. Comment les vers libres, la liberté de la forme poétique, épousent-ils la conviction du poète et dessinent-ils les contours d'une parole poétique engagée ? Dans un contexte historique précis, celui de l'après-guerre, le poète témoigne des misères du monde, mais sa parole progressivement se hausse à l'universalité. Au-delà du témoignage et de la dénonciation des souffrances *[annonce de la première partie]*, il manifeste une émouvante sympathie, un don du partage *[deuxième partie]* qui devient compassion et solidarité active *[troisième partie]*.

I La dénonciation des souffrances

Le poète confronté à la réalité de la douleur se fait dénonciateur.

[Avant de préciser l'étude, il est nécessaire de rappeler l'enjeu de l'axe : l'introduction (voir fiche 42) correspond au titre qui ne figure pas dans le devoir rédigé.]

I-1 La dénonciation des injustices

[Comme les titres n'apparaissent pas dans le devoir rédigé, vous devez, au début de chaque sous-partie annoncer ce que vous allez développer.]

La deuxième strophe du poème est consacrée à la dénonciation des injustices insupportables aux yeux du poète. Il recourt à la forme répétitive de la litanie*, qui, par ses vertus incantatoires, dénombre les souffrances de ceux qui l'entourent. La structure identique de chaque vers qui débute par l'anaphore* du groupe prépositionnel « *pour ceux qui* » n'est pas sans rappeler le poème « Liberté » d'Éluard. On retrouve dans cette strophe des échos sonores entre les verbes accentués, voire un effet de paronomase* entre « *meurent* » répété trois fois et « *pleurent* ». La reprise, sauf au vers 19, de la subordination causale « *parce que* » ajoute encore à la véhémence de la condamnation.

Toutes les formes de violences et d'extrémismes sont présentes dans cette complainte. *[De manière générale, la première phrase d'un paragraphe présente ce qui va être étudié.]* On repère le lexique de la mort avec les trois occurrences du verbe « mourir » et, en crescendo, les verbes « tuer » et « exterminer », le lexique de la souffrance de ces hommes « *qui saignent* [...] *qui triment* [...] *qui pleurent* [...] *qui paient les pots cassés* ». Pour colorer son indignation, le poète n'hésite pas à insérer des termes familiers comme « trimer », ou l'expression « payer les pots cassés » qui, par le biais d'une image courante, renvoie aux victimes, mais aussi à une chanson révolutionnaire déplorant la famine qui suivit la Révolution en 1795.

C'est une liste sans fin des douleurs humaines renforcée par les symétries rythmiques et l'absence de ponctuation. Chaque exaction pourtant porte un nom : l'antisémitisme au vers 13 qui mentionne « *les juifs* » et fait allusion au génocide perpétré par les nazis, le racisme au vers 14 qui évoque « *les jaunes* » et les guerres coloniales. En associant avec ironie les couleurs par la métonymie*, le poète dénonce aussi les discriminations politiques qui ont condamné « *les rouges* », les communistes, au vers 18. D'une manière plus générale, c'est le cortège des injustices qui se déroule dans la strophe, avec les exploités, les pauvres, les malheureux, les victimes du « *Profit et du mépris des hommes* ». Ce vers conclusif est remarquable par le détournement de l'expression habituelle à laquelle est adjoint un complément : payer « *les pots cassés du Profit* ». On notera également la majuscule de signification qui donne une valeur symbolique au mot « *Profit* », en même temps qu'elle personnifie l'abstraction. Voici les pauvres gens immolés sur l'autel d'un nouveau dieu assimilé au matérialisme.

Mais les victimes *[rappel du I-1]* sont indissociables des bourreaux *[annonce du I-2]*, qui sont la deuxième cible de la dénonciation. *[La dernière phrase de la sous-partie conclut l'étude et introduit l'étape suivante de façon à expliciter la démarche.]*

I-2 La dénonciation des préjugés et du mépris

Claude Roy constate et analyse en remontant à la source du mal, aux préjugés indignes qui ont cours dans nos sociétés. Pour ce faire, il livre la pensée des autres, les tortionnaires, sous la forme de paroles au discours direct, sans ponctuation ni verbe introducteur, ce qui les rend équivoques. Ces voix rapportées amplifient le scandale avec leur langage radical, leurs préjugés destructeurs : « *il faut les tuer* », « *c'est fait pour être exterminé* », « *c'est fait pour travailler* », « *c'est pour pleurer* », autant de tournures qui disent la fatalité de l'injustice et de la violence. On entend les discours nationalistes et arrogants de ceux qui détiennent le pouvoir et, croient-ils, la vérité. Que dire des tournures méprisantes restituées, qui créent un effet de réel douloureux : les adjectifs démonstratifs péjoratifs, « *cette race-là* », « *ces gens-là* », les pronoms démonstratifs neutres « *ça* », « *c'* », comme pour réifier* et dénaturer les personnes en détresse ? Que dire de l'interjection « *eh bien* » caractéristique du style parlé et d'un faux bon sens populaire ?

Nous assistons donc au cœur de l'extrait à une double dénonciation, celle des misères et du mépris qui les engendre. S'y ajoute dans la strophe suivante, celle de la guerre. *[Annonce de la troisième sous-partie]*.

I-3 La dénonciation de la guerre

Un effet de rupture et de saisissement est créé dans la troisième strophe avec la graphie en italique et la déstructuration des vers par l'accumulation de débuts de communiqués de presse. Une forme de prose réaliste intervient dans le poème, avec le style elliptique* des dépêches qui tombent comme un couperet. Le champ lexical de la guerre est manifeste avec la mention du « *front de Corée* », celle du « *Quartier Général des Forces Armées* », du « *tribunal Militaire* ».

On retrouve dans ces dépêches une accumulation de désastres historiques et humains contre lesquels le poète s'insurge : les guerres coloniales d'abord, depuis Saïgon, la Corée ou la Malaisie. Tous ces lieux sont riches de significations implicites et renvoient à la guerre d'Indochine (1946-1954), à la guerre de Corée (1950-1953), à l'insurrection communiste malaise (1948), qui s'oppose au gouvernement colonial britannique.

Sont encore pointées du doigt les juridictions d'exception (sans doute en France sous le régime de Vichy), les répressions de l'activisme communiste en Grèce ou en Espagne en 1949, soit toutes les formes de totalitarisme.

[Conclusion-transition] Nous entendons donc dans ces vers un poète en colère contre son temps et les injustices, les tourments faits à ses semblables. Non content de témoigner, il est à l'écoute des autres et partage leur douleur. *[La deuxième partie marquera une profonde progression de l'implication du poète.]*

II Une affliction partagée

Voici affirmée la mission fraternelle du poète, affligé par les souffrances d'autrui. Le poète vit en sympathie avec ses semblables. Dans son sens originel, ce mot d'origine grecque désigne le fait de *supporter avec* et caractérise la mission humaniste du poète.

II-1 Le poète est à l'écoute des autres

Les autres sont omniprésents dans le poème, du début à la fin de l'extrait. On relève « *d'autres* » aux vers 2 et 3, « *tout le monde* » aux vers 7 et 12, « *tous les hommes* » dans le dernier vers. Un dialogue s'établit entre le poète et ses frères, traduit par l'adresse à un destinataire collectif, « *vous* », dans la première strophe.

Pour définir son rôle, Claude Roy s'exprime à la première personne de façon récurrente. On repère, dès le titre du poème et renouvelé dans le vers inaugural, le futur de conviction qui transforme son propos en un véritable credo humaniste : « *Jamais jamais je ne pourrai* ». Puis la spontanéité de la confession revient au présent d'énonciation au vers 5 : « *J'ai mal au cœur mal à la terre mal au présent* ». Dans une démarche plus solennelle, l'anaphore* des vers 6 et 7 met en avant le poète et généralise sa vocation par le biais de la 3e personne et du présent gnomique* : « *Le poète n'est pas* », « *le poète dit* ». La première strophe, un douzain de vers hétérométriques*, va decrescendo, à la manière d'une pyramide inversée, comme pour mettre en relief l'affirmation d'une mission poétique de sympathie. Insensiblement s'opère en effet un glissement d'une parole rapportée « *Le poète dit j'y suis pour tout le monde* » à la proclamation directe et brève, un hexasyllabe, réitérée au présent d'énonciation cette fois, « *J'y suis pour tout le monde* ». L'absence de la ponctuation qui souligne habituellement l'insertion du discours direct facilite aussi l'avènement de cette proclamation.

II-2 Il partage leurs douleurs

Le poète choisit de partager les douleurs des hommes. *[On peut détacher la première phrase qui présente le projet de la sous-partie en allant à la ligne.]*

La structure antithétique des vers 6 et 7 oppose deux conceptions du rôle du poète. L'une est celle d'un poète enfermé dans sa tour d'ivoire, coupé de la réalité, un poète qui n'y est « *pour personne* ». Cette désertion, Claude Roy la rejette au nom des liens affectifs qui le lient à ses semblables. Il revendique au contraire une communion du poète et des hommes : « *J'y suis pour tout le monde* ». Et ce monde désigne bien la communauté souffrante.

Les premiers vers soudés par les enjambements et l'absence de ponctuation sont une proclamation de solidarité, émouvante dans sa simplicité. La reprise de l'adverbe « *jamais* » à l'initiale et les homéotéleutes* en [ai] scandent le vers 1 et lui donnent sa force. Le poète rejoint les autres dans les misères de la vie. Un éventail d'oppositions entre « *je ne pourrai dormir tranquille* » et « *aussi longtemps que d'autres n'auront pas le sommeil et l'abri* », entre « *vivre* » et « *meurent* » traduit bien cette ferveur altruiste, le refus d'un bonheur égoïste quand tant d'autres sont menacés. Ceux qui « *meurent* [et] *qui ne savent pas pourquoi* » désignent sans doute les soldats, victimes innocentes des guerres. Au-delà de l'empathie, le poète révèle une profonde sympathie dans cette préoccupation du bien-être, de la survie même de l'autre. Il ne s'agit plus d'un mode de connaissance mais d'un monde de rencontre ici privilégié. On peut d'ailleurs relever la récurrence du mot « *cœur* » dans la strophe. L'alexandrin « *J'ai mal au cœur mal à la terre mal au présent* », par sa structure rythmique, un trimètre, et ses reprises anaphoriques*, résume le rôle du poète ancré dans la réalité de la souffrance des autres.

« *Ne frappez pas avant d'entrer / Vous êtes déjà là* ». Le symbolisme de la porte ouverte abolit toute distance entre le poète et les hommes puisqu'il assume dans un geste christique renouvelé toute la souffrance humaine. Pour le poète, être au monde, c'est partager la douleur.

II-3 Un pathétique discret

Apprécions pour délivrer ce message un pathétique discret, sans grands éclats, une forme de légèreté même.

Le lexique est concret, charnel, les tournures simples et persuasives, telle l'allure proverbiale du vers 10 « *Qui vous frappe me frappe* » pour rendre compte de la communion du poète avec ses frères souffrants. Aucune pose théâtrale qui rappellerait le mage romantique.

Au contraire Claude Roy, dans sa spontanéité, ne s'interdit pas de jouer avec les mots et leur polysémie, de redonner au langage une forme d'innocence. C'est ainsi que le verbe « frapper » est décliné dans ses diverses acceptions, « *donner des coups en faisant du bruit* » (sens intransitif) au vers 8 et « *battre* » (sens transitif) au vers 10. De même, l'expression familière « *J'en vois de toutes les couleurs* », jouant sur la polysémie, est une reformulation de cette mission de partage pour le poète qui subit toutes sortes d'épreuves mais surtout renvoie à la diversité des hommes et aux discriminations raciales refusées au nom d'un amour universel.

[Conclusion-transition] Universel, l'amour du poète se décline pourtant sur un mode personnel. En quoi le lyrisme amoureux qui marque la fin du poème n'est-il pas une trahison ? *[La troisième partie soulignera l'unité du poème.]*

III De la sympathie à la compassion

Un changement de registre *[sous-partie 1]* permet d'éclairer *[sous-partie 2]* et de transformer le don de sympathie du poète en compassion active *[sous-partie 3]*.

III-1 Le lyrisme amoureux

Des ravages des guerres renaît à la quatrième strophe le lyrisme amoureux. On assiste dans cette strophe de facture presque classique*, en alexandrins non rimés à l'exception du vers 30, à un effet de resserrement métrique. Le poète ancré dans le monde et sa triste réalité revient avec bonheur à la femme qu'il aime et adopte un tour beaucoup plus personnel : « *depuis dix ans je t'aime* ». On observe la récurrence de l'adjectif possessif de la première personne dans cette invocation : « *Mon amour ma clarté ma mouette mon long cours* ». Les allitérations* en nasales [m] et les assonances* murmurées en « ou » confèrent à la femme aimée une auréole de douceur et scandent ses potentialités. Par un jeu de pronoms personnels de la première et de la deuxième personne, s'opère entre le poète et la femme une fusion véritable : « *en t'aimant j'ouvre grand les portes de la vie* », s'écrie le poète.

C'est à une véritable déclaration d'amour que nous assistons avec le verbe « *je t'aime* » placé à la césure du vers 26. Le champ lexical de l'amour domine ces vers, associé à la lumière, au mouvement vers l'infini du ciel et de la mer avec l'image de la « *mouette* » et celle du « *long cours* ».

Si elle incarne la clarté, la femme est aussi un « *pensif et* [...] *rieur ombrage* » pour le poète. Le paradoxe n'est qu'apparent dans la mesure où l'amour constitue un refuge et un recours heureux face à l'adversité.

III-2 Le pouvoir de la femme

Les pouvoirs de la femme sont en effet multiples et étonnants. Telle une magicienne, elle est source de métamorphoses. L'expression « *par toi* » mise en valeur par l'effet d'inversion, suffit à lui rendre hommage. Elle détient un pouvoir de recréation, est à l'origine des recommencements. « *Et par toi recommence / me change et me défais m'accrois et me libère* » reconnaît le poète. L'équilibre de l'alexandrin et la manière de chiasme* qui associe les verbes rendent compte du processus d'évolution sans cesse continué grâce à l'amour.

La femme est un aiguillon, une initiatrice qui permet d'ouvrir « *grand les portes de la vie* ». On retrouve ici la femme chère aux surréalistes, la muse inspiratrice, Elsa pour Aragon, Gala pour Éluard ou Dominique qui, dans le recueil *Le Phénix*, fait renaître de ses cendres le poète meurtri.

L'image de la porte ouverte fait écho à celle de la première strophe *[vers 8 et 9]* et l'explique d'une certaine manière. Grâce au miracle de l'amour qui régénère, le poète est rendu aux autres et à l'espérance.

Rien d'égoïste donc dans cette ferveur amoureuse qui permet au contraire l'avènement de la parole poétique revivifiée par l'amour.

III-3 La solidarité active

Le symbole de la main qui est mis en évidence à la fin de l'extrait par une anadiplose* associe la femme à la fraternité. « *Je te tiens par la main / La main de tous les hommes* ». Voilà réunis par ce geste d'ouverture la femme, le poète et les autres.

Loin de faire digression, le lyrisme amoureux a permis à l'auteur de revenir avec force à sa mission et de lui donner une orientation nouvelle solennisée par l'italique et le présent de vérité générale : « *Il ne s'agit plus de comprendre le monde / il faut le transformer* ». L'opposition des verbes « *comprendre* » et « *transformer* » traduit le passage de l'empathie et de la sympathie à la compassion. Non content de percevoir et partager les douleurs d'autrui, le poète les prend en charge pour les surmonter. La solidarité qu'il prône est active. C'est le sens du mot *compassion* qui, malgré une étymologie voisine de la *sympathie*, va plus loin, infléchit la pitié dans le sens de l'action. Le poète se laisse toucher sans se laisser abattre et la parole poétique, loin d'être une déperdition de vitalité, devient performative et propose une réponse à la fatalité du mal.

Conclusion

« *De la femme vient la lumière* » écrivait Louis Aragon dans *Le Roman inachevé* en 1956. Claude Roy dans l'extrait de « Jamais je ne pourrai » semble partager cette reconnaissance du pouvoir de la femme. L'amour a permis au poète de s'ouvrir aux autres. Il est un aiguillon mobilisateur, une forme de dépassement qui, par la compassion, suscite la générosité, sollicite l'énergie réactive.

Sorte de mystique sans Dieu, le poète a son rôle à jouer dans les malheurs du monde. Voilà réaffirmée par Claude Roy la nécessité de l'engagement. Le dialogue avec ses amis des maquis de la Résistance peut se poursuivre, simplement, sans fulgurance.

Écartelé entre un monde dévasté, celui de l'après-guerre, et le refuge des images surréalistes, la tentation de l'allégeance à l'amour, Claude Roy ouvre en effet une voie nouvelle, le parti d'une humble présence au monde. Yves Bonnefoy ira plus loin encore, en définissant la mission du poète comme une quête du signe, la célébration des choses simples, mais Claude Roy ne pourrait-il souscrire à son credo poétique : « *Je voudrais réunir, je voudrais presque identifier la poésie et l'espoir, car écrire de la Poésie, c'est rendre le monde au visage de la présence* » ?

DISSERTATION

Travail préparatoire

■ L'analyse du sujet

• **La composition du sujet** (voir fiche 2)

La consigne est composée de deux paragraphes, le premier constitue le sujet proprement dit tandis que le second rappelle les spécificités méthodologiques de la dissertation.

Le sujet lui-même comprend deux phrases : une citation de Bonnefoy (texte A) puis une question tirée de cette affirmation. La reprise du mot « *espoir* » montre bien que la question (le sujet) est là pour expliciter la citation et vous aider à dégager le problème qu'elle soulève.

- **La lecture du sujet : peser les termes d'un énoncé**

Avant de bâtir votre plan, vous devez peser chaque terme du sujet. Ce qui vaut pour la dissertation est vrai aussi pour la question et l'écriture d'invention.
Chaque mot a un sens et une compréhension globale de la consigne ne saurait suffire. En étant vigilant, vous pouvez éviter contre-sens et hors-sujet.
De plus, cette lecture fine de l'énoncé vous permet souvent de bâtir votre plan et d'approfondir votre réflexion.
Interrogez-vous sur ce que signifient les différentes expressions, sur ce qu'elles supposent.
« *Chercher jusqu'à son dernier souffle* » : cette expression hyperbolique qui personnifie la poésie souligne l'importance de la mission qui lui est confiée ; la poésie semble même se définir (son essence, c'est son souffle) par cette fonction.
« *Fonder un espoir* » : la poésie nourrit l'espoir ; elle le rend possible.
« *Représenter un espoir pour l'être humain* » : le mot « *espoir* » est précisé ; le poète est présenté comme tourné vers les autres et non vers lui-même.
« *Peut* » : le verbe « pouvoir » suppose une capacité ; en quoi la poésie serait-elle capable de « *fonder un espoir* » ?
« *Dans quelle mesure* » (voir fiche 4) : cette expression ne fait pas l'unanimité. Certains y voient un synonyme de « en quoi » quand d'autres entendent une discussion (« dans quelle mesure oui », et « dans quelle mesure non »). Tentons de satisfaire tout le monde en accordant d'abord toute notre attention à l'affirmation de Bonnefoy et en nous interrogeant : en quoi la poésie peut-elle fonder un espoir ? Pensons aussi à nuancer la réflexion (l'autre mesure) ou à la dépasser.

■ La méthode

- **Le lien avec le corpus et l'objet d'étude**

La question soulevée est amenée par le corpus : le poète est celui qui, ouvrant sa porte au voyageur « *recru d'angoisse* », fait entendre les mots de la « *guérison* » et de l'espoir. La dissertation vous invite à vous pencher sur ce pouvoir de la poésie.
Le sujet envisage le genre poétique sous le même angle que votre objet d'étude : ici, le « sens » que donne la poésie constitue un espoir pour l'humanité.

- **La recherche des arguments et des exemples**

Comment procéder pour trouver des arguments et des exemples ? Le plus simple est souvent de partir des exemples. Sur votre brouillon (une page pour chacune des parties de votre devoir), rassemblez vos connaissances : le corpus, les textes que vous avez étudiés dans l'année, dans d'autres classes, d'autres matières (langue vivante notamment), vos lectures…
Sur votre brouillon, tracez deux colonnes ; dans l'une vous notez l'exemple et dans l'autre la raison pour laquelle vous avez retenu ce texte : vous pouvez ainsi dégager l'argument.

Lorsque vous rédigerez, vous veillerez à mettre en relief l'argument avant de développer l'exemple (ou les exemples).
Attention à ne pas multiplier les exemples au détriment de la précision et de l'argumentation.
Demandez-vous ici en quoi la poésie peut représenter un espoir pour l'être humain. De quel espoir s'agit-il ? Vous penserez sûrement aux poètes engagés : notez les textes que vous connaissez en cernant l'enjeu du combat ; si vous avez des vers en tête, pensez à les citer. Examinez les procédés employés pour exprimer cet espoir. En mobilisant vos connaissances, regardez si la poésie ne peut pas être porteuse d'un espoir dépassant les circonstances.
Vous veillerez à la précision et à l'exactitude de vos exemples. Quand vous citez des vers, marquez d'une barre oblique le passage à la ligne.

• **Le plan**

Les deux premiers axes de réflexion approfondissent la proposition du sujet, le troisième nuance l'analyse. Le dépassement (synthèse) sera proposé dans la conclusion : c'est en suscitant des émotions (troisième partie) que le poète représente un espoir (le sujet).

I **La poésie représente un espoir pour l'être humain car les poètes sont tournés vers les autres**
II **La poésie représente un espoir pour l'être humain car le poète se fait notre porte-parole**
III **Cependant ce n'est pas cet espoir qui définit la poésie**

PLAN DÉTAILLÉ

Introduction rédigée

Si les Grecs de l'Antiquité ont pris soin de transmettre les vers de l'*Iliade* et de l'*Odyssée*, c'est qu'ils voyaient dans ces épopées le trésor de leur civilisation, un modèle et un espoir pour la Grèce. Au XXIe siècle, nous continuons d'ailleurs de chanter les exploits du divin Ulysse… Quant à Homère, représenté comme âgé et aveugle, il incarne toujours la sagesse et l'accès à une vraie vision du monde. Ainsi, les hommes, depuis la naissance de la littérature, ont placé dans le poète toute leur confiance et Bonnefoy, une des grandes figures du genre poétique contemporain, ne les déçoit pas quand il affirme qu'il ne croit pas « *qu'il soit de poésie vraie aujourd'hui qui ne veuille chercher jusqu'à son dernier souffle à fonder un espoir* ». Selon lui, le poète allume la lampe et prononce « *les mots de guérison* » : dans quelle mesure la parole poétique peut-elle représenter un espoir pour l'être humain ?

Les poèmes du corpus nous présentent un poète tourné vers « *ceux qui meurent* », « *qui saignent* » ou « *qui pleurent* », un poète qui donne espoir en tenant « *La main de tous les hommes* ». Ne remplit-il pas également cette mission en se faisant notre porte-parole, en exprimant nos sentiments et nos aspirations, en offrant ses mots « *à* [nos] *cœur*[s] *qui n'étai*[en]*t que silence* » (texte A) ? Cependant, les poètes ne chantent peut-être pas tous à l'unisson et nous aurions tort de résumer trop hâtivement la poésie au simple mot d'« *espoir* », aussi riche et lumineux soit-il.

[Le plan détaillé suivant propose des arguments et des exemples ; ces derniers sont des pistes à approfondir : il faudra opérer des choix (donc renoncer à certaines références) pour privilégier la précision de l'analyse. Les citations sont indispensables pour cet objet d'étude.]

I La poésie représente un espoir pour l'être humain car les poètes sont tournés vers les autres

I-1 Les poètes s'engagent

Argument – Le poète antique ne vit pas à l'écart de la cité : il écrit à la demande pour célébrer des événements privés ou publics, garde en mémoire le passé pour le chanter à l'occasion des fêtes. Après lui, les poètes ont célébré les valeurs de leur époque.

Exemples – Le poète célèbre les valeurs de son temps : Virgile dans l'*Énéide* montre la grandeur de Rome en la rattachant à la légende troyenne ; les valeurs de la chevalerie sont célébrées dans *La Chanson de Roland* (XIIe siècle).

Argument – Les poètes n'hésitent pas à dénoncer les abus de toutes sortes.

Exemples – Le protestant Agrippa d'Aubigné s'en prend aux persécutions effectuées par les catholiques dans *Les Tragiques* (1616) ; La Fontaine emploie toutes les ressources de la fable pour critiquer la cour dans « Les Animaux malades de la peste » et « Les Obsèques de la lionne » ; durant la Seconde Guerre mondiale, de nombreux poètes ont écrit pour inciter à résister : Desnos, Éluard, Aragon, Pierre Emmanuel… Dans le dernier texte du corpus, célébration et dénonciation se rejoignent.

I-2 Les poètes défendent des valeurs universelles

Argument – Si les poètes des siècles précédents continuent de nous toucher, c'est qu'ils expriment, par-delà les circonstances, des valeurs universelles telles que la liberté ou la dignité humaine.

Exemples – **Le combat pour la dignité humaine** : « Ballade des pendus » de François Villon (« *N'ayez les cœurs contre nous endurcis* »), « Mélancholia » de Victor Hugo (« *Où vont tous ces enfants dont pas un seul ne rit* »), « Les Effarés » de Rimbaud.

Argument – En affirmant également la force de leur position, les poètes nous invitent à rester fidèles à nos valeurs quoi qu'il advienne.

Exemples – « Ultima Verba » de Victor Hugo (« *Et s'il n'en reste qu'un, je serai celui-là* »), « Liberté » de Paul Éluard (1942).

I-3 L'écriture poétique se met au service des combats du poète

Argument – Les poètes ont recours à différents procédés (registres, procédés de style, procédés spécifiquement poétiques) pour toucher leurs lecteurs.

Exemples – **Les registres** : sur le mode satirique (« Fable ou histoire ») ou pathétique (« Souvenir de la nuit du 4 »), Victor Hugo critique Napoléon III en écrivant *Les Châtiments* (1853). **La composition du poème et l'usage de la versification** : dans « Le Dormeur du val », Rimbaud dénonce la guerre en recourant à un rythme syncopé *[lisez le poème en prêtant attention au dernier vers]* ; au contraire, dans « Ève » (1913), pour fustiger le monde moderne et célébrer le sacrifice mystique des héros, Charles Péguy enchaîne les alexandrins dans un rythme litanique*.

II La poésie représente un espoir pour l'être humain car le poète se fait notre porte-parole

II-1 Le poète exprime nos sentiments

Argument – Nous avons souvent du mal à exprimer ce que nous ressentons car le langage nous paraît faible pour rendre compte de l'intensité de notre émotion ou de notre sentiment. Le poète lyrique, en exprimant ce qu'il éprouve, se fait notre porte-parole : nous pouvons nous reconnaître dans ses propos.

Exemples – **La célébration de la femme** : Ronsard célèbre Cassandre dans le premier Livre des *Amours* (1552) et Marie dans le second (1556) ; reprenant la forme ancienne du blason*, Éluard chante la beauté de Gala (« La Courbe de tes yeux… », *Capitale de la douleur*, 1926). **La complexité du sentiment amoureux** : Louise Labé « *Je vis, je meurs ; je me brûle et me noie* » (1555), Pierre de Marbeuf « Sonnet » (« *Et la mer et l'amour ont l'amer pour partage* », 1628), Baudelaire (« Le Galant Tireur »). *[Il vaudra mieux développer un seul thème ; privilégiez la cohérence de votre analyse et évitez le catalogue de références.]*

II-2 Le poète exprime notre aspiration à un autre monde

Argument – Nombreux sont les hommes qui, pour des raisons philosophiques ou religieuses, considèrent que nous n'avons accès qu'à une faible partie de notre univers. Au-delà (les « Idées » de Platon, Dieu) ou en deçà de notre réalité, se déploie un autre monde beaucoup plus riche. Le poète, descendant d'Orphée, exprime cette aspiration.

Exemples – On pourra évoquer : le mythe d'Orphée et « Fonction du Poète » de Hugo, « Correspondances » et « Élévation » de Baudelaire, la « Lettre du Voyant » et « L'Alchimie du Verbe » de Rimbaud, le projet des surréalistes défini par André Breton. *[Lisez le III de l'écriture d'invention qui suit.]*

II-3 Le poète exprime notre étonnement face au monde

Argument – Que nous aspirions ou non à percevoir un autre monde, nous sommes fascinés par la richesse de notre environnement. Le poète nous apprend à regarder autrement le réel. En s'écartant de l'usage conventionnel de la langue, la parole poétique rend le monde plus présent.

Exemples – **Un nouveau regard sur le quotidien** : poèmes de Francis Ponge (*Le Parti pris des choses,* 1942). **Une présence** : Eugène Guillevic offre à ses lecteurs le monde et le temps – « *Je dis : douceur des mots / Quand tu rentres le soir du travail harassant / Et que des mots t'accueillent / Qui te donnent du temps* » (« Douceur », *Terre à bonheur*). C'est également le projet d'Yves Bonnefoy (texte A). *[Lisez la conclusion du commentaire.]*

III Cependant ce n'est pas cet espoir qui définit la poésie

III-1 L'échec qui hante le poète pourrait anéantir tout espoir

Argument – Il semble difficile de prononcer le mot « *espoir* » quand on parle de poésie car le poète est souvent en proie à l'angoisse ou au désespoir. Qu'il s'agisse des sentiments ou des ambitions poétiques, les œuvres sont souvent hantées par l'échec. Et on pourrait même penser que ce désespoir caractérise la poésie : « *Les plus désespérés sont les chants les plus beaux / Et j'en sais d'immortels qui sont de purs sanglots* » écrit Musset (« Nuit de mai »).

Exemples – Vous pouvez évoquer : la déception amoureuse chez Apollinaire, le manque d'inspiration (du Bellay, *Les Regrets,* sonnet VI ; Mallarmé, « Brise marine »), le spleen baudelairien (plusieurs « Spleen », « La Cloche fêlée » dans *Les Fleurs du mal*, 1857), le renoncement de Rimbaud.

III-2 Le poète se tient à l'écart du monde et sa parole semble inaccessible

Argument – Le poète se perçoit souvent comme un incompris, un être à part : son mode de vie et ses poèmes expriment sa marginalité.

Exemples – **Mode de vie** : Edgar Poe, Baudelaire, Rimbaud. **Le poète, un incompris** : « L'Albatros » de Baudelaire, « Le Crapaud » de Tristan Corbière.

Argument – La parole poétique est souvent d'un accès difficile.

Exemples – La versification fait du langage poétique une langue à part ; le vocabulaire et la syntaxe sont travaillés : Mallarmé pousse le travail de la forme jusqu'à l'hermétisme (« Sonnet en -yx »). Les images poétiques peuvent effrayer le lecteur (le surréalisme par exemple : « La terre est bleue comme une orange » écrit Éluard en 1929) *[Lisez l'ensemble du poème dans* L'Amour la poésie.*]*

III-3 La poésie se définit d'abord par sa beauté et par les émotions qu'elle suscite

Argument – Le poète ne considère pas le langage comme un instrument transparent mais comme le moyen d'accéder à la beauté : le lecteur est touché par la musicalité, par la mise en page, par les images. Cette beauté suscite des émotions qui priment sur la compréhension rationnelle du texte et ce sont ces émotions qui caractérisent l'écriture poétique.

Exemples – **La musicalité** : la fluidité du sonnet 31 des *Regrets* de du Bellay ou de « Mai » d'Apollinaire, la place de la musique chez Verlaine (« *De la musique avant toute chose* » en tête de son « Art Poétique »). **La mise en page** : les distiques pour revendiquer la simplicité dans le texte A, la typographie dans le texte C, les *Calligrammes* d'Apollinaire (1918). **Les images qui consistent en rapprochements inattendus** : la redondance suggestive (« *le marbre dur* » et « *l'ardoise fine* » dans le sonnet 31 de du Bellay), les synesthésies (« Correspondances » de Baudelaire), l'oxymore (« *le soleil noir de la mélancolie* » chez Nerval, la surprise (« *ma clarté ma mouette mon long cours* », texte C).

Conclusion rédigée

[Bilan des développements III-1 et III-2 :] La poésie est souvent hantée par le défilé, « *sans tambour ni musique* » des « *longs corbillards* » *[« Spleen », Baudelaire]* de l'échec. Sous le « *drapeau noir* » de « *l'Angoisse atroce, despotique* », le poète s'incline et ses chants « *désespérés* » sont « *les plus beaux* » *[voir III-1]*. Comment pourrait-il alors, lui qui souffre tant et dont la langue nous demeure parfois étrangère, « *fonder un espoir* » ? *[Bilan des deux premières parties :]* Pourtant, en tenant « *La main de tous les hommes* », en écrivant le mot « *Liberté* » sur son cahier *[Éluard]* ou en notant « *des silences* », « *des nuits* », jusqu'à « *l'inexprimable* » *[« Alchimie du verbe », Rimbaud]*, le poète prend part à nos combats et se fait le porte-parole de nos aspirations comme de nos sentiments. *[Amorce d'un dépassement en guise d'ouverture :]* Et le désespoir lui-même, si souvent exprimé, ne devient-il pas, sous la plume poétique, une forme de

grandeur et d'espoir ? En donnant forme et beauté au magma de nos angoisses, « *les mots de guérison* » *[texte A]* l'apaisent et le transfigurent. Les émotions que nous éprouvons à la lecture d'un poème *[rappel du III-3]*, quel que soit son thème, nous réconcilient avec le monde : « *Ne croyez pas entendre en vous / Les mots, la voix de Guillevic. / C'est la voix du présent allant vers l'avenir / Qui vient de lui sous votre peau* » (Eugène Guillevic, « Art Poétique », *Gagner*, 1949).

ÉCRITURE D'INVENTION

Travail préparatoire

■ Lecture du sujet

• Une dissertation déguisée

Comparez le sujet d'invention et la dissertation : dans les deux cas, il s'agit de réfléchir aux fonctions (les « *missions* » évoquées par la question) de la poésie. L'écriture d'invention est ici en effet une dissertation déguisée. Le participe « *argumenté* » qui vient compléter le mot « *dialogue* » vous rappelle d'ailleurs que vous devrez approfondir des arguments, c'est-à-dire les expliquer. Pour cela, votre propos sera illustré par des exemples précis.

La forme dialoguée permet de confronter deux opinions. Alors que la dissertation dialectique (voir fiche 50) fait se succéder les réponses qu'elle expose, le dialogue, en incarnant les thèses en présence, suppose un débat.

• Un exercice de style

L'écriture d'invention est toujours, entièrement (voir pages 75 ou 93 par exemple) ou en partie seulement, un exercice de style.

Dans le cas présent, les contraintes formelles occupent une place secondaire : ni le contexte du dialogue, ni l'identité des lecteurs ne sont en effet spécifiés. On ne sait pas non plus si le dialogue doit être inséré dans un récit ou prendre une forme théâtrale. À vous de choisir les personnages et la forme qui vous paraissent les plus adaptés à votre réflexion sur la poésie et à votre sensibilité.

■ Le problème du sujet

• La lecture attentive de la consigne (voir fiche 31)

Examinez la citation : Aragon, amer, dénonce l'inutilité de la poésie ; comme un des personnages de votre dialogue, il semble ne pas croire « *que la poésie puisse aider l'homme à mieux vivre* ».

Que représente ***« l'opposition apparente entre la parole poétique et les préoccupations dominantes de la société »*** ? L'adjectif « *apparente* » laisse entendre qu'en réalité la « *parole poétique* » peut répondre aux questions de la société. Sans doute, un des personnages de votre dialogue pense-t-il que la poésie est très éloignée de la réalité alors que l'autre pense que cet écart n'est qu'apparent et que le poète parle bien aux hommes de son temps.

Le mot « ***lecteurs*** » vous indique que la réflexion n'est pas envisagée du point de vue du poète mais de ceux à qui il s'adresse.
Enfin, « ***indispensable*** » n'étant pas accompagné d'un complément, c'est à vous de voir en quoi la poésie est utile, voire vitale.

■ La méthode

• Le choix des « *lecteurs* »

Le sujet d'invention argumentatif paraît souvent artificiel. Ici, il n'est pas facile d'imaginer une discussion spontanée entre deux lecteurs au sujet de l'utilité de la poésie. Choisissez un contexte et des lecteurs vraisemblables. Sous prétexte de rendre votre dialogue plus naturel, ne renoncez pas aux exemples, notamment aux citations.

• L'argumentation

Utilisez deux feuilles de brouillon, une pour chaque personnage. Notez clairement en tête leurs thèses respectives en reprenant les mots de la consigne de façon à ne pas vous écarter du sujet : en haut d'une feuille, *la poésie ne peut pas aider l'homme à mieux vivre* ; sur l'autre, *la poésie est indispensable*.
Cherchez dans un premier temps des arguments et des exemples. Quels poètes ont défendu l'inutilité de la poésie ? Pourquoi la poésie donne-t-elle l'impression de ne servir à rien, d'ignorer « *les préoccupations dominantes de la société* » ? D'un autre côté, quels poètes ont affecté une mission à la poésie ? laquelle ? comment et pourquoi ? Notez les poèmes (titre, recueil, citations significatives) sur lesquels vous allez vous appuyer. Pensez à vous aider du corpus.
Prévoyez une troisième feuille sur laquelle vous écrirez les idées et les exemples qui pourraient vous permettre de dépasser l'opposition des deux personnages. Cette perspective trouvera sa place à la fin du dialogue.

• La progression

Vous n'êtes pas enfermé comme pour la dissertation dans un plan en deux ou trois parties mais la difficulté sera de faire se répondre les arguments, de la façon la plus logique et la plus naturelle possible.
Pensez que vous serez lu par un professeur de lettres et ne concluez pas à l'inutilité de la poésie… N'achevez pas non plus votre devoir en disant que chacun garde son opinion : vous donneriez l'impression que le dialogue n'a servi à rien. En vous rappelant la synthèse du plan dialectique (voir fiche 50), placez à la fin de l'échange une perspective élargie qui puisse réconcilier vos deux personnages.

• La rédaction

Afin de rendre votre dialogue vivant, imaginez la personnalité des deux interlocuteurs. Si vous choisissez la forme théâtrale, n'hésitez pas à recourir aux didascalies. Dans le cas d'un récit, pensez à préciser les incises et à glisser quelques phrases de narration pour accompagner votre dialogue et en marquer les étapes.

• Le plan

Pour rendre le devoir le moins artificiel possible, nous choisissons le cadre de la presse. Deux critiques littéraires (leur culture justifie les références et les citations) débattent, l'un pensant qu'il serait judicieux de proposer quelques poèmes dans un hebdomadaire d'actualités, l'autre s'opposant à ce projet.

I Le rôle de la poésie engagée dans un contexte défini
II La beauté superflue
III Le poète, descendant d'Orphée, guide-t-il les hommes ?
IV La poésie, source vitale d'émotions

DEVOIR RÉDIGÉ (voir fiche 19)

I Le rôle de la poésie engagée dans un contexte défini

Les yeux de Paul s'arrêtèrent sur le rectangle bleu que découpait la fenêtre de son bureau. Le printemps était bien là. Mais on entendait les téléphones sonner, les voix appeler, les imprimantes ronronner… Paul soupira et attira à lui la pile de livres qu'une secrétaire avait posée dans un angle de la table. De belles découvertes en perspective peut-être… La lecture valait tous les printemps et c'était une chance d'être critique littéraire pour un hebdomadaire d'informations. *[Présentation du contexte du dialogue.]* Il avait à peine ouvert le premier ouvrage qu'on frappa à la porte.

– Entrez, soupira-t-il en refermant le livre.

Une tête se glissa dans l'entrebâillement de la porte. C'était, tout sourire, Floriane, sa jeune collègue.

– Si je ne te dérange pas, est-ce que je peux te présenter ma dernière idée ?

– Je t'en prie ; entre et assieds-toi. Dans notre métier, nous sommes toujours à l'affût de nouveaux projets. Explique-moi ce que tu as en tête.

Paul repoussa la pile de livres et s'installa confortablement tandis que Floriane prenait place en face de lui. Elle sembla hésiter, comme si le projet qu'elle venait défendre risquait d'étonner, voire de choquer.

– Je t'écoute, reprit Paul intrigué et attentif.

– Voilà, mon projet concerne la poésie. Je voudrais qu'on introduise une rubrique poésie dans nos pages littéraires et qu'on donne à lire des poèmes. *[Pour plus de vraisemblance, le problème du sujet est rattaché à une question concrète.]*

– Hummm…

Le regard ironique qui accompagna la moue dubitative de son interlocuteur piqua Floriane au vif.

– Toujours les mêmes clichés ! Le poète enfermé dans sa tour d'ivoire, prononçant des paroles mystérieuses à mille lieues des préoccupations dominantes de la société ! Bien sûr, le poète ne prendra pas partie pour les produits bio et les voitures électriques… Mais c'est mépriser nos lecteurs que de croire leurs préoccupations aussi matérialistes. Les poètes s'engagent dans les débats de leurs temps et peut-être sont-ils les premiers à percevoir la gravité des enjeux *[argument]*. Ainsi, Aragon et Éluard, mesurant ce que représente le nazisme, ont abandonné leurs « cadavres exquis » et leurs élucubrations surréalistes pour s'engager dans la Résistance. Leur parole poétique est un appel à la lutte pour la liberté. Le poème « Liberté » de Paul Éluard n'a-t-il pas, d'ailleurs, été publié en 1942 dans un recueil clandestin (*Poésie et Vérité*) puis dans la revue gaulliste *La France libre* avant d'être parachuté sur le sol français par les avions britanniques ? Et tu me dis de laisser de côté la poésie quand les poètes ont choisi d'écrire le mot « *liberté* »

« *sur le pain blanc des journées* », « *sur les merveilles des nuits* », « *sur la mousse des nuages* » ?… *[Illustrer son argumentation avec des exemples, c'est s'appuyer sur des références précises aux œuvres mentionnées.]*

– « Sur mes cahiers d'écolier »… Le poème est très beau. Mais ce sont des mots, une liberté de papier…

– Comment peux-tu dire cela quand ces poètes résistants ont sacrifié jusqu'à leurs convictions pacifistes les plus profondes pour inciter à combattre le nazisme ? Rappelle-toi Robert Desnos : « *Ce cœur qui haïssait la guerre / Voilà qu'il bat pour le combat et la bataille* », « *Car ces cœurs qui haïssaient la guerre battaient pour la liberté / au rythme même des saisons et des marées, / du jour et de la nuit.* »

– Oui, Robert Desnos est mort en déportation et personne ne peut l'oublier. Tu as raison. On pourrait le rappeler dans un dossier consacré à la Résistance ; je le suggèrerai à nos collègues. Mais je ne vois toujours pas l'intérêt d'une rubrique consacrée à la poésie : nos lecteurs veulent qu'on les aide à vivre mieux *[expression empruntée au sujet ; la position que défend Paul est explicitée]* ; la liberté n'est plus un combat… Les poètes ignorent les préoccupations de notre monde et ne répondent pas à nos questions ; ils ne nous aident pas…

– Je bondis quand je t'entends dire que la liberté n'est plus un combat ! Je suis certaine que tu ne le penses pas.

– Non en effet ; je veux juste dire que tes poètes ne nous parlent pas de nous, aujourd'hui…

– Il est vrai que notre présent ne ressemble pas – heureusement ! – aux jours extrêmes de la guerre. Mais peut-être dormons-nous… Il est bon que certaines voix viennent déchirer le silence de notre confort pour rappeler les valeurs auxquelles nous tenons. Après le coup d'État de Napoléon III, les Français ont pu apprécier la politique conduite par l'Empereur, par exemple la naissance d'un Paris aéré et prestigieux sous le crayon du baron Haussmann. On a vite oublié le sang… Victor Hugo, lui, a refusé l'amnistie qui a permis aux proscrits de retrouver la France ; il a été cette voix qui n'a cessé de protester contre un pouvoir usurpé : « *J'accepte l'âpre exil, n'eût-il ni fin ni terme* », « *Et s'il n'en reste qu'un, je serai celui-là !* ». La force d'un poème de circonstances tient paradoxalement à la richesse des valeurs éternelles qu'il défend. Nous continuons d'être bouleversés par « Ultima Verba » ; les derniers mots retentissent comme un cri et invitent à la vigilance.

– Il est vrai que les poèmes de circonstances nous parlent toujours mais je ne pense pas que la parole poétique, aussi belle soit-elle, puisse être efficace. Je ne crois pas qu'elle puisse nous aider à mieux vivre. Le cri des poètes est magnifique mais les hommes ont définitivement enfermé leurs artistes dans une tour d'ivoire… D'ailleurs Victor Hugo a crié sa lutte pendant vingt ans et ce n'est pas à son obstination qu'on doit la chute du Second Empire. Je te rappelle qu'elle est causée par la défaite de 1871 contre une Prusse mieux armée. Quant aux poètes de la Résistance que tu évoquais tout à l'heure, leurs actions sur le terrain ont été plus utiles que leurs propos. Ce n'est peut-être pas un hasard d'ailleurs si René Char, un résistant lui aussi, a choisi le maquis et renoncé un temps à la plume. « *Je n'écrirai pas de poème d'acquiescement* » affirme-t-il dans *Les Feuillets d'Hypnos* (1946), comme si toute écriture était une façon de dire oui au monde.

– Dans ce recueil, l'écriture poétique est certes fragmentaire mais n'a-t-elle pas toute l'intensité de la colère ?…

– Encore une fois, je ne pense pas que la poésie puisse aider les hommes. Aragon, lui-même, dont tu célébrais l'engagement, finit par s'interroger en 1956 sur l'efficacité de cet engagement littéraire : « *Ce ne sont pas les mots qu'on dit / Qui changent la face des jours* » *[reprise du corpus et de la citation présente dans le sujet]*. Dans « La nuit de Moscou », se souvenant d'avoir soutenu un temps le communisme de Staline, il écrit : « *je me suis trompé cent mille fois de route* ». Et le sourire que tu vois sur mes lèvres est celui-là même dont parle Aragon : « *On sourira de nous comme de faux prophètes / Qui prirent l'horizon pour une immense fête* ».

– Mais tu oublies de dire : « *On sourira de nous pour le meilleur de l'âme* »….

– Sans doute, il n'empêche que le poète n'a pas toujours une réponse exacte à nous proposer… Quoi qu'il en soit, tu devrais te rappeler les propos de Jean-Paul Sartre dans *Qu'est-ce que la littérature ?* Alors qu'il aime à « *prendre* [sa] *plume pour une épée* », qu'il voit dans la littérature une tribune, le philosophe existentialiste reste très réservé quand il s'agit de l'engagement des poètes ; selon lui, la beauté du texte brouille le message, arrache le lecteur aux circonstances : « *Comment espérer qu'on provoquera l'indignation et l'enthousiasme politique du lecteur quand précisément on le retire de la condition humaine et qu'on l'invite à considérer, avec les yeux de Dieu, le langage à l'envers ?* »

– « *Le langage à l'envers* »… répéta Floriane, séduite par la formule.

II La beauté superflue

Paul reprit après avoir laissé son regard s'attarder sur le ciel toujours aussi bleu dans le cadre de la fenêtre : *[Le retour à la narration permet de marquer les étapes de la progression argumentative.]*

– Oui, j'aime bien la formule. La poésie nous emmène de l'autre côté du langage. Au lieu d'employer ce docile instrument de nos pensées, nous le regardons et nous le savourons… La lecture d'un poème est un moment volé… Je lis comme toi des œuvres poétiques mais je les lis seul, … en haut de ma tour d'ivoire… Et je ne demande surtout pas au poète d'être utile, de m'aider à mieux vivre ! Je lui demanderais plutôt de m'offrir une rose *[belle mais inutile]* quand je suis occupé à arroser mes choux *[utiles mais peu séduisants]*…

– Tu fais allusion à Théophile Gautier ?

– Dans la préface de son roman *Mademoiselle de Maupin* (1835), Gautier affirme en effet que la poésie est inutile ; il brandit même cette inutilité avec panache en associant l'utile et le laid : « *L'endroit le plus utile d'une maison, ce sont les latrines* ». Que dire de plus ?

– Comment, surtout, le dire plus crument ?...

– N'est-ce-pas ? poursuivit Paul. Les Parnassiens ont emboité le pas à Gautier et ciselé des poèmes comme l'orfèvre des émaux et des camées, pour évoquer le titre d'un recueil d'un célèbre Parnassien, José Maria de Heredia *[Émaux et Camées, en 1852]*.

– Je ne songeais pas vraiment à publier des bijoux du Parnasse quand je te proposais de proposer des poèmes à nos lecteurs.

– Écoute alors Verlaine ; sa poésie n'entreprend pas de sauver le monde ; elle est une brise légère, un frémissement à la surface des choses, une musique qui « *va fleurant la menthe et le thym / Et tout le reste est littérature* ».

III Le poète, descendant d'Orphée, guide-t-il les hommes ?

Floriane, en colère, se leva et alla s'adosser à la fenêtre.

– C'est un peu facile ! On peut servir cette formule à toutes les sauces ! Oublierais-tu Homère ? Aveugle, il a accès à une réalité que nos sens ne peuvent cerner. Son pouvoir est immense. Il charme son auditoire et je donne à ce verbe son sens premier en pensant à Orphée que les arbres et les rochers suivaient quand il chantait.

– Ce sont des légendes…

– Tu sais bien que la mythologie exprime à sa manière une vérité. Les poètes ont conscience qu'une mission hors du commun leur est confiée. Hugo, croisant l'héritage chrétien et la philosophie de Platon, se peint comme un « *prophète* » capable de déchiffrer les ombres que le futur projette sur notre médiocre présent. « *Peuples ! écoutez le poète ! / Écoutez le rêveur sacré !* » clame-t-il « *dans votre nuit, sans lui complète* ». La métaphore du phare et du flambeau traverse le célèbre poème, « Fonction du poète ». Le poète éclaire notre vie…

– J'entends bien la voix de Victor Hugo, mais…

Sans laisser son collègue développer son objection, Floriane poursuivit :

– La voix d'Hugo est peut-être un peu claironnante mais tu peux également entendre celle de Baudelaire. Que deviendra l'humanité si le poète n'est pas là pour déchiffrer « *les forêts de symboles* » de notre existence ? Baudelaire n'est certes pas un physicien cherchant les signes d'un univers en extension après le Big-bang, mais il perçoit au cœur de « *la ténébreuse et profonde unité* » de notre monde « *l'expansion des choses infinies* ». Tel un « *vaste oiseau des mers* » [« L'Albatros »], il « *plane sur la vie et comprend sans effort / Le langage des fleurs et des choses muettes* » [« Élévation »].

– Comme j'aime beaucoup Rimbaud, je verserai même de l'eau à ton moulin en évoquant « Le bateau ivre » : « *dispersant gouvernail et grappin* », le poète nous ouvre un monde qui sans lui nous échapperait ; il rêve « *la nuit verte aux neiges éblouies* » et a vu « *quelquefois ce que l'homme a cru voir* »…

– Tu es donc d'accord avec moi enfin ! Le poète se fait « Voyant », nous guide vers des terres inexplorées. Il nous apprend à nous dépasser… Le « *langage à l'envers* » est un chemin vers un au-delà qui peut prendre des formes variées. Religieux pour certains, cet au-delà se situe dans notre inconscient pour d'autres. Ainsi, André Breton, le chef de file du surréalisme, se tient « *au cœur des choses* » dans « Vigilance ».

– Tout cela est grisant sans doute mais ces poètes ne vivent pas vraiment ; ils rêvent… D'ailleurs, Rimbaud a balayé d'un trait de plume « *l'histoire d'une de* [ses] *folies* » : « *Cela s'est passé, je sais aujourd'hui saluer la beauté* », dit-il mystérieusement à la fin de l'« Alchimie du verbe ». Quant à Baudelaire, n'est-il pas torturé par le spleen ? Se prendre pour Orphée mène droit à la folie car l'idéal est par définition inaccessible : la voix du poète est faible comme une « *cloche fêlée* », comme « *le râle épais* » d'un blessé « *sous un grand tas de morts* ». Nous aurions tort de laisser croire à nos lecteurs qu'il est possible de soulever « *le ciel bas et lourd* » de notre réalité ! Aragon le dit amèrement : « *Il n'y a que de faux Orphées* ». Quand tu sais que le vrai n'a même pas su reprendre Eurydice à Hadès…

L'amertume des poètes semblait contagieuse. Floriane resta sans réponse ; après un temps de silence, Paul reprit :

– Non vraiment, je t'assure. Laisse la poésie où elle est. C'est un leurre.

– À t'entendre, on croirait qu'il s'agit des sirènes, ces terribles créatures qui séduisaient les marins par leurs chants pour mieux les entraîner vers la mort…

Floriane revint s'asseoir en face de Paul et reprit :

IV La poésie, source vitale d'émotions

– Tu te trompes… Certes, les poètes ambitieux sont hantés par l'échec. Je n'oublie pas le vers isolé après trois quatrains dans « Alchimie du verbe » : « *Pleurant, je voyais de l'or - et ne pus boire.-* » Mais le lecteur n'est pas le poète ; marchant mille pas derrière lui, il n'est pas déchiré comme lui entre l'aspiration à l'Idéal et le poids du spleen. Il marche… C'est l'essentiel.

– Que veux-tu dire ?

– Le lecteur a quitté la rive des habitudes, il est arraché à ses repères, mis en mouvement par le poète. C'est en ce sens, peut-être que nous pouvons tomber d'accord car tu aimes lire de la poésie toi aussi. Si les mots ne changent pas « *la face des jours* », comme le dit Aragon ou ne chassent pas les « *haleurs* » évoqués par Rimbaud au début du « Bateau Ivre », ils nous étonnent et nous décapent. De cette façon, ils nous invitent à vivre vraiment. Nous écoutons les mots autrement : ils sont devenus musique, mélodie dans « L'Invitation au voyage » de Baudelaire ou dans « Le Pont Mirabeau » d'Apollinaire par exemple. Nous regardons les mots autrement : ils sont devenus tableau, un sonnet au milieu d'une page, un jeu avec la typographie chez Claude Roy *[corpus]*.

– N'oublie pas les *Calligrammes* ! « *Mon cœur pareil à une flamme renversée* » : le vers tracé en forme de cœur représente justement une flamme à l'envers… Ou bien l'averse de lettres rangées qui délave les souvenirs dans « Pluie » : « *Il pleut des voix de femmes, comme si elles étaient mortes, même dans le souvenir* »…

– Tu vois bien que les mots du poète nous touchent de différentes manières. *[Les personnages commencent à trouver un terrain d'entente : le désaccord initial est dépassé ; voir fiche 50]* Et quand nos sens vibrent ainsi, n'avons-nous pas enfin l'impression de vivre ? Nos journées sont grises et nous les traversons le plus souvent sans prêter attention à ce qui nous entoure. Nous sommes des mécanismes programmés et nous ne vivons pas. Je crois que le « vivre mieux » que tes lecteurs attendent, c'est d'abord un « vivre vraiment ». Le poète nous aide à poser un regard nouveau sur le monde ; je pourrais te rappeler Francis Ponge qui prend le parti des choses *[Le Parti pris des choses, 1942]* et nous invite à regarder autrement ce qui nous entoure, un cageot, une valise… Mais je préfère citer le « Blason vert et blanc » dans *Cahier de Verdure* *[1990]* de Philippe Jaccottet ; en s'adressant à nous, le poète nous invite à le suivre : « *écris qu'il n'y a pas de plus haut ciel que cette source couleur d'herbe* ». N'est-ce pas vivre mieux que de participer ainsi aux mystères du monde ? Si tes lecteurs pressés pouvaient un moment cesser de s'attacher aux cours de la Bourse et aux courbes des sondages, sans doute verraient-ils eux aussi cette « *source couleur d'herbe* » ?

– Si cela pouvait au moins leur donner envie de contribuer à la beauté du monde… S'ils pouvaient se réveiller…

Paul eut un sursaut et chassa de la main le mirage :

– Comme les poètes, Floriane, nous rêvons…

– Non, « *La poésie vit d'insomnie perpétuelle* » écrit René Char dans « Les dentelles de Montmirail », un magnifique poème tiré de *La Parole en Archipel*. En proposant ne serait-ce qu'un poème par semaine, on provoquerait peut-être cette insomnie qui est une veille, cette attention enfin prêtée au monde.

– Peut-être… dit Paul, les yeux tournés vers la fenêtre. Peut-être…

CORPUS ET SUJETS 8 Séries ES, S, L – Pondichéry – Avril 2016

Objet d'étude : Écriture poétique et quête du sens, du Moyen Âge à nos jours

CORPUS

Texte A. Blaise Cendrars, *La Prose du Transsibérien et de la Petite Jeanne de France*, 1913.

Texte B. Jean Follain, « Vie urbaine », *Usage du Temps* (extrait), 1941.

Texte C. Léopold Sédar Senghor, « À New York », *Éthiopiques*, 1956.

Texte D. Jacques Réda, « Hauteurs de Belleville », *Amen*, 1968.

ÉCRITURE

I. Après avoir lu les textes du corpus, vous répondrez à la question suivante.

Question (4 points)

Quelles émotions la ville suscite-t-elle chez les différents poètes du corpus ?

II. Vous traiterez ensuite au choix l'un des trois sujets suivants.

1. Commentaire (16 points)

Vous ferez le commentaire du poème de Blaise Cendrars (texte A).

2. Dissertation (16 points)

La poésie vise-t-elle seulement à célébrer les hommes et le monde ?

Vous répondrez à cette question en un développement structuré, en vous appuyant sur les textes du corpus et sur ceux étudiés pendant l'année. Vous pouvez aussi faire appel à vos connaissances et lectures personnelles.

3. Écriture d'invention (16 points)

Vous êtes chargé(e) de prononcer un discours pour l'inauguration de la semaine de la poésie. Vous y affirmerez que les poèmes peuvent trouver leur matière dans les sujets les plus ordinaires.

Vous illustrerez votre réflexion d'exemples tirés de vos lectures et de votre culture personnelle.

Votre texte comportera 60 lignes au minimum.

TEXTE A

Blaise Cendrars, *La Prose du Transsibérien*[1] *et de la Petite Jeanne de France*, extrait tiré du volume 1 de « Tout autour d'aujourd'hui », nouvelle édition des œuvres complètes de Blaise Cendrars dirigée par Claude Leroy, 1913, © Éditions Denoël.

dédiée aux musiciens

En ce temps-là j'étais en mon adolescence
J'avais à peine seize ans et je ne me souvenais déjà plus de mon enfance
J'étais à 16.000 lieues du lieu de ma naissance
J'étais à Moscou dans la ville des mille et trois clochers et des sept gares
Et je n'avais pas assez des sept gares et des mille et trois tours
Car mon adolescence était si ardente et si folle
Que mon cœur, tour à tour, brûlait comme le temple d'Éphèse[2] ou comme la Place Rouge de Moscou quand le soleil se couche.
Et mes yeux éclairaient des voies anciennes.
Et j'étais déjà si mauvais poète
Que je ne savais pas aller jusqu'au bout.

Le Kremlin était comme un immense gâteau tartare[3]
Croustillé d'or,
Avec les grandes amandes des cathédrales toutes blanches
Et l'or mielleux des cloches…
Un vieux moine me lisait la légende de Novgorode[4]
J'avais soif
Et je déchiffrais des caractères cunéiformes[5]
Puis, tout à coup, les pigeons du Saint-Esprit s'envolaient sur la place
Et mes mains s'envolaient aussi avec des bruissements d'albatros
Et ceci, c'était les dernières réminiscences[6]
Du dernier jour
Du tout dernier voyage
Et de la mer.
Pourtant, j'étais fort mauvais poète.
Je ne savais pas aller jusqu'au bout.
J'avais faim
[…]

1. *Transsibérien :* train qui traverse la Russie.
2. *temple d'Éphèse :* temple situé dans l'actuelle Turquie, qui fut incendié dans l'Antiquité.
3. *tartare :* qui se rapporte à un peuple de la Russie.
4. *Novgorode :* ville du Nord Ouest de la Russie.
5. *caractères cunéiformes :* système d'écriture très ancien.
6. *réminiscences :* souvenirs qui remontent à la conscience.

TEXTE B

Jean Follain, *Usage du Temps*, « Vie urbaine » (extrait), 1941, © Éditions Fata Morgana.

[…]

C'était une occupation douce et mélancolique que de suivre, pour voir où ils allaient, les passants, de suivre la forme blême jusque sous un porche où elle s'engouffrait, jusqu'à la porte crevassée, couverte de fientes d'insectes et d'oiseaux.

C'était une occupation douce que de s'arrêter devant les petites épiceries sombres, éclairées le soir de reflets rouges irradiant d'une arrière-boutique où flambait un feu.

Fantomatiquement apparaît la ville où s'alignent à distance égale des réverbères, la ville où les jeunes demoiselles s'écoutent ; la petite ville où l'on compte, où l'on fait mesurer à dix reprises à la vendeuse qui rêve la carpette de jonc. Il faut qu'elle mesure, la vendeuse toute chavirée d'amour avec les lèvres fiévreuses à la pensée du scandale que fera sa grossesse encore neuve.

TEXTE C

Léopold Sédar Senghor, *Éthiopiques*, « New York » in Œuvre Poétique, 1956, © Éditions du Seuil.

À NEW YORK

(pour un orchestre de jazz : solo de trompette)

New York ! D'abord j'ai été confondu par ta beauté, ces grandes filles d'or aux jambes longues
Si timide d'abord devant tes yeux de métal bleu, ton sourire de givre
Si timide. Et l'angoisse au fond des rues à gratte-ciel
Levant des yeux de chouette parmi l'éclipse du soleil.
Sulfureuse[1] ta lumière et les fûts[2] livides, dont les têtes foudroient le ciel
Les gratte-ciel qui défient les cyclones sur leurs muscles d'acier et leur peau patinée de pierres.
Mais quinze jours sur les trottoirs chauves de Manhattan[3]
– C'est au bout de la troisième semaine que vous saisit la fièvre en un bond de jaguar

1. *sulfureuse :* qui contient du soufre, traditionnellement associé à l'Enfer.
2. *fûts :* partie centrale d'une colonne ou d'un tronc.
3. *Manhattan :* quartier central de New York.

Quinze jours sans un puits ni pâturage, tous les oiseaux de l'air
Tombant soudain et morts sous les hautes cendres des terrasses.
Pas un rire d'enfant en fleur, sa main dans ma main fraîche
Pas un sein maternel, des jambes de nylon. Des jambes et des seins sans sueur ni odeur.
Pas un mot tendre en l'absence de lèvres, rien que des cœurs artificiels payés en monnaie forte
Et pas un livre où lire la sagesse. La palette du peintre fleurit des cristaux de corail.
Nuits d'insomnie ô nuits de Manhattan ! si agitées de feux follets, tandis que les klaxons hurlent des heures vides
Et que les eaux obscures charrient des amours hygiéniques, tels des fleuves en crue des cadavres d'enfants.
[...]

TEXTE D

Jacques Réda, *Amen*, « Hauteurs de Belleville »[1] 1968, © Éditions Gallimard.

HAUTEURS DE BELLEVILLE

Ayant suivi ce long retroussement d'averses,
Espérions-nous quelque chose comme un sommet
Au détour des rues qui montaient
En lentes spirales de vent, de paroles et de pluies ?
Déjà les pauvres maisons semblaient détachées de la vie ;
Elles flottaient contre le ciel, tenant encore à la colline
Par des couloirs, ces impasses obliques, ces jardinets
Où nous allions la tête un peu courbée, sous les nuages
En troupeaux de gros animaux très doux qui descendaient
Mollement se rouler dans l'herbe au pied des palissades
Et chercher en soufflant la tiédeur de nos genoux.
Nos doigts, nos bouches s'approchaient sans réduire l'espace
Entre nous déployé comme l'aire d'un vieux naufrage
Après l'inventaire du vent qui s'était radouci,
Touchait encore des volets, des mousses, des rouages
Et des copeaux de ciel au fond des ateliers rompus ;
Frôlait dans l'escalier où s'était embusquée la nuit
L'ourlet déchiré d'une robe, un cœur sans cicatrice.

1. Belleville est un quartier populaire de Paris, construit sur une colline, ou l'on trouvait de nombreux ateliers d'artisans.

Corrigés

CORPUS ET QUESTION

Travail préparatoire

■ La lecture de la question et des textes

• Un corpus moderne

Les poèmes du corpus sont écrits entre 1913 et 1968. Le recours aux vers libres ou à la prose, le thème de la ville, les images surprenantes, voire obscures (texte D) sont ici les principaux signes de la modernité poétique.

Vous trouverez peut-être les textes difficiles à première lecture. Cherchez leur cohérence sans vouloir absolument éclaircir chaque expression. La poésie moderne se ressent plus qu'elle ne se comprend de façon raisonnée ; fiez-vous à vos impressions en évitant cependant tout dérapage.

• La lecture de la question (voir fiche 31)

Le mot clé est « *émotions* ». Il s'agit de ce que les poètes ont ressenti (« *chez les différents poètes* ») mais, indirectement aussi, de ce que le lecteur éprouve en découvrant les villes représentées, c'est-à-dire transfigurées par l'écriture poétique.

CHE 33

• Les fonctions de la poésie

La question laisse entendre qu'une des fonctions de la poésie est d'exprimer des émotions. Situons cette perspective dans un panorama plus large : quelles sont les fonctions de la poésie ?

– Célébrer : louer Dieu, le monde, un héros, une femme…
– exprimer des sentiments et des émotions : on parle alors de poésie lyrique ;
– défendre une opinion : le poète s'engage et invite son lecteur à le suivre ;
– déchiffrer le monde : comme Orphée, le poète accède à une réalité supérieure ;
– jouer avec le langage : détourner le sens des mots, jouer avec les sonorités ;
– nous amener à poser un nouveau regard sur le monde.

Quelle que soit sa conception de la poésie, le poète touche la sensibilité plus que l'intelligence de son lecteur. Sa façon de manier la langue provoque en nous des émotions. Lisez aussi le corrigé de la dissertation.

• La lecture des textes

Les quatre auteurs, comme l'indique la question, expriment ce qu'ils ressentent en parcourant des villes prestigieuses ou plus modestes.

Lisez les quatre poèmes en entourant tout ce qui suggère les émotions des poètes. Le mot « *émotions* » est au pluriel : quelles sont-elles ? Procédez texte par texte en pensant à effectuer des rapprochements car votre réponse devra être synthétique.

Vous noterez que, chez tous les poètes du corpus, les émotions sont contrastées : Cendrars est fasciné par Moscou mais sa « *soif* » et sa « *faim* » persistent ; l'errance de Jean Follain au cœur de la « Vie urbaine » est à la fois « *douce et mélancolique* » ; Senghor, d'abord « *confondu par la beauté* » de New York, perçoit ensuite ses manques ; quant aux « *Hauteurs de Belleville* », elles sont à la fois « *pauvres* » et « *contre le ciel* ».

■ La rédaction de la réponse

• Une étude synthétique

Votre analyse devra souligner l'unité du corpus : chaque poète éprouve des émotions contrastées. Vous devrez le montrer en opérant des rapprochements sans effacer pour autant la spécificité de chaque poème.

Bâtissez au brouillon le plan de votre étude afin qu'elle soit, une fois rédigée, claire et structurée. Chacun des paragraphes devra proposer une réponse à la question « *quelles émotions* ». Composez autant de paragraphes que d'éléments à développer. N'oubliez ni l'introduction ni la conclusion (voir fiches 9 et 10).

• Une réponse précise

Appuyez-vous précisément sur les textes en les citant. Comme on n'attend pas une analyse exhaustive, évitez, par prudence, de vous référer aux passages qui vous semblent obscurs.

• Le plan

I **Des émotions contrastées**
II **Une fascination**
III **Une sensation de manque**
IV **Une certaine empathie**

RÉPONSE RÉDIGÉE

Depuis Baudelaire, la poésie n'hésite pas à évoquer les lieux de vie ordinaires, notamment la ville. Tel est le thème qui rapproche les quatre poèmes modernes de notre corpus. *[Présentation brève du thème du corpus]* Blaise Cendrars en 1913 évoque la Russie dans un long poème en vers libres intitulé *La Prose du Transsibérien et de la petite Jeanne*[1] *de France* ; nous en lisons l'ouverture. En 1941, Jean Follain fait paraître *Usage du Temps* dans lequel s'inscrit le texte B, un extrait de « Vie urbaine ». Léopold Sédar Senghor, attaché à son pays, le Sénégal, dépeint New York dans un passage d'une page d'*Éthiopiques* (« À New York », 1956). Jacques Réda consacre un poème de *Amen* (1968) aux « Hauteurs de Belleville », un quartier parisien populaire. *[Présentation concise du corpus avec les titres des œuvres et les dates]*

Nous verrons quelles émotions la ville suscite chez les quatre poètes. *[Présentation de la question]*

1. Dans la première édition, le prénom s'écrit Jehanne.

I Des émotions contrastées

Sans doute inspirées par la complexité même de la « *Vie urbaine* », les émotions sont contrastées au sein de chacun des textes. *[La première phrase du paragraphe annonce l'idée qui va être développée.]* Ainsi Cendrars est à la fois comblé et déçu par Moscou. La ville des « *mille et trois clochers et sept gares* » semble « *immense* » et pourtant elle ne suffit pas à étancher sa soif. La ville évoquée par Follain suscite aussi des impressions mêlées, « *douce*(s) *et mélancolique*(s) ». De la même manière, Jacques Réda évoque le monde étroit des « *jardinets* », l'espace biaisé, voire sans issue, des « *impasses obliques* » ; mais ne sommes-nous pas également « *contre le ciel* » à attendre « *quelque chose comme un sommet* » ? Ne ramasse-t-on pas des « *copeaux de ciel au fond des ateliers rompus* » ?

Dans le texte C, le contraste s'inscrit dans le temps : la timidité du promeneur « *au fond des rues à gratte-ciel* » fait place à partir du vers 14 à une déception soulignée par l'anaphore de l'adverbe « *pas* » ainsi que par le lexique du vide et de la mort. Avec les « *cadavres d'enfants* » à la toute fin de l'extrait, nous sommes bien loin des « *grandes filles d'or* » fascinantes *[transition]* du premier vers.

II Une fascination

La ville, en effet, fascine *[reprise pour renforcer la transition]*. Ainsi, Senghor est d'abord « *confondu* » par la beauté de New York, par ses dimensions et sa puissance. La timidité ressentie est accentuée par l'anaphore de l'adjectif « *timide* », l'intensif « *si* » et même le chiasme* (« *timide* », « *yeux* », « *sourire* », « *timide* »). Le visiteur, condamné à lever « *des yeux de chouette* » est presque anéanti tant la ville absorbe le cosmos (« *sourire de givre* », « *métal bleu* » comme les cieux) et le domine. Dans ce monde démesuré, les gratte-ciel, tels les Titans de la mythologie, partent à l'assaut du ciel, le « *foudroient* » tandis que le soleil s'éclipse (vers 5). Blaise Cendrars semble lui aussi séduit par la taille de la « *ville des mille et trois clochers et des sept gares* » au point de faire corps avec elle en se consumant « *comme la place Rouge* » ou en laissant ses mains s'envoler « *aussi* » en même temps que les pigeons. Les Hauteurs de Belleville qui se perdent « *contre le ciel* » fascinent également.

La ville oriente les trajectoires des poètes voyageurs. D'ailleurs ne relève-t-on pas dans la première phrase des textes B et D le même verbe « *suivre* » (texte B, lignes 1 et 2 ; texte D, vers 1) qui exprime cette aimantation de la « *Vie urbaine* » ?

III Une sensation de manque

Mais cette fascination *[rappel du paragraphe précédent]* n'empêche pas une sensation de manque *[présentation de ce qui va être développé]* ; la ville flotte, tient tout juste à la colline (texte D, vers 6) ; les maisons sont « *détachées de la vie* ». Dans les nuages où il se perd, le quartier de Belleville rappelle un peu « *la forme blême* » des passants ainsi que le néologisme « *Fantomatiquement* » de Follain. Dans la « *petite ville* » aux « *petites épiceries* », on ne fait que mesurer l'espace entre les réverbères ou bien les carpettes de jonc. La vie, « *crevassée* » et « *couverte de fientes* » semble condamnée : la grossesse de la vendeuse fera scandale.

Le champ lexical de la mort est fortement présent chez Senghor qui regrette la vitalité africaine : « *morts* », « *cendres* »... Les « *grandes filles d'or* » ont des « *jambes de nylon* », les citadins « *des cœurs artificiels* ». Désemparé dans ce monde dénaturé, minéralisé, le poète rêve de son pays natal bien vivant : « *bond de jaguar* », « *puits* », « *sueur* »...

Cendrars, quant à lui, réduisant le Kremlin à un « *gâteau tartare* », désacralise la ville pour mieux répéter son insatisfaction : « *J'avais soif* », « *J'avais faim* » *[transition]*. Cette déception peut susciter cependant chez les poètes une certaine empathie pour cette « *Vie urbaine* » médiocre.

IV Une certaine empathie

Dans les textes A et D, les images enfantines du « *gâteau* » et des « *gros animaux très doux* » marquent cette empathie.

Le registre pathétique frôle les poèmes B et C. La reprise de l'adjectif « *petit* » (texte B, lignes 5 et 9) exprime l'attachement du poète pour la « *petite ville* ». Son errance l'amène à suivre les passants, à guetter les « *reflets rouges* » de la vie, à poser un regard empreint de pitié et de bienveillance sur la « *vendeuse toute chavirée d'amour* ». De même, Réda, avec le pronom « *nous* », veut partager son affection pour Belleville, la pitié qu'il éprouve pour les « *ateliers rompus* », « *L'ourlet déchiré* » de la prostituée, les « *spirales* » tragiques « *de vent, de paroles et de pluies* ».

[Conclusion] Ainsi, les villes, qu'elles soient grandioses ou modestes, suscitent des émotions contrastées que les différents poètes du corpus nous invitent à partager.

COMMENTAIRE

Travail préparatoire

■ Les outils d'analyse

• Autour du texte (voir fiche 15)

Vous ne connaissez peut-être pas Blaise Cendrars mais la date du recueil, 1913, peut vous rappeler *Alcools* de Guillaume Apollinaire. Les deux poètes chantent la modernité en se libérant des contraintes du vers traditionnel.

Laissez-vous surprendre par le long titre du recueil : il ouvre des pistes d'analyse. La nouveauté poétique de la « *prose* » et du « *transsibérien* », paradoxalement associée à « *la Petite Jeanne de France*[1] ».

N'oubliez pas la dédicace : le poème est musique.

Enfin, notez que vous ne disposez que d'un extrait du poème (plus de 400 vers) et qu'il s'agit de son ouverture.

1. On découvre par la suite qu'il s'agit en réalité d'une prostituée.

• **Le corpus et la problématique**
Le poème de Blaise Cendrars est situé dans un corpus consacré à la représentation de la ville et aux émotions qu'elle suscite. Ces deux perspectives peuvent guider votre analyse du poème : quelle(s) image(s) de Moscou le poète peint-il ? Quelles émotions nous fait-il partager ?

• **Les procédés de style (voir fiche 40)**
Votre commentaire devra s'appuyer sur un repérage et une analyse des procédés. Prêtez attention au rythme des vers, aux différentes formes de répétitions, aux sonorités, aux images.

• **Approfondissement : un art total**
Le poème de Cendrars paraît dès 1913 sous une forme originale : un dépliant illustré par le peintre Sonia Delaunay. Cette œuvre de « *simultanéité écrite* » (Apollinaire) amène le lecteur à embrasser d'un même regard l'ensemble du texte et les couleurs qui l'accompagnent. Le projet est bien d'inventer un « *art nouveau* », total. Prenez le temps de regarder ce livre coloré sur Internet.

■ La démarche

• **La lecture sensible (voir fiche 46)**
En pensant à la dédicace, laissez-vous saisir par le rythme du poème, emporter, comme dans un train, le « *transsibérien* ». Soyez sensible aux images, à la forte présence du « *je* ». Ne s'agirait-il pas d'une autobiographie poétique, du récit d'un voyage intérieur ?
Le thème du voyage inspire d'ailleurs de nombreux poètes. Pensez à Baudelaire (faut-il voir une allusion à « L'Albatros » au vers 19 ?), à Rimbaud pour lesquels les errances sont aussi intérieures, à Mallarmé dans « Brise marine ».

• **La problématique et le plan**
Votre commentaire doit être organisé et cohérent : vous devez bâtir un plan en réponse à une problématique qui oriente votre lecture. Cherchez à définir le texte en une phrase : ce poème est… Puis transformez cette phrase en question « En quoi ce poème est-il ? ».
En quoi ce poème est-il le récit autobiographique d'un voyage à Moscou qui s'avère également une quête intérieure ?
Les deux perspectives de cette problématique tracent la progression de l'analyse :

I **Un récit de voyage autobiographique et poétique**
II **Un voyage intérieur**

PLAN DÉTAILLÉ

Introduction rédigée

Guillaume Apollinaire, ouvre *Alcools* (1913) en écrivant « *À la fin, je suis las de ce monde ancien* ». La même année, Blaise Cendrars, partageant ce désenchantement et cette quête de nouveauté, publie un long poème « La Prose du Transsibérien et de la Petite Jeanne de France ». Les deux premiers noms du titre marquent le souci de modernité tandis que la seconde partie suggère un attachement mélancolique à la tradition ou à l'enfance.

L'ouverture de cette « *Prose* » « *dédiée aux musiciens* » se présente comme le récit d'un voyage effectué à Moscou quand Cendrars avait 16 ans. Mais tous les clochers et toutes les gares ne suffisent pas à satisfaire la quête insatiable du poète : en quoi l'évocation du voyage exprime-t-elle aussi une soif d'absolu *[problématique]* ?

Le récit autobiographique, sous la plume du poète, emporte le lecteur dans une ample quête poétique *[annonce des grands axes du plan]*.

I Un récit de voyage autobiographique et poétique

I-1 Un récit autobiographique

Dans le genre autobiographique, tel que l'a inauguré Rousseau, le récit rétrospectif nourrit l'analyse de soi.

Le récit rétrospectif* : on étudiera la situation dans l'espace et dans le temps posée dès le début du poème, le retour en arrière introduit par « *En ce temps-là* ». L'imparfait donne l'impression qu'aucun fait n'émerge précisément du souvenir, comme si le récit n'était que la toile de fond d'un autre voyage.

L'analyse de soi : l'expression des émotions, le regard sur l'adolescence. On mettra en avant le recul de l'autobiographie : la difficulté du souvenir (vers 20) et la possibilité du jugement (vers 9 et 10, 24 et 25).

I-2 Le renouvellement poétique du genre autobiographique

Traditionnellement l'autobiographie est en prose et l'écriture de soi, quand il s'agit de poésie, adopte le registre lyrique*. Cendrars bouleverse les codes en faisant de l'autobiographie un poème et du poème une « *Prose* ».

Une autobiographie poétique : les vers, les comparaisons (vers 7-8, 11), les métaphores (vers 12-13, 19), les différentes formes de répétitions : rimes (« *adolescence* », « *enfance* », « *naissance* »), reprises lexicales (« *mon adolescence* », « *mille et trois* »....), anaphores* (« *j'étais* »), refrain (vers 9-10 et 24-25, 16 et 26).

La « Prose » : le vers est libre et souple, proche de la prose ; des vers de longueur contrastée (vers 6, 7, 8 ; 15 et 16), des enjambements* (vers 6 et 7 ; 11 et 12).

Un poème dédié « *aux musiciens* » : la souplesse du rythme, les nombreuses assonances* et allitérations* et surtout l'anaphore* de « *et* » qui impose au texte une cadence. Approfondissement : on pourra étudier tout un jeu de reprises / variations qui évoque le roulement du train et les rythmes du jazz cher à Cendrars.

I-3 La ville transfigurée

Les éléments connus de Moscou : clochers, place Rouge, Kremlin....

La transfiguration poétique : une précision (nombres) décalée dans un poème très peu descriptif. L'évocation repose sur des impressions :
– les couleurs chaudes (vers 6, 12, 14) ;
– le plaisir qui sollicite différents sens dans les vers 11 à 14 : la vue, le goût (« *gâteau* », « *amandes* », « *mielleux* »), l'ouïe (« *croustillé* », « *cloches* ») mais aussi les sonorités : assonances* en « an » et « o » ;
– l'impression de simplicité malgré les nombres mentionnés : la Place est rouge comme le soleil couchant, les cathédrales sont « *toutes blanches* », l'image enfantine du gâteau.

Une représentation contrastée : à la fois ancienne et moderne (les clochers et les gares dans le même vers), monumentale (« *mille et trois* », « *immense* ») et dérisoire (la comparaison filée des vers 11 à 14).

II Un voyage intérieur

II-1 L'aspiration à grandir

De la naissance à l'enfance et à l'adolescence : la rime (vers 1, 2 et 3) rapproche les trois mots pour mieux souligner la distance qui les sépare (« *déjà plus* »).

De l'adolescence au moment de l'écriture : le jugement (« *fort mauvais poète* ») montre que le poète a pris ses distances par rapport au temps de ses seize ans. Le vers 6 semble même présenter l'adolescence comme une personne étrangère.

La confusion de l'espace et du temps (seize ans et 16 000 lieues, « en *mon adolescence* ») montre que le voyage est aussi intérieur. On étudiera le vers 8 : « *éclairaient* » et « *voies* » suggèrent l'espace mais l'adjectif « *anciennes* », en fin de vers, brouille notre lecture. Le regard poétique (« *mes yeux éclairaient* ») perçoit dans la ville-même le cheminement du temps.

II-2 L'aspiration à posséder le monde

Embrasser le temps d'une vie : il est question de la « *naissance* », de « *l'enfance* » mais aussi « *Du dernier jour* » et « *Du tout dernier voyage* ».

Embrasser le temps de l'histoire : la modernité des « *sept gares* » côtoie les « *clochers* » et on remonte plus loin encore : à la « *légende* » au « *vieux moine* », au « *temple d'Ephèse* » et jusqu'aux « *caractères cunéiformes* ».

Consumer le monde pour se l'approprier : un seul brasier réunit le cœur ardent, le temple, la Place Rouge et le soleil couchant.

Consommer le monde : la comparaison avec le gâteau.

II-3 Envol et déception

Soif d'absolu : « *je n'avais pas assez* », « *j'avais soif* », « *faim* » ; l'image « *de la mer* » mise en relief par le rejet ; les mains qui « *s'envol*[ent] *avec des bruissements d'albatros* » (sonorités mimétiques* : allitérations* en « s » et « b »). On peut voir un écho des aspirations de Baudelaire dans « L'Albatros » : on retrouve en effet ici la comparaison du poète avec le « *vaste oiseau des mers* ».

FICHE 34

Déception : les répétitions (« *J'avais soif* » / « *J'avais faim* », « *Je ne savais pas aller jusqu'au bout* ») montrent que la quête n'aboutit pas. Le vers « *J'étais déjà si mauvais poète* » laisse entendre que la déception s'étend jusqu'au moment de l'écriture. On pourra aussi commenter l'allusion au temple d'Éphèse dont l'incendiaire, Érostrate, cherchait la célébrité ; Cendrars partagerait-il cette inquiétude ?

Conclusion rédigée

*[**La conclusion du commentaire** rassemble ce qui a été montré et élargit l'analyse (ouverture) dans une dernière phrase particulièrement soignée.]*

Ainsi, âgé de 26 ans, Blaise Cendrars revient sur le voyage qu'il a effectué à Moscou « *en* [son] *adolescence* », à « *16.000 lieues de* [sa] *naissance* ». Mais la démarche autobiographique prend ici une dimension poétique *[rappel de première partie]* : la ville, plus suggérée que décrite, déploie ses « *mille et trois clochers et ses sept gares* » pour finalement se laisser consommer « *comme un immense gâteau tartare* » *[rappel de seconde partie]*. Le voyage s'avère une quête intérieure, une soif de posséder le monde jusqu'à « *la mer* ». Après Baudelaire ou Rimbaud, « *l'homme aux semelles de vent* », Cendrars exprime une soif que rien ne peut étancher. Comme chez ces deux grands poètes, la déception est à la mesure de la quête. *[Ouverture : les deux dernières phrases de la conclusion font allusion à la fin de l'œuvre intégrale et à deux autres poètes, Baudelaire et Mallarmé.]* À la toute fin de la « Prose », on retrouve, mais au présent cette fois, le refrain qui rythme l'ouverture : « *je suis encore fort mauvais poète* », « *je ne sais pas aller jusqu'au bout* ». « *Je suis triste, je suis triste* » conclut Cendrars, nous rappelant le spleen baudelairien ou « Brise Marine » de Mallarmé. Mais le « *fort mauvais poète* » sait encore nous toucher aujourd'hui avec la musique lancinante de son « *Transsibérien* ».

DISSERTATION

Travail préparatoire

■ L'analyse du sujet

• La composition du sujet

Le sujet est présenté sous la forme d'une question. Suit une consigne rappelant les spécificités méthodologiques de la dissertation, notamment l'exigence d'un développement organisé, le lien avec le corpus et l'objet d'étude, la nécessité d'étayer le développement par des exemples empruntés aux textes étudiés et aux lectures personnelles.

On ne peut en effet aborder l'exercice sans connaissances précises, sans exemples complémentaires des textes proposés, voire sans goût pour le domaine poétique…

• **Les termes de l'énoncé**
« *La poésie vise-t-elle* » : le verbe renvoie aux missions de la poésie. Une de ses visées, une de ses fonctions essentielles, est présentée : la célébration.
« *Seulement* » : l'adverbe, au cœur de la question, implique la présence d'autres fonctions et met sur la voie d'un plan dialectique.
« *Célébrer* » : le verbe signifie exalter, faire l'éloge de. Il a une connotation religieuse et musicale et peut faire référence aux origines sacrées de la poésie, au mythe d'Orphée, le poète à la lyre qui envoûte la nature, à Dionysos le dieu fougueux de la création poétique, à Apollon, le dieu énigmatique de la divination et des mystères cachés. Si Orphée exhale son amour perdu pour Eurydice, rappelons-nous que son chant et sa lyre, don d'Apollon, lui permettent d'attendrir le passeur Charon, mais aussi Cerbère le gardien des Enfers, et même Hadès.
On peut aussi penser à une célébration liturgique. *Celeber* en latin signifie *nombreux*. La célébration implique donc le grand nombre, puis par dérivation, la solennité, la fête.
« *L'homme et le monde* » : la progression suggère l'essentiel de la vie : les hommes, mais aussi leur environnement. Sont concernés le cosmos, la nature, les créations humaines, comme la ville présente dans les poèmes du corpus, les sentiments, les valeurs.

• **Le champ d'étude de la dissertation**
Comme le rappelle la consigne, la dissertation s'appuie sur des exemples précis empruntés au corpus, mais aussi aux textes étudiés au lycée et à vos lectures personnelles. Il est important de déterminer clairement le domaine dans lequel vous allez puiser vos exemples. Par exemple, pour traiter un sujet sur la poésie comme ici, on ne peut se référer à un roman. On pourra éventuellement s'appuyer sur certains textes de théâtre s'ils sont en vers, mais ces exemples-là seront marginaux.

■ La méthode

• **La recherche des arguments**
Il est souvent utile de scinder la problématique en sous-questions, en variant les mots interrogatifs :
Quels sont les sujets de célébration ? Comment la poésie permet-elle cet hommage ? Quelles autres fonctions peut-elle assurer ? A-t-elle d'autres visées moins laudatives ou plus secrètes ?

• **Les exemples**
Veillez à la pertinence et à la variété de vos exemples. Indiquez les titres avec précision. En vous fiant à votre mémoire, n'hésitez pas à citer des vers.
Demandez-vous si les textes du corpus sont une célébration. Établissez une liste de poèmes répondant à cette fonction.
Envisagez d'autres poèmes de registres différents. Comment définir alors le rôle du poète ?
Souvent les exemples vous permettront d'enrichir, de nuancer l'argumentation.

• Le plan

Un plan dialectique (voir fiche 4) proposera deux parties en apparence contradictoires : la visée de la poésie est la célébration, la visée de la poésie est la dénonciation. Une troisième partie permettra de dépasser cette opposition en donnant à la célébration un sens nouveau.

I La poésie comme célébration de l'homme et du monde
II La poésie comme dénonciation
III La poésie comme célébration du Verbe

DEVOIR RÉDIGÉ

Introduction

Selon Platon, dans *Ion,* le poète est « *chose légère, ailée* ». Inspiré par les dieux, tel Homère, l'aède* antique chante leurs exploits, célèbre les héros. La figure mythique d'Orphée, l'enchanteur, le poète à la lyre, épris d'Eurydice, nous rappelle que le poète, si proche des dieux, est aussi profondément humain.

La poésie rend hommage à la création, mais vise-t-elle seulement à célébrer les hommes et le monde ? « *Les plus désespérés sont les chants les plus beaux / Et j'en sais d'immortels qui sont de purs sanglots* », écrivait Musset dans *La Nuit de mai.* La souffrance aussi préside à la création artistique. Comment ne pas concéder à ce genre si riche une diversité de missions, non contradictoires de surcroît ? *[Présentation du problème posé par le sujet]*

Si la poésie nous envoûte comme célébration, elle est aussi dénonciation et, par la magie du verbe, nous entraîne à une autre forme de célébration.
[Annonce des trois parties]

I La poésie comme célébration de l'homme et du monde

L'émotion poétique naît de la célébration de la femme, de la nature et des actions humaines *[idée directrice de la partie et annonce des sous-parties]*.

I-1 L'éloge de la femme

Source d'inspiration, de beauté, médiatrice du monde, la femme est la première célébration du poète.

Aiguillon de la création poétique, elle peut être une muse. Les poètes élégiaques latins, dans une *militia amoris* (le service de l'Amour), s'enrôlent sous la bannière de Vénus et de son fils Eros. Ovide, Properce et Tibulle célèbrent Corinne, Cynthie ou Délie, la dame de leurs pensées, à laquelle ils soumettent entièrement leurs œuvres poétiques. Cynthie sait chanter sur la lyre orphique les complaintes amoureuses et inspire le poète, tandis que Calliope (muse de la Poésie) la protège. C'est surtout à la Laure de Pétrarque, le poète toscan, que Ronsard se réfère quand il célèbre à son tour trois femmes : Cassandre, Marie, Hélène. « *Ronsard me célébrait du temps que j'étais belle* » peut-on lire dans les *Sonnets pour Hélène* composés en 1578. Et les prénoms féminins n'en finissent pas d'envoûter le lecteur, de Lou, à Elsa : « *Elsa / Tout reprend souffle à murmurer ton nom* », révèle Aragon dans *Prose du bonheur et d'Elsa* (1956).

Image de la beauté, la femme est adulée, déifiée. Elle stimule l'admiration et le désir.

Dès le VIe siècle, c'est une poétesse grecque, Sappho, qui célèbre le sourire de la femme aimée. Hiératique ou sensuelle, la femme baudelairienne recèle plusieurs facettes de la beauté. La femme aimée incarne l'amour spiritualisé et devient « *l'Ange gardien, la Muse et la Madone* ». Dans « Le serpent qui danse », c'est la *Vénus noire* qui est célébrée, Jeanne Duval : « *À te voir marcher en cadence, / Belle d'abandon, / On dirait un serpent qui danse / Au bout d'un bâton* ». Et le poème faisant alterner octosyllabes et pentasyllabes* ondule en mimant la démarche lascive de la femme-serpent. C'est la solennité du verset* que choisit Senghor dans son poème « Femme nue, femme noire », extrait de *Chants d'ombre* (1945) pour rendre hommage à la terre d'Afrique. Unique, archétypale*, la femme est alors haussée aux dimensions du mythe. Pour célébrer la beauté sculpturale de la Femme, Senghor recourt au blason*(forme de poème mis à la mode au XVIe siècle détaillant le corps de la femme) et invoque le « *fruit mûr à la chair ferme, la bouche qui fai*[t] *lyrique* [sa] *bouche* ». Dans *L'Union libre*, André Breton grâce au pouvoir d'évocation des images surréalistes, chante sa « *femme à la taille de loutre entre les dents du tigre [...], sa femme aux seins de taupinière marine, au ventre de dépliement d'éventail des jours.* »

Si la femme aimée est un microcosme, par la rêverie qu'elle suscite, elle ouvre au monde. Dans le sonnet des *Fleurs du Mal* (1857) « Parfum exotique », elle est un guide vers l'imaginaire qui conduit le poète de l'île paradisiaque au port. Dans « La courbe de tes yeux... » (1926), Éluard célèbre aussi Gala médiatrice du monde : le regard de Gala dessine un cercle magique où le poète retrouve, régénérées, toutes les réalités de la nature, un lieu primordial, une nature immatérielle, un monde réunifié : « *feuilles de jour et mousse de rosée, / Roseaux du vent sourires parfumés, /... Le monde entier dépend de* [ses] *yeux purs.* »

La célébration lyrique de la femme est donc indissociable de la célébration de la nature et du monde.

I-2 L'éloge de la nature

La nature est célébrée par le poète dans son infinie majesté, comme dans ses plus infimes détails. Pour le poète romantique, tel Lamartine dans « Le lac », elle est la confidente de son bonheur passé, un miroir qui favorise un retour sur soi. Elle est aussi l'incarnation la plus tangible du divin.

Porte-parole du sacré, le poète voit en elle un paradis profane. Dans son recueil *Éloges (1911)*, au titre significatif, Saint John Perse nous offre une célébration triomphale du paradis de l'enfance, dispensateur de bonheur et de vie. Le recours au souffle du verset lui permet d'élargir l'expression du souvenir personnel de son enfance à la Guadeloupe, mais aussi de sacraliser un retour aux origines. « *Palmes ! et la douceur / d'une vieillesse des racines !* [...] *Les souffles alizés, les ramiers et la chatte marronne / trouaient l'amer feuillage où, dans la crudité d'un soir au parfum de Déluge, / les lunes roses et vertes pendaient comme des mangues.* » Ce monde de plénitude sensorielle se trouve à mi-chemin entre le paradis de Baudelaire et celui de Péguy.

En effet, dans *Ève* (1913), le poète chrétien choisit de célébrer « *ce climat de la grâce / Et la vasque et la source et la haute terrasse / Et le premier soleil sur le premier matin* [...] *Et les bondissements de la biche et du daim / Nouant et dénouant leur course fraternelle / Et courant et sautant et s'arrêtant soudain / Pour mieux commémorer leur vigueur éternelle.* » La parole ici, celle de Jésus, introduit au mystère sacré. La succession solennelle des quatrains d'alexandrins renforcée par l'anaphore* de la conjonction* « *et* » donne l'impression d'un chant liturgique psalmodié.

La célébration de la nature peut donc conduire à une extase cosmique et mystique, au paradis de la Genèse.

Mais le monde des hommes reprend vite ses droits et la poésie fait aussi l'éloge des créations humaines.

I-3 L'éloge des aventures et des créations humaines

La poésie épique permet de célébrer les exploits. Elle met en valeur les actions héroïques, telles celles d'Achille dans *L'Iliade*. Le fils de la déesse marine Thétis est un demi-dieu, il est aussi humain : sa colère est légendaire de même que sa violence, mais il pleure son ami Patrocle mort au combat ou se laisse fléchir par les larmes de Priam, son ennemi, le père d'Hector désireux de ramener à Troie le cadavre de son fils. Au XIXe siècle, le poète parnassien José-Maria de Heredia célèbre d'autres exploits, antiques et modernes comme la grande aventure des Conquérants « *ivres d'un rêve héroïque et brutal* ».

Célébrer l'homme, c'est aussi reconnaître son ouvrage, ses créations. Cendrars dans l'ouverture de *La Prose du Transsibérien et de la petite Jeanne de France*, admire Moscou, « *la ville des mille et trois clochers et des sept gares* », avec le « *Kremlin* » et « *la Place rouge* » qui embrase son cœur. À la même époque, Apollinaire célèbre dans « La Chanson du mal-aimé », la ville moderne, son « *beau Paris* » et les « *soirs de Paris, ivres du gin* ».

Mais le poète peut aussi choisir de rendre hommage aux humbles créations humaines, au travail de l'homme. Verhaeren dans son poème « L'effort » glorifie les « *travailleurs fiévreux et haletants* ». Il leur dit tout simplement : « *Je vous aime, gars des pays blonds, beaux conducteurs / De hennissants et clairs et pesants attelages…* »

[Transition] Il convient, on le voit, de concéder à la poésie une infinie diversité. Comme en témoigne la variété même de ses registres, loin de toujours célébrer sur un mode lyrique ou épique, la poésie peut dénoncer. Le registre épidictique ne désigne-t-il pas l'éloge et le blâme ?

II La poésie comme libération et dénonciation

Le bonheur n'est pas l'apanage du poète. À la vertu incantatoire* de la poésie, il convient d'associer sa fonction libératoire et dénonciatrice avant de s'interroger plus avant sur le rôle du poète.

II-1 La fonction cathartique*

Dans ses vers le poète exprime ses émotions, sa douleur aussi. L'écriture poétique revêt alors une valeur d'exorcisme.

Victor Hugo, dans « À Villequier », un poème des *Contemplations* se livre à une confession élégiaque* : à la suite de la mort de Léopoldine, semblant se soumettre à la volonté divine, il se dit apaisé mais non pas résigné. « *Il faut que l'herbe pousse et* *que les enfants meurent ; / Je le sais, ô mon Dieu !* [...] *Je cesse d'accuser, je cesse de maudire, / Mais laissez-moi pleurer !* » Baudelaire, quant à lui, dévoile le tourment de son âme, ce Spleen qui, tel « *la pluie étalant ses immenses traînées,* [...] *Vient tendre ses filets au fond de nos cerveaux* ».

La poésie, permet alors de vivre, mais cette fonction libératoire a une valeur universelle. Comme l'écrit Hugo dans la Préface des *Contemplations* (1856), « *Ah insensé qui crois que je ne suis pas toi !* » À partir de ses expériences personnelles douloureuses, le poète devient le porte-parole des misères du monde.

II-2 La mission de combat

Le malheur des autres est aussi le souci du poète qui, à la différence des Parnassiens enfermés dans leur tour d'ivoire, choisit de s'engager dans le monde.

Il fait entendre le chant des humiliés, des opprimés, des exclus de la société. Quel plus grand scandale que la douleur des enfants ? Rimbaud adolescent se révolte dans *Les Effarés* contre la misère des enfants de la rue en prise avec l'injuste société : « *Noirs dans la neige et dans la brume, Au grand soupirail qui s'allume, / Leurs culs en rond / À genoux, cinq petits, – misère ! – / Regardent le boulanger faire / Le lourd pain blond* ». Avec ses tercets hétérométriques*, la poésie populaire devient ici chanson. Au contraire, Hugo, dans son célèbre poème « Mélancholia », choisit le rythme solennel de l'alexandrin pour évoquer le drame humain du travail des enfants : « *Innocents dans un bagne, anges dans un enfer / Ils travaillent. Tout est d'airain tout est de fer* ». La symétrie du vers, l'anaphore*, la dureté de l'image désignant la machine et celle des dentales* la suggérant clament le refus indigné de ce travail contre-nature.

Le combat est social ; il est aussi politique. Déjà La Fontaine, par le détour des fables, dénonçait l'absolutisme et par exemple dans « La Génisse, la Chèvre et la Brebis, en société avec le Lion » (Livre I, 6), le pouvoir despotique du roi et « *le droit du plus fort.* » Avec Hugo exilé, le vers devient une arme et prend une valeur performative*, accomplissant le châtiment en même temps qu'il dénonce. Le poète a un rôle à jouer *hic* et *nunc* *[ici et maintenant, expression latine qui souligne l'ancrage dans la réalité présente]*. « *Le poète n'est plus l'esprit qui rêve et prie ; / Il a la grosse clef de la Conciergerie* ». Dans *Les Châtiments,* il agite un fouet de strophes vengeresses. Il est l'ennemi de toutes les tyrannies, notamment de celle de Napoléon III qu'il démasque dans « Fable ou Histoire » : « *Tu n'es qu'un singe !* » Le poète est un « *belluaire* » *[gladiateur qui, à Rome, affrontait les animaux féroces].*

Au XXᵉ siècle, en fait de célébration, ce sont des cris de révolte et d'indignation, ceux de Prévert dans « Rappelle-toi Barbara » : « *Quelle connerie la guerre* » ; ceux de Desnos, la même année 1946, dans « Ce cœur qui haïssait la guerre » : « *Révolte contre Hitler et mort à ses partisans* ».

Le poète milite, le poète s'emporte, au nom d'une mission plus haute encore, une mission fraternelle, celle de guider et d'annoncer un avenir meilleur.

II-3 La fonction prophétique

Dans le fracas des armes et le silence de la douleur, le poète fait entendre sa voix, une voix prophétique qui nous ramène au sacré.

Dès 1839, dans « Fonction du poète », Hugo s'écriait : « *Peuples ! Écoutez le poète ! / Écoutez le rêveur sacré ! / Dans votre nuit, sans lui complète, Lui seul a le front éclairé !* » Et le poète des *Châtiments* de nous conduire de « Nox » à « Lux », *[ces deux poèmes ouvrant et terminant le recueil désignent de manière symbolique la Nuit et la Lumière]*, de la nuit du coup d'État de Louis-Napoléon Bonaparte à l'avènement de la République universelle. Dans « Stella », *[l'étoile du matin personnifiée annonce le poème « Lux »]* il est un éveilleur et il proclame : « *Debout, vous qui dormez ! – car celui qui me suit, / Car celui qui m'envoie en avant la première, / C'est l'ange Liberté, c'est le géant Lumière !* »

Le poète, selon la belle expression d'Aimé Césaire est « *une voix qui vrille la nuit* ». À travers le rejet du colonialisme et la revendication de la négritude, Césaire affirme en effet une revendication d'identité et de dignité. Il va même plus loin, annonçant des temps nouveaux pour le peuple noir : « *L'œuvre de l'homme vient seulement de commencer : et il reste à l'homme à conquérir toute interdiction immobilisée aux coins de sa ferveur.* » (« Debout maintenant, mon pays et moi ».)

Pourquoi dans ces moments de si haute tension, ne pas entrevoir d'ailleurs une célébration en creux ? Dénoncer la guerre n'est-ce pas implicitement ou explicitement chanter la louange de la paix ?

Aragon, dans son poème de résistance, en 1943, « Je vous salue ma France », célèbre la France religieusement, comme une madone, avec des images radieuses : « *Je vous salue ma France où le peuple est habile / À ces travaux qui font les jours émerveillés* [...] *Ma France d'au-delà le déluge salut* ». Que dire de la voix de Césaire qui, en fustigeant la mauvaise foi des Européens, affirme l'égalité des races et redonne espoir : *« et aucune race ne possède le monopole de la beauté, de l'intelligence, de la force / et il est place pour tous au rendez-vous de la conquête...* » ?

Enfin, si l'invocation de Senghor à New York nous semblait contrastée, voire dépréciative, il suffit de citer la deuxième laisse* du poème qui est un triptyque*, l'éloge de Harlem qui doit régénérer Manhattan, pour comprendre que la dénonciation est porteuse d'une célébration. « *J'ai vu dans Harlem bourdonnant de bruits de couleurs solennelles et d'odeurs flamboyantes* [...] *J'ai vu se préparer la fête de la Nuit à la fuite du jour...* » Et le poète par le jeu des images et des sonorités va transfigurer la vision du quartier noir de New York en un tableau digne de Chagall.

[Transition]

Tel est en effet le pouvoir envoûtant des mots en poésie que l'on peut envisager la célébration comme une célébration du Verbe.

III La poésie comme célébration du Verbe

Et si la poésie pour redonner espoir, choisissait surtout de s'en remettre aux mots et de célébrer le langage, source des plus grandes émotions ? La quête du sens passe par la célébration du Verbe qui permet un regard neuf sur le monde.

III-1 La fonction ludique de la poésie

Il existe une fonction ludique de la poésie qui, au sens étymologique, nous divertit.

Les jeux sur le langage donnent de la légèreté à l'aventure poétique. Dans « L'instant fatal » (1966), Raymond Queneau nous livre avec humour une kyrielle de néologismes adressés au poème : « *Bon dieu de bon dieu que j'ai envie d'écrire un petit poème* [...] *viens ici* [...] *que je t'enrime / et que je t'enrythme / et que je t'enlyre /et que je t'empégase...* »

La poésie est une autre langue qui joue avec les mots, les images et les sons pour s'évader du réel ou mieux le retrouver. Henri Michaux analyse dans son œuvre les pouvoirs de l'écriture et célèbre dans son recueil *Qui je fus* (1927) les ressources d'un nouveau langage sonore et baroque. Ainsi « Le grand combat » nous fait-il entendre une violence inédite : « *Il l'emparouille et l'endosque contre terre ; / Il le rague et le roupète jusqu'à son drâle* ». Alain Bosquet dans « Défense du poète » (1980) s'excuse, quant à lui, de « *remplacer le vrai printemps par un printemps verbal aux toucans invisibles...* » Le poète donne à voir l'invisible. Il a le don des métaphores. Quand Supervielle célèbre Marseille, sa féminité et sa fécondité, il transfigure la réalité et nous offre une vision onirique de la ville, osant des images insolites, telle celle des « *chaises frétillantes* » des cafés, ou des « *tramways avec leurs pattes de crustacés* », une image naissant de la forme des branchements électriques. Le poète nous fait rêver par l'éventail des ressources du langage.

III-2 Le pouvoir de transfiguration des mots

Célébrer le Verbe, c'est rappeler que la poésie permet de recréer un univers idéal et réinvente le monde. Tout a droit de cité en poésie, l'infime, le laid.

L'objet insignifiant ou prosaïque est réinventé par Ponge. Dans *Le parti-pris des choses* (1942), il nous donne à voir « *le cageot à mi-chemin de la cage au cachot* ». L'objet évoqué n'est qu'un prétexte à une création poétique rendue possible par le jeu sur les paronymes* et la polysémie*. Les mots ou le rythme du poème en prose permettent de dévoiler des richesses insoupçonnées dans le quotidien. Selon Ponge, la poésie peut métamorphoser « *la moindre nature morte* [en] *paysage métaphysique* ».

Loin d'exclure la laideur de ses œuvres, le poète la transfigure par le pouvoir des mots. On retrouve dans « Une charogne » de Baudelaire une thématique anti-idéaliste et une parodie de la poésie galante. Le poète évoque une « *carcasse superbe* » et un monstrueux accouchement : « *Les mouches bourdonnaient sur ce ventre putride, / D'où sortaient de noirs bataillons / De larves* [...], *On eût dit que le corps, enflé d'un souffle vague, / Vivait en se multipliant.* » Cette fécondité paradoxale peut nous entraîner vers une poétique de la mort. En vertu d'une alchimie opératoire, le poète affirme la supériorité de l'art et de la spiritualité sur la vie et la matérialité. À partir de la décomposition qui est l'occasion de nombreux procédés hyperboliques, il parvient à recréer la beauté et à reconstituer ce que le temps détruit. « *Alors, ô ma beauté ! dites à la vermine / Qui vous mangera de baisers, / Que j'ai gardé la forme et l'essence divine / De mes amours décomposés.* »

Le poète alchimiste *[pensez aussi à* l'Alchimie du Verbe *de Rimbaud]* par ses transmutations, a une mission de dévoilement. Il interprète les signes.

III-3 La quête du sens

Si Baudelaire par le jeu des correspondances « *comprend sans effort / le langage des fleurs et des choses muettes* » (« Élévation »), Rimbaud s'engage, lui, dans l'aventure de la voyance. Nous assistons dans « Le bateau ivre » à la folle dérive du poète qui repousse les limites du langage jusqu'au dérèglement de tous les sens[1]. Au seuil de l'irréel, il voit le monde autrement : « *J'ai rêvé la nuit verte aux neiges éblouies* » écrit-il… « *Et j'ai vu quelquefois ce que l'homme a cru voir* ». Dans sa « Lettre à Paul Demeny », le poète se définit « *voleur de feu* ». L'expression renvoie au mythe de Prométhée qui vola le feu aux dieux pour le donner aux hommes. Comme Prométhée, le poète, étymologiquement (*poiein, faire* en grec), est un artisan. Par la force du langage, il crée du sens, atteint les vérités cachées, parvient à l'inconnu. C'est en cela sans doute que la poésie est célébration du langage.

Parmi les émules de Rimbaud, Claudel dans *Cinq Grandes Odes* nous offre un poème-chant qui prend la forme de l'hymne et de la célébration. Le verset permet l'expression de l'extase. Saisi d'enthousiasme comme dans la tradition antique, le poète s'écrie : « *Ah, je suis ivre ! ah, je suis livré au dieu !* » Voyageur de l'infini, il accède à l'absolu. Comme le Christ, il « *marche sur la mer* ». Pourtant le langage qu'il emploie est simple : « *ce sont les mots de tous les jours et ce ne sont pas les mêmes !…* » Claudel refuse la poésie hermétique et savante au nom de la voix inspirée qui l'habite et le guide dans l'aventure poétique.

Conclusion

Si la poésie célèbre la beauté du monde et la valeur des hommes, elle a aussi une vocation militante. Loin d'estimer à l'instar de Gautier que « *tout ce qui est utile est laid* », le poète, à sa manière, conduit la caravane humaine. Comme le dit Paul Éluard, le poète « *parle pour tous* ». Toutefois, dans cette dénonciation des misères du monde, il convient de retrouver la célébration des valeurs offensées. La poésie est donc célébration des hommes et du monde mais surtout, célébration du langage qui lui permet de dire l'indicible et de concrétiser l'impossible.

Le poète, pour déchiffrer les mystères du monde, emprunte des voies nouvelles ; il parvient à réconcilier la parole apollinienne oraculaire et l'exubérante ivresse des hallucinations dionysiaques[2] (c'est Nietzsche qui, dans *La Naissance de la tragédie* en 1872, a dissocié l'apollinien du dionysiaque, la raison du rêve, considérant que « *l'évolution de l'art est liée au dynamisme de l'apollinisme et du dionysisme*[1]*, à leurs luttes continuelles coupées d'accords provisoires* »). Comme le proclame Apollinaire dans son poème d'*Alcools*, « Poème lu au mariage d'A. Salmon », « *fondés en poésie nous avons des droits sur les paroles qui forment et défont l'Univers* ».

1. Lettre à Paul Demeny, 1871.
2. L'apollinien et le dionysiaque sont deux notions d'esthétique dérivées des dieux Apollon et Dionysos, incarnant deux sensibilités contraires.

ÉCRITURE D'INVENTION

Travail préparatoire

■ Le type de sujet

• Une dissertation déguisée

Le sujet comporte, comme celui de la dissertation, deux étapes essentielles. La première indique le thème à traiter : « *les poèmes peuvent trouver leur matière dans les sujets les plus ordinaires* ». La seconde rappelle que la « *réflexion* » doit s'appuyer sur des exemples : « *vos lectures et votre culture personnelle* ». Il s'agit bien d'une dissertation déguisée et vous ne choisirez ce sujet que si vous disposez des connaissances (arguments et exemples) nécessaires.

Ne négligez pas le « *au minimum* » du dernier alinéa : votre discours devra être développé.

• Un exercice de style

Le travail sur le style est toujours une des composantes du sujet d'invention. L'argumentation que vous allez rédiger est située dans le contexte précis de l'inauguration d'une semaine de la poésie. C'est un discours et vous devrez vous montrer éloquent.

Les destinataires de ce discours ne sont pas précisés mais il va de soi que vous éviterez le langage familier et opterez plutôt pour une langue soutenue. Montrez-vous persuasif.

■ La méthode

• Cerner le sujet

Le verbe « *affirmerez* » indique que votre discours défendra une thèse. Cette dernière est clairement formulée : les poèmes se nourrissent des « *sujets les plus ordinaires* ». Le thème de la ville qui fédère le corpus illustre cette position. Mais les quatre poètes réunis, chacun à leur manière, vous montrent aussi que l'écriture poétique transfigure la réalité quotidienne. Cette perspective vous permettra d'enrichir votre réflexion et de dépasser le simple constat posé dans le sujet.

Intéressez-vous au mot « *sujets* ». Il peut s'agir de réalités concrètes comme dans notre corpus ou bien de simples objets : vous avez sans doute rencontré des poèmes de Francis Ponge (« L'Orange », « Le Cageot »)... extraits d'un recueil au titre évocateur, *Le Parti pris des choses*. Attention toutefois à ne pas restreindre le terme « *sujets* » aux réalités concrètes car vous pouvez penser également à des notions abstraites tels les sentiments et valeurs que nous partageons.

• Recherches et plan au brouillon

Notez les exemples dont vous disposez (si possible avec des citations) et dégagez les arguments que vous allez mettre en avant. Organisez ensuite votre réflexion comme pour une dissertation en bâtissant un plan cohérent.

Le sujet vous demande d'affirmer que les poètes puisent dans notre quotidien mais rien ne vous empêche de commencer par présenter, pour mieux les écarter, d'autres conceptions de la poésie (Hugo, Baudelaire, Rimbaud...). Bien entendu, cette partie devra être brève et son enjeu bien balisé par la rhétorique : « *on a pu penser que, certains paraissent croire, je ne vous dirai pas que* » (prétérition*)...

• La rédaction

Imaginez les circonstances du discours pour vous mettre en condition. Recourez à la rhétorique : énumérations, rythme ternaire, emphase, comparaisons, formules fortes...

N'oubliez ni l'introduction ni la conclusion mais évitez de leur donner une forme trop scolaire.

• Le plan

I Écarter l'image d'une poésie inaccessible, élitiste
II De grands poètes ont revendiqué la simplicité
III Le poète puise dans « *les sujets les plus ordinaires* »
IV Le poète nous invite à poser un nouveau regard sur les « *sujets ordinaires* »

DEVOIR RÉDIGÉ

FICHE 36

Vous pourrez compléter la réflexion en lisant le corrigé de la dissertation.

*[**La place des exemples dans l'écriture d'invention argumentative :** lorsque le sujet d'invention suppose le développement d'une argumentation, il s'apparente à une dissertation et vous devez vous appuyer sur des exemples précis.]*

Bienvenue à tous dans notre belle salle des fêtes ! Qu'elle devienne le temps d'une semaine une salle des poètes dans laquelle nous avons tous notre place car la poésie puise dans le terreau de notre vie ordinaire !

I Écarter l'image d'une poésie inaccessible, élitiste

Permettez-moi de débuter par une question : que représente pour vous la poésie ? Un des thèmes abordés au lycée ? Peut-être avez-vous été interrogé au bac sur un poème de Hugo ou de Baudelaire. Peut-être gardez-vous l'image de ces poètes marchant sur les traces d'Orphée, se prenant pour des prophètes ou de « *vastes oiseaux des mers* ». *[Comme pour la dissertation et plus particulièrement quand il s'agit de poésie, les citations sont les bienvenues.]* Et je ne vous dirai pas que vos professeurs vous ont menti : l'ambition des poètes est souvent immense ! Victor Hugo se dépeint en géant « *les pieds ici, les yeux ailleurs* », s'octroie la mission de guider une humanité qui, sans lui, serait condamnée à végéter. Et voilà que quelques décennies plus tard, un adolescent de 17 ans, fuyant les « *mesquines pelouses* » et les « *bourgeois poussifs* » (« À la musique ») de la ville qui l'a élevé, ose se dire « *Voyant*[1] » *[Pour ne pas alourdir l'invention, il est*

1. *« Le poète se fait voyant par un long, immense et raisonné dérèglement de tous les sens »*, Lettre à Paul Demeny de 1871.

possible, lorsque les citations sont très connues, de ne pas indiquer le nom de l'auteur et le titre de l'œuvre ; en revanche, on restera précis dans la dissertation.] et affirmer avoir vu « *ce que l'homme a cru voir* », « *l'Aube exaltée ainsi qu'un peuple de colombes* », « *La circulation des sèves inouïes* » (« Le Bateau ivre ») … Considérant cette soif d'un autre monde, ces rêves de démiurge, ces ambitions vertigineuses, comment pourrions-nous dire en effet que la poésie nous concerne tous, nous qui aimons « *le square où tout est correct* » et qui disons « *En somme !…* »[1] sans tenter d'« *inventer un verbe poétique accessible* […] *à tous les sens* »[2] ? *[Afin de ne garder que ce qui illustre l'argument, les citations peuvent être tronquées à condition qu'elles soient exactes.]* Vous ajouterez aussi que les poèmes sont difficiles, que personne ne parle en vers, ne se permet de négliger la ponctuation, n'ose écrire que « *La terre est bleue comme une orange* » en soulignant même que « *les mots ne mentent pas* »[3] ! Et je ne mentionnerai pas Mallarmé qui atteint l'hermétisme en voulant donner « *un sens plus pur aux mots de la tribu* »[4] !

Je ne serais pas surpris si certains d'entre vous, peu enclins à grimper dans la tour d'ivoire des poètes, étaient venus aujourd'hui pour satisfaire leur curiosité, sourire un peu… « *L'un agace son bec avec un brûle-gueule / L'autre mime en boitant l'infirme qui volait* »[5] *[Il faut marquer la fin des vers par une barre oblique.]* : vous ne seriez pas les premiers à vous moquer des poètes…

II De grands poètes ont revendiqué la simplicité

Alors, cessez de vous moquer et écoutez-moi. Les poètes qui vont vous parler après moi sont des êtres de chair et d'os comme vous. Ils vivent parmi vous, exercent des métiers, élèvent des enfants, taillent des rosiers… comme vous. Que les obsèques grandioses de Victor Hugo ne vous intimident pas. Détournez votre regard et prêtez attention à ces poètes qui, à la différence des grandes figures que je viens d'évoquer, revendiquent d'une voix douce une poésie toute simple, avec nos mots de tous les jours, nos mots tendres ou un peu mordants, des mots qui ne cherchent pas à percer « *l'esprit de l'univers* ». Lisez ou relisez le sonnet* qui ouvre le célèbre recueil des *Regrets* de du Bellay, un des poètes les plus connus de notre histoire littéraire, celui qui, à la Renaissance, a défendu notre belle langue française ! « *Je ne veux point fouiller au sein de la nature* », affirme-t-il d'emblée avant de marteler son refus de cette voie ambitieuse. Sous sa plume, la poésie se fait « *secrétaire* », journal intime pour s'exprimer « *à l'aventure* ». On s'y plaint ; on y rit, comme nous le faisons tous encore cinq siècles plus tard. Si vous ne connaissez pas bien ce sonnet, vous ne pouvez ignorer le célèbre poème 31 : « Heureux qui comme Ulysse… » ! Tout ce qui est prestigieux, « *audacieux* » (prononcé avec une diérèse), les palais romains, le Tibre, le mont Palatin, tout cela est supplanté par un modeste village réduit à la fumée d'une unique cheminée. En accord avec le projet annoncé dans le premier poème, du Bellay fait l'éloge de la simplicité : « *Plus me plaît le séjour qu'ont bâti mes aïeux…* ». Aviez-vous oublié ce

1. « À la musique » de Rimbaud.
2. « Alchimie du verbe » dans *Une saison en enfer.*
3. *L'Amour la Poésie* de Paul Éluard.
4. « Le Tombeau d'Edgar Poe » de Stéphane Mallarmé.
5. « L'Albatros » de Charles Baudelaire.

magnifique poème qui rend attachant un univers ordinaire, si proche du nôtre ? Un univers tendre et émouvant qui va simplement « *fleurant la menthe et le thym* » comme l'écrira plus tard Verlaine à la fin de son « Art poétique ». Lui aussi, bien qu'un temps compagnon de notre Voyant, ne revendique pas un accès à l'absolu mais une poésie légère et fluide comme une mélodie. « *De la musique avant toute chose* » pour écrire un vers « *plus vague et plus soluble dans l'air* ». Rien « *qui pèse* » ni « *qui pose* », le simple chant d'une « *âme en allée* ». À suivre Verlaine, on aurait même l'impression d'avoir affaire à une poésie sans contenu, une pure « *chanson* », une « *romance sans paroles* ». Il suffit d'écouter « Chanson d'Automne » pour s'en convaincre : « *Les sanglots longs / Des violons / De l'automne / Blessent mon cœur / d'une Langueur / monotone.* » J'aurais presque envie de dire de la poésie qu'elle souffle une brise légère sur notre monde ordinaire.

III Le poète puise dans « *les sujets les plus ordinaires* »

Oui, certains poètes ont revendiqué l'art de la simplicité. Oui, la poésie puise dans nos sujets les plus ordinaires, qu'il s'agisse du monde qui nous entoure, ou de notre vie quotidienne.

Après que Baudelaire a démontré avec son poème « Une Charogne » que la beauté d'un poème ne tenait pas à la beauté de l'objet représenté, les poètes ont pu élargir le champ de leur inspiration. Lautréamont fait l'éloge d'un pou, Jacques Prévert d'une pomme qui « *se déguise en beau fruit déguisé* » (« Promenade de Picasso », 1949), Jacques Roubaud d'un lombric (« Le lombric », 1983), Jacques Réda d'« *un grand vélo noir* » (« La bicyclette », 1989). Mais évoquons surtout Francis Ponge qui prend le parti des choses[1], érige l'ordinaire, le plus modeste en objet poétique. On connaît l'orange savoureuse et le pain qui croustille. Mais les cageots et les valises trouvent aussi leur place. Ainsi de la cruche « *objet médiocre* », « *simple intermédiaire* », il nous rappelle qu'elle « *s'emplit en chantant* ». De l'« *humble balai de chiendent, trop dur* », il nous fait goûter « *la saveur désolée* ».

Vous me direz que Francis Ponge est bien particulier et que les poètes que j'ai cités, Prévert ou Réda notamment, ont justement choisi de cultiver le quotidien. Loin de moi la pensée de restreindre le paysage poétique au jardin de ces poètes-là : la poésie, quelle que soit son ambition, ne peut se priver des sujets ordinaires. Y a-t-il même d'autres sujets que ceux-là, d'autre matière que nos heures joyeuses, lisses ou tranchantes, d'autre terreau que notre vie même ? Les idées abstraites ne sont jamais aussi bien exprimées que lorsque le poète a recours aux images ordinaires. Pour dire ce que nous cernons difficilement, le poète s'appuie sur les réalités quotidiennes. Ainsi Émile Verhaeren exprime notre angoisse du temps qui passe en décrivant de simples horloges, « *Montant et dévalant les escaliers des heures* », « *Serrant* [sa] *peur en leur compas* ». Citons même Baudelaire en proie au Spleen : les mots « *couvercle* », « *plafonds* », « *pluie* », « *cloches* » « *corbillards* » ne sont-ils pas des objets ordinaires, susceptibles de nous toucher et de nous aider à cerner une mélancolie que nous avons peut-être également connue ? Je pourrais m'attarder sur « L'Albatros » que vous connaissez bien : plutôt qu'un long discours sur le statut particulier du poète, Baudelaire évoque

1. *Le Parti pris des choses* est un recueil de 1942.

un « *oiseau des mers* », des « *hommes d'équipage* »… Mais je préfère citer trois vers de Tomas Tranströmer, un poète suédois (prix Nobel de littérature en 2011) qui écrit dans *Baltiques* :

« *Vois comme je suis assis, / Tel une barque tirée à terre. / Je suis heureux ici.* »

Une barque, un vieil homme paisiblement assis sur le rivage, le voyage d'une vie qui s'achève doucement… La poésie est là, tout simplement.

Elle est là tout simplement pour mettre des mots sur nos sentiments. Héritier d'un Orphée amoureux ou désespéré, chantant avec sa lyre depuis toujours, le poète exprime nos émotions, nos amours, nos chagrins, nos angoisses… Si je retiens pour exemple le sentiment amoureux, j'entends Ronsard qui m'invite à cueillir « *dès aujourd'hui les roses de la vie* ». « *La courbe de tes yeux fait le tour de mon cœur / Un rond de danse et de douceur* », murmure Éluard à Gala ; « *Le monde entier dépend de tes yeux purs / Et tout mon sang coule dans leur regard* » (« La Courbe de tes yeux » dans *Capitale de la douleur*)… Mais vous préfèrerez peut-être écouter Apollinaire dont les vers mélancoliques suggèrent l'amour déçu : « *Vous êtes si jolies mais la barque s'éloigne / Qui donc a fait pleurer les saules riverains* » (« Mai » dans *Alcools*). Et je suis bien sûr que certains d'entre vous fredonnent « *Sous le Pont Mirabeau coule la Seine et nos amours* »….

Si je ne me retenais pas pour laisser très bientôt la parole aux organisateurs du festival, je vous parlerais de la façon dont les poètes nous aident à nommer et à surmonter la douleur, notre douleur bien ordinaire… Mais je m'en tiendrai à l'amour car je voudrais aussi vous dire que les poètes, en évoquant des sujets ordinaires, nous apprennent à poser autour de nous un regard neuf, à savourer le monde.

IV Le poète nous invite à poser un nouveau regard sur les sujets ordinaires

En effet, si le poète se nourrit des sujets les plus ordinaires, c'est pour nous faire partager son regard. Et il ne s'agit pas seulement de Francis Ponge prenant le parti des cruches et des balais comme nous l'avons dit tout à l'heure. Sous la plume du poète, les mots cessent d'être invisibles. Ils prennent une épaisseur sonore, s'enrichissent d'images, exercent sur nous une force de suggestion. Notre sensibilité est sollicitée, comme aimantée et nos yeux s'ouvrent enfin ! « *C'était un très-au vent d'octobre paysage* » écrit Jules Laforgue au début de sa « Complainte d'un autre dimanche » : impossible de ne pas être sensible à cette saison désordonnée : l'automne prend soudain forme. Laissez-moi vous dire aussi quelques vers de Guillevic d'une évidence enfantine : « *Tous les crustacés / Qui ont tant de noms / Et bien plus encore / De couleurs, de formes / Ils ne savent pas / qu'il y a la mer.* »[1] Et si moi aussi j'avais négligé de penser à la mer, voilà que je savoure la simple chance de savoir qu'elle existe. Me voilà à mon tour poète ; je n'ai pas les mots de Guillevic mais je les lui emprunte ainsi que son regard.

Sans revenir sur tout ce que nous avons pu dire sur la poésie, je terminerai en citant un vers de *Fureur et mystère* de René Char : « *Un chant d'oiseau surprend la branche du matin* ». Soyons, cette semaine et au fil des saisons, ces branches du matin, surprises et vivifiées par le chant des poètes.

1. Eugène Guillevic, *Exécutoire.*

La question de l'homme dans les genres de l'argumentation

CORPUS ET SUJETS 9 Séries ES, S, L - France métropolitaine - Juin 2010

Objet d'étude : La question de l'homme dans les genres de l'argumentation

CORPUS

TEXTE A. Fénelon, *Les Aventures de Télémaque*, Septième livre, 1699.

TEXTE B. Montesquieu, *Lettres persanes*, Lettre XII, 1721.

TEXTE C. Voltaire, *Candide*, chapitre XXX, 1759.

ÉCRITURE

I. Après avoir lu tous les textes du corpus, vous répondrez à la question suivante.

Question (4 points)

Ces textes cherchent-ils seulement à nous dépayser ou ont-ils une autre visée ? Votre réponse se fondera sur quelques exemples précis. Elle devra être organisée et synthétique.

II. Vous traiterez ensuite, au choix, l'un des sujets suivants.

1. Commentaire (16 points)

Vous commenterez le texte de Fénelon (texte A).

2. Dissertation, sujet adapté au nouveau programme (16 points)

En quoi l'évocation d'un monde très éloigné du sien permet-elle de faire réfléchir le lecteur sur l'homme et son environnement ?

Vous développerez votre argumentation en vous appuyant sur les textes du corpus, les œuvres que vous avez étudiées en classe et celles que vous avez lues.

3. Invention (16 points)

Vous avez séjourné en Bétique. Déçu, vous décidez de partir. Écrivez le discours d'adieu que vous prononcez devant les habitants.

TEXTE A

Fénelon, *Les Aventures de Télémaque*, Septième livre, 1699.

[Télémaque et son précepteur Mentor sont de retour aux abords de l'île de Calypso. Ils rencontrent un capitaine de navire dont le frère Adoam leur livre les dernières nouvelles et leur dépeint un pays extraordinaire, la Bétique.]

Le fleuve Bétis coule dans un pays fertile et sous un ciel doux, qui est toujours serein. Le pays a pris le nom du fleuve, qui se jette dans le grand Océan, assez près des Colonnes d'Hercule[1] et de cet endroit où la mer furieuse, rompant ses digues, sépara autrefois la terre de Tharsis[2] d'avec la grande Afrique. Ce pays semble avoir conservé les délices de l'âge d'or. Les hivers y sont tièdes, et les rigoureux aquilons[3] n'y soufflent jamais. L'ardeur de l'été y est toujours tempérée par des zéphyrs[4] rafraîchissants, qui viennent adoucir l'air vers le milieu du jour. Ainsi toute l'année n'est qu'un heureux hymen du printemps et de l'automne, qui semblent se donner la main. La terre, dans les vallons et dans les campagnes unies, y porte chaque année une double moisson. Les chemins y sont bordés de lauriers, de grenadiers, de jasmins et d'autres arbres toujours verts et toujours fleuris. Les montagnes sont couvertes de troupeaux, qui fournissent des laines fines recherchées de toutes les nations connues. Il y a plusieurs mines d'or et d'argent dans ce beau pays ; mais les habitants, simples et heureux dans leur simplicité, ne daignent pas seulement compter l'or et l'argent parmi leurs richesses : ils n'estiment que ce qui sert véritablement aux besoins de l'homme. Quand nous avons commencé à faire notre commerce chez ces peuples, nous avons trouvé l'or et l'argent parmi eux employés aux mêmes usages que le fer, par exemple, pour des socs de charrue. Comme ils ne faisaient aucun commerce au-dehors, ils n'avaient besoin d'aucune monnaie. Ils sont presque tous bergers ou laboureurs. On voit en ce pays peu d'artisans : car ils ne veulent souffrir que les arts qui servent aux véritables nécessités des hommes ; encore même la plupart des hommes en ce pays, étant adonnés à l'agriculture ou à conduire des troupeaux, ne laissent pas d'exercer les arts nécessaires pour leur vie simple et frugale. [...]

Quand on leur parle des peuples qui ont l'art de faire des bâtiments superbes, des meubles d'or et d'argent, des étoffes ornées de broderies et de pierres précieuses, des parfums exquis, des mets délicieux, des instruments dont l'harmonie charme, ils répondent en ces termes : « Ces peuples sont bien malheureux d'avoir employé tant de travail et d'industrie à se corrompre eux-mêmes ! Ce superflu amollit, enivre, tourmente ceux qui le possèdent : il tente ceux qui en sont privés de vouloir l'acquérir par l'injustice et par la violence. Peut-on nommer bien un superflu qui ne sert qu'à rendre les hommes mauvais ? Les hommes de ces pays sont-ils plus sains et plus robustes que nous ? Vivent-ils plus longtemps ? Sont-ils plus unis entre eux ? Mènent-ils une vie plus libre, plus tranquille, plus gaie ? Au contraire, ils doivent être jaloux les uns des autres, rongés par une lâche et noire envie, toujours agités par l'ambition, par la crainte, par l'avarice, incapables des plaisirs purs et simples, puisqu'ils sont esclaves de tant de fausses nécessités dont ils font dépendre tout leur bonheur.

---

1. Ainsi sont appelées, dans l'Antiquité, les montagnes qui bordent, du côté de l'Europe et du côté de l'Afrique, le détroit de Gibraltar, aux limites du monde connu.
2. *la terre de Tharsis :* dans l'Antiquité, nom donné à la péninsule ibérique.
3. nom poétique des vents du nord.
4. vents d'ouest, doux, tièdes et agréables.

TEXTE B

Montesquieu, *Lettres persanes*, Lettre XII, 1721.

[Les Troglodytes sont un peuple imaginaire dépeint dans trois lettres successives. Le texte ci-dessous est un extrait de la deuxième.]

Qui pourrait représenter ici le bonheur de ces Troglodytes ? Un peuple si juste devait être chéri des dieux. Dès qu'il ouvrit les yeux pour les connaître, il apprit à les craindre, et la Religion vint adoucir dans les mœurs ce que la Nature y avait laissé de trop rude.

Ils instituèrent des fêtes en l'honneur des dieux : les jeunes filles ornées de fleurs, et les jeunes garçons les célébraient par leurs danses et par les accords d'une musique champêtre. On faisait ensuite des festins où la joie ne régnait pas moins que la frugalité. C'était dans ces assemblées que parlait la nature naïve ; c'est là qu'on apprenait à donner le cœur et à le recevoir ; c'est là que la pudeur virginale faisait en rougissant un aveu surpris, mais bientôt confirmé par le consentement des pères ; et c'est là que les tendres mères se plaisaient à prévoir de loin une union douce et fidèle.

On allait au temple pour demander les faveurs des dieux ; ce n'était pas les richesses et une onéreuse abondance : de pareils souhaits étaient indignes des heureux Troglodytes ; ils ne savaient les désirer que pour leurs compatriotes. Ils n'étaient au pied des autels que pour demander la santé de leurs pères, l'union de leurs frères, la tendresse de leurs femmes, l'amour et l'obéissance de leurs enfants. Les filles y venaient apporter le tendre sacrifice de leur cœur, et ne leur demandaient d'autre grâce que celle de pouvoir rendre un Troglodyte heureux.

Le soir, lorsque les troupeaux quittaient les prairies, et que les bœufs fatigués avaient ramené la charrue, ils s'assemblaient, et, dans un repas frugal, ils chantaient les injustices des premiers Troglodytes et leurs malheurs, la vertu renaissante avec un nouveau peuple, et sa félicité. Ils célébraient les grandeurs des dieux, leurs faveurs toujours présentes aux hommes qui les implorent, et leur colère inévitable à ceux qui ne les craignent pas ; ils décrivaient ensuite les délices de la vie champêtre et le bonheur d'une condition toujours parée de l'innocence. Bientôt ils s'abandonnaient à un sommeil que les soins et les chagrins n'interrompaient jamais.

La nature ne fournissait pas moins à leurs désirs qu'à leurs besoins. Dans ce pays heureux, la cupidité était étrangère : ils se faisaient des présents où celui qui donnait croyait toujours avoir l'avantage. Le peuple troglodyte se regardait comme une seule famille ; les troupeaux étaient presque toujours confondus ; la seule peine qu'on s'épargnait ordinairement, c'était de les partager.

D'Erzeron, le 6 de la lune de Gemmadi 2, 1711.

TEXTE C

Voltaire, *Candide*, chapitre XXX, 1759.

[Nous sommes dans le dernier chapitre du conte de Voltaire et pour obtenir les réponses définitives aux questions qu'il se pose, Candide décide de rendre visite à un sage oriental et de l'interroger.]

Pendant cette conversation, la nouvelle s'était répandue qu'on venait d'étrangler à Constantinople deux vizirs[1] du banc et le muphti[2], et qu'on avait empalé plusieurs de leurs amis. Cette catastrophe faisait partout un grand bruit pendant quelques heures. Pangloss[3], Candide et Martin[4], en retournant à la petite métairie, rencontrèrent un bon vieillard qui prenait le frais à sa porte sous un berceau d'orangers. Pangloss, qui était aussi curieux que raisonneur, lui demanda comment se nommait le muphti qu'on venait d'étrangler. « Je n'en sais rien, répondit le bonhomme, et je n'ai jamais su le nom d'aucun muphti ni d'aucun vizir. J'ignore absolument l'aventure dont vous me parlez ; je présume qu'en général ceux qui se mêlent des affaires publiques périssent quelquefois misérablement, et qu'ils le méritent ; mais je ne m'informe jamais de ce qu'on fait à Constantinople ; je me contente d'y envoyer vendre les fruits du jardin que je cultive. » Ayant dit ces mots, il fit entrer les étrangers dans sa maison : ses deux filles et ses deux fils leur présentèrent plusieurs sortes de sorbets qu'ils faisaient eux-mêmes, du kaïmak piqué d'écorces de cédrat confit, des oranges, des citrons, des limons, des ananas, des pistaches, du café de Moka qui n'était point mêlé avec le mauvais café de Batavia et des îles. Après quoi les deux filles de ce bon musulman parfumèrent les barbes de Candide, de Pangloss et de Martin. « Vous devez avoir, dit Candide au Turc, une vaste et magnifique terre ? – Je n'ai que vingt arpents, répondit le Turc ; je les cultive avec mes enfants ; le travail éloigne de nous trois grands maux : l'ennui, le vice, et le besoin. »

1. *vizir* : ministre de l'empire ottoman.
2. *muphti* : homme de loi attaché à une mosquée qui donne des avis sur des questions juridiques et religieuses.
3. compagnon de voyage et précepteur de Candide, tenant de la philosophie de l'optimisme.
4. compagnon de voyage de Candide, et philosophe contradicteur de Pangloss.

Corrigés

Attention : aucun titre ne doit figurer dans les devoirs rédigés.

CORPUS ET QUESTION

Travail préparatoire

■ Le corpus

• **Textes et paratexte** (voir fiche 15).

Si vous n'avez pas eu l'occasion de rencontrer Fénelon au cours de votre scolarité, Montesquieu et Voltaire ne vous sont pas inconnus et vous avez sans doute lu ou étudié des extraits des *Lettres Persanes* et de *Candide* en classe de Seconde ou en Première. Le corpus ne doit donc pas vous surprendre.

Les trois textes sont précédés d'un chapeau introducteur qui facilite la compréhension littérale des passages en les situant dans le fil de la narration. Vous devez être très attentif à ces introductions et en tirer toutes les informations nécessaires. Les notes lexicales sont nombreuses et vous ne devriez pas rencontrer de difficultés de compréhension particulière.

• **La problématique du corpus**

Comme le suggèrent les chapeaux introducteurs (« *pays extraordinaire* » pour le texte A, « *peuple imaginaire* » pour le texte B et enfin « *sage oriental* » pour *Candide*), les fictions narratives du corpus évoquent toutes les trois un pays lointain, voire imaginaire, en tout cas différent du nôtre. Ce sont des utopies. Mais le lecteur se rend bien compte que les auteurs placent leurs personnages dans un contexte différent du réel pour mieux nous amener à nous interroger sur l'homme et son environnement. Vous avez déjà rencontré ce paradoxe inscrit au cœur de la littérature et de l'art en général ; le corpus vous invite à préciser votre réflexion à partir des utopies imaginées par trois auteurs.

La question et le sujet de dissertation peuvent vous aider à cerner cette problématique qui a présidé au choix des extraits : dépaysement et visée argumentative dans la question, « *monde très éloigné* » et réflexion du lecteur « *sur l'homme et son environnement* » dans la dissertation.

De manière générale, il est important d'avoir bien cerné la problématique du corpus avant d'aborder les travaux d'écriture. N'hésitez pas pour cela à vous appuyer sur les introductions des textes et sur les consignes elles-mêmes.

■ La lecture de la question

• **La lecture de la question**

La question mérite toute votre attention car elle éclaire la problématique du corpus et oriente nettement votre réponse. Vous devez dégager de la consigne les pistes de réflexion suivantes :

– Les textes nous dépaysent (en quoi ? pourquoi ?) mais ce dépaysement n'est

pas une fin en soi, il est au service d'une visée argumentative : quelle est-elle dans chacun des textes ?
– La réponse doit être « organisée et synthétique » ; il s'agit donc de rapprocher les textes et de construire un plan, plan tracé dans la consigne elle-même : dépaysement et visée argumentative.
– La réponse doit être précise mais non exhaustive. On ne vous demande pas de présenter une étude détaillée de chaque texte mais de relever à l'appui de votre analyse « quelques exemples précis » significatifs.

■ La démarche

• Le repérage
Soulignez sur les textes les éléments qui signalent le dépaysement et les passages qui expriment la pensée de l'auteur. Opérez des rapprochements entre les extraits.

• La construction du plan
Au brouillon, à partir de votre repérage, bâtissez votre réponse. Vous pouvez par exemple tracer deux colonnes : dépaysement et visée argumentative. Dans chacune d'elle, placez les idées que vous allez développer et entourez sur les textes les « quelques exemples précis » sélectionnés.

• La rédaction au propre
Sans perdre de temps et en allant toujours à l'essentiel, rédigez une réponse à la fois concise et précise. N'oubliez ni l'introduction, ni la conclusion. Pensez à souligner les titres des œuvres et veillez aux guillemets.

Introduction

Le corpus est composé de trois fictions argumentatives écrites à l'aube ou au cœur du mouvement littéraire des Lumières. Le texte A est une page des *Aventures de Télémaque* imaginées en 1699 par Fénelon ; les philosophes Montesquieu et Voltaire sont les auteurs respectifs des *Lettres persanes* (1721) et de *Candide* (1759) d'où sont tirés les textes B et C. Dans ces trois extraits, le lecteur est invité à découvrir un pays lointain, voire imaginaire, et l'on verra que le dépaysement sert une réflexion sur la réalité et sur les conditions du bonheur.

I Le dépaysement

Les auteurs ont choisi d'emmener leur lecteur loin de la réalité. Pour cela, ils peuvent avoir choisi d'abord un voyage dans le temps. C'est le cas de Fénelon qui, dans le texte A, imagine le récit d'Adoam que Télémaque, le fils d'Ulysse, aurait rencontré lors de son périple avec Mentor. Ainsi, la Bétique se définit par rapport aux repères antiques que sont les *« Colonnes d'Hercule »* ou la *« terre de Tharsis »*. Mais le dépaysement est surtout dû à un déplacement dans l'espace ; la Bétique est une province située à l'extrême sud de l'Europe (actuelle Andalousie) et Candide, quant à lui, loin de sa Westphalie natale, décide de *« cultiver son jardin »* près de Constantinople, après avoir écouté les conseils du *« bon vieillard »*. L'Orient est aussi un thème essentiel dans le roman épistolaire de Montesquieu, comme nous le rappelle la date *« le 6 de la lune de Gemmadi »*.

Dans les textes A et B, le dépaysement repose surtout sur l'évocation d'un pays imaginaire merveilleux. En s'inscrivant à la suite de Thomas More (*Utopia*, 1516), Fénelon et Montesquieu racontent la vie heureuse d'un peuple fictif, les habitants de la Bétique dans le premier passage, les Troglodytes dans le deuxième.

Mais qu'il s'agisse d'un Orient géographiquement situé ou d'un pays imaginaire, les mondes décrits sont coupés du réel. La Bétique vit prospère aux frontières du monde connu et ses habitants, tout comme les Troglodytes, ne cherchent pas à entrer en contact avec notre société : « *ils ne faisaient aucun commerce au-dehors* », ils ne se préoccupaient que d'eux-mêmes. De même le « *bon vieillard* » qui reçoit Candide ne se tient pas au courant de ce qui se passe à Constantinople et vit replié sur sa famille.

Le vocabulaire mélioratif qui domine dans les trois textes contribue à émerveiller le lecteur qui en oublie son propre monde : « *les délices de l'âge d'or* » (texte A), « *les délices de la vie champêtre* » (texte B), « *du café de Moka qui n'était point mêlé avec le mauvais café de Batavia et des îles* » (texte C). Pourtant, ce dépaysement nous amène à réfléchir à notre propre mode de vie et aux conditions de notre bonheur.

II La visée argumentative

Les trois textes évoquent des hommes heureux. On voit le « *bon vieillard* » prendre « *le frais sous un berceau d'orangers* », les habitants de la Bétique se promener paisiblement sur des chemins « *bordés de lauriers, de grenadiers, de jasmins* » et les Troglodytes partager « *le bonheur d'une condition toujours parée de l'innocence* ».

Chez nos trois auteurs, le bonheur est lié à une double harmonie : d'une part les hommes savent profiter d'une nature généreuse, et, d'autre part, ils cherchent à se faire plaisir au lieu de se nuire. Le modèle d'une vie « *simple* », « *champêtre* », en contact avec la nature traverse les trois extraits. Les hommes se contentent de ce qu'ils ont : « *ils ne veulent souffrir que les arts qui servent aux véritables nécessités des hommes* » (texte A), « *Dans ce pays heureux, la cupidité était étrangère* » (texte B), « *je me contente d'y envoyer vendre les fruits du jardin que je cultive* », « *je n'ai que vingt arpents* » (texte C). On notera la place de la locution restrictive « *ne...que* ». En vivant en autarcie, les hommes heureux n'ont pas d'ambition et on les voit se reposer comme le « *bon vieillard* » ou partager en toute simplicité un repas « *frugal* » (texte A).

Comme ils savent apprécier ce dont ils disposent, les peuples évoqués dans le corpus ne connaissent pas la jalousie ou le désir ; ils vivent au contraire en parfaite harmonie. La dimension collective est importante dans les trois textes, qu'il s'agisse du peuple ou de la famille. Dans le deuxième extrait, on voit même les Troglodytes soucieux du bonheur des autres et priant pour leurs proches plutôt que pour eux-mêmes : « *Ils n'étaient au pied des autels que pour demander la santé de leurs pères, l'union de leurs frères, la tendresse de leurs femmes* »...

Les voies que les auteurs du corpus nous proposent pour atteindre le bonheur sont proches. Il s'agit de savoir se contenter de ce qu'on a et de se préoccuper de ses proches.

Conclusion

Ainsi les trois textes entraînent leurs lecteurs sur les chemins paisibles de contrées heureuses. Mais ces pays lointains tendent à notre monde un miroir qui nous interroge sur notre propre bonheur.

COMMENTAIRE

Travail préparatoire

■ La lecture du texte

• L'éclairage du corpus et de la question

Le texte de Fénelon est situé dans un corpus où l'évocation d'un pays lointain nourrit une réflexion sur le réel. La question, comme la dissertation, explicite cette problématique qui va orienter – sans la restreindre – votre lecture du passage à commenter.

De manière générale, tout ce qui entoure votre texte (paratexte, autres textes, travaux d'écriture) éclaire votre lecture et l'on attend que vous utilisiez à bon escient ces diverses sources d'information.

HE
7

• Une lecture indépendante

Le texte donné à commenter est éclairé par le corpus dans lequel il se situe et par l'objet d'étude qui en oriente l'interprétation. Il est cependant dangereux de lire un texte sous le seul éclairage d'un corpus et d'un objet d'étude, même si ces derniers constituent des outils de lecture efficaces. Vous devez savoir échapper aux influences (sans toutefois les ignorer) pour vous demander simplement : « *Qu'est-ce que je viens de lire ? Quelles sont les intentions (ou l'intention) de l'auteur ?* » En effet, on n'attend rien d'autre dans un commentaire qu'une explicitation précise des impressions de lecture. Autrement dit : un texte est fait pour être compris à la première lecture ; le commentaire ne décrypte pas, ne révèle pas un sens caché ; il met simplement en lumière ce qui a été lu. En conclusion, fiez-vous à vos impressions de lecture sans laisser pour autant de côté vos connaissances extérieures.

• Les outils d'analyse

Votre commentaire devra s'appuyer précisément sur le texte et votre analyse se nourrira du repérage et de l'étude des procédés employés par l'auteur. Intéressez-vous au temps des verbes, à la généralisation, au rôle des paroles rapportées, au double regard (le narrateur regarde la Bétique et un des habitants nous regarde).

■ La méthode

• Une lecture attentive

En laissant de côté le corpus, lisez attentivement le texte et posez-vous les questions suivantes : qu'ai-je retenu ? Qu'est-ce qui m'a touché, intéressé ? Quelles sont les intentions de l'auteur ? Quel est le plan du texte ? Quel est son genre ? À quels autres textes me fait-il penser ? Pourquoi ? En quoi est-il différent ?

• L'élaboration du plan

Partez de vos impressions de lecture et notez ce qui vous semble important. Aidez-vous de la problématique du corpus et de la question. Bâtissez les grandes lignes de votre plan comme si vous deviez définir le texte : « *ce texte, c'est...* ». Vous pouvez proposer deux ou trois parties (voir fiche 11) ; l'essentiel est de construire une analyse cohérente qui ne laisse de côté aucun aspect important du texte.

• **Le plan**

I Une utopie (ce texte s'inscrit dans la tradition de l'utopie)
II Un regard sur cette utopie et sur notre monde (ce texte nous invite à réfléchir sur notre monde)

PLAN DÉTAILLÉ

Introduction rédigée

À l'aube du siècle des Lumières, *Les Aventures de Télémaque*, imprégnées des modèles antiques tant appréciés des Classiques, racontent, afin d'éduquer le jeune duc de Bourgogne, le voyage initiatique du fils d'Ulysse accompagné de son précepteur Mentor. Guidé par ce sage qui deviendra dans notre littérature un personnage type et, dans notre dictionnaire, un nom commun, le jeune homme découvre le monde et s'interroge sur le sens à donner à l'existence. En approchant des rives de la nymphe Calypso, les deux personnages font la connaissance d'Adoam qui leur dépeint la Bétique, un pays extraordinaire présenté comme inaccessible. Telle l'Atlantide perdue évoquée par Platon dans le *Critias*, la Bétique, sous la plume de Fénelon, est une utopie qui a *« conservé tous les délices de l'âge d'or »*, un pays merveilleux qui inspire notre admiration et notre pensée. Nous verrons ainsi comment la peinture de ce monde utopique suscite un jeu complexe de regards et de réflexions sur l'homme.

I Une utopie

I-1 Un monde à l'écart

Télémaque est un personnage de l'Antiquité et on retrouve dans le texte des repères géographiques antiques. Il est aussi question de l'âge d'or. Le fait que le temps semble immobile nous donne l'impression que la Bétique existe même à l'écart du temps.

La Bétique est excentrée au sein du monde européen (extrême sud) ; Fénelon évoque l'Afrique ou, en référence à l'Antiquité, le Fleuve Océan qui borne le monde. Le climat est différent : *« Les hivers y sont tièdes »*.

Les habitants ne cherchent pas entrer en contact avec les autres contrées : *« ils ne faisaient aucun commerce au-dehors »*, le discours du deuxième paragraphe montre le peu d'estime qu'éprouve l'orateur pour notre société.

I-2 Un monde heureux

Au début du texte, Fénelon s'attache à poser le cadre de la vie des habitants en évoquant la douceur du climat. On relèvera le vocabulaire mélioratif et le gommage de tout excès : il ne reste plus que les saisons intermédiaires, le printemps et l'automne.

La nature est présentée comme généreuse : *« une double moisson »*, l'énumération, au pluriel, de ce qu'on trouve au bord des chemins. Qualité (or et argent, laine) et quantité caractérisent cette nature offerte aux hommes. Tout se vit sur le mode de l'harmonie, de la bonne entente des hommes à *« l'heureux hymen du printemps et de l'automne »*.

I-3 Un monde inverse du nôtre

Comme c'est souvent le cas dans les utopies (abbaye de Thélème de Rabelais ou Eldorado de Voltaire), le monde imaginaire est le négatif (en fait le positif) du nôtre.

L'abondance est le contrepoint du manque, la sérénité celui de la violence. L'or et l'argent sont abondants et sans attrait, ce qui n'est pas le cas dans notre monde.

Le temps est arrêté : « *toujours tempérée* », « *conservé* »...

Cette inversion, caractéristique de l'utopie, signale la fantaisie ; on la retrouve au théâtre dans la farce et dans toute littérature d'inspiration festive et carnavalesque.

II Un regard sur cette utopie et sur l'homme

II-1 Le jeu complexe du regard

Adoam, en évoquant le pays merveilleux, rappelle le regard admiratif qu'il pose. On peut relever les marques (« *nous* », « *on* ») de ce regard discret.

Bien que les habitants ne cherchent pas en entrer en contact avec l'extérieur, ils ont leur opinion. Le discours du deuxième paragraphe exprime le regard posé par l'un des sages sur notre monde.

II-2 Une leçon destinée au public : le regard du lecteur

Le lecteur est appelé à regarder lui aussi la Bétique ; il peut se glisser sous le « *nous* » et sous le « *on* » et avoir envie de poser la question à l'origine du discours rapporté.

Le lecteur comprend la portée argumentative du texte : les marques de la généralisation sont nombreuses (« *on* », présent de vérité générale, absence d'individualisation des personnages esquissés...) et la description est exemplaire. Nous n'avons pas affaire à un pays, mais plutôt à une image, à un modèle qui doit nous amener à réfléchir.

II-3 L'homme heureux

Les habitants sont heureux (« *les délices de l'âge d'or* ») et le texte propose un chemin vers le bonheur à condition de répondre aux critères suivants : harmonie avec la nature et avec les autres, renoncement à posséder davantage, sagesse qui consiste à savoir profiter de ce que l'on a.

On voit apparaître ici le mythe du bon sauvage qui sera fortement présent durant les Lumières ; la pensée de Rousseau se profile : la société, en créant le désir, corrompt l'homme et pour être heureux, il nous faut vivre dans l'état de nature.

Conclusion rédigée

Le lecteur aime bien se promener sur les chemins de la Bétique « *bordés de lauriers, de grenadiers, de jasmins* ». Il ne peut que se sentir bien au sein de cette nature douce et généreuse. Point de famine et de grand froid. Point de tempête et de souffrances. Le voyage est dépaysant et nous oublions dans les « *plaisirs purs et simples* » les rugosités de notre monde. Mais Fénelon ne cherche pas à apaiser notre malaise en nous berçant sous des cieux « *doux* » et « *serein(s)* ». La Bétique est un miroir où nous lisons nos hivers et nos étés, notre « *injustice* » et notre « *violence* ». Fénelon ne nous apaise pas ; il nous interroge. Comment l'homme doit-il se comporter pour être heureux ? La Bétique est la voie de la simplicité et de la sagesse ; sommes-nous capables de suivre ce chemin ? Alors que Fénelon, dans son *Télémaque*, propose la mise en pratique de la leçon avec la ville de Salente réorganisée par Mentor, Voltaire, lui, dans *Candide*, prolonge d'une autre manière cette réflexion : le pays utopique d'Eldorado est, certes, magnifique et serein. Cependant, Candide et son valet Cacambo décident de le quitter car l'homme, être de désir, ne saurait être heureux dans ce monde trop parfait.

DISSERTATION

Travail préparatoire

■ La lecture du sujet

• Le type de sujet : un plan analytique attendu

Une consigne en deux parties ne surprend pas au baccalauréat, le deuxième alinéa rappelant les contraintes inhérentes à l'exercice de la dissertation, à savoir la nécessité d'organiser des arguments (« vous développerez votre argumentation ») et de s'appuyer sur des exemples.

Le sujet proprement dit se trouve dans le premier alinéa. Il s'agit d'une interrogation partielle (« En quoi ») ; on ne vous demande pas de discuter une proposition. Le fait que l'on puisse évoquer un monde très éloigné du nôtre pour mieux nous amener à considérer le réel est une position que vous ne devez pas remettre en cause. Vous devez au contraire l'approfondir et, dans le prolongement de la question, réfléchir à ce qui permet ce passage du simple dépaysement distrayant à la pensée sur le réel.

De manière générale, on peut distinguer les sujets qui demandent un plan dialectique et les sujets, comme celui-ci, plus analytiques (voir fiche 4).

• Le lien avec le corpus

La question a posé les deux perspectives (dépaysement et visée argumentative) que la dissertation tente de dépasser. Ce que vous avez observé dans les textes pour répondre à la question sert de point de départ à votre étude pour la dissertation.

FICHE 38

■ L'argumentation et la question de l'homme

• Argumentation directe et indirecte

Les auteurs peuvent s'interroger sur l'homme et sur le monde qui l'entoure en écrivant des articles (dans *L'Encyclopédie* de Diderot et d'Alembert, par exemple), des maximes (celles du moraliste La Rochefoucauld au XVIIe siècle), des textes brefs (Pascal et les fragments des *Pensées*) ou des essais (Montaigne dans ses *Essais* s'analyse pour mieux comprendre la nature humaine).

À la différence de l'argumentation directe, l'argumentation indirecte choisit le détour de la fiction : pièce de théâtre, apologue (conte ou fable), roman…

• Convaincre et persuader

Qu'il s'agisse de l'argumentation directe ou de l'argumentation indirecte, les auteurs jouent sur les deux tableaux de la raison et de la sensibilité.

Pour **convaincre**, l'auteur a recours à une argumentation c'est-à-dire à un raisonnement, des arguments et des exemples. Il fait appel à la raison du lecteur.

Pour **persuader**, l'auteur s'appuie sur les différents genres, les registres et l'énonciation, la rhétorique, c'est-à-dire sur l'art d'utiliser le langage (lexique, syntaxe, procédés de style…). Il fait appel à la sensibilité de son lecteur.

• **La question de l'homme**

Au fil des siècles, avec confiance et enthousiasme (le début de la Renaissance, les Lumières, le XIXe siècle) ou dans le doute (les guerres de religion, les deux conflits mondiaux du XXe siècle), l'homme s'est interrogé sur sa nature et sur sa place dans le monde.

Vous devrez examiner les textes en envisageant différentes perspectives :

– Quelle vision de l'homme ? Comment définir la nature humaine ? Quelle place accorder à la raison, à la sensibilité, à l'imaginaire ? Quelles sont les conditions du bonheur ?

– Quelle est la place de l'homme dans l'univers et dans la société ? Comment la société et les institutions prennent-elles en compte l'individu ?

– Comment l'homme combat-il pour sa liberté et pour sa dignité ?

La méthode

• **La lecture du sujet**

Avant de choisir la dissertation, vous devez vous assurer que vous comprenez bien le sujet et que vous disposez de suffisamment d'exemples en dehors du corpus. Identifiez ensuite le type de sujet afin de savoir quel type de plan vous devez bâtir.

• **La construction du plan dans ses grandes lignes** (voir fiche 4)

Vous devez proposer différentes réponses possibles à la question posée. Comment le dépaysement rend-il possible la réflexion ? Passez en revue vos exemples et opérez des regroupements de façon à présenter un plan en deux ou trois parties.

• **Le champ des exemples**

Le corpus présente des contrées merveilleuses et des exemples d'utopies viennent aussitôt à l'esprit : l'abbaye de Thélème à la fin de *Gargantua* de Rabelais, L'Eldorado de *Candide* bien entendu. Pensez également aux contre-utopies : *Le meilleur des mondes* d'Huxley ou *1984* d'Orwell.

Mais « monde très éloigné » ne signifie pas nécessairement utopie ou contre-utopie. En un sens, *Alice au pays des merveilles* peut faire partie des exemples, de même que les corons de *Germinal* si l'on considère que les lecteurs cultivés de Zola étaient bien éloignés du monde des mineurs.

De manière générale, ne vous lancez pas dans la dissertation sans avoir au préalable clairement balisé le champ des exemples ; c'est ainsi que vous ne laisserez pas de côté des domaines importants et que, par exemple, vous ne vous appuierez pas sur des nouvelles ou des contes lorsque le sujet porte sur le roman.

• **Le plan**

I **Évoquer un monde éloigné permet de toucher le lecteur**

II **Évoquer un monde éloigné permet de mettre en scène des valeurs de façon plus frappante**

III **Évoquer un monde éloigné amène le lecteur à s'interroger sur l'homme**

PLAN DÉTAILLÉ

Introduction rédigée

Au XVIIIe siècle, les récits de voyage sont à la mode et l'on aime entendre parler des terres lointaines de Polynésie par exemple, ou de l'Orient que la traduction des *Mille et une nuits* par Antoine Galland en 1704 a mis au goût du jour. Après les Mamamouchis de Molière (*Le Bourgeois gentilhomme*) au siècle précédent, on voit arriver sur la scène littéraire les Persans de Montesquieu : *« Comment peut-on être Persan ? »*...Sous la plume des écrivains, les pays lointains, réels ou imaginaires, déploient leurs paysages étonnants. L'utopie inaugurée en quelque sorte par Thomas More (*Utopia*, 1516), reprise par Cyrano de Bergerac (*Les États et Empires de la Lune*, 1657) séduit plus que jamais les lecteurs désireux de rêver et peut-être aussi de décrypter une image de leur société. Car le dépaysement est aussi source de réflexion et l'on peut se demander en quoi l'évocation d'un monde très éloigné du sien permet de faire réfléchir le lecteur sur l'homme et son environnement. En se jouant de la censure et en séduisant son lectorat pris dans cette partie de cache-cache, la peinture d'une contrée très différente de la nôtre ne facilite-t-elle pas la mise en scène de valeurs et ne nous interroge-t-elle pas aussi sur notre propre existence ?

I Évoquer un monde éloigné permet de toucher le lecteur

I-1 L'évocation d'un monde éloigné permet de contourner la censure

En période de censure, sous un régime autoritaire, les auteurs doivent se montrer inventifs pour transmettre leur opinion et inviter leurs lecteurs à réagir. Impossible d'évoquer directement la réalité ; ils cultivent donc l'art du détour et situent leurs intrigues dans des mondes éloignés.

Des mondes différents qui sont le reflet du nôtre : les animaux de La Fontaine.

Des mondes parfaits, les utopies : Thomas More et l'île *Utopia*, Cyrano de Bergerac au XVIIe siècle et le monde des Sélénites (la Lune), Fénelon avec la Bétique puis la ville de Salente, Voltaire et L'Eldorado dans *Candide*. Il s'agit à chaque fois d'exprimer des valeurs (la liberté notamment) et de critiquer le régime en place.

I-2 L'évocation d'un monde éloigné séduit le lecteur

Le lecteur, déçu peut-être de la réalité, aspire à rêver et les écrivains captent son attention en imaginant des mondes lointains. Les aspirations de tous sont concentrées dans les utopies : l'abondance, la richesse (l'or et l'argent, les pierres précieuses, ordinaires comme du fer ou des cailloux), la bonne entente entre les hommes (pas de prison dans le pays d'Eldorado).

Un voyageur découvre avec surprise le pays merveilleux et il invite le lecteur à être surpris également.

En dehors des utopies : la différence suscite notre curiosité ; le lecteur lettré du XIXe siècle peut s'intéresser à la vie des corons en lisant *Germinal* (1885) de Zola.

II Évoquer un monde éloigné permet de mettre en scène des valeurs de façon plus frappante

II-1 L'évocation d'un monde heureux

Lorsque les personnages sont présentés comme heureux, le lecteur fait aisément siennes les valeurs mises en scène par l'auteur. C'est le cas de la simplicité et de l'autarcie dans les textes A et C du corpus. L'utopie a une valeur démonstrative.

II-2 L'évocation d'un monde malheureux

Il existe également des contre-utopies qui présentent un univers aussi stable que celui des utopies mais malheureux. La perfection atteinte dans *Le meilleur des mondes* d'Huxley ou dans *1984* broie les individus. Ce que Candide reprochait à l'Eldorado (*« nous n'y serons que comme les autres »*) est poussé à l'extrême dans ces deux romans d'anticipation. La contre-utopie démontre ainsi, en les poussant jusqu'au bout, la cruauté de certaines valeurs, comme l'ordre et l'équilibre.

En déclinant la souffrance des mineurs avec la Maheude et les différents membres de sa famille, Zola cherche à susciter chez ses lecteurs citadins une réaction : on ne peut pas accepter une société qui traite ainsi ses ouvriers.

III Évoquer un monde éloigné amène le lecteur à s'interroger

III-1 Une image inversée de notre environnement

L'utopie est souvent le contrepoint de notre réalité imparfaite. En présentant un monde inverse du nôtre, les auteurs nous invitent à lire une dénonciation des travers de notre société. Dans le pays d'Eldorado, on embrasse le roi sur les deux joues et un valet comme Cacambo peut dîner à la table royale. Dans *L'Île des esclaves* de Marivaux, les valets sont devenus des maîtres. Cette inversion permet de dénoncer les abus.

La lecture devient un jeu de décodage amusant et le lecteur, en mesurant son univers par rapport au modèle de l'utopie, s'interroge sur ce qui l'entoure. L'auteur se contente de mettre son lecteur sur la voie de la réflexion.

III-2 Le rôle de la comparaison

L'intérêt de présenter un monde éloigné du nôtre réside dans la possibilité de comparaison. Il nous est difficile de voir les qualités et les défauts de notre monde car nous manquons de recul. Les différentes formes d'éloignement proposées par les écrivains nous aident à prendre nos distances. Comment se situe notre régime politique par rapport à celui de l'Eldorado, par exemple ?

C'est en comparant différents mondes que Candide progresse : la baronnie du chapitre 1, l'Eldorado des chapitres 17 et 18, la métairie du chapitre 30 conçue à l'image du jardin du *« bon vieillard »*. En découvrant différents pays, le personnage comprend que sa vision du monde au départ était faussée. De même, le lecteur comprend mieux son propre monde quand il a pu le confronter à d'autres.

III-3 L'utopie et la question de l'homme

En substituant à notre environnement habituel (naturel, social, politique) un contexte radicalement différent, les auteurs mettent en lumière les spécificités de la nature humaine : aspiration à un bonheur reposant sur l'harmonie (la Bétique), désir de liberté (les contre-utopies), faiblesse de l'homme qui ne peut se contenter de ce qu'il a (Candide et Cacambo décident de quitter l'Eldorado).

Conclusion rédigée

Les écrivains aiment nous entraîner loin de notre réalité et dépeindre pour nous des mondes fascinants, merveilleux ou inquiétants. Et tandis qu'au cœur du livre, nous sommes à vingt mille lieues de chez nous, peut-être n'avons-nous jamais vu de façon aussi nette nos propres rivages. Là réside le paradoxe de la fiction argumentative qui est aussi le paradoxe de la littérature dans la mesure où elle est toujours un autre monde, le produit d'un *« autre moi »* pour reprendre une expression de Marcel Proust. Parce qu'il nous touche et met en scène des valeurs que nous pouvons examiner, le monde lointain des livres est un miroir où nous aimons voir se dessiner les contours du réel. Nos rêves et nos angoisses s'y reflètent également, ce qui nous aide à mieux percevoir les qualités et les travers de notre environnement.

ÉCRITURE D'INVENTION

Travail préparatoire

■ La lecture du sujet

• Le type de sujet

L'écriture d'invention est un exercice de style quelle que soit la consigne. Il existe cependant deux sortes de sujets, ceux qui se réduisent à un travail de pure écriture (corpus 1, par exemple), et ceux qui ajoutent une dimension argumentative, ce qui est le cas ici. Ce second type de sujet est moins risqué que le premier car vous ne serez pas exclusivement noté sur la qualité de votre style.

• Choisir ce type de sujet

Pour choisir ce type de sujet, vous devez :
– maîtriser correctement la langue (orthographe et syntaxe) ;
– maîtriser la rhétorique, plus particulièrement l'éloquence du discours ;
– avoir bien compris le texte A sur lequel s'appuie le sujet ;
– savoir construire une réflexion argumentée sur la question du bonheur.

• Les attentes de la consigne

Le sujet s'appuie sur le texte A et l'on attend que vous repreniez les informations données quant à la Bétique et que vous répondiez au discours rapporté du second paragraphe. Pourquoi ne peut-on rester avec le peuple de la Bétique ? Vous avez peut-être déjà rencontré cette question en étudiant les deux chapitres consacrés à L'Eldorado dans *Candide*, conte dans lequel le personnage éponyme décide de quitter le paradis terrestre pour regagner un monde où il espère satisfaire sa soif d'amour et de puissance.

• La question de l'époque

Fénelon publie son *Télémaque* en 1699 et vous pouvez choisir de mettre derrière le « vous » de la consigne (« Vous avez séjourné ») un lecteur de l'époque ou bien un personnage de l'Antiquité. Mais rien ne vous y oblige. La Bétique est une contrée merveilleuse où le temps semble s'être arrêté (« *toujours* », « *chaque année* »...) et le plus simple est que vous soyez un voyageur du XXIe siècle.

La méthode

• La lecture du texte support

Relisez attentivement le texte A, comme si vous deviez en faire le commentaire et soulignez les éléments que vous allez réutiliser dans votre discours : des questions de fond comme celle du rejet des arts, mais également de simples détails suggestifs comme les laines fines ou les socs de charrue en or.

• La recherche d'arguments

Au brouillon, cherchez les raisons que vous pouvez avoir de quitter la Bétique malgré le bonheur qu'elle offre. Appuyez-vous sur des exemples précis. Puis regroupez et classez les arguments, du moins important au plus important, de façon à construire la progression de votre discours.

• Une rédaction éloquente

Rédigez en puisant dans les outils de la rhétorique : énumérations, amplifications, métaphores, répétitions, parallélismes syntaxiques…

• Le plan

I **Les avantages certains de la Bétique, une certaine conception du bonheur (un appui pour une réfutation plus efficace)**
II **Le bonheur tel que le vivent les habitants de la Bétique est impossible**
III **Choisir la civilisation**
IV **Choisir les autres**

DEVOIR RÉDIGÉ

Chers amis,

Maintenant que nous venons, comme chaque soir, de partager ce repas dans la joie et la simplicité, le moment est venu de nous dire adieu. Je vous ai fait part de mon intention de partir demain à l'aube et j'ai lu dans vos yeux incompréhension et désapprobation. Vous respectez mon choix mais je dois répondre à vos interrogations muettes car vous m'avez accueilli, entouré, aimé pendant de longs mois.

I Les avantages certains de la Bétique, une certaine conception du bonheur

Vous m'avez beaucoup appris sur le monde et sur moi-même et je ne vous en remercierai jamais assez. Avec vous, j'ai découvert le simple plaisir de partager un repas, le simple plaisir de guider la charrue dans le champ, de semer le grain, de conduire le troupeau. À vos côtés, j'ai marché sur les chemins, cueillant les grenades, offrant le jasmin. Vous avez couvert mes épaules de la laine la plus fine et jamais je ne porterai de vêtements plus agréables. Chez vous, je n'ai connu ni le froid ni la faim ; je n'ai éprouvé ni colère, ni jalousie.

Alors pourquoi partir ?

Vous êtes heureux. Votre simplicité est le secret de votre bonheur. Vous savez vous contenter de ce que la nature vous prodigue avec générosité sans désirer davantage. Les saisons passent et se ressemblent, les jours s'écoulent comme si le temps s'était arrêté. Vous vivez paisiblement comme les hommes de l'âge d'or. Vous êtes heureux car vous avez étouffé tout désir ; la pomme la plus sucrée et la plus douce ne saurait vous détourner de votre sagesse. Voilà pourquoi je pars.

II Le bonheur tel que le vivent les habitants de la Bétique est impossible

Vous ne comprenez pas ? Pourquoi quitter un pays dont je fais si chaleureusement l'éloge ? Parce que je suis de la race d'Adam et d'Eve. Je ne peux pas être heureux comme vous, je ne peux me contenter de ce que j'ai. Depuis le péché originel, le désir est inscrit dans mes gènes. Non seulement je ne peux me détourner de la pomme douce et sucrée, mais je la cherche. J'appelle le serpent et je guette son arrivée dans les hautes herbes ! Je suis comme Candide et Cacambo, les deux personnages de Voltaire. Ils n'ont rien vu de plus beau que l'Eldorado ; ils n'ont pas vu de ville plus somptueuse, de roi plus sage… Et pourtant ils partent ! Candide compte retrouver Cunégonde ; les pierres précieuses leur donneront la puissance des rois. *« Si nous restons ici, nous n'y serons que comme les autres ; au lieu que si nous retournons dans notre monde, seulement avec douze moutons chargés de cailloux d'Eldorado, nous serons plus riches que tous les rois ensemble. »* Le désir est là, gravé dans le cœur du pur Candide comme dans le mien.

Comme être humain, je vis dans le temps. Il y a un passé et un avenir. Dans votre pays, il n'y a ni saisons, ni années. Aujourd'hui ressemble à autrefois et demain ne sera pas différent. Depuis le moment où Télémaque a entendu parler de vous, où Fénelon vous a évoqués, rien n'a changé. Je suis un homme du XXIe siècle tandis que vos socs en or tracent les mêmes sillons dans les mêmes champs. Vos enfants partageront les mêmes repas frugaux que leurs lointains ancêtres. Je ne peux me contenter de vieillir doucement en regardant chaque soir le soleil rougir. Je suis un être de chair et de désir. Je veux vivre. Vous êtes heureux, mais vous ne vivez pas. J'ai parfois l'impression que vous n'êtes pas des hommes et des femmes mais des êtres de papier prisonniers d'un livre pour l'éternité…

III Choisir la civilisation

Je sais que vous méprisez ma civilisation ; je vous ai entendu la critiquer : *« l'injustice »* et *« la violence »*, *« les hommes mauvais »*, *« une lâche et noire envie »*. En m'inspirant du poème « Le Mondain » de Voltaire, je pourrais faire l'éloge du confort que m'offrent les hommes de mon siècle. Je ne suis pas penché sur ma charrue mais confortablement assis dans un énorme tracteur climatisé, des écouteurs sur les oreilles. Je ne porte plus à bout de bras les seaux d'eau nécessaires à mon repas et à ma toilette. Je ne suis pas étendu malade dans le noir car un petit comprimé a su desserrer l'étau qui me broyait le crâne… Mais ce n'est pas cela qui m'attire. Dans le tracteur dont je viens de vous parler, ce sont les écouteurs qui expliquent mon départ. Des écouteurs pour entendre je ne sais quelle stupide émission radiophonique ? Non, des écouteurs pour écouter de la musique. Chez vous les oiseaux chantent et vous les accompagnez parfois. Mais les instruments de musique auxquels je pense, fruits de l'ingéniosité des hommes, ne se contentent pas d'imiter la nature, ils la dépassent, la défient. La plainte bouleversante du violon est plus humaine que toute voix et que dire de la montée en puissance des chœurs au début du *Requiem* de Mozart ! Ils chantent notre tragique destin mais aussi notre infinie grandeur. Nous sommes des hommes ; cela veut dire que nous nous rapprochons des dieux. La nature nous offre des spectacles grandioses ou simplement émouvants mais l'art va plus loin encore. Les proportions et les perspectives du Parthénon sont plus belles que vos montagnes ! Les palais vénitiens à fleur d'eau offrent une palette infinie aux rayons du soleil couchant ! Les nymphéas de Monet sont plus diaphanes que la brume du matin sur vos étangs ! L'artiste ne se contente pas de copier la nature, il en exprime l'essence même telle que vous ne pourrez jamais la percevoir ! Ce superflu-là est un nécessaire qui signe notre nature humaine. Ce n'est pas la charrue qui fait l'homme, ce sont les peintures rupestres. Peut-être la civilisation, comme vous le dites avec Jean-Jacques Rousseau, est-elle source de corruption et de malheur, mais elle est aussi notre grandeur d'homme et je ne peux être heureux sans.

Et si je ne parviens pas à être heureux avec cette civilisation ? Vous pensez que je m'égare, que je vais courir après un bonheur fuyant comme l'aube au lieu de profiter des joies simples. Peut-être avez-vous raison. Mais si mon bonheur se trouvait justement dans cette quête et dans ce désir même ? Vous ne pouvez connaître le poème d'Arthur Rimbaud appelé « Aube » : la poursuite de l'aube et *« sur les quais de marbre »* est par définition condamnée (*« Au réveil il était midi »*) ; mais le plus grand bonheur n'est-il pas d'approcher la déesse : *« J'ai senti un peu son immense corps »*.

IV Choisir les autres

Vous n'êtes pas convaincus ? Votre esprit sage et mesuré ne se reconnaît pas dans le poète que je viens d'évoquer ? Vous ne voyez pas non plus l'intérêt de bâtir une cathédrale quand on peut se contenter d'une hutte ? Alors, je vous dirai autre chose. Vous avez la chance d'être nés sous des cieux cléments ; la nature pourvoit généreusement à vos besoins et vous comptez chaque année sur une *« double moisson »*. Mais il existe ailleurs des hommes qui aimeraient avoir simplement le huitième d'une de vos moissons, des hommes qui parcourent des kilomètres pour trouver de l'eau, des hommes qui regardent impuissants mourir leurs enfants. Comment pouvez-vous être heureux en sachant que le monde qui vous entoure ne l'est pas ? Mon séjour chez vous a été une pause salutaire ; j'ai appris à m'asseoir, comme le bon vieillard de Candide sous un berceau d'orangers pour profiter de la douceur du soir ; mais je ne vis pas dans un jardin et cette paix n'est pour moi qu'un moment de repos sur le chemin que je dois parcourir. Si ma civilisation est corrompue et se débat dans la violence, elle compte aussi des hommes qui creusent des puits dans le désert et qui, dans la souffrance, sont heureux de les creuser. C'est à ceux-là que je pense ce soir.

Je vous dis adieu ; je ne vous oublierai pas et quand je planterai des grenadiers et des jasmins au bord de chemins moins favorisés, je le ferai en pensant à votre sagesse comme à une source vive. Je pars parce que je suis un homme et que je suis fou.

CORPUS ET SUJETS 10 Séries ES, S, L - Pondichéry - Avril 2012

Objet d'étude : La question de l'homme dans les genres de l'argumentation

CORPUS

Texte A. La Fontaine, « Le Loup et le Chien », *Fables*, Livre I, V, 1668.

Texte B. Jean-Jacques Rousseau, *Émile ou de l'Éducation*, Livre IV, 1762.

Texte C. Victor Hugo, « Ultima verba », vers 37 à 64, *Les Châtiments*, VII, 17, 1853.

Texte D. Émile Zola, *Germinal*, troisième partie, 3, 1885.

ÉCRITURE

I. Après avoir lu tous les textes du corpus, vous répondrez à la question suivante.

Question (4 points)

Qu'est-ce qui, selon les quatre textes du corpus, permet à l'homme d'être libre ?

II. Vous traiterez ensuite, au choix, l'un des sujets suivants.

1. Commentaire (16 points)

Vous commenterez le texte de Victor Hugo (texte C).

2. Dissertation (16 points)

Dans quelle mesure la force d'une argumentation se nourrit-elle de l'expérience vécue ? Vous développerez votre propos en vous appuyant sur les textes du corpus, sur les œuvres que vous avez étudiées en classe et sur celles que vous avez lues.

3. Invention (16 points)

Un descendant des Maheu, devenu médecin, a été sollicité par un journaliste dans le cadre d'une enquête sur les évolutions de la société. Dans la lettre qu'il lui adresse en réponse, il explique comment, en quelques générations, sa famille s'est libérée de la mine grâce à l'instruction.

TEXTE A

La Fontaine, « Le Loup et le Chien », *Fables*, Livre I, V, 1668.

Un loup n'avait que les os et la peau,
Tant les chiens faisaient bonne garde.
Ce loup rencontre un dogue aussi puissant que beau,
Gras, poli[1], qui s'était fourvoyé par mégarde.
L'attaquer, le mettre en quartiers,
Sire loup l'eût fait volontiers.
Mais il fallait livrer bataille ;
Et le mâtin[2] était de taille
À se défendre hardiment.
Le loup donc l'aborde humblement,
Entre en propos, et lui fait compliment
Sur son embonpoint, qu'il admire.
« Il ne tiendra qu'à vous, beau sire,
D'être aussi gras que moi, lui repartit le chien.
Quittez les bois, vous ferez bien :
Vos pareils y sont misérables,
Cancres, hères[3], et pauvres diables,
Dont la condition est de mourir de faim.
Car quoi ? Rien d'assuré ; point de franche lippée[4] :
Tout à la pointe de l'épée.
Suivez-moi : vous aurez un bien meilleur destin. »
Le loup reprit : « Que me faudra-t-il faire ?
– Presque rien, dit le chien : donner la chasse aux gens
Portants[5] bâtons, et mendiants ;
Flatter ceux du logis, à son maître complaire ;
Moyennant quoi votre salaire
Sera force reliefs[6] de toutes les façons :
Os de poulets, os de pigeons ;
Sans parler de mainte caresse. »
Le loup déjà se forge une félicité
Qui le fait pleurer de tendresse.
Chemin faisant, il vit le cou du chien pelé :
« Qu'est-ce là ? lui dit-il. – Rien. – Quoi rien ? – Peu de chose.
Mais encor ? – Le collier dont je suis attaché
De ce que vous voyez est peut-être la cause.
– Attaché ? dit le Loup : vous ne courez donc pas

Où vous voulez ? – Pas toujours, mais qu'importe ?
– Il importe si bien que de tous vos repas
Je ne veux en aucune sorte,
Et ne voudrais pas même à ce prix un trésor. »
Cela dit, maître loup s'enfuit, et court encor.

---

1. *poli* : le poil luisant.
2. *mâtin* : chien puissant.
3. *cancres*, *hères* : hommes misérables et de peu de considération.
4. *franche lippée* : nourriture abondante et facile.
5. *portants* : orthographe de l'époque, même remarque pour *mendiants*.
6. *reliefs* : restes.

TEXTE B

Jean-Jacques Rousseau, *Émile ou de l'Éducation*, Livre IV, 1762.

Encore un coup, les plaisirs exclusifs sont la mort du plaisir. Les vrais amusements sont ceux qu'on partage avec le peuple ; ceux qu'on veut avoir à soi seul, on ne les a plus : si les murs que j'élève autour de mon parc m'en font une triste clôture, je n'ai fait à grands frais que m'ôter le plaisir de la promenade ; me voilà forcé de l'aller chercher au loin. Le démon de la propriété infecte tout ce qu'il touche. Un riche veut être partout le maître et ne se trouve bien qu'où il ne l'est pas ; il est forcé de se fuir toujours. Pour moi, je ferai là-dessus dans ma richesse ce que j'ai fait dans ma pauvreté. Plus riche maintenant du bien des autres que je ne serai jamais du mien, je m'empare de tout ce qui me convient dans mon voisinage ; il n'y a pas de conquérant plus déterminé que moi ; j'usurpe[1] sur les princes mêmes ; je m'accommode sans distinction de tous les terrains ouverts qui me plaisent ; je leur donne des noms, je fais de l'un mon parc, de l'autre ma terrasse, et m'en voilà le maître ; dès lors je m'y promène impunément, j'y reviens souvent pour maintenir la possession ; j'use autant que je veux le sol à force d'y marcher, et l'on ne me persuadera jamais que le titulaire du fonds que je m'approprie tire plus d'usage de l'argent qu'il lui produit que j'en tire de son terrain. Que si l'on vient à me vexer par des fossés, par des haies, peu m'importe ; je prends mon parc sur mes épaules et je vais le poser ailleurs ; les emplacements ne manquent pas aux environs, et j'aurai longtemps à piller mes voisins avant de manquer d'asile.

Voilà quelque essai du vrai goût dans le choix des loisirs agréables ; voilà dans quel esprit on jouit ; tout le reste n'est qu'illusion, chimère, sotte vanité. Quiconque s'écartera de ces règles, quelque riche qu'il puisse être, mangera son or en fumier et ne connaîtra jamais le prix de la vie.

On m'objectera sans doute que de tels amusements sont à la portée de tous les hommes, et qu'on n'a pas besoin d'être riche pour les goûter : c'est précisément à quoi j'en voulais venir. On a du plaisir quand on en veut avoir ; c'est l'opinion seule qui rend tout difficile, qui chasse le bonheur devant nous, et il est cent fois plus aisé d'être heureux que de le paraître. L'homme de goût et vraiment voluptueux n'a que faire de richesse ; il lui suffit d'être libre et maître de lui. Quiconque jouit de la santé et ne manque pas du nécessaire, s'il arrache de son cœur les biens de l'opinion, est assez riche : c'est l'*aurea mediocritas*[2] d'Horace. Gens à coffres-forts, cherchez donc quelque autre emploi de votre opulence[3], car pour le plaisir elle n'est bonne à rien. Émile ne saura pas tout cela mieux que moi, mais ayant le cœur plus pur et plus sain il le sentira mieux encore, et toutes ses observations dans le monde ne feront que le lui confirmer.

---

1. *j'usurpe* : je m'empare de ce qui ne m'appartient pas.
2. *aurea mediocritas* : « médiocrité dorée », art de vivre dans la juste mesure.
3. *opulence* : richesse.

TEXTE C

Victor Hugo, « Ultima verba », vers 37 à 64, *Les Châtiments*, VII, 17, 1853.

[*Louis-Napoléon Bonaparte a été élu Président de la Seconde République en décembre 1848. Le 2 décembre 1851, il s'autoproclame Empereur par un coup d'État. Il exerce dès lors un pouvoir dictatorial et réprime l'opposition républicaine. Hugo s'exile et compose* Les Châtiments, *recueil poétique destiné à discréditer le régime de Napoléon III.*]

Utima verba[1]

[…]
Mes nobles compagnons, je garde votre culte ;
Bannis[2], la République est là qui nous unit.
J'attacherai la gloire à tout ce qu'on insulte ;
Je jetterai l'opprobre[3] à tout ce qu'on bénit !

Je serai, sous le sac de cendre qui me couvre[4],
La voix qui dit : malheur ! la bouche qui dit : non !
Tandis que tes valets te montreront ton Louvre,
Moi, je te montrerai, César[5], ton cabanon[6].

Devant les trahisons et les têtes courbées,
Je croiserai les bras, indigné, mais serein.
Sombre fidélité pour les choses tombées,
Sois ma force et ma joie et mon pilier d'airain !

Oui, tant qu'il sera là, qu'on cède ou qu'on persiste,
Ô France ! France aimée et qu'on pleure toujours,
Je ne reverrai pas ta terre douce et triste,
Tombeau de mes aïeux et nid de mes amours !

Je ne reverrai pas ta rive qui nous tente,
France ! hors le devoir, hélas ! j'oublierai tout.
Parmi les éprouvés je planterai ma tente :
Je resterai proscrit, voulant rester debout.

J'accepte l'âpre exil, n'eût-il ni fin ni terme ;
Sans chercher à savoir et sans considérer
Si quelqu'un a plié qu'on aurait cru plus ferme,
Et si plusieurs s'en vont qui devraient demeurer.

Si l'on n'est plus que mille, eh bien, j'en suis ! Si même
Ils ne sont plus que cent, je brave encor Sylla[7] ;
S'il en demeure dix, je serai le dixième ;
Et s'il n'en reste qu'un, je serai celui-là !

Jersey, 2 décembre 1852.

---

1. *Ultima verba* : mes derniers mots.
2. *bannis* : exilés, chassés, même sens pour proscrit, désigne les Républicains refusant le Coup d'État de Louis-Napoléon.
3. *je jetterai l'opprobre à* : j'attacherai le déshonneur à.
4. *le sac de cendre qui me couvre* : le sac et la cendre sont dans la Bible les marques de la fonction prophétique et les symboles du deuil.
5. *César* : désigne l'empereur Napoléon III.
6. *cabanon* : cellule où l'on enferme les fous dangereux.
7. *Sylla* : dictateur romain qui élimina ses opposants par les massacres et l'exil ; désigne ici Napoléon III.

TEXTE D

Émile Zola, *Germinal*, troisième partie, 3, 1885.

[*Étienne Lantier, mineur logé chez les Maheu, discute avec eux chaque soir des conditions de vie des mineurs.*]

Un silence se faisait, tous soufflaient un instant, dans le malaise vague de cet horizon fermé. Seul, le père Bonnemort[1], s'il était là, ouvrait des yeux surpris, car de son temps on ne se tracassait pas de la sorte : on naissait dans le charbon, on tapait à la veine[2], sans en demander davantage ; tandis que, maintenant, il passait un air qui donnait de l'ambition aux charbonniers.

– Faut cracher sur rien, murmurait-il. Une bonne chope est une bonne chope… Les chefs, c'est souvent de la canaille ; mais il y aura toujours des chefs, pas vrai ? inutile de se casser la tête à réfléchir là-dessus.

Du coup, Étienne s'animait. Comment ! la réflexion serait défendue à l'ouvrier ! Eh ! justement, les choses changeraient bientôt, parce que l'ouvrier réfléchissait à cette heure. Du temps du vieux, le mineur vivait dans la mine comme une brute, comme une machine à extraire la houille, toujours sous la terre, les oreilles et les yeux bouchés aux événements du dehors. Aussi les riches qui gouvernent, avaient-ils beau jeu de s'entendre, de le vendre et de l'acheter, pour lui manger la chair : il ne s'en doutait même pas. Mais, à présent, le mineur s'éveillait au fond, germait dans la terre ainsi qu'une vraie graine ; et l'on verrait un matin ce qu'il pousserait au beau milieu des champs : oui, il pousserait des hommes, une armée d'hommes qui rétabliraient la justice. Est-ce que tous les citoyens n'étaient pas égaux depuis la Révolution ? puisqu'on votait ensemble, est-ce que l'ouvrier devait rester l'esclave du patron qui le payait ? Les grandes Compagnies, avec leurs machines, écrasaient tout, et l'on n'avait même plus contre elles les garanties de l'ancien temps, lorsque les gens du même métier, réunis en corps, savaient se défendre. C'était pour ça, nom de Dieu ! et pour d'autres choses, que tout péterait un jour, grâce à l'instruction. On n'avait qu'à voir dans le coron[3] même : les grands-pères n'auraient pu signer leur nom, les pères le signaient déjà, et quant aux fils, ils lisaient et écrivaient comme des professeurs. Ah ! ça poussait, ça poussait petit à petit, une rude moisson d'hommes, qui mûrissait au soleil ! Du moment qu'on n'était plus collé chacun à sa place pour l'existence entière, et qu'on pouvait avoir l'ambition de prendre la place du voisin, pourquoi donc n'aurait-on pas joué des poings, en tâchant d'être le plus fort ?

1. *Bonnemort* : surnom d'un vieux mineur, Vincent Maheu, grand-père d'une famille nombreuse employée à la mine.
2. *veine* : désigne la couche de charbon, le filon de houille.
3. *coron* : habitat dans lequel logent les familles des mineurs.

Corrigés

Attention : aucun titre ne doit figurer dans les devoirs rédigés.

CORPUS ET QUESTION

Travail préparatoire

■ Le corpus et l'objet d'étude

• Les textes

Le corpus comprend quatre textes qui, comme l'indique le sujet lui-même, se rattachent à l'objet d'étude centré sur la question de l'homme dans les genres de l'argumentation. Le corpus se fédère autour de la notion de liberté et nous propose de réfléchir à ce qui rend possible cette valeur fondamentale de notre société.

Le corpus est varié afin de nourrir le plus largement possible la réflexion. Nous avons en effet des textes de genres différents : une fable (texte A), une page d'un essai (texte B), quelques strophes d'un poème (texte C) et un extrait de roman (texte D). L'argumentation directe des textes B et C côtoie le recours à la fiction dans les deux autres passages. Même diversité du côté des époques et des mouvements littéraires : une fable du XVIIe siècle caractéristique de l'esthétique classique, les réflexions d'un philosophe des Lumières, les propos engagés du chef de file du romantisme et enfin une page d'un des plus célèbres romans naturalistes.

Les auteurs sont tous très connus et les textes ne sont pas déroutants même si la difficulté de lecture est inégale. Sans doute, nombre d'entre vous avez déjà rencontré « Le Loup et le Chien » et, de toutes les façons, la fable est aisée à comprendre. Vous ne buterez pas non plus sur le poème de Hugo ni sur le texte de Zola. En revanche l'extrait de Rousseau est un peu plus complexe.

• La problématique du corpus

Les quatre textes du corpus, au-delà de leurs différences (contexte, forme…), ont pour dénominateur commun d'envisager la question de l'homme sous l'angle de la liberté : Qu'est-ce qui emprisonne l'homme ? Qu'est ce qui, au contraire, lui permet d'être libre ? Le texte A, placé en tête du corpus pour une simple raison de chronologie, donne clairement le ton alors que les autres textes abordent cette notion de liberté de façon plus implicite. La question clarifie la problématique en vous amenant à réfléchir à la façon dont les extraits envisagent l'accès à cette liberté.

■ La lecture de la question et des textes

• La lecture des textes

Vous devez lire avec attention les quatre textes et leurs introductions respectives en vous aidant des notes pour vous assurer d'une bonne compréhension. En ayant en tête la question et sa notion de liberté, vous vous interrogerez, pour chacun des extraits, sur la place de cette liberté. Il vous faudra sans doute lire plusieurs fois le texte B qui est plus difficile. Que les premières lignes ne vous affolent pas : partez de la notion de liberté et demandez-vous tout simplement ce que Rousseau en dit. En aucun cas, ne restez bloqué sur ce passage : la question est notée sur 4 points seulement et cette page de l'*Émile* n'occupe qu'un quart du corpus !

- **La lecture de la question** (voir fiche 31)

Chacun des termes de la question mérite d'être pesé. En effet, il ne s'agit pas de parler de manière vague de la façon dont les différents auteurs abordent la notion de liberté mais d'examiner plus précisément ce qui « *permet à l'homme d'être libre* ». Votre réponse devra être centrée sur les moyens d'acquérir cette liberté ; toute autre considération occupera nécessairement une place très réduite.
Ici, aucune consigne concernant le plan à adopter, à la différence de ce que l'on trouve parfois (corpus 5, par exemple). Votre démarche sera synthétique : vous rapprocherez les textes en mettant en avant ce qui rend la liberté possible.

■ La démarche

- **Les qualités d'une bonne réponse**

On attend de la réponse qu'elle soit construite et organisée (si possible de façon synthétique), qu'elle sache mettre en relief ce qui est essentiel tout en restant précise. Vous devrez dégager ce qui est important en vous appuyant sur des citations significatives. Veillez à ne pas privilégier ou négliger un des textes du corpus.

- **La méthode**

Après avoir lu attentivement chacun des textes, soulignez les passages où il est question de liberté et demandez-vous ce qui, pour chacun des auteurs, rend cette liberté possible.
Pensez aussi à opérer des rapprochements entre les textes. Par exemple, comme l'indique utilement le sujet d'invention, l'instruction est, dans le texte D, un moyen d'accéder à la liberté. Interrogez-vous : cette instruction, n'est-elle pas suggérée dans un autre texte ? À sa manière, en effet, c'est en interrogeant le chien que le loup du texte A conserve une liberté qui lui est si précieuse.

- **Le plan**

I **La place de la réflexion sur la liberté dans les textes (brièvement car en marge de la question)**
II **Les autres peuvent jouer un rôle dans l'accès à la liberté**
III **Le refus de l'opulence rend libre**
IV **La connaissance ouvre une voie vers la liberté**
V **La liberté se gagne par une volonté obstinée**

RÉPONSE RÉDIGÉE

Le corpus réunit quatre textes de genre et d'époque variés autour de la notion de liberté. Attachés à cette valeur, les écrivains prennent leur plume pour la défendre et éclairer les chemins qui y conduisent. Au XVIIe siècle (1668), La Fontaine réécrit « Le Loup et le Chien » d'Ésope pour nous montrer à quel point il tient à sa liberté. Un siècle plus tard, dans l'ouvrage qu'il consacre à l'éducation d'Émile (1762), Rousseau s'interroge sur l'entrave que représente la richesse. Une centaine d'années plus tard encore (*Les Châtiments*, 1762), Victor Hugo, en exil, écrit « Ultima verba ». En 1885, dans *Germinal*, Zola prend la défense des ouvriers. Après avoir brièvement cerné la place de la liberté dans chacun des textes nous dégagerons ce qui permet à l'homme d'être libre : le soutien des autres, le refus de l'opulence, la connaissance et une volonté obstinée.

I La place de la réflexion sur la liberté dans les textes

Où se situe, dans les différents textes, la réflexion sur la liberté ? Dans le texte A, le chien, gras mais attaché, représente sans doute les courtisans dépendants d'un maître alors que La Fontaine, incarné par le loup, tient à son indépendance quitte à sacrifier son confort. Pour Rousseau, l'homme riche qui s'entoure de murs met des bornes à sa liberté alors que celui qui arpente la campagne sans se soucier des autres est libre. Dans le texte C, face à Napoléon III qui impose son autorité politique, Hugo clame la liberté de son refus. Enfin, dans le texte D, montrant comment les ouvriers sont prisonniers d'un pouvoir économique, Étienne Lantier revendique leur libération. Qu'est-ce qui permet aux hommes d'être libres ?

II Les autres peuvent jouer un rôle dans l'accès à la liberté

Si La Fontaine (le loup), Rousseau, Hugo (prêt à être le dernier combattant) et même à sa manière Étienne Lantier, affirment la singularité de leur combat pour la liberté, le groupe auquel ils appartiennent peut cependant jouer un rôle important. C'est ce qui se passe dans le texte C où le poète avant de se dresser seul face à tous lance un appel aux « *bannis* » et souligne la force de leur solidarité : « *Mes nobles compagnons* », « *la République est là qui nous unit* ». On retrouve cette dimension collective, de façon plus marquée encore, dans l'extrait de *Germinal*. Alors que « le mineur » doit s'éveiller seul (« *le mineur s'éveillait* »), sa libération s'appuie sur le soutien des autres : « *les gens du même métier* », « *des hommes, une armée d'hommes qui rétabliraient la justice* ».

III Le refus de l'opulence rend libre

Si l'homme veut acquérir la liberté, il doit se libérer de tout ce qui l'entrave. Le collier du chien dans le texte A et les murs dans le texte B symbolisent l'entrave des biens matériels. Ce qui retient le chien chez La Fontaine, c'est la perspective d'un bon repas (« *force reliefs de toutes les façons* ») et d'une vie agréable (« *mainte caresse* »). L'animal est « *aussi puissant que beau* », « *gras, poli* » : autant de signes de sa richesse si l'on transpose la situation dans le monde de la Cour. De même, dans le texte B, les murs sont des signes d'opulence : « *Un riche veut être partout le maître* », « *le démon de la propriété* ». La position de Rousseau est claire : « *L'homme* [...] *n'a que faire de richesse* », l'opulence même est « *illusion, chimère, sotte vanité* », l'or se transforme en fumier et celui qui s'y attache ne pourra être ni libre ni heureux. Il ne s'agit pas cependant de vivre pauvrement (il « *ne manque pas du nécessaire* »), mais dans la juste mesure, « *l'*aurea mediocritas *d'Horace* ».

IV La connaissance ouvre une voie vers la liberté

Mais le texte A nous montre que le refus des richesses qui rendent esclaves ne suffit pas à ouvrir le chemin de la liberté. En effet, le loup part en courant parce qu'il a interrogé le chien et compris en quoi consistait son existence. Malgré sa faim, sans obéir immédiatement à l'ordre (« *Suivez-moi* ») du chien, le loup questionne : « *Que me faudra-t-il faire ?* », « *Qu'est-ce là ?* », « *Quoi rien ?* », « *Mais encor ?* », « *vous ne courez donc pas / Où vous voulez ?* ». De même, en évoquant l'instruction, Étienne souligne aussi le rôle essentiel de la connaissance dans l'accès à la liberté. La réflexion est source de libération : « *les choses changeraient bientôt, parce que l'ouvrier réfléchissait à cette heure* ». Et c'est l'instruction qui rend possible cette réflexion : « *grâce à l'instruction* », « *quant aux fils, ils lisaient et écrivaient comme des professeurs* ».

V La liberté se gagne par une volonté obstinée

Les différents auteurs du corpus soulignent également l'importance de la détermination quand on recherche la liberté. Les trois derniers vers de la fable soulignent cette volonté. En effet, si le loup est faible au point de ne pouvoir attaquer un chien, il trouve suffisamment de ressources pour imposer sa volonté (sa liberté de choisir) en répétant le verbe « vouloir » : « *Je ne veux* », « *ne voudrais pas même* ». L'image finale qui laisse entendre que l'animal « *court encor* » tandis que nous lisons aujourd'hui la fable ne fait que renforcer cette détermination. Dans le texte C, l'emploi du futur et l'affirmation de la première personne ne disent pas autre chose ; le poète ne cèdera pas : « *Et s'il n'en reste qu'un, je serai celui-là !* ». Chez Zola, la volonté de se libérer s'exprime par la violence du vocabulaire : « *une armée d'hommes* », « *nom de Dieu !* », « *tout pèterait un jour* », « *joué des poings* ».

Ainsi, ces textes d'époques et de genres différents se rejoignent dans leur défense de la liberté en ouvrant les voies qui permettent d'y accéder.

COMMENTAIRE

Travail préparatoire

■ La lecture du texte

• La lecture du paratexte

Les renseignements donnés dans le chapeau introducteur sont indispensables. Avant de commencer votre analyse, vous devez cerner les circonstances de l'écriture du texte en examinant les dates. Le poète se trouve en effet à Jersey lorsqu'il compose ce poème, le 2 décembre (date plus symbolique que réelle probablement) 1852, soit exactement un an après que Louis-Napoléon Bonaparte a pris le pouvoir alors qu'il avait été élu Président de la Seconde République. Le mot « République » figure d'ailleurs dans le texte et les références à César et à Sylla évoquent le coup d'État. Victor Hugo et un certain nombre d'opposants (« *Mes nobles compagnons* ») ont quitté la France sans pour autant renoncer au combat comme l'indique l'introduction en précisant que le recueil des *Châtiments* est « *destiné à discréditer le régime de Napoléon III* ».

N'oubliez pas que l'extrait correspond à la deuxième moitié du poème : les références indiquent qu'il s'agit des vers 37 à 64 et la mention « Jersey, 2 décembre 1852 » marque la clôture du texte.

• Les outils d'analyse

L'éclairage historique apporté par le chapeau introducteur vous aide à comprendre un des enjeux du passage et vous repérerez soigneusement tout ce qui évoque les circonstances et la position politique de Victor Hugo.

Mais en répondant à la question liminaire, vous avez déjà été amené à voir que le poème ne reste pas prisonnier des circonstances et qu'il défend la liberté. C'est une perspective que vous pourrez creuser.

Examinez le temps des verbes, les indices de l'énonciation, le lexique : ils montrent la force de la parole poétique, une force chère à Hugo et que vous avez peut-être eu l'occasion d'étudier en lisant « Fonction du poète » : « Peuples, écoutez le poète ! ».

Victor Hugo est le chef de file du romantisme. Que savez-vous de ce mouvement littéraire ? Le poète romantique s'affirme (ici la forte présence de la 1re personne), exprime ses sentiments (l'amour pour la France et le chagrin de l'exil), se bat pour un idéal.

FICHE 39

• Le registre

Le registre se définit par l'effet produit sur le lecteur. Les principaux registres sont les suivants.

– Le registre **comique** : le lecteur rit. Ce registre peut jouer sur l'ironie (dire le contraire de ce que l'on pense), sur l'humour (traiter les sujets sérieux de manière légère), ou encore le burlesque (traiter les sujets graves de manière grossière) ; lorsque le texte comique véhicule une satire, on parle de registre satirique.

– Le registre **lyrique** : l'auteur cherche à faire partager les sentiments, souvent exaltés, qu'il éprouve. Lorsque le texte exprime une plainte ou un sentiment de nostalgie, on parle de registre **élégiaque**.
– Le registre **pathétique** : le lecteur est ému, pris de pitié.
– Le registre **tragique** : le lecteur est désespéré devant l'impossibilité d'échapper au malheur.
– Le registre **épique** : l'auteur fait éprouver au lecteur un sentiment d'admiration pour un héros et des faits hors du commun.
– Le registre **fantastique** : l'auteur introduit une hésitation entre réel et surnaturel, inquiétant ainsi le lecteur.
– Le registre **épidictique** : l'auteur présente un éloge ou une critique (un blâme).

La méthode

• **Une lecture attentive et sensible** (voir fiches 37 et 46)

Lisez attentivement le texte en vous demandant ce que vous percevez : colère et détermination du poète, souffle puissant de la parole de celui qui, « *s'il n'en reste qu'un* », sera celui-là. Interrogez-vous sur le sens des mots et vérifiez que vous comprenez bien, littéralement, le texte. Qui sont les bannis ? De quelle République parle-t-on ? Qui est César ?
Faites le tour des éclairages dont vous disposez : l'éclairage de l'introduction et du corpus, votre connaissance de l'auteur et du mouvement littéraire, le repérage des procédés grammaticaux et stylistiques. Attention toutefois à bien sélectionner vos appuis : il serait par exemple absurde de se référer ici à la mort de Léopoldine (1843), la fille de Victor Hugo !

• **Le repérage et le commentaire des procédés, notamment de ceux liés à la versification**

Tout commentaire, et plus particulièrement celui d'un poème, s'appuie sur un repérage et une analyse des procédés. De façon systématique, au fil du texte, un crayon à la main, repérez les procédés grammaticaux (énonciation, temps des verbes, types de phrases…). Recherchez également les procédés stylistiques et examinez la versification.
Mais ne perdez pas de vue que ces procédés ne seront pas regroupés dans votre commentaire : une sous-partie intitulée « les procédés » ou « la versification » est interdite car on attend que vous montriez comment la forme fait sens, c'est-à-dire comment ces différents procédés contribuent à élaborer la signification du texte. Si vous ne voyez pas quel rôle peut jouer tel ou tel procédé, renoncez à en parler ou mentionnez simplement un effet d'insistance.
Quant à la versification, ce n'est pas le fait de recourir à des alexandrins qui est ici à commenter mais la façon dont Victor Hugo joue sur le rythme du vers pour donner de la force à ses propos. Quelques conseils : évitez de montrer des évidences : les vers ont douze syllabes, donc ce sont des alexandrins, les strophes ont quatre vers, donc ce sont des quatrains… Utilisez un vocabulaire précis et exact qui témoignera de votre bonne connaissance de la rhétorique et de la métrique.

FICHE 41

• L'étude du genre dans le commentaire

Si un repérage des marques du genre ne peut constituer un axe de commentaire, l'identification du genre et du registre constitue souvent une voie d'accès intéressante. Le relevé et le commentaire de ces indices alimentent bien souvent la première partie du commentaire, à condition de ne pas se contenter de décrire : les observations formelles doivent contribuer à l'élucidation du sens du texte. On est souvent amené à préciser la notion de genre. Par exemple, pour une page de roman, on montrera qu'il s'agit d'une première rencontre, d'un aveu, d'une pause descriptive… Pour le texte de Victor Hugo, ici, on verra qu'il est un poème de circonstances.

• L'élaboration du plan

Votre commentaire doit mettre en lumière les différents enjeux du texte en allant du moins important au plus important. Veillez à la cohérence de votre progression et tenez compte des conseils donnés dans les fiches 16, 11 et 13.

• Le plan

I Un poème de circonstances
II L'élégie de l'exilé
III La parole du poète-prophète

COMMENTAIRE RÉDIGÉ

FICHE 42

[Au début de chacun des axes d'étude, une brève introduction vient présenter les points qui seront développés.]

Introduction

Victor Hugo, une des plus grandes figures du XIXe siècle et chef de file du mouvement romantique, fascine toujours en raison de la multiplicité de ses talents et de la force de sa voix. Homme de théâtre, romancier et poète, il est aussi un homme politique fortement engagé dans les combats de son temps. Après avoir soutenu la candidature de Louis-Napoléon à la présidence de la IIe république, il devient un de ses plus farouches opposants dès le 2 décembre 1851. C'est, pour le poète, le début de vingt années d'exil. Installé à Jersey, il compose, un an jour pour jour après le coup d'État qui inaugure l'Empire, « Ultima verba », un poème anniversaire dans lequel il exprime toute sa détermination. Ce poème paraît en 1853 dans *Les Châtiments*, un recueil destiné à discréditer, sur le mode pathétique, polémique ou satirique, Napoléon III, devenu, sous la plume du poète, « Napoléon le Petit ». Comment ce poème dont nous étudions les sept dernières strophes fait-il entendre la voix puissante du poète ? Poème de circonstances exprimant un engagement politique, « Ultima verba » chante aussi l'exil sur le mode élégiaque* cher aux romantiques. Enfin, ces strophes témoignent de la force poétique et prophétique des vers hugoliens.

I Un poème de circonstances

Présenté comme écrit à Jersey le 2 décembre 1852, « Ultima verba » est un poème de circonstances *[présentation du projet de l'axe]* dans lequel nous lisons l'Histoire *[annonce de la première sous-partie]* et l'engagement du poète *[annonce de la deuxième sous-partie]*.

I-1 L'évocation du cadre spatio-temporel

Les indications de lieu et de temps inscrivent le poème dans un cadre bien défini géographiquement et historiquement. Les vers 15 et 17 rapprochés par l'anaphore de « *Je ne reverrai pas* » tracent une distance entre l'île de Jersey, le lieu de l'écriture du poème précisé à la fin, et la France dont le nom apparaît à trois reprises. L'allusion au palais du Louvre, résidence de l'Empereur à Paris, précise cette carte. La distance tracée entre l'île anglo-normande et la France constitue également un indice temporel que viennent compléter les termes « *bannis* », « *proscrit* » et « *exil* ». L'information est à la fois biographique (le début des vingt années d'exil) et historique : Napoléon réprime l'opposition républicaine qui doit se taire ou partir. Elle est désignée au vers 2 par le terme « *République* » qui rappelle l'amorce d'un régime démocratique après les événements de 1848. L'Empereur lui-même n'est pas explicitement nommé mais les Romains qui le représentent sont connus pour leur autorité : César et surtout Sylla. Ces données factuelles ancrent le poème dans les circonstances biographiques et politiques de son écriture. Et si Victor Hugo prend soin de noter qu'il a écrit ce poème le 2 juillet 1852, à Jersey, c'est pour mieux exprimer son engagement.

I-2 Un poème engagé

En effet, dans le recueil des *Châtiments* et notamment dans « Ultima Verba », Hugo critique l'usurpateur tout en affirmant sa propre détermination. Dans la deuxième strophe de notre extrait, il s'adresse directement à Napoléon III en utilisant un tutoiement familier et dévalorisant. Placée juste avant l'expression négative « *ton cabanon* », l'apostrophe « *César* » est ironique. Le parallélisme des vers 7 et 8, accentué par la reprise du verbe « *montrer* », fait de la résidence impériale un asile de fous, l'empereur étant présenté comme un des plus dangereux pensionnaires. Dans ces deux vers, le pronom « *Moi* », placé en tête, s'oppose nettement aux « *valets* » du vers précédent : Victor Hugo rejette ainsi le régime en dénonçant, au-delà de l'Empereur, tous ceux qui ont soutenu ou accepté le coup d'État. On retrouve dans l'expression « *les trahisons et les têtes courbées* » le pluriel des « *valets* » ; le pronom personnel indéfini « *on* » répété aux vers 3 et 4 critiquait déjà, au début de notre extrait, ce soutien collectif anonyme sans lequel Napoléon n'aurait pas pu prendre le pouvoir. À la fin du poème, la référence à Sylla place au premier plan une violence déjà suggérée par les termes « *insulte* », vers 3, « *cède* » (13), « *éprouvés* » (19) et « *âpre* » (21). En effet, le dictateur romain n'a pas hésité à éliminer ses opposants en les massacrant ou en les exilant. D'autres poèmes des *Châtiments*, comme « Souvenir de la nuit du 4 », dénoncent ce coup d'État sanglant. La forte présence des pronoms de première personne, souvent placés en tête de vers, montre la détermination d'un écrivain engagé « voulant rester debout ».

[Conclusion-transition] Le « *je* » qui prend la plume à Jersey le 2 décembre 1852 est bien celui d'un écrivain impliqué dans son époque et qui prend, selon une expression de Jean-Paul Sartre, « *sa plume pour une épée* » afin de pourfendre, au nom de

la République qu'il vénère, un homme et son régime. Mais ce pronom « *je* » est aussi celui d'un poète romantique qui exprime ses sentiments.

II L'élégie* de l'exilé

Si la poésie est pour Victor Hugo un instrument au service de son engagement politique *[rappel du premier axe]*, elle est aussi le lieu d'un épanchement personnel *[présentation du projet de l'axe]*. Le poème de circonstances chante la nostalgie de la France *[annonce de la première sous-partie]* et la souffrance de l'exil *[annonce de la deuxième sous-partie]*.

II-1 La nostalgie de la France

Le mot « *France* » apparaît à trois reprises dans le poème. L'anaphore de l'apostrophe s'accompagne d'une modalité exclamative caractéristique de l'élégie. Les interjections « *Ô* » et « *hélas* » ponctuent une plainte à laquelle le rythme binaire donne tout son poids : « *douce et triste* », « *Tombeau de mes aïeux et nid de mes amours* ». Dans cette dernière expression, la binarité est renforcée par le parallélisme des groupes nominaux construits à l'identique de part et d'autre de la césure. La césure du vers 14 est, quant à elle, étouffée et le rythme, prenant appui sur l'apostrophe « *Ô France !* » est croissant : « *Ô France / France aimée / et qu'on pleure toujours* ». On croirait entendre monter un sanglot.

Par ailleurs, le tutoiement adopté lorsque le poète s'adresse à son pays natal exprime tout son attachement de même que le vocabulaire affectif : « *aimée* », « *douce* », « *nid* ». S'esquisse ainsi un amour quasi filial pour la patrie qui devient sous la plume d'Hugo une figure maternelle protectrice comme le suggèrent l'image du « *nid* » et la référence à la famille (« *mes aïeux* »).

II-2 La souffrance de l'exil

Dans ces vers élégiaques, le vocabulaire de la tristesse occupe une place importante : « *pleure* », « *triste* », « *tombeaux* », « *éprouvés* ». En effet, loin de sa patrie « *aimée* » et « *douce* », le poète est, parmi « *les bannis* », un « *proscrit* » qui souffre de « *l'âpre exil* ». L'originalité de l'adjectif accroche l'attention du lecteur et renforce l'expression de la souffrance. L'anaphore de la construction négative « *Je ne reverrai pas* » qui occupe tout un hémistiche suggère un chagrin d'autant plus grand qu'il est ressassé. L'exil est présenté comme une mort : la séparation est définitive comme l'affirment le futur de l'indicatif (« *Je ne reverrai pas* ») et l'adverbe « *toujours* ». L'évocation de la « *rive* » au vers 17 ne rappelle-t-elle pas les mythes qui représentent la mort comme le franchissement d'un fleuve ? On ne saurait oublier non plus « *le sac de cendre* » du vers 5 et la connotation funèbre du titre.

L'exil est une expérience de la solidarité, mais aussi de la solitude. Au début de notre passage, le combat est un facteur de rapprochement : le préfixe du mot « *compagnons* », issu de la préposition latine « *cum* » (avec), ainsi que son étymologie qui renvoie au partage du pain, expriment cette solidarité reprise par le verbe « *unit* » et par le recours au pluriel (« *compagnons* », « *Bannis* »). À la fin du texte, avec les nombres « *mille* », « *cent* » et « *dix* », on retrouve cette solidarité qui adoucit peut-être l'exil mais la progression du poème est claire : quand le mot « *Bannis* » au pluriel laisse la place à son synonyme « *proscrit* » au singulier, la solidarité cède le pas à la solitude car le groupe des opposants connaît au fil du temps des défections ; en effet, « *quelqu'un a plié* » (au singulier) puis « *plusieurs s'en vont* » (au pluriel). Ce douloureux chassé croisé des nombres qui fait qu'il y a de moins en moins d'opposants et de plus en plus de trahisons conduit le poète à affirmer sa détermination dans le célèbre vers qui clôt le texte : « *Et s'il n'en reste qu'un, je serai celui-là !* ».

[Conclusion-transition] : Ainsi, le poème engagé laisse également entendre la souffrance de l'exil, une souffrance qui n'entame pas, bien au contraire, la volonté d'un poète pour qui la poésie, davantage encore qu'une tribune ou un lieu d'épanchement, est une voix prophétique.

III La parole du poète-prophète

Dans « Fonction du poète », Hugo fait du poète un prophète chargé de guider les peuples vers un avenir meilleur *[présentation du projet de l'axe]* et nous retrouvons ici cette conception d'une poésie qui dépasse les circonstances *[annonce de la première sous-partie]* et fait entendre la voix prophétique du poète *[annonce de la deuxième sous-partie]*.

III-1 Une poésie qui transcende les circonstances

« Ultima verba » dépasse les circonstances de sa composition pour atteindre une dimension universelle. C'est ainsi que l'on peut comprendre les références à l'Antiquité. En évoquant César puis Sylla, Hugo, loin d'effectuer une simple comparaison, montre que le présent ne fait que reprendre le passé. En se battant contre Napoléon III, Hugo lutte contre tous les Sylla de l'Histoire. Dans un souci de syncrétisme qui lui confère une portée universelle, le poème se colore également d'une tonalité biblique. Ne perçoit-on pas en effet, dans le vers 3, comme un écho des évangiles qui racontent comment Jésus, dans sa passion, a acquis sa « gloire » malgré les insultes, voire grâce à elles ? Quant à la dernière strophe, elle nous laisse entendre la prière réitérée d'Abraham en faveur de Sodome dans le chapitre 18 du livre de la Genèse. Le thème est différent mais le rythme du texte est le même, ce qui donne force et crédibilité au poème. La portée intemporelle du texte résonne dans l'adverbe « *toujours* » (vers 14) placé à la rime de même que dans l'hémistiche « *n'eût-il ni fin ni terme* » (vers 21). L'emploi du verbe « rester » (« *Je resterai* », vers 20) et la valeur de certitude associée au futur de l'indicatif contribuent également à donner au poème une dimension universelle et à faire de Hugo un chantre de la liberté par delà les circonstances. En affirmant son opposition au régime, le poète se fait le porte-parole de tous ceux qui disent « *non* » (vers 6) « *devant les trahisons et les têtes courbées* » et se battent, « *voulant rester debout* ».

III-2 Une parole prophétique

Porteur d'un message universel, le poète est « *semblable au prophète* » (« Fonction du poète »), comme le suggère la deuxième strophe de notre passage avec l'allusion au « *sac de cendre* ». Le verbe « être » (« *Je serai* ») réduit le poète à une « voix » et à une « bouche » prophétiques. Le rythme binaire du vers 6, la forte césure et le parallélisme de construction donnent toute sa force à cette mission tandis que la place occupée, en tête de vers, par les mots qui désignent le poète (« *Je* », « *voix* » qui annonce « *moi* ») est nettement plus marquée que celle, en retrait, des « valets ». Tout se passe comme si le poète avait pour mission de prendre position et de faire entendre sa voix universelle. Aussi relève-t-on de nombreuses marques de l'énonciation. Hugo s'adresse successivement à différents destinataires : les « *Bannis* » qui sont ses « *nobles compagnons* », puis Napoléon III sous le nom de César et enfin la France. Les marques du destinataire sont absentes des deux dernières strophes mais l'interjection familière « *eh bien* » est un signe d'oralité qui laisse penser que, pour conclure, le poète a choisi son lecteur comme ultime interlocuteur. Cette multiplication des apostrophes et cette oralisation du propos (le dernier vers rappelle la péroraison des orateurs) ne fait que renforcer la place centrale du « *je* ». Nous avions noté au début de notre étude la récurrence de ce pronom sujet en l'expliquant comme une marque d'engagement puis comme un indice de l'élégie. Ajoutons maintenant que ce « *je* » est celui d'un poète qui se conçoit comme un prophète.

Conclusion

Le génie de Victor Hugo ne réside-t-il pas dans un art d'associer au sein d'un même poème des voix différentes ? À la première lecture, domine celle du proscrit qui, célébrant à sa manière le coup d'État du 2 décembre 1851, réaffirme son opposition au régime. Mais un peu d'attention suffit pour entendre le chant plaintif de l'exilé qui, se souvenant du Joachim du Bellay des *Regrets* (« *Quand reverrai-je hélas* »…), murmure son amour pour la « *terre douce et triste* ». Une troisième voix, enfin, vient transcender cet engagement politique et cet épanchement, celle d'un poète qui s'est attribué une mission prophétique et qui, renouant avec la conception antique d'un poète divin (Orphée), clame un message universel pour nous inviter à défendre nos valeurs en disant « *non* » et en « *rest*[*ant*] *debout* ». La force de la parole poétique, comme ont pu nous la faire entendre également les poètes de la Résistance, opère une sorte d'alchimie qui confère à des circonstances et à un message particuliers une portée universelle. Le « *Et s'il n'en reste qu'un, je serai celui-là !* » résonne jusqu'à nous et porte nos combats d'aujourd'hui.

DISSERTATION

Travail préparatoire

■ La lecture du sujet

• Un sujet de forme traditionnelle (voir fiche 2)

La question posée sans introduction dans la première phrase constitue le corps du sujet ; c'est une interrogation partielle (les différentes « *mesures* ») qui demande un plan analytique (voir fiche 28) envisageant les diverses relations entre les textes argumentatifs et l'expérience vécue.
La seconde phrase rappelle la place des exemples dans la dissertation. Les seuls textes proposés ici ne suffiront pas à illustrer votre argumentation. Ne choisissez pas la dissertation si vous ne disposez pas, en dehors du corpus, d'exemples suffisamment nombreux, variés et précis.

• Un sujet qui ressemble à un autre sujet

Les sujets de dissertation étant rattachés aux objets d'étude abordés en Première, il peut arriver qu'ils présentent des points communs : l'efficacité de la littérature

dans les débats d'idées, le lien entre la littérature et l'expérience réelle ou vécue (corpus 4 par exemple), les différentes fonctions de la poésie…
Mais « sujets voisins » ne veut pas dire « sujets identiques » et vous ne pouvez plaquer sur un sujet un plan adapté à une autre question. Dans ce cas, pour éviter de vous écarter du sujet donné, tout en profitant des ressemblances avec un sujet déjà étudié, commencez par oublier la précédente dissertation et construisez les grandes lignes de votre plan à partir des termes soigneusement pesés du nouvel énoncé. Puis, quand vous avez posé les axes de réflexion et établi votre progression, vous pouvez faire appel à vos souvenirs et connaissances (arguments et exemples précis) pour nourrir et approfondir votre étude.

• **L'éclairage du corpus** (voir fiche 27)

Le texte C fortement ancré dans les circonstances historiques et biographiques nous montre que l'« *expérience vécue* » peut nourrir « *la force d'une argumentation* ». Dans une toute autre perspective, puisqu'il s'agit cette fois-ci d'une fiction, les personnages du roman de Zola incarnent le combat des ouvriers pour la liberté. Ces deux perspectives bien distinctes permettent de comprendre le sujet et d'amorcer la réflexion.

• **Le problème du sujet**

Le sujet interroge sur le lien entre l'expérience vécue (par l'écrivain ? par les personnages ?) et la force d'une argumentation. Vous vous demanderez de quelle nature peut être ce lien et comment cette expérience vécue peut donner du poids (arguments ? registre ? style ?) à la thèse défendue.

■ Méthode

• **La lecture du sujet** (voir fiche 31)

Chacun des termes de la consigne doit être pesé. Vous devez dans un premier temps identifier le type de sujet afin d'adapter votre plan. Nul plan dialectique ici mais une progression thématique (ou analytique). Interrogez-vous sur le sens des expressions employées : qu'entendre par « *force de l'argumentation* » ? De quelle « *expérience vécue* » parle-t-on ?

• **La construction du plan dans ses grandes lignes** (voir fiches 11 et 28)

Pour bâtir le plan, il vous appartient de déterminer quel type de lien peut rapprocher « force de l'argumentation » et « expérience vécue ». Demandez-vous en quoi l'expérience vécue peut nourrir la force d'une argumentation. Appuyez-vous sur les réponses à cette question pour construire une progression cohérente en deux ou trois parties.
On pourra ici penser à distinguer l'expérience vécue par l'écrivain et celle vécue par les personnages. Vous pourrez aussi, pour élargir la réflexion, montrer que l'argumentation littéraire permet de dépasser l'expérience pour lui donner une portée universelle.

• **La recherche des arguments et des exemples** (voir fiche 32)

Il est souvent commode de partir des exemples pour dégager les arguments. Dressez la liste des textes et œuvres dont vous disposez pour en tirer les arguments que vous allez approfondir dans votre dissertation. Lorsque vous rédigerez, il vous faudra expliquer l'argument au début de chaque sous-partie puis l'illustrer en détaillant les exemples que vous aurez retenus.

• **Le plan**

I **Les écrivains impliqués dans leur époque mettent leur plume au service des causes qu'ils défendent**

II **Les écrivains ont recours à la fiction parce que la mise en scène d'une expérience vécue par leurs personnages donne de la force à leur argumentation**

III **L'expérience vécue – réelle ou fictive – donne de la force à l'argumentation dans la mesure où elle acquiert une dimension intemporelle**

PLAN DÉTAILLÉ

Introduction rédigée

Comme en témoignent toutes les œuvres brûlées ou amputées, les écrivains emprisonnés autrefois et aujourd'hui, la littérature est une force subversive dès lors que la plume des auteurs dénonce des situations et des institutions. Ainsi Victor Hugo, exilé pendant toute la durée du règne de Napoléon III, clame sa colère dans son recueil des *Châtiments*. Il est « *La voix qui dit : malheur ! la bouche qui dit : non !* » (« Ultima verba »). L'expérience de l'exil est l'encre dans laquelle il trempe sa plume. De manière générale, nous pouvons nous demander dans quelle mesure la force d'une argumentation se nourrit d'une expérience vécue. Par cette dernière expression, nous entendons bien entendu celle de l'écrivain qui réagit à ce qui le touche de près. N'oublions pas cependant que les auteurs, pour parler de ce qui leur tient à cœur, ont souvent recours aux différentes formes de la fiction. Incarnée dans l'expérience vécue de personnages animés par le souffle créateur du romancier ou du dramaturge, l'argumentation prend une force susceptible de franchir les frontières et les siècles. Après avoir montré comment les écrivains impliqués dans leur époque peuvent mettre leur art au service des causes qui leur sont chères, nous verrons comment les expériences fictives des personnages jouent aussi un rôle déterminant dans la littérature argumentative. Mais ces expériences – réelles ou fictives – ne donnent force à l'argumentation que dans la mesure où elles acquièrent une dimension universelle.

I Les écrivains impliqués dans leur époque mettent leur plume au service des causes qu'ils défendent

I-1 Les écrivains qui défendent dans leurs œuvres des causes qui leur sont chères ont vécu les situations qu'ils évoquent

Argument à développer : les écrivains qui prennent position dans des débats d'idées ne vivent pas enfermés dans une tour d'ivoire. Leurs actions, comme leurs œuvres littéraires, témoignent de leur engagement. Et sans doute cette expérience vécue donne-t-elle de la force à leur argumentation. Leurs écrits sont d'autant plus crédibles qu'ils sont nés au cœur des événements.

Exemples possibles :

Voltaire : le philosophe prend position dans les affaires de son temps (affaire Calas) pour dénoncer l'intolérance religieuse. Dans *Candide*, le chapitre 6 poursuit sur le mode littéraire cette dénonciation. Voltaire a été censuré, emprisonné et exilé pour ses différentes prises de position.

Zola : le romancier naturaliste s'en prend aux injustices dans *Germinal* en exposant les conditions de vie des mineurs. Romancier, il est aussi un journaliste qui dénonce le régime du Second Empire. Dans l'Affaire Dreyfus, il prend courageusement position en 1898 en faveur du Capitaine injustement accusé : « J'accuse » paraît dans le journal *L'Aurore* en 1898 et Zola, condamné, s'exile en Angleterre.

Robert Desnos : membre actif de la Résistance, il est arrêté et meurt en déportation. Ses poèmes expriment son engagement et son action sur le terrain le rend crédible. On peut citer « Ce cœur qui haïssait la guerre… » ou évoquer d'autres résistants tels que Paul Eluard ou René Char.

I-2 La façon dont les écrivains vivent leurs expériences donne toute sa force au registre de leur œuvre

Argument à développer : le registre d'un texte caractérise l'effet sur le lecteur et cet effet suppose une certaine relation de l'écrivain à la situation vécue. Ainsi le registre satirique (ou l'ironie) suppose un certain recul ; il s'agit d'amener le lecteur à considérer le ridicule, l'absurdité d'un fait ou d'une institution. En revanche, certaines situations douloureuses ne peuvent être traitées de façon satirique et le registre pathétique aura pour effet de provoquer la pitié du lecteur.

Exemples possibles pour le registre satirique : Molière et les prétentions de ses contemporains (faux médecins et faux dévots), Voltaire et ses contes (le chapitre consacré à Paris dans *Candide*).

Exemples possibles pour le registre pathétique : « Souvenir de la nuit du 4 » de Victor Hugo, « Hymne de la liberté » de Pierre Emmanuel : deux expériences vécues.

I-3 L'expérience vécue donne sa force au style

Argument à développer : puisant sa force dans l'expérience vécue, l'écrivain s'implique dans son écrit, ce qui se traduit par différents procédés de style destinés à persuader le lecteur pour emporter son adhésion.

Exemples possibles : les marques de l'énonciation expriment l'implication du poète (texte C du corpus, « J'accuse » de Zola), les procédés de rhétorique du texte C (anaphore, rythme binaire...).

II Les écrivains ont recours à la fiction parce que la mise en scène d'une expérience vécue par leurs personnages donne de la force à leur argumentation

II-1 Le détour par une expérience vécue fictive, parce qu'elle contourne la censure, permet à l'écrivain d'atteindre son public

Argument à développer : sous les régimes politiques autoritaires, hier et aujourd'hui, les écrivains sont surveillés et leurs œuvres filtrées. D'où la nécessité pour les opposants d'élaborer une stratégie de détour qui leur permet de transmettre leurs idées malgré la censure.

Exemples possibles :

La Fontaine : tout en semblant reprendre simplement le canevas des fables d'Ésope, le fabuliste met en scène des animaux qui représentent certains comportements du roi et de la Cour. On pourra montrer comment dans deux fables complémentaires, « Les Animaux malades de la peste » et « Les Obsèques de la Lionne », La Fontaine dénonce les abus de pouvoir du monarque et le rôle des courtisans. On peut aussi s'appuyer sur « Le Loup et le Chien ».

Montesquieu et ses *Lettres persanes* : en imaginant une intrigue autour d'un harem et le voyage de Persans à Paris, le philosophe des Lumières introduit le procédé du regard étranger qui, tout en contournant la censure (tout est mis sur le compte de la naïveté des Persans), invite le lecteur à regarder avec lucidité les mœurs et les institutions de son temps.

Vercors et *Le Silence de la mer* : durant la Seconde Guerre mondiale, sous le pseudonyme de Vercors, le résistant Jean Bruller invite à la Résistance en imaginant la courageuse expérience vécue par un père et sa fille contraints de loger un bel et brillant officier allemand.

II-2 Le recours à des expériences vécues fictives permet de mettre en scène des personnages qui, d'une manière ou d'une autre, nous amènent à réfléchir

Argument à développer : l'expérience personnelle d'un écrivain est nécessairement limitée alors que la fiction rend tout possible et l'écrivain (auteur de fables, contes, romans, pièces de théâtre…) peut imaginer l'expérience qui sert le mieux son argumentation.

Premier volet de l'argument : en imaginant des personnages qui incarnent des travers de l'homme, l'écrivain amène son lecteur/spectateur à réfléchir.

Exemple possible : le personnage de l'avare

Molière et *L'Avare* : reprenant le barbon des comédies latines, dont celui de Plaute dans *La Marmite*, Molière met en situation Harpagon et dénonce sa folie et son égoïsme. Le rire oblige le spectateur à prendre position contre le personnage et ce qu'il incarne.

Balzac et *Eugénie Grandet* : sur le mode tragique et avec toute l'épaisseur psychologique que permet le roman, Balzac reprend le personnage type de l'avare pour dénoncer cette domination de l'argent dans la société de la Restauration.

Deuxième volet de l'argument : en imaginant des personnages qui sont des victimes, l'écrivain dénonce des situations inacceptables.

Exemples possibles :

Flaubert : le personnage secondaire de Catherine Leroux dans *Madame Bovary* reçoit une médaille lors des comices agricoles pour récompenser un « *demi-siècle de servitude* » ; en l'opposant aux « *bourgeois épanouis* », Flaubert dénonce la société bien pensante de son temps. Ce personnage devient ensuite la servante Félicité dans le conte *Un cœur simple*.

Zola : Gervaise (*L'Assommoir*) et la vie des faubourgs, les Maheu (*Germinal*) et la vie des mineurs

Camus et *L'Étranger* : Meursault qui ne cherche qu'à se conformer à ce qu'on attend de lui est finalement condamné à mort.

II-2 Certains personnages fictifs adoptent des comportements qui en font des modèles : l'écrivain exprime ses valeurs

Argument à développer : certains écrivains choisissent de mettre en scène des personnages au comportement exemplaire afin de nous inviter à réfléchir.

Exemples possibles :

Malraux et *La Condition humaine* : l'épisode au cours duquel Katow donne son cyanure à deux de ses compagnons pour qu'ils échappent à l'effroyable supplice qui les attend tous.

Vercors et *Le Silence de la mer* : les deux Français qui gardent le silence malgré leur affection croissante pour l'officier allemand qu'ils logent.

Camus et *La Peste* : le docteur Rieux qui lutte contre la Peste.

III L'expérience vécue donne de la force à l'argumentation dans la mesure où elle devient intemporelle

III-1 Nourrie de l'expérience vécue par l'écrivain, l'argumentation littéraire tire sa force de ce qu'elle transcende cette expérience.

Argument à développer : les œuvres qui nous touchent sont celles qui échappent aux circonstances, et celles qui restent prisonnières des conditions de leur écriture sont incompréhensibles dès lors qu'elles franchissent les frontières des pays et des siècles. En effet, une œuvre est d'autant plus forte qu'elle arrive à toucher les lecteurs qui ne sont pas directement concernés par le contexte ou qui le connaissent mal. C'est l'écriture littéraire (et non l'expérience elle-même) qui permet de transcender le vécu et donner toute sa force à l'argumentation.

Exemples possibles :

Hugo et « Ultima verba » : même si l'on ne se sent pas concerné par le coup d'État de 1851, on n'est pas insensible à la dernière strophe du poème.

Les poètes de la Résistance : leur combat est inscrit dans un contexte bien particulier mais les valeurs qu'ils défendent nous touchent toujours. C'est l'écriture poétique qui permet de dépasser les circonstances. On peut citer « Liberté » de Paul Éluard ou « Hymne de la Liberté » de Pierre Emmanuel.

III-2 De même, l'expérience des personnages fictifs ne nous touche que si l'écriture littéraire leur donne une dimension universelle

Argument à développer : comme pour l'expérience réelle de l'écrivain, l'expérience fictive ne suffit pas à nourrir une argumentation et c'est la façon dont l'écrivain parvient à lui donner une dimension universelle qui explique le poids de l'argumentation.

Exemples possibles :

Voltaire et *Candide* : les chapitres 3 (La guerre), 6 (L'intolérance et l'obscurantisme), 19 (L'esclavage) nous touchent plus que le long chapitre 22 rempli d'allusions à des personnalités parisiennes que nous ne connaissons plus aujourd'hui. Nous adhérons à la position de l'écrivain quand il parvient à sortir du cadre des circonstances : l'intolérance et la sottise des « *sages de l'université de Coïmbre* » ne nous concernent que dans la mesure où elles expriment de façon universelle l'intolérance et l'obscurantisme.

Zola et *Germinal* : La Maheude représente toutes les mères connaissant la misère et Catherine, toutes les jeunes filles qui, prisonnières de leur milieu, ne peuvent choisir leur destin.

III-3 Mais l'œuvre littéraire, nourrie par l'expérience vécue – réelle ou fictive – interroge plus qu'elle n'argumente

Argument à développer : le lecteur est moins touché par la démonstration argumentée et illustrée (une expérience réelle ou fictive) que par la capacité de l'écrivain à nous émouvoir et à nous interroger. Touchés dans notre sensibilité, nous sommes amenés à poser un regard neuf sur notre environnement.

Exemples possibles :

La Fontaine et « La Cigale et la Fourmi » : qui préférons-nous : la fourmi qui est prévoyante conformément à la morale mais qui n'est ni prêteuse ni agréable ? La cigale qui n'a rien prévu mais qui nous charme avec son chant ?

La Fontaine et « Le loup et le Chien » (texte A) : quel mode de vie choisissons-nous ? Quel collier portons-nous ?

Camus et *La Peste* : quelle attitude serait la nôtre face à une situation de crise ? Que représente pour nous ce « *bacille de la peste* [qui] *ne meurt ni ne disparaît jamais* » ?

FICHE 44

Conclusion rédigée

*[**Rédaction de la conclusion de la dissertation :** après avoir rassemblé ce qui a été analysé au cours du développement, la conclusion élargit la réflexion (ouverture) sans pour autant s'écarter radicalement du sujet. Il est important de soigner la rédaction de cette « ouverture » car ce sont les dernières lignes que lira votre correcteur.*

Si l'on n'a pas proposé de troisième partie, la conclusion peut prendre une certaine ampleur afin de dépasser le débat et remplacer la synthèse attendue pour un plan dialectique : (voir fiche 50).]

Ainsi, certains écrivains, comme Voltaire, Hugo ou Desnos, ont connu la prison ou l'exil ; d'autres ont pris position dans les débats de leur temps, témoigné de leur engagement. Leur argumentation tire sans doute crédibilité et force de cette expérience vécue qui la nourrit *[bilan de la première partie]*. Mais Zola n'a pas connu la misère dont sont victimes ses personnages, ce qui ne l'empêche pas de se battre efficacement dans ses œuvres contre les injustices et les souffrances. C'est que l'expérience fictive des personnages nourrit, elle aussi, l'argumentation des écrivains *[bilan de la deuxième partie]*. De manière générale, nous sommes plus sensibles à un texte qui fait vivre les idées qu'à un essai froid, aussi brillant soit-il. Cependant l'argumentation, nourrie par une expérience vécue, ne nous atteint vraiment – par delà les frontières et les années – que si, grâce à l'écriture littéraire, elle parvient à dépasser le simple cadre de cette expérience pour porter un message universel. À moins que le terme même d'argumentation ne soit, dans le cas de la littérature, inadéquat et qu'il vaille mieux parler d'interrogation *[bilan de la troisième partie]*. En effet, si la littérature se met souvent au service d'une cause, ce n'est pas cette fonction possible qui la définit. Quelle que soit sa finalité, en utilisant le langage, les formes, les codes d'une façon particulière, elle nous dérange jusqu'à parfois nous bouleverser. Et là réside sa véritable force *[ouverture, considération générale qui dépasse le débat ouvert par le sujet : la littérature n'est pas définie par sa fonction argumentative mais par sa capacité à nous toucher]*.

ÉCRITURE D'INVENTION

Travail préparatoire

■ La lecture du sujet

• Le sujet d'invention

À la différence de la dissertation et du commentaire qui demandent la maîtrise d'une technique spécifique, le sujet d'invention ne semble pas un exercice scolaire et son apparente facilité peut dérouter ou créer une dangereuse illusion. Ne vous y trompez pas : c'est un exercice d'autant plus difficile que ses exigences varient. L'une d'elles demeure : la qualité de la rédaction. Si vous rencontrez quelques soucis avec la syntaxe ou l'orthographe, il vaut mieux vous écarter de ce type de sujet car vos maladresses et incorrections risqueraient d'être sanctionnées beaucoup plus sévèrement que dans le commentaire ou la dissertation.

• Le type de sujet (voir fiche 7)

Certains sujets sont de purs exercices de style (corpus 4 par exemple), d'autres demandent une argumentation (corpus 7). Ne vous laissez pas piéger ici par une consigne où domine la narration. L'expression finale « *grâce à l'instruction* » vous amènera à réfléchir au rôle de l'éducation dans la progression sociale.

• Des connaissances historiques nécessaires

Le roman de Zola est daté de 1885 et l'on vous demande de tracer l'ascension sociale d'une famille depuis cette date jusqu'à nos jours. Cela suppose une connaissance des événements historiques et du rôle de l'éducation dans cette période. Dans la mesure où le sujet n'est pas un simple exercice de style mais demande une argumentation, vous ne pourrez rester évasif. Ne choisissez pas ce sujet si vos connaissances sont insuffisantes.

• Les attentes du sujet

Le sujet doit être examiné avec attention en pesant chacun des termes employés.

Les termes de la consigne	Les attentes
« *médecin* »	Vous entrerez dans la peau d'un médecin.
« *Un descendant des Maheu, devenu médecin* » « *en quelques générations, sa famille s'est libérée de la mine* »	Vous devez montrer la progression sociale d'une famille.
« *un journaliste dans le cadre d'une enquête sur les évolutions de la société* »	Il ne s'agit pas simplement de raconter ; le récit trouve sa place dans une réflexion plus générale. On suppose que c'est le journaliste qui devra, s'appuyant sur la lettre du médecin, construire son analyse ; mais il est bon que le descendant des Maheu s'interroge déjà, dans son témoignage, sur le sujet de l'article auquel il collabore.

« *la lettre qu'il lui adresse en retour* »	Votre devoir prendra la forme d'une lettre adressée au journaliste (voir fiche 51).
« *il explique comment* »	La lettre ne se réduit pas une narration ; le médecin analyse le destin de sa famille.
« *s'est libérée* »	La progression sociale se manifeste par de meilleures conditions de vie (des mineurs misérables, un médecin) mais aussi par une progression intellectuelle. Alors que les enfants des Maheu n'avaient pas le choix de leur destin, leur descendant, lui, a été libre de choisir sa voix. On rejoint ici la problématique du corpus.
« *grâce à l'instruction* »	Comme l'explique Étienne dans le texte D, l'instruction permet d'accéder à la réflexion et de s'arracher à la domination des autres. Vous devrez mettre en avant le rôle de l'école, et de toute forme d'éducation, dans la progression sociale et la libération des individus.

■ Méthode

• Le travail préalable à la rédaction

Après avoir décortiqué les différentes attentes du sujet afin de bien répondre à la consigne, vous tracerez au brouillon le parcours des générations depuis 1885. Notez des dates, des régimes politiques, des contextes historiques. Imaginez les noms de vos personnages, leur année de naissance, leurs professions, leurs destins. Veillez à la cohérence et à la vraisemblance. Mettez en avant le rôle de l'instruction. Bâtissez le plan de votre lettre.

• La rédaction

Imaginez-vous en médecin et débutez au brouillon votre lettre, sans oublier les marques de l'épistolaire. Vous pourrez rédiger la suite de votre devoir directement au propre dès que vous vous sentirez à l'aise avec la plume de votre médecin. Attention : ne signez pas votre lettre, car une copie d'examen doit rester anonyme.

DEVOIR RÉDIGÉ

Lille, le 20 juin 2012,

Monsieur,

Votre courrier m'est bien parvenu et je vous remercie de vous intéresser au parcours de ma famille. L'enquête que vous menez au sujet des évolutions de notre société depuis plus d'un siècle est fort intéressante et j'espère que mon témoignage vous sera utile.

L'histoire de ma famille est en effet un exemple significatif de l'ascension sociale au fil des générations et, pour s'en assurer, il suffit de comparer la vie de mon ancêtre Toussaint Maheu, mineur dans le puits du Voreux, et la mienne, chef de service en neurologie à l'hôpital de Lille. Mais pour comprendre les ressorts de cette incontestable libération, je me suis penché sur les documents de ma famille, ce qui explique le temps que j'ai mis à vous répondre. J'espère que vous comprendrez qu'il ne suffit pas de dire :

l'un vivait dans le coron avec ses sept enfants et l'autre dans une vaste demeure avec ses deux enfants. Il faut comprendre ce qui a arraché ma famille à l'esclavage de la mine, ce qui fait que Toussaint Maheu n'a pas choisi son existence alors que mes enfants eux, s'ils s'en donnent la peine, traceront leur propre chemin. L'école, l'éducation : Victor Hugo avait raison ; ce sont bien elles qui ont permis cette ascension.

Je descends d'Henri Maheu, le sixième enfant de Toussaint Maheu. Il est né en 1876 et a dû garder peu de souvenirs de son père tué par des soldats alors qu'il entendait défendre la mine. Sans doute, ce père était-il pour les enfants Maheu qui ont survécu à ces années difficiles, un héros qu'il fallait honorer en prenant la relève du combat. Étienne Lantier, un des meneurs des grandes grèves des années 1880-1884, avait rejoint Paris ; mais il n'avait pas oublié ses compagnons. De temps à autre, il revenait chez les Maheu, soutenait la Maheude, parlait aux enfants. Alors que son père n'avait pas connu l'école, Henri, lui, avait bénéficié des lois de Jules Ferry. Depuis 1881 et 1882, l'école était gratuite et obligatoire de 6 ans à 13 ans. Henri est donc allé à l'école de 6 à 13 ans. Il a appris à lire et à compter ; il a récité des fables de La Fontaine et des rudiments d'histoire de France. Il a su qu'il avait un passé… et cru qu'on lui offrait un avenir. Les belles valeurs de la troisième République ont bercé son enfance. Le maître était un dieu qui lui ouvrait les portes du coron : des chevaliers et des princesses, des rois, des explorateurs, des pays lointains… Le soir il n'avait qu'un croûton de pain à tremper dans sa soupe mais l'avenir lui appartenait. Étienne, en se penchant sur ses cahiers, le lui répétait à chacun de ses passages. À 12 ans, il a obtenu son certificat d'études. Et puis… il a été embauché à la mine. Il est descendu avec les autres, un peu amer sans doute : il ne serait ni roi, ni chevalier, ni explorateur… Mais il y avait la petite Marie qu'il épouserait et ils auraient des enfants qui, eux – comment en douter ? – voyageraient. Marie était allée à l'école aussi car les lois de Jules Ferry concernaient également les filles ; elle avait trouvé du travail dans une filature. Henri s'est marié en 1897 et il a donné à son fils né en 1898, le prénom de son père.

Le jeune Toussaint est allé à l'école dès 6 ans et ses parents lui ont fait réciter ses leçons. Brillant, il a été repéré par ses maîtres et, à la fin du primaire, il a obtenu une bourse. Une bourse pour entrer au lycée Faidherbe à Lille ! Toussaint a eu quatre sœurs, deux sont décédées en bas âge et les deux autres se sont mariées, l'une avec un mineur et l'autre avec un employé de la mairie. Henri, lui, ne poussait plus les wagons de la mine. Il était devenu contremaître.

Vous imaginez la rupture qu'a dû représenter pour le jeune Toussaint cette entrée comme interne au grand lycée de Lille ! Heureusement, il n'était pas le seul boursier et ses professeurs le soutenaient. L'école était pour tous. Tous apprenaient les mêmes leçons. La République avait aboli les privilèges de l'Ancien Régime et les mérites étaient reconnus. On y croyait. Henri et Marie ne reconnaissaient plus leur fils ; les sœurs étaient intimidées : Toussaint était devenu un monsieur de la ville. Et comme rien ne rayonnait autant que l'école, il est entré à l'École normale pour devenir instituteur. À Lille, il a fait la connaissance d'une jeune modiste : Jeanne confectionnait avec ses doigts agiles de jolis chapeaux pour les bourgeoises de Lille. Toussaint passait chaque jour devant la vitrine… En 1914, la guerre a éclaté et Toussaint a été mobilisé. Il a connu l'horreur des tranchées ; dans les lettres qu'il écrit à sa famille et à Jeanne, il ne cesse de leur annoncer son retour. Les jeunes gens se sont mariés lors d'une permission malgré l'opposition des parents de Jeanne. Toussaint écrit à sa femme enceinte qu'il voudrait que le bébé s'appelle Jules si c'est un garçon. Un bel hommage à Jules Ferry et à ses lois en faveur de l'école. Ou un hommage à son maître de primaire qui s'appelait Jules également. La mine était oubliée et l'instruction était la clé de l'avenir. Toussaint, qui portait, lui, le prénom de son grand-père mineur, n'a pas connu le bébé qui est né en 1918. Il est mort dans les derniers combats, avec, tout contre son cœur, le courrier de Jeanne lui annonçant la naissance de Jules.

En 1923, Jeanne s'est remariée avec un fonctionnaire de police. Elle ne voyait plus les parents de Toussaint qui ne s'étaient pas remis de la mort de leur fils. Le jeune couple et le petit Jules âgé de 5 ans se sont installés à Paris. Je ne sais rien de l'enfance parisienne de ce petit garçon. À cet âge, on s'adapte. Mais j'ai trouvé des lettres qu'il a écrites à son grand-père dans le Nord lorsqu'il avait quinze ans. Les lettres sont bien tournées et soignées. Le jeune homme semble apprécier cet échange épistolaire au cours duquel il raconte ses exploits scolaires. Je ne sais pas s'il a quitté Paris pour rendre visite à ses grands-parents. Jules a entrepris des études de droit : il ne serait pas instituteur comme son père car l'école n'était plus une fin en soi. On n'étudiait pas uniquement pour devenir professeur, en gage de gratitude ou en signe d'admiration éperdue ; l'école était enfin entrée dans les habitudes. On ne la savourait plus comme une chance inouïe.

La déclaration de guerre interrompt en 1939 les études de Jules qui s'engage dans la Résistance, participe à des journaux clandestins où il fera la connaissance d'Albert Camus. Le destin de l'écrivain, enfant pauvre d'Alger repéré par son maître d'école, n'est pas d'ailleurs sans rappeler celui du père de Jules. On peut imaginer qu'ils en ont parlé. Après la guerre, Jules n'a pas repris ses études de droit ; il est resté dans le milieu de la presse où il a occupé une fonction plus administrative que journalistique. Il a épousé une jeune employée des postes qu'il avait connue dans son mouvement clandestin. Ils ont eu un fils en 1944 ; c'est mon oncle Pierre et il est ingénieur. Il est décédé d'un infarctus probablement dû au stress il y a dix ans. En 1945 est née Madeleine, ma mère, très active actuellement dans une association qui construit des écoles au Burkina-Faso. Ses parents croyaient à l'éducation des filles et ils ont poussé leurs trois filles à faire des études longues tout comme leurs fils. Selon eux, comme selon mes ancêtres des corons pour leurs garçons, seule l'éducation peut assurer l'indépendance intellectuelle et financière des filles. Une fille qui a fait des études n'est pas à la merci d'un époux. C'est ainsi que ma mère, Madeleine Maheu, a fait des études de médecine et a eu son cabinet d'ophtalmologiste pendant quarante ans. Elle a épousé un étudiant en médecine qui a obtenu son diplôme après elle car, travaillant dans un bar le soir pour financer ses études, il a redoublé sa troisième ou sa quatrième année. Mon père nous rappelle souvent qu'il s'est débrouillé seul car ses parents, simples commerçants dans une petite ville, ne pouvaient pas financer dix années d'études.

Ma vie a été plus douce que celle de mon père. Je suis né en 1972 et mes parents m'ont encouragé dans mes études. Ma femme est de Lille et nous nous sommes installés dans le Nord, berceau de nos ancêtres. Les terrils encore présents me rappellent les Maheu dont le sang coule dans mes veines. Mes enfants, dont la jeunesse est dorée, haussent les épaules quand j'évoque le long chemin de leurs ancêtres. L'école est sans doute davantage pour eux une cage qu'un chemin de liberté… Puissent-ils comprendre ce que représente l'instruction et ne pas oublier que, sans elle, aucune liberté n'est possible.

Les réécritures

CORPUS ET SUJETS 11 Série L - France métropolitaine - Juin 2003

Objet d'étude : Les réécritures

CORPUS

TEXTE A. Daniel Defoe, *Robinson Crusoé*, 1719.

TEXTE B. Saint-John Perse, « La ville », *Images à Crusoé*, 1904.

TEXTE C. Jean Giraudoux, *Suzanne et le Pacifique*, 1921.

TEXTE D. Michel Tournier, *Vendredi ou les Limbes du Pacifique*, 1967.

ÉCRITURE

I. Après avoir lu les textes du corpus, vous répondrez à la question suivante.

Question (4 points)

Quelles sont les principales modifications que subit le personnage de Robinson au fil des réécritures successives ?
Vous vous appuierez dans votre réponse sur des citations précises.

II. Vous traiterez ensuite, au choix, l'un des sujets suivants.

1. Commentaire (16 points)

Vous ferez le commentaire du texte de Saint-John Perse, « La ville », *Images à Crusoé* (texte B).

2. Dissertation (16 points)

Une œuvre inspirée ou adaptée d'une autre place le public dans une certaine attente qui sera, selon le cas, satisfaite ou déçue. Préférez-vous retrouver dans une réécriture ce que vous connaissez déjà de l'œuvre originale ou vous laisser surprendre ? Vous répondrez à cette question en un développement argumenté qui prendra appui sur les textes du corpus, ceux que vous avez étudiés pendant l'année et vos lectures personnelles.

3. Invention (16 points)

« Ayant surmonté ces faiblesses, mon domicile et mon ameublement étant établis aussi bien que possible, je commençai mon journal dont je vais vous donner la copie », dit le Robinson de Daniel Defoe (texte A).
Vous rédigerez deux ou trois pages de ce journal dans lesquelles Robinson Crusoé, à partir des événements de sa vie quotidienne sur l'île, réfléchit à la condition de tout naufragé. Vous pourrez utiliser librement les indications données par les textes du corpus. Vous pourrez également avoir recours à des éléments que vous imaginerez.

TEXTE A

Daniel Defoe, *Robinson Crusoé*, 1719, droits réservés pour la traduction française.

[Dans son roman, l'Anglais Daniel Defoe raconte l'histoire d'un de ses compatriotes, Robinson Crusoé, qu'un naufrage aurait jeté sur une île déserte pour de très longues années.]

Au bout d'environ dix ou douze jours que j'étais là, il me vint à l'esprit que je perdrais la connaissance du temps, faute de livres, de plumes et d'encre, et même que je ne pourrais plus distinguer les dimanches des jours ouvrables. Pour éviter cette confusion, j'érigeai sur le rivage où j'avais pris terre pour la première fois un gros poteau en forme de croix, sur lequel je gravai avec mon couteau, en lettres capitales, cette inscription :

J'ABORDAI ICI LE 30 SEPTEMBRE 1659

Sur les côtés de ce poteau carré, je faisais tous les jours une hoche[1], chaque septième hoche avait le double de la longueur des autres, et tous les premiers du mois j'en marquais une plus longue encore : par ce moyen, j'entretins mon calendrier, ou le calcul de mon temps, divisé par semaines, mois et années.

C'est ici le lieu d'observer que, parmi le grand nombre de choses que j'enlevai du vaisseau, dans les différents voyages que j'y fis, je me procurai beaucoup d'articles de moindre valeur, mais non pas d'un moindre usage pour moi, et que j'ai négligé de mentionner précédemment ; comme, par exemple, des plumes, de l'encre, du papier et quelques autres objets serrés dans les cabines du capitaine, du second, du canonnier et du charpentier ; trois ou quatre compas, des instruments de mathématiques, des cadrans, des lunettes d'approche, des cartes et des livres de navigation, que j'avais pris pêle-mêle sans savoir si j'en aurais besoin ou non.

Je trouvai aussi trois fort bonnes Bibles que j'avais reçues d'Angleterre avec ma cargaison, et que j'avais emballées avec mes hardes ; en outre, quelques livres portugais, deux ou trois de prières catholiques, et divers autres volumes que je conservai soigneusement.

J'entrepris de me fabriquer les meubles indispensables dont j'avais le plus besoin, spécialement une chaise et une table. Sans cela je ne pouvais jouir du peu de bien-être que j'avais en ce monde ; sans une table, je n'aurais pu écrire ou manger, ni faire quantité de choses avec tant de plaisir.

Ce fut seulement alors que je me mis à tenir un journal de mon occupation de chaque jour ; car dans les commencements, j'étais trop embarrassé de travaux et j'avais l'esprit dans un trop grand trouble ; mon journal n'eut été rempli que de choses attristantes. Par exemple, il aurait fallu que je parlasse ainsi : « Le 30 septembre, après avoir gagné le rivage, après avoir échappé à la mort, au lieu de remercier Dieu de ma délivrance, ayant rendu d'abord une grande quantité d'eau salée, et m'étant assez bien remis, je courus çà et là sur le rivage, tordant mes mains, frappant mon front et ma face, invectivant contre ma misère, et criant : "Je me suis perdu ! perdu !..." jusqu'à ce qu'affaibli et harassé, je fusse forcé de m'étendre sur le sol, où je n'osai pas dormir de peur d'être dévoré. »

Ayant surmonté ces faiblesses, mon domicile et mon ameublement étant établis aussi bien que possible, je commençai mon journal dont je vais ici vous donner la copie (encore qu'il comporte la répétition de tous les détails précédents) aussi loin que je pus le poursuivre ; car mon encre une fois usée, je fus dans la nécessité de l'interrompre.

1. *hoche :* encoche.

TEXTE B

Saint-John Perse, « La ville », *Images à Crusoé*, recueilli dans *Éloges*, 1904, © Éditions Gallimard.

[Le poète Saint-John Perse, dans son recueil Images à Crusoé, *imagine Robinson retourné à la civilisation et méditant sur son séjour dans l'île.]*

[...]

Crusoé ! – ce soir près de ton Île, le ciel qui se rapproche louangera la mer, et le silence multipliera l'exclamation des astres solitaires.

Tire les rideaux ; n'allume point :

C'est le soir sur ton Île et à l'entour, ici et là, partout où s'arrondit le vase sans défaut de la mer ; c'est le soir couleur de paupières, sur les chemins tissés du ciel et de la mer.

Tout est salé, tout est visqueux et lourd comme la vie des plasmes[1].

L'oiseau se berce dans sa plume, sous un rêve huileux ; le fruit creux, sourd[2] d'insectes, tombe dans l'eau des criques, fouillant son bruit.

L'île s'endort au cirque des eaux vastes, lavée des courants chauds et des laitances grasses, dans la fréquentation des vases somptueuses.

Sous les palétuviers[3] qui la propagent, des poissons lents parmi la boue ont délivré des bulles avec leur tête plate ; et d'autres qui sont lents, tachés comme des reptiles, veillent. – Les vases sont fécondées – Entends claquer les bêtes creuses dans leurs coques – Il y a sur un morceau de ciel vert une fumée hâtive qui est le vol emmêlé des moustiques – Les criquets sous les feuilles s'appellent doucement – Et d'autres bêtes qui sont douces, attentives au soir, chantent un chant plus pur que l'annonce des pluies : c'est la déglutition de deux perles gonflant leur gosier jaune…

Vagissement des eaux tournantes et lumineuses !

Corolles, bouches des moires[4] : le deuil qui point[5] et s'épanouit ! Ce sont de grandes fleurs mouvantes en voyage, des fleurs vivantes à jamais, et qui ne cesseront de croître par le monde…

Ô la couleur des brises circulant sur les eaux calmes,
les palmes des palmiers qui bougent !

Et pas un aboiement lointain de chien qui signifie la hutte ; qui signifie la hutte et la fumée du soir et les trois pierres noires sous l'odeur de piment.

Mais les chauves-souris découpent le soir mol à petits cris.

Joie ! ô joie déliée dans les hauteurs du ciel !

... Crusoé ! tu es là ! Et ta face est offerte aux signes de la nuit, comme une paume renversée.

---

1. *plasmes :* fluides vitaux.
2. *sourd :* présent du verbe sourdre, qui signifie « jaillir ». (On pourra douter de la pertinence de cette note : « sourd » n'est-il pas plutôt ici adjectif ? *Cf.* plus loin : « fouillant son bruit ».)
3. *palétuviers :* arbres exotiques.
4. *moires :* étoffes aux reflets changeants ; terme ici employé comme image. (Même doute sur cette note : ne peut-on penser plutôt aux Moires grecques, personnification du destin ? *Cf.* plus loin « le deuil qui point ».)
5. *point :* présent du verbe « poindre », qui signifie « surgir ».

TEXTE C

Jean Giraudoux, *Suzanne et le Pacifique,* 1921, droits réservés.

[Nouveau Robinson, Suzanne se retrouve, après un naufrage, sur une île déserte. Elle y découvre des objets abandonnés par un marin allemand échoué là avant elle : parmi ceux-ci, un exemplaire de Robinson Crusoé, *dans la lecture duquel elle se plonge aussitôt.]*

Ce puritain accablé de raison, avec la certitude qu'il était l'unique jouet de la Providence, ne se confiait pas à elle une seule minute. À chaque instant, pendant dix-huit années, comme s'il était toujours sur son radeau, il attachait des ficelles, il sciait des pieux, il clouait des planches. Cet homme hardi frissonnait de peur sans arrêt, et n'osa qu'au bout de treize ans reconnaître toute son île. Ce marin, qui voyait de son promontoire à l'œil nu les brumes d'un continent, alors que j'avais nagé au bout de quelques mois dans tout l'archipel, jamais n'eut l'idée de partir vers lui. Maladroit, creusant des bateaux au centre de l'île, marchant toujours sur l'équateur avec des ombrelles comme un fil de fer. Méticuleux, connaissant le nom de tous les plus inutiles objets d'Europe, et n'ayant de cesse qu'il n'eût appris tous les métiers. Il lui fallait une table pour manger, une chaise pour écrire, des brouettes, dix espèces de paniers (et il désespéra de ne pouvoir réussir la onzième), plus de filets à provisions que n'en veut une ménagère les jours de marché, trois genres de faucilles et faux, et un crible, et des roues à repasser, et une herse, et un mortier, et un tamis. Et des jarres, carrées, ovales et rondes, et des écuelles et un miroir, et toutes les casseroles. Encombrant déjà sa pauvre île, comme sa nation plus tard allait faire le monde, de pacotille et de fer-blanc. Le livre était plein de gravures, pas une seule qui me le montrât au repos : c'était Robinson bêchant, ou cousant, ou préparant onze fusils dans un mur à meurtrières, disposant un mannequin pour effrayer les oiseaux. Toujours agité, non comme s'il était séparé des humains, mais comme s'il était brouillé avec eux, et ne connaissant aucun des deux périls de la solitude, le suicide et la folie. Le seul homme peut-être, tant je le trouvais tatillon et superstitieux, que je n'aurais pas aimé rencontrer dans une île.

TEXTE D

Michel Tournier, *Vendredi ou les Limbes du Pacifique*, 1967, © Éditions Gallimard.

[Vendredi, surpris par Robinson en train de fumer en cachette, a provoqué, sans le vouloir, un gigantesque incendie qui détruit tout ce que Robinson avait entrepris de construire.]

Robinson regardait autour de lui d'un air hébété, et machinalement il se mit à ramasser les objets que la grotte avait vomis avant de se refermer. Il y avait des hardes déchirées, un mousquet au canon tordu, des fragments de poterie, des sacs troués, des couffins crevés. Il examinait chacune de ces épaves et allait la placer délicatement au pied du cèdre géant. Vendredi l'imitait plus qu'il ne l'aidait, car répugnant naturellement à réparer et à conserver, il achevait généralement de détruire les objets endommagés. Robinson n'avait pas la force de s'en irriter, et il ne broncha même pas lorsqu'il le vit disperser à pleines poignées un peu de blé qu'il avait trouvé au fond d'une urne.

Le soir tombait, et ils venaient enfin de trouver un objet intact – la longue-vue – lorsqu'ils découvrirent le cadavre de Tenn[1] au pied d'un arbre. Vendredi le palpa longuement. Il n'avait rien de brisé, il n'avait même rien du tout apparemment, mais il était indiscutablement mort. Pauvre Tenn, si vieux, si fidèle, l'explosion l'avait peut-être fait mourir tout simplement de peur ! Ils se promirent de l'enterrer dès le lendemain. Le vent se leva. Ils allèrent ensemble se laver dans la mer, puis ils dînèrent d'un ananas sauvage – et Robinson se souvint que c'était la première nourriture qu'il eût pris dans l'île le lendemain de son naufrage. Ne sachant où dormir, ils s'étendirent tous deux sous le grand cèdre, parmi leurs reliques. Le ciel était clair, mais une forte brise nord-ouest tourmentait la cime des arbres. Pourtant les lourdes branches du cèdre ne participaient pas au palabre de la forêt, et Robinson, étendu sur le dos, voyait leur silhouette immobile et dentelée se découper à l'encre de Chine au milieu des étoiles.

Ainsi Vendredi avait eu raison finalement d'un état de choses qu'il détestait de toutes ses forces. Certes, il n'avait pas provoqué *volontairement* la catastrophe. Robinson savait depuis longtemps combien cette notion de volonté s'appliquait mal à la conduite de son compagnon. Moins qu'une volonté libre et lucide prenant ses décisions de propos délibéré, Vendredi était une *nature* dont découlaient des actes, et les conséquences de ceux-ci lui ressemblaient comme des enfants ressemblent à leur mère. Rien apparemment n'avait pu jusqu'ici influencer le cours de cette génération spontanée. Sur ce point particulièrement profond, il se rendait compte que son influence sur l'Araucan[2] avait été nulle. Vendredi avait imperturbablement – et inconsciemment – préparé puis provoqué le cataclysme qui préluderait à l'avènement d'une ère nouvelle. Quant à savoir ce que serait cette ère nouvelle, c'était sans doute dans la nature même de Vendredi qu'il fallait chercher à en lire l'annonce. Robinson était encore trop prisonnier du vieil homme pour pouvoir prévoir quoi que ce fût. Car ce qui les opposait l'un à l'autre dépassait – et englobait en même temps – l'antagonisme souvent décrit entre l'Anglais méthodique, avare et mélancolique, et le « natif » primesautier[3], prodigue[4] et rieur. Vendredi répugnait par nature à cet ordre terrestre que Robinson en paysan et en administrateur avait instauré sur l'île, et auquel il avait dû de survivre.

1. *Tenn :* nom du chien de Robinson.
2. *Araucan :* nom de la tribu dont est issu Vendredi.
3. *primesautier :* spontané.
4. *prodigue :* qui n'accorde aucun prix aux biens matériels.

Corrigés

Attention : aucun titre ne doit figurer dans les devoirs rédigés.

CORPUS ET QUESTION

Travail préparatoire

■ Le corpus et l'objet d'étude

• L'unité du corpus

Le corpus, centré sur Robinson, propose un extrait du roman fondateur de Daniel Defoe ainsi que trois réécritures. Saint-John Perse met en scène Robinson dans un poème en versets alors que les trois autres textes appartiennent au genre romanesque. Le texte A étant le texte à l'origine du mythe, c'est par rapport à celui-ci que les trois autres passages doivent être lus.

• L'objet d'étude

Le corpus s'inscrit dans l'objet d'étude consacré aux réécritures. Il s'agit ici, plus que de la réécriture d'un texte, de la reprise d'un mythe.

■ La question

• Ce qui est demandé

On veillera bien à accorder une place particulière au texte fondateur (texte A). On attend une étude comparative mettant en avant les différences : *« les principales modifications »*.

HE 5

• Synthèse et précision

L'adjectif *« principales »* laisse entendre que l'on n'attend pas une réponse exhaustive mais qu'il faut dégager ce qui est essentiel. La réponse sera synthétique. Cela ne veut pas dire qu'elle sera simplement esquissée. On attend également une analyse précise, comme l'indique la seconde phrase de la consigne *(« citations précises »)*. La réponse doit, comme toujours, s'appuyer précisément sur des citations. On évite les longs passages et l'on retient, en les plaçant entre guillemets et en les insérant dans des explications, les expressions significatives.

• Le plan

Après avoir dégagé les caractéristiques du Robinson imaginé par Daniel Defoe, on procédera texte après texte *(« au fil des réécritures successives »)* en repérant à chaque fois les modifications.

Le corpus est composé d'un extrait du roman qui rendit Daniel Defoe célèbre en 1719 et de trois textes qui réécrivent à leur manière cette histoire devenue un mythe : un poème de Saint-John Perse (tiré de « La ville », *Images à Crusoé*, 1904), une page de *Suzanne et le Pacifique*, roman composé en 1921 par Jean Giraudoux, et enfin un extrait du roman que Michel Tournier écrivit en 1967, *Vendredi ou les Limbes du Pacifique.* Nous verrons quelle image de Robinson nous donne Daniel Defoe dans son roman fondateur, puis comment les autres écrivains transforment par la suite cette image.

Dans le texte A, Robinson Crusoé est un Anglais du XVIIIe siècle qui refuse de se laisser aller au désespoir *(« les choses attristantes »)* et se réfugie dans le travail. Les verbes d'action sont très nombreux *(« j'érigeai », « j'entretins », « j'entrepris de me fabriquer »…)* et le travail de réflexion ne vient qu'après l'action : Robinson ne commence son journal que lorsqu'il a fini de s'installer. Et ce journal est destiné à recueillir le compte rendu de *« mon occupation de chaque jour ».* Robinson se montre fidèle aux valeurs de son époque ; il accorde de l'importance à la science *(« des instruments de mathématiques… »* et surtout à la religion *(« trois fort bonnes Bibles »).*

Le poème de Saint-John Perse est un appel à Robinson (on relève des impératifs et des apostrophes). Robinson est cette fois-ci retourné à la civilisation mais le poète l'invite à oublier « La ville » pour tirer *« les rideaux »* et célébrer son île. En appelant Robinson, Saint-John Perse appelle également, grâce à la puissance évocatoire de son langage, l'île exotique qui appartient au naufragé *(« ton Île »).* Le discours* narratif dominant chez Defoe fait place ici au discours descriptif. Il s'agit moins d'évoquer Robinson que de nous donner des images d'un monde réconcilié *(« les chemins tissés du ciel et de la mer »)* et originel *(« la vie des plasmes », « Les vases sont fécondées »).*

Dans le texte de Jean Giraudoux, on rencontre deux Robinsons opposés. D'abord celui de Defoe que Suzanne critique sévèrement : *« Ce puritain accablé de raison », « toujours agité… »* Elle lui reproche son incapacité à se reposer pour profiter de l'existence, son enfermement dans des principes. Suzanne est aussi naufragée ; mais elle est bien différente de Robinson. D'abord, c'est une femme ; ensuite, elle critique le héros de Defoe et l'on en déduit que ses choix sur l'île déserte seront différents. La voilà d'ailleurs plongée dans un roman… Elle n'a pas les certitudes étriquées de Robinson et envisage rapidement les *« deux périls de la solitude, le suicide et la folie ».*

Michel Tournier reprend la trame romanesque de Daniel Defoe pour introduire un événement inédit : la disparition des installations de Robinson dans l'explosion. Cet événement marque un tournant dans le roman, il inaugure une *« ère nouvelle »* qui sera sans doute celle de Vendredi car *« c'était sans doute dans la nature même de Vendredi qu'il fallait chercher à en lire l'annonce ».* Michel Tournier rejoint alors les choix de Saint-John Perse. L'harmonie avec la nature est préparée : *« Ils allèrent ensemble se laver dans la mer, puis il dînèrent d'un ananas sauvage. »* Comme *« Vendredi répugnait par nature à cet ordre terrestre que Robinson en paysan et en administrateur avait instauré sur l'île »*, on devine que le nouvel ordre s'écartera, comme dans « La ville » de *« la hutte »* et des *« trois pierres noires sous l'odeur de piment ».*

On a pu voir comment les différents auteurs reprenaient le mythe de Robinson pour critiquer l'attitude du naufragé ou pour imaginer d'autres relations entre Robinson et son île. La réécriture n'est pas une simple adaptation ; elle est bel et bien un processus créateur complexe.

COMMENTAIRE

Travail préparatoire

■ Les outils pour comprendre le texte

HE 6

• Une sensibilité au texte

Lorsqu'on commente un poème, il est important d'y être sensible. Bien sûr on attend un commentaire raisonné et non une exposition d'états d'âme à propos du texte… Mais le poème est destiné à émouvoir, séduire son lecteur. Si l'on reste froid, on risque de passer à côté de l'essentiel et de ne pas réussir à communiquer au correcteur le « *plaisir du texte* » dont parlait le critique littéraire Roland Barthes. C'est particulièrement le cas lorsqu'il s'agit de commenter un poème.

• Le paratexte (voir fiche 15)

Le paratexte* précise deux différences majeures entre le texte de Defoe et celui de Saint-John Perse. Saint-John Perse est présenté comme un poète et il y aura lieu de s'interroger sur la fonction de la poésie ici. Bien entendu, dès la première lecture, on comprend que le poète ne cherche pas à raconter mais plutôt à faire naître des « images », comme le rappelle le titre de l'œuvre. Ensuite, le paratexte explique que le Robinson de Saint-John Perse est retourné dans la civilisation (d'où le titre « La ville »). Cette information permet de comprendre le deuxième alinéa et nous met sur la voie d'une compréhension plus fine du texte : le texte est une invocation qui cherche à rendre présents Robinson et son île.

HE 7

• Le genre : un poème libéré des règles de la versification (voir fiche 41)

Le paratexte nous rappelle que Saint-John Perse est un poète. Le texte est un poème en versets. Les vers réguliers ont disparu (métrique et rimes) et le poème n'obéit à aucune règle préfixée. Il forme un tout, adopte son propre rythme et ses propres images. Lorsque les alinéas qui composent le texte sont courts et que le style rappelle celui de la Bible, on peut utiliser le terme de « versets ». Pour lire un poème libéré des règles de versification, il faut laisser de côté sa raison et se laisser porter par les images. Le sens ne se trouve pas dans une construction rationnelle mais dans un réseau d'échos entre les images proposées (voir corpus 7, notamment les poèmes d'Yves Bonnefoy page 172 et d'Emmanuel Merle page 175).

■ Les premiers repérages

HE 8

• Les indices de l'énonciation*

Qui parle ? À qui ? Qui est le locuteur et à qui s'adresse-t-il ? Dans certains cas, on parle de double énonciation* : un personnage s'adresse à un autre personnage tandis que l'auteur, lui, avec les mêmes mots, s'adresse à son lecteur (ou à son spectateur, dans le cas du théâtre). Les indices de l'énonciation permettent de préciser ces éléments et de situer le texte dans le contexte de son écriture. Lorsqu'on ne relève aucun indice de l'énonciation, on dit que l'énoncé est coupé de la situation d'énonciation ; l'histoire semble se raconter toute seule ; l'auteur est invisible, mais non absent, bien entendu.

Dans le poème de Saint-John Perse, on relève une forte présence de la deuxième personne : Robinson Crusoé est le destinataire d'un texte qui se lit comme un appel.

• **Les champs lexicaux*** (voir fiche 55)

Différents champs lexicaux se croisent pour constituer le tissu du texte :
- la nature : la faune et la flore vivent en harmonie ;
- les quatre éléments : ils sont intimement liés ;
- l'exotisme : il s'agit de l'île de Robinson ;
- l'univers maternel protecteur ;
- la naissance, un monde originel ;
- les sensations.

Le vocabulaire est nettement mélioratif* : le monde évoqué est heureux.

■ L'élaboration du plan

Le paratexte et les différents repérages, mais surtout la première lecture spontanée, conduisent à classer les éléments identifiés par ordre d'importance. Saint-John Perse se sert de Robinson pour évoquer un monde originel dans lequel les contradictions se dissolvent.

• **Le plan**

I **Une réécriture du mythe de Robinson**
II **Le monde de la réconciliation**
III **La célébration d'un monde originel**

Introduction

Daniel Defoe, en 1719, imagine la vie d'un naufragé seul sur une île déserte. Le roman qui fait l'apologie de la civilisation ouvre la porte du mythe et nombreux sont les écrivains qui reprennent le personnage de Robinson. En 1904, le poète Saint-John Perse écrit *Images à Crusoé* ; dans la section « La ville », il imagine le retour du naufragé à la civilisation et ses souvenirs de l'île dans laquelle il a vécu si longtemps. Par-delà la simple réécriture du roman de Daniel Defoe, Saint-John Perse évoque un monde où se célèbrent les réconciliations ; cette île de l'harmonie retrouvée devient l'image d'un monde originel.

I Une réécriture du mythe de Robinson

Saint-John Perse évoque le héros du roman de Daniel Defoe et le poème semble une invocation destinée à rendre présente l'île exotique du naufragé.

I-1 Robinson Crusoé

Robinson Crusoé occupe une place essentielle dans le poème. En effet, deux apostrophes encadrent le texte et, à chaque fois, le point d'exclamation renforce l'appel. Le dernier alinéa est marqué par le pronom personnel *« tu »* qui vient donner toute sa force à l'invocation. Dans le corps du poème, les impératifs *(« Tire », « n'allume point », « Entends »)* et les déterminants possessifs (*« ton Île »* répété deux fois, *« ta face »*) expriment également cette présence déterminante de Robinson. La vie du naufragé est esquissée : lorsque Saint-John Perse écrit *« ton Île »*, le déterminant a pleinement son sens de possession et la majuscule est significative. En effet, l'île déserte, inconnue et civilisée par Robinson, lui appartient entièrement. Mais le poème se situe lorsque le héros a retrouvé « La ville ». On le voit dans le deuxième alinéa qui fait allusion aux rideaux et à la lumière. L'emploi du futur, au début du texte *(« louangera », « multipliera »)*, exprime une distance temporelle qui s'accompagne sans doute d'une distance géographique.

I-2 Une île exotique

L'île évoquée dans le poème est une île exotique. Le champ lexical des tropiques est présent *(« palétuviers », « reptiles », « moustiques », « criquets », « l'annonce des pluies », « les palmes des palmiers »)* et, bien qu'il s'agisse de leur absence, *« la hutte et la fumée du soir et les trois pierres noires sous l'odeur de piment »*. Saint-John Perse, originaire des Antilles, connaît bien cette nature exubérante qu'il évoque grâce aux procédés de l'accumulation. On relève en effet de nombreux termes nommant la flore ou la faune et souvent les évocations se tissent pour donner une impression d'abondance caractéristique de la nature fertile des tropiques : *« le fruit creux, sourd d'insectes »*, *« Sous les palétuviers* [...] *des poissons »*, *« Les criquets sous les feuilles. »*

I-3 Une invocation

Le poème est une invocation. Les apostrophes, les impératifs sont des appels à Robinson. Le glissement du futur initial au présent final *(« tu es là ! »)* rend compte de l'efficacité invocatoire du poème. La progression de la description consiste en une approche de l'île ; tout d'abord, Saint-John Perse la nomme et la situe dans un espace large *(« à l'entour, ici et là »)* ; puis, la vision se précise à mesure que l'île devient, grâce à l'invocation, présente : on aperçoit un oiseau, des palétuviers, et même de petits insectes comme les criquets. On ne relève aucune marque explicite du poète mais l'on devine, derrière la forte présence des indices du destinataire, l'insistance et le désir de l'auteur. Saint-John Perse appelle Robinson ; il appelle Robinson pour que devienne présente l'île exotique du naufragé. Les présents du texte sont des présents de l'énonciation : en appelant Robinson, en utilisant le langage comme un sortilège, *« l'Île »* apparaît et il est à noter que l'adjectif possessif s'efface alors ; l'île est aussi celle de Saint-John Perse. Le poème invocatoire devient un poème lyrique qui exprime les aspirations profondes du poète. Ainsi, la réécriture du roman de Daniel Defoe n'est que le point de départ fertile d'une évocation plus personnelle.

II Le monde de la réconciliation

Dans l'île de Robinson telle que l'évoque, et surtout l'invoque, Saint-John Perse, la nature exotique réconciliant les contraires est un monde heureux qui fait appel à toutes les sensations du naufragé et, bien sûr, du poète ou du lecteur.

II-1 Les contraires réconciliés

Sur l'île de Robinson, la faune et la flore se trouvent réunies : *« sous les palétuviers »* ou *« sous les feuilles »*, les *« poissons lents »* et *« les criquets »* sont à l'abri ; de même *« le fruit creux, sourd d'insectes »*. Et lorsqu'il *« tombe dans l'eau des criques »*, il rejoint l'élément aquatique et consacre la réconciliation de la vie – faune et flore – et de l'eau qui la porte. Plus largement, les éléments sont réconciliés. Les *« vases somptueuses »* associent intimement la terre et l'eau, pour retrouver les éléments antiques étudiés par Gaston Bachelard. Plus loin, ces « *vases sont fécondées* » et la vie rejoint cette harmonie. Au début du poème, Saint-John Perse semble célébrer l'union des éléments : « *le ciel qui se rapproche louangera la mer* » ; les deux éléments que sont la mer et le ciel sont placés au début et à la fin de la proposition et les verbes concourent à les réunir dans une célébration suggérée par le néologisme « *louangera* ». Plus loin, le verbe « *tisser* » souligne cette union harmonieuse qui convoque également les « *astres solitaires* ». Sur ces « *chemins tissés du ciel et de la mer* », « *l'exclamation des astres solitaires* » rejoint « *le silence* », la vie et la mort se retrouvent réunis dans les « *corolles, bouches des moires* », en donnant au nom « *moires* » son sens mythologique ; « *le deuil qui point et s'épanouit* » associe une image de mort à une évocation de la naissance (le verbe poindre) et de la vie (s'épanouir).

II-2 Un monde heureux

Ce monde des éléments réunis et des contraires réconciliés, ce monde dans lequel la mort est source de naissance est un monde heureux. Le vocabulaire est nettement mélioratif. Tout ce qui pourrait être négatif est gommé. Le « *vase* » de la mer est « *sans défaut* » ; ni les insectes ni les poissons « *tachés comme des reptiles* », ni les moustiques dont on admire le « *vol emmêlé* » ne sont menaçants. Les animaux sont sources précieuses : « *des bulles* », « *un chant plus pur que l'annonce des pluies* », « *deux perles gonflant leur gosier jaune.* » La fin du poème vient souligner dans une double phrase nominale exclamative ce bonheur profond : « *Joie ! ô joie déliée dans les hauteurs du ciel !* » La répétition du substantif « *joie* », ainsi que l'assonance* en « o » *(ô, hauteurs),* devient un véritable cri de bonheur. La description se fait sur le mode de la douceur, qu'il s'agisse de l'oiseau « *qui se berce* », des criquets qui « *s'appellent doucement* ».

II-3 Les sensations plurielles

Dans ce monde heureux, la réconciliation des contraires s'offre à Robinson (comme au poète et au lecteur) qui adopte une attitude de disponibilité totale au monde. Sa « *face est offerte aux signes de la nuit, comme une paume renversée* » ; le visage s'ouvre au monde heureux et riche comme une main tendue, prête à accueillir tout ce qui peut être donné. L'ouverture est une disponibilité totale des sens et l'île de Robinson va les solliciter tous. L'évocation se situe le soir et les couleurs ont peu de place : « *un morceau de ciel vert* », « *deux perles gonflant leur gosier jaune* » ; les yeux s'attachent davantage aux contours du « *vase sans défaut de la mer* » ou du « *fruit creux* ». Mais ce sont surtout l'ouïe et le toucher qui s'emplissent de ce monde réconcilié. On peut relever des indications telles que l'impératif « *Entends* », « *l'exclamation des astres solitaires* », l'appel des criquets, le « *chant plus pur que l'annonce des pluies* ». Les allitérations* en « k » ont une valeur imitative et l'on entend littéralement « *les bêtes creuses dans leurs coques* ». Les adjectifs « *visqueux et lourd* », « *huileux* », « *chauds* », « *grasses* » concernent les sensations tactiles. Comme le monde « *se berce* » dans une harmonie réconciliatrice, les synesthésies célèbrent une unité des sensations et un corps (devenu « *paume renversée* ») réconcilié. Ainsi Saint-John Perse évoque un soir « *couleur de paupières* » qui est aussi « *mol* » ; et l'on perçoit « *la couleur des brises* ».

Le monde heureux de la réconciliation des éléments et des contraires s'offre aux sens multiples de l'homme dans une unité retrouvée qui s'apparente à celle d'un monde originel.

III La célébration d'un monde originel

L'île exotique du naufragé de Daniel Defoe devient, sous la plume de Saint-John Perse, un univers maternel qui prépare la naissance d'un monde à célébrer.

III-1 Un monde maternel

Les lignes qui dominent dans la description sont courbes et creuses comme celles du *« vase sans défaut de la mer »*, du *« fruit creux »* ou des *« coques »* qui abritent les *« bêtes »*. Le monde est protecteur comme un ventre maternel et les animaux se blottissent *« sous les palétuviers »* ou *« sous les feuilles »*. La polysémie du mot *« vase »* permet le glissement du contenant au contenu et l'évocation de ce liquide amniotique est récurrente dans le poème : *« Tout est salé, tout est visqueux et lourd comme dans la vie des plasmes »*, les *« laitances grasses »*, *« Les vases sont fécondées... »* La pénombre du soir comme le silence et le calme règnent dans ce monde maternel étouffé dont la tranquillité protectrice est soulignée par l'égratignure sans danger que font les *« petits cris »* des chauves-souris dans *« le soir mol »*.

III-2 Un monde naissant

La description se fait sur le mode de la douceur, qu'il s'agisse de l'oiseau *« qui se berce »* ou des criquets qui *« s'appellent doucement »*. Les tournures pronominales suggèrent une attitude réflexive, comme si le monde se donnait naissance à lui-même. Le monde fœtal est aussi celui des *« vagissements »* et l'on assiste à la naissance *« de grandes fleurs mouvantes en voyage »*. La mort est un point de départ vite dépassé (les moires, le deuil) et la vie est victorieuse, comme le suggère l'emploi de l'adverbe *« jamais »* et de l'auxiliaire modal *« ne cesseront »*. L'évocation d'un monde originel s'enrichit de références à d'autres images des origines, l'union féconde du ciel et de la mer, une allusion à la Genèse avec les *« brises circulant sur les eaux calmes »* comme l'esprit de Dieu planant sur les eaux.

III-3 La célébration d'un monde originel

La poésie de Saint-John Perse acquiert une puissance évocatrice qui rend présent et *« louange »* un monde d'avant la présence des hommes *(« pas un aboiement lointain de chien »)*, un monde originel. La polysémie *(« vase », « sourd »)* et les mots rares *(« plasmes », « palétuviers », « point », « moires »)*, les précisions évocatrices *(« leur gosier jaune, « les trois pierres noires sous l'odeur de piment »)*, la syntaxe élaborée et la ponctuation complexe, telle que l'emploi des tirets, déroutent le lecteur, l'arrachent aux huttes et aux *« pierres noires sous l'odeur de piment »* pour l'entraîner dans un univers en cours de création : *« qui ne cesseront de croître par le monde... »* ; les points de suspension suggèrent cette croissance.

Conclusion

Le monde évoqué par Saint-John Perse dans ce poème est loin de celui raconté par Daniel Defoe. Certes, le poète reprend le nom du naufragé et situe le personnage dans une histoire fictive, celle d'un retour à la civilisation après un séjour sur une île exotique qu'il a fait sienne. Mais la fiction est bien secondaire et l'exotisme n'est qu'un aspect d'un monde situé hors de toute carte. L'île déserte et inconnue devient, chez Saint-John Perse, un univers maternel où se réconcilient les éléments et les contraires, un monde d'avant l'homme. Un monde offert à l'homme. Le poème devient une incantation, un appel à Robinson et la puissance évocatoire des mots ainsi rapprochés nous invite à célébrer avec le poète cette unité originelle retrouvée.

DISSERTATION

Travail préparatoire

■ Le problème du sujet

• La problématique

Les reprises, adaptations, réécritures sont nombreuses et il est intéressant de les analyser du point de vue du lecteur. Le mot « *public* », dans la première phrase du sujet, est clair à ce propos. On se demande quels sont les sentiments du destinataire, comment il perçoit les réécritures. Et la question se pose en termes de plaisir car la finalité de la lecture est bien le plaisir.

• La question

De la problématique se dégage une question : lorsqu'on lit la reprise (inspiration ou adaptation) d'une œuvre que l'on connaît déjà, est-on déçu ou, au contraire, satisfait ? Du point de vue du lecteur, comment la réécriture se situe-t-elle par rapport au texte d'origine ?

• Le choix personnel (voir fiche 14)

Le sujet est compliqué par le fait qu'à la question théorique que nous venons de dégager s'ajoute un choix personnel *(« préférez-vous »)*. Rien d'étonnant, en fait. Premièrement parce que, si l'on parle de lecture et de plaisir, on ne peut éliminer les affinités personnelles. Deuxièmement, parce qu'il est fréquent, dans la rhétorique* des sujets de dissertation, que l'on fasse appel à une pensée personnelle. Mais il s'agit d'une pensée personnelle argumentée et organisée.

• Réflexion sur l'objet d'étude : les réécritures

Pour traiter le sujet, il va de soi qu'il faut avoir réfléchi auparavant à la notion de réécriture, aux diverses formes et enjeux qu'elle implique. La consigne, dont les termes méritent d'être attentivement pesés (voir fiche 31), pose une distinction entre l'inspiration (plus libre) et l'adaptation (plus fidèle). Il faut étudier la réécriture dans plusieurs directions :
- le type de discours* (narratif, descriptif, argumentatif...) ;
- le genre ;
- le registre ;
- le point de vue ;
- la finalité du texte ;
- les raisons pour lesquelles l'auteur a choisi le support initial ;
- les raisons pour lesquelles l'auteur a introduit des modifications (suppressions, changements, ajouts).

■ La démarche

• L'étude du sujet

Les termes du sujet sont pesés et le plan se bâtit en reprenant les mots de la consigne et les notions qu'elle met en jeu. Ici, ce sont les notions de plaisir ou de déception.

Dans la mesure où il est question de réécriture, on pourra voir si le plaisir se situe dans la reconnaissance de l'œuvre initiale ou dans la nouveauté introduite.
La forme de la question (interrogation totale) ouvre deux pistes différentes, apparemment contradictoires, qui doivent être toutes deux explorées. Le plan ne doit pas se montrer contradictoire (j'aime/je n'aime pas) mais cohérent dans sa progression (voir fiche 4).

• Le plan

I La familiarité que propose la réécriture est source de plaisir
II La nouveauté peut être source de déception
III La nouveauté peut être source de plaisir

PLAN

I La familiarité que propose la réécriture est source de plaisir

I-1 Le sentiment d'appartenir à une communauté culturelle

Une même langue : les réécritures des fables* de La Fontaine.

Une même culture occidentale : Robinson Crusoé, les mythes antiques.

La réécriture met donc en avant la notion de patrimoine commun à une civilisation ; notre présent s'enracine bien dans un passé qui l'explique en partie.

I-2 Des valeurs universelles

Les mythes expriment des valeurs communes à tous les hommes. Au-delà de la réécriture, les points communs entre les grands textes (la curiosité dans l'épisode de l'Éden de la Genèse et la curiosité dans l'*Odyssée* d'Homère) révèlent des valeurs ou des inquiétudes communes.

II La nouveauté peut être source de déception

II-1 L'ennui de la répétition

Le lecteur connaît déjà l'histoire. Il connaît déjà le dénouement* et le mystère a donc disparu. Il sait par exemple qu'Antigone va mourir, qu'Oreste va tuer Agamemnon et Clytemnestre.

II-2 L'œuvre peut être dénaturée par une réécriture

Les adaptations cinématographiques ou télévisuelles : adaptation de *Germinal* au cinéma par Claude Berri en 1993.

Mise en scène discutée de *Phèdre* à la Comédie-Française par Anne Delbée, en 1996.

Les vulgarisations : par exemple, les adaptations pour la jeunesse de passages de la Bible ou de l'*Odyssée*.

III La nouveauté peut être source de plaisir

III-1 Sacralisation ou désacralisation

La nouveauté contribue à renforcer ce qui est commun avec le texte d'origine et fait ressortir l'importance de ses valeurs.

La parodie désacralise des textes sacrés et cette attitude subversive peut être source de plaisir : le film *Monty Python sacré Graal* de Terry Jones et Terry Gilliam, *Virgile travesti* de Scarron (1648-1652).

III-2 La réécriture et ses modifications font ressortir les caractéristiques atemporelles du texte d'origine

Par exemple, les diverses variations sur l'*Odyssée* soulignent le rôle de la quête et les qualités du héros.

Autre exemple : les réécritures des tragédies* antiques.

III-3 Inversement, les caractères éternels soulignent la modernité

Exemple : *Antigone* d'Anouilh ou *Électre* de Giraudoux ; l'ancienneté du mythe permet de souligner l'apparition de nouveaux personnages tels que le président et sa femme dans *Électre* ou les gardes dans *Antigone*.

De manière plus profonde, la modernisation du texte montre que les questions soulevées sont toujours actuelles.

C'est le jeu de la répétition et de la variation qui est source de plaisir.

ÉCRITURE D'INVENTION

Travail préparatoire

■ Le lien avec l'objet d'étude et le corpus

• L'objet d'étude

Le sujet d'invention est un travail de réécriture. Il s'agit de réécrire quelques pages du journal de Robinson. On attend donc à la fois une reprise de ce qui a été élaboré *(« le Robinson de Daniel Defoe », « les textes du corpus »)* et une création originale : *« des éléments que vous imaginerez »*.

• Le corpus

Le sujet d'invention s'appuie sur le corpus, et plus exactement sur le texte A. Il s'agit d'écrire le journal intime du Robinson de Daniel Defoe. Mais la fin de la consigne élargit les possibilités : *« Vous pourrez utiliser librement les indications données par les textes du corpus. »* Attention : cette liberté ne doit pas amener à écrire des contresens par rapport au texte A.

■ Les attentes du sujet

• La prise en compte du texte A

Une lecture attentive du texte de Daniel Defoe s'impose. On retiendra notamment les indications de temps : *« J'abordai ici le 30 septembre 1659 »*, *« J'entrepris de me fabriquer »*, *« Ce fut seulement alors que je me mis à tenir un journal. »* On évitera donc les anachronismes et on posera une date postérieure au 30 septembre de manière à tenir compte du temps consacré à l'installation sur l'île. Daniel Defoe mentionne les différents objets retenus par Robinson et on attend qu'il en soit fait mention dans le journal. Ces objets peuvent constituer le point de départ de la réflexion demandée par le sujet. Dans le texte de Defoe, Robinson apparaît, ainsi que le souligne Giraudoux, comme un personnage soucieux d'agir et de se comporter en bon Anglais du XVIIIe siècle. Cet aspect-là devra dominer dans le devoir.

• La prise en compte du corpus

Le sujet suggère de recourir aux indications proposées par les autres auteurs du corpus. La distance critique de Giraudoux, le retour à la nature raconté par Michel Tournier ou chanté par Saint-John Perse sont des pistes qui permettent de réfléchir aux choix du Robinson de Defoe.

• L'imagination

Le devoir d'invention ne se contente pas d'agencer des éléments empruntés au texte A ainsi qu'aux diverses réécritures du roman de Daniel Defoe. Comme le demande la formule même du sujet (« invention »), la création personnelle est un facteur évalué par le correcteur.

• Le genre du journal

Le sujet pose les contraintes de la forme autobiographique. Le récit est bien entendu à la première personne. Les dates du journal prennent en compte les indications temporelles données dans le texte A ; mais il n'est pas obligatoire de tenir un journal quotidien. On pourra recourir à des ellipses*.

• Le discours narratif et argumentatif

La consigne demande de croiser discours narratif et argumentatif *(« réfléchit à la condition de tout naufragé »)*. Le journal tisse un va-et-vient entre ces deux pôles et la narration est le point de départ d'une réflexion élargie.

On pourra envisager, au cours du journal, les pistes de réflexion suivantes :

– L'importance du repérage dans le temps et dans l'espace : calendrier, instruments. L'homme a besoin de se situer par rapport à son environnement.

– La place de la religion : les rites peuvent apparaître comme des éléments rassurants qui permettent d'afficher l'appartenance à une société. La quête de Dieu est aussi une volonté de comprendre le monde et de se situer par rapport à une transcendance.

– Le travail a plusieurs fonctions. S'agissant d'un rite, il a la même fonction socialisante que la religion. Il permet aussi d'assurer une vie confortable ; le bonheur peut se comprendre alors comme l'acquisition d'un certain bien-être matériel. De plus, le travail peut avoir un rôle anesthésiant.

– L'écriture permet la mémoire et le retour sur soi.

– La solitude est au cœur du mythe de Robinson. Solitude et société. Civilisation et nature. C'est autour de cette double question que se divisent les textes du corpus.

CORPUS ET SUJETS 12 Série L - Pondichéry - Avril 2004

Objet d'étude : Les réécritures

CORPUS

TEXTE A. Francis Jammes, « Prière pour aller au Paradis avec les ânes », *Le Deuil des primevères*, 1901.

TEXTE B. Guy Goffette, « Prière pour aller au Paradis avec Jammes », *Le Pêcheur d'eau*, 1995.

ANNEXE. Jacques Borel, « Éloge pour une cuisine de province », postface au recueil de Guy Goffette, 1995.

ÉCRITURE

I. Après avoir lu les textes du corpus, vous répondrez à la question suivante.

Question (4 points)

Le texte B constitue, selon le mot même inventé par Goffette, une « *dilecture* » du texte A. (Voir annexe, ligne 2.)

Choisissez quatre traces de réécriture présentes dans le poème de Guy Goffette et caractérisez brièvement les transformations opérées.

II. Vous traiterez ensuite, au choix, l'un des sujets suivants.

1. Commentaire (16 points)

Vous commenterez les vers 50 à 70 du poème de Guy Goffette (texte B), à partir de : « *À présent, Jammes, qu'au carrefour du paradis* » jusqu'à la fin.

2. Dissertation (16 points)

Partagez-vous l'opinion de Jacques Borel quand il écrit (annexe) : « *les œuvres ne naissent pas, jamais, d'un contact avec le réel, mais de l'horizon avant elles de toutes les œuvres…* » ?

Vous répondrez à cette question en un développement argumenté qui prendra appui sur les textes du corpus, ceux que vous avez étudiés pendant l'année et vos lectures personnelles, sans vous limiter au genre poétique.

3. Invention (16 points)

Au cours de vos études ou de vos lectures personnelles, vous avez découvert un écrivain qui vous a enthousiasmé. Écrivez la lettre que vous auriez aimé adresser à cet écrivain pour le remercier de vous avoir introduit dans son univers.

Vous développerez votre « *dilecture* » en adoptant un ton témoignant de cet enthousiasme et en évoquant les aspects de sa création qui vous ont le plus touché.
N.B. : Vous ne signerez pas cette lettre.

TEXTE A

Francis Jammes, « Prière pour aller au Paradis avec les ânes », *Le Deuil des primevères*, 1901.

[Le poète Francis Jammes (1868-1938) a vécu toute sa vie au pied des Pyrénées, principalement à Orthez.]

Lorsqu'il faudra aller vers Vous, ô mon Dieu, faites
que ce soit par un jour où la campagne en fête
poudroiera. Je désire, ainsi que je fis ici-bas,
choisir un chemin pour aller, comme il me plaira,
au Paradis, où sont en plein jour les étoiles.
Je prendrai mon bâton et sur la grande route
j'irai, et je dirai aux ânes, mes amis :
Je suis Francis Jammes et je vais au Paradis,
car il n'y a pas d'enfer au pays du Bon Dieu.
Je leur dirai : Venez, doux amis du ciel bleu,
pauvres bêtes chéries qui, d'un brusque mouvement d'oreille,
chassez les mouches plates, les coups et les abeilles…

Que je Vous apparaisse au milieu de ces bêtes
que j'aime tant parce qu'elles baissent la tête
doucement, et s'arrêtent en joignant leurs petits pieds
d'une façon bien douce et qui vous fait pitié.
J'arriverai suivi de leurs milliers d'oreilles,
suivi de ceux qui portèrent au flanc des corbeilles,
de ceux traînant des voitures de saltimbanques
ou des voitures de plumeaux et de fer-blanc,
de ceux qui ont au dos des bidons bossués,
des ânesses pleines comme des outres, aux pas cassés,
de ceux à qui l'on met de petits pantalons
à cause des plaies bleues et suintantes que font
les mouches entêtées qui s'y groupent en ronds.
Mon Dieu, faites qu'avec ces ânes je Vous vienne.

Faites que, dans la paix, des anges nous conduisent
vers des ruisseaux touffus où tremblent des cerises
lisses comme la chair qui rit des jeunes filles,
et faites que, penché dans ce séjour des âmes,
sur vos divines eaux, je sois pareil aux ânes
qui mireront leur humble et douce pauvreté
à la limpidité de l'amour éternel.

TEXTE B

Guy Goffette, « Prière pour aller au Paradis avec Jammes », *Le Pêcheur d'eau*, 1995, © Éditions Gallimard.

[Guy Goffette est né en 1947 dans la Lorraine belge.]

N'importe si Dieu a de la barbe qui grésille
comme du vieux tabac de sacristie (c'est un peu

cette odeur-là de suif ou de saindoux brûlé
qui tient le fond de la mémoire et qui l'empêche

de sombrer tout à fait dans les dorures et dans
l'oubli)
ou s'il est glabre[1], s'il fleure le savon
de Marseille ou d'Anvers – j'invente naturellement

mais est-ce qu'on sait ? On est devenu si savant
aujourd'hui de tous côtés qu'il n'y a plus moyen

de penser librement de travers comme un nuage
en passant qui oublie de pleuvoir et attrape

un zéro dans son bulletin de météorologie –
n'importe donc si le bon Dieu a des bajoues

et du ventre, s'il a soif et se pâme devant
un ballon[2] de rouge au goût de myosotis

et d'orties, ou s'il n'est qu'un bond de la lumière
entre les galaxies (s'il y a des lapins là-haut

et s'ils sont bleus dans la bruyère qu'on entend
parfois trembler la nuit quand les poules du Père

Fouettard sont couchées, qui le sait, dites, qui ?)
du moins ne porte-t-il pas un autre étendard

que celui du vent frais. La Légion d'honneur,
il s'en balance bien, et Francis dont l'Académie[3]

n'a pas voulu a fait de même, lissant sa barbe
de sacristain – les clochettes, il y en a partout

dans les prairies, qui tintent en ce moment, ça suffit
aux bêtes pour que le ciel les reconnaisse et

leur ouvre une porte qui n'est dérobée qu'aux yeux.
Jammes, s'il a mis dans son vin un peu trop d'eau
de Lourdes[4], c'est que la vie est un rude chemin

pour qui marche dans son ombre comme dans un livre
de botanique et n'a d'autre fortune que des noms

fleuris qui n'ont pas cours en bourse et pas d'entrée
chez les fleuristes des capitales et des rois.

Ô Jammes, elle était donc si profonde la plaie
ouverte en ton cœur un soir d'été plein d'abeilles

par la tant belle nue[5] quand elle partit avec
un monsieur qui est en résidence à Suez

qu'il ait fallu toutc l'cau du Gave et le baptiste[6]
Claudel[7], et Gide[7] en acolyte, rien de moins,

pour encalminer[8] l'amer en son île, ô vieux
Christophe Colomb aux prises avec le feu d'Orthez,

et réparer le trou du cœur avec des feuilles
comme la haie des poules après la percée

du renard d'or. C'est un peu grâce à lui du reste,
comme s'il avait laissé une griffe dans ta chaussure,

que ton vers continue de boiter sur les chemins
du ciel.

À présent, Jammes, qu'au carrefour du paradis,
tu règles la circulation – Priorité

aux jeunes filles pâles et nues, aux ânes qui sourient !
ferme les yeux, je t'en prie, sur le malotru

qui roule à gauche et prend des chemins de traverse
pour dire cette vie à vau-l'eau qui le dépasse

de tous côtés comme un champ par l'orage en plein
midi, et le ciel est au bas du talus, et

sa foi d'enfant, ce grand jeu d'images tressautantes
que grand-père lui détaillait. Ferme les yeux,

Jammes, pour qu'au jour dit la route me soit ouverte,
que le gosse d'hier debout sur son vélo,

ayant repris mon vieux fonds de commerce, triomphe
enfin du doute, du mal amour et de l'oubli.

Ô Seigneur qui dormez entre la camomille
et le sainfoin, laissez-moi donc dans votre attente

croire au paradis des ânes, et qu'il me sera
donné à moi aussi, par un jour de pluie bleue,

de braire tout doucement sur la grimpette étroite
qui borde les nuages et qui mène tout droit

entre les bras du vieux poète délicieux.

1. *glabre :* sans barbe.
2. *ballon :* verre.
3. *l'Académie :* il s'agit de l'Académie française.
4. *eau de Lourdes :* eau bénite de la grotte des Apparitions, au bord du Gave, le torrent qui passe à Lourdes.
5. *la tant belle nue :* alors que le poète vivait un amour partagé, les parents de la jeune fille s'opposent au mariage et lui font épouser un homme riche. La crise vécue alors par Jammes débouchera sur sa conversion au catholicisme.
6. *le baptiste :* qui baptise ou donne le baptême chrétien.
7. *Claudel, Gide :* écrivains français contemporains de Francis Jammes. Claudel était un fervent catholique.
8. *encalminer :* terme de marine. Immobiliser par manque de vent.

ANNEXE

Jacques Borel, postface au recueil de Guy Goffette, *Éloge pour une cuisine de province,* 1988, © Champ Vallon.

Certains lecteurs s'étonneront peut-être de la place réservée par le poète, dans cette œuvre en cours, à ce qu'il appelle lui-même ses « dilectures[1] ». Ils seront tentés d'y voir, à tort, il va sans dire, une sorte de timidité – de ce doute qui est parfois la rançon de l'admiration, – comme si, au lieu de se mesurer de front avec sa propre expérience, le poète eût besoin de ces garants, de ces figures tutélaires[2] qui s'y accordent et en répondent, qui l'attestent. C'est devenu un lieu commun que de dire que les œuvres ne naissent pas, jamais, d'un contact avec le réel, mais de l'horizon avant elles de toutes les œuvres…

1. *dilectures :* mot valise résultant de l'association de dilection (amour pour le prochain, tendresse) et de lecture. Le poète contemporain Guy Goffette consacre une part de son recueil à des poèmes inspirés par l'admiration qu'il a pour d'autres poètes qui l'ont précédé.
2. *tutélaires :* protectrices.

Corrigés

Attention : aucun titre ne doit figurer dans les devoirs rédigés.

CORPUS ET QUESTION

Travail préparatoire

Le document annexe

- **Le rôle du document annexe** (voir fiche 20)

- **La « dilecture »**

La note 1 accompagnant l'extrait de la postface de Jacques Borel donne le sens du mot valise « *dilecture* » et explique que, dans le sujet, la réécriture est envisagée comme un témoignage d'admiration. Mais le texte lui-même pose une autre piste de réflexion qui servira de point de départ à la dissertation. Réécrire par admiration n'est pas un constat d'impuissance car, de manière générale, sans qu'il s'agisse spécifiquement de réécriture, les œuvres « *naissent de l'horizon avant elles de toutes les œuvres* ».

Les textes du corpus et le paratexte

- **Deux poèmes contemporains**

Le corpus se compose de deux poèmes contemporains d'auteurs sans doute inconnus des élèves de Première. Le parti pris de la modernité se voit notamment avec le texte de Guy Goffette qui date de 1995 et qui montre ainsi la poésie comme un genre en train de s'écrire et non comme un genre musée.

- **Le paratexte*** (voir fiche 15)

Ici, le chapeau introducteur du poème de Francis Jammes gomme toute connotation anglaise du nom en rappelant l'ancrage du poète dans son pays natal.

Le lien avec le programme

- **Au croisement de deux objets d'étude**

Deux objets d'étude se croisent : la poésie et les réécritures. Cependant, dans ce sujet, l'objet d'étude dominant est bien entendu la réécriture ; c'est ce que l'on comprend en lisant la question et le sujet de dissertation.

- **Une conception de la réécriture**

Le texte annexe évoque la « *dilecture* », c'est-à-dire une réécriture qui est d'abord lecture aimante et admirative. La réécriture est ici la reprise d'un poème pour exprimer son affection pour le poète. Mais le texte annexe nous met en garde : l'admiration n'exclut pas l'expression de soi. La réécriture est aussi écriture.

■ La question

La composition de la réponse se devine dans la question elle-même. Il s'agit d'étudier successivement quatre traces de réécriture. Ce qui ne veut pas dire qu'il n'en existe pas d'autres. Le travail ne vise pas à l'exhaustivité *(« brièvement »)* mais à rendre compte précisément *(« caractérisez* [...] *les transformations opérées »)* du processus de réécriture. Le point de départ de l'analyse est un repérage des éléments repris par Goffette. Il faut sélectionner clairement quatre reprises significatives, les classer dans un ordre pertinent et analyser les transformations opérées.
La question constitue un travail préparatoire efficace pour le commentaire.

Le corpus est composé de deux poèmes contemporains. Le premier, de Francis Jammes, daté de 1901, est extrait du recueil *Le Deuil des primevères* et s'intitule « Prière pour aller au Paradis avec les ânes ». Dans le second texte, daté de 1995 et tiré du *Pêcheur d'eau*, Guy Goffette reprend le poème de Francis Jammes pour écrire sa propre « prière » : « Prière pour aller au Paradis avec Jammes. » La réécriture, qui se veut *« dilecture »*, comme le rappelle Jacques Borel (document annexe), est à la fois reprise et modification.

Tout d'abord, le processus complexe de la réécriture s'affiche dans le titre choisi par Guy Goffette ; son vocabulaire, sa construction (le substantif « prière » complété par un groupe infinitif prépositionnel) comme ses sonorités (Jammes rime presque avec « ânes ») se veulent un écho du titre du premier poème. Cette ressemblance met en relief la modification introduite : dans la « prière », Jammes a remplacé les ânes. Ce qui était une évocation tendre des ânes devient un éloge attendri du poète d'Orthez. Mais il faut aller plus loin : quand les ânes étaient des intercesseurs, par leur humilité quasi évangélique, entre le poète catholique et Dieu, Jammes devient, dans le second texte, un intercesseur entre Goffette et l'objet (Dieu ? la vie *« qui le dépasse »* ?) de sa propre quête.

Au-delà du titre, dans la « Prière pour aller au Paradis avec Jammes », l'évocation de la vie de Jammes reprend celle des ânes. Dans le poème de Jammes, il est question de la souffrance acceptée des ânes (sans doute dans une perspective christique) : *« portèrent »*, *« traînant »* et surtout *« aux pas cassés »* et les *« plaies bleues et suintantes que font / les mouches entêtées. »* Guy Goffette reprend cette image : *« la plaie / ouverte en ton cœur un soir d'été plein d'abeilles »*, *« le trou du cœur »*, *« ton vers continue de boiter. »* Mais il ne s'agit plus des ânes ici ; Goffette évoque la déception amoureuse de Jammes (la répétition du mot *« cœur »*, l'allusion à *« la tant belle nue »*) et sa poésie humble (le jeu sur *« boiter »*) et religieuse *(« sur les chemins du ciel »).*

On retrouve également dans le poème de Guy Goffette l'image de la route, très présente dans la « Prière » de Francis Jammes : *« choisir un chemin »*, *« sur la grande route »*, ainsi que de nombreux verbes qui évoquent le voyage tels *« j'irai »*, *« je vais »*, *« Venez »*, *« suivi »*, *« je vous vienne »*. Dans le poème de Guy Goffette, la route est évoquée de manière souvent plus familière : *« au carrefour du paradis, / tu règles la circulation »*, *« le gosse d'hier debout sur son vélo »*, *« la grimpette étroite. »* Comme dans le poème de Jammes, elle est métaphore de la vie *(« qui roule à gauche et prend des chemins de traverse »)* et de la quête spirituelle du poète. En effet, dans les deux poèmes, les derniers vers font le choix de la légèreté aquatique (« *la limpidité* » chez Jammes et « *les nuages* » chez Goffette) pour exprimer la destination de la route. Mais le but du voyage diffère : chez Jammes, il s'agit de « *l'amour éternel* » et chez Goffette du « *poète délicieux* ». Dans le second texte, le projet est plus complexe puisque Jammes est une finalité mais aussi un intermédiaire pour exprimer « *cette vie à vau-l'eau qui* [...] *dépasse* » le poète. Et chez Goffette le ciel n'est pas toujours en haut de la route ; on le rencontre aussi « *en bas du talus* ».

La complexité du poème de Goffette se lit aussi dans la double destination. Tandis que Jammes s'adresse simplement à Dieu, Guy Goffette commence par mettre Dieu de côté *(« N'importe si Dieu... »*, « *il a mis dans son vin un peu trop d'eau / de Lourdes »)* pour s'adresser à Jammes qu'il tutoie. Mais la fin du poème renoue, dans la forme comme dans le fond, avec le poème-prière de Jammes. Guy Goffette s'adresse à Dieu, le vouvoie et attend *(« Ô Seigneur* [...] *dans votre attente »)* ; il devient un des ânes du premier poème : « *il me sera / donné à moi aussi* [...] */ de braire tout doucement.* »

Ainsi, Guy Goffette reprend le poème de Jammes pour s'en écarter mais aussi pour mieux entrer dans la quête du poète d'Orthez et exprimer ses propres doutes et ses propres aspirations. La « *dilecture* » est également écriture de soi.

COMMENTAIRE

Travail préparatoire

■ Les pistes données par le sujet

• La question

La question invite à lire le poème de Guy Goffette comme une réécriture du texte de Francis Jammes.

• Le paratexte*

Jacques Borel reprend le mot « *dilecture* » créé par Guy Goffette pour montrer que la réécriture est une lecture admirative. L'axe suggéré par la question s'étoffe : on étudiera dans le poème l'hommage à Francis Jammes. Mais Jacques Borel nous rappelle que cet hommage n'est pas la finalité unique de la réécriture. Toute œuvre se nourrit des œuvres qui l'ont précédée. La « Prière » de Jammes constitue le terreau de celle de Goffette. Un chemin d'analyse s'ouvre : dans le poème de Guy Goffette, la réécriture est aussi expression de soi.

■ Le genre

• La forme poétique

Guy Goffette a recours au vers libre. Comme Francis Jammes, il ne commence pas ses vers par une majuscule ; mais la forme cependant diffère puisque dans la

« Prière pour aller au Paradis avec Jammes », les vers sont regroupés en distiques. La modernité poétique se voit aussi dans le choix du vocabulaire, dans les enjambements*, dans une syntaxe parfois malmenée. En aucun cas, les procédés de style ne doivent être relevés sans trouver place dans une lecture interprétative.

• **Le titre**

Le titre reprend, en le modifiant, celui du poème de Jammes. La « Prière » constitue ici un sous-genre poétique dont on pourra relever les indices. Mais l'on remarque très vite que cette prière est singulière. Ainsi, on peut élaborer un premier axe qui s'appuie sur une étude du genre (voir fiche 41) mais qui contribue tout de même à dégager l'originalité du texte.

Le plan

I Une prière singulière
II Une « dilecture » du poème de Francis Jammes
III Une réécriture qui devient écriture de soi

PLAN

I Une prière singulière

I-1 Une prière

Les apostrophes qui rythment le texte.
Les impératifs : « *ferme les yeux* » semble une confession, une demande de pardon.
Le champ lexical de la religion.
Des vers qui ressemblent à des versets.
Une syntaxe complexe qui épouse le mouvement ascendant de la prière.

I-2 La singularité de cette prière

Le vocabulaire : un vocabulaire familier *(« gosse », « grimpette »…)* et prosaïque *(« carrefour », « priorité »…)*, voire sensuel *(« jeunes filles pâles et nues »)*, qui est loin de celui de la religion ; *« je t'en prie »*, qui est une version privée de religion de la prière.
Une image de Dieu désacralisée *(« entre la camomille / et le sainfoin »)*.
Les deux destinataires : Jammes et Dieu (voir question).

II Une « dilecture » du poème de Francis Jammes

II-1 La place accordée à Jammes

Plusieurs appels dans le passage et tutoiement.
Place finale : Jammes et la finalité du voyage comme du texte.

II-2 Une évocation de Francis Jammes

Sa vie *(« jeunes filles pâles et nues »)* ; la montagne *(« grimpette », « ânes »)*.
Son œuvre : place de la religion, de la nature, du quotidien.
Réécriture du poème « Prière pour aller au Paradis avec les ânes ».

III Une réécriture qui devient écriture de soi

III-1 Une représentation de la vie de Guy Goffette

Le passé : *« foi d'enfant »*, *« grand-père »*, *« gosse d'hier »*.

Le présent : un présent de l'énonciation* *(« roule à gauche et prend des chemins de traverse »)* ; évocation d'une vie en marge (gauche, traverse).

Le futur : *« attente »*, *« sera donné »*.

III-2 Une expression de soi

Le poète et le monde *(« cette vie à vau-l'eau qui le dépasse », « orage »)* ; la souffrance *(« mal amour », « oubli »)* ; le goût pour un monde simple *(« champ », « talus », « gosse », « vélo », « braire doucement »)*.

Le poète et Dieu : une foi qui, appartenant à l'enfance et à la tradition *(« grand-père », « entre la camomille et le sainfoin »)*, semble avoir disparu *(« le ciel est au bas du talus », « dormez »)* ; une quête *(« doute », « dans votre attente »)*.

Le poète : Guy Goffette écrit pour tenter d'exprimer le monde *(« dire cette vie* [...] *dépasse »)* ; l'écriture est présentée à la fois comme un but *(« roule* [...] *pour dire »)*, comme un projet ambitieux *(« dire cette vie* [...] *dépasse »)* et comme un chant modeste face à l'ampleur du monde *(« dépasse de tous côtés », « braire doucement »)* ; ainsi s'exprime une conception complexe de l'écriture poétique.

DISSERTATION

Travail préparatoire

■ Le problème du sujet

• La problématique

Comment expliquer la production littéraire ? Comment comprendre le processus de l'écriture ? Le corpus met en évidence le mécanisme de la réécriture : Guy Goffette élabore son propre poème en se nourrissant de celui de Francis Jammes et Jacques Borel suggère que les œuvres littéraires puisent leur sève dans la littérature elle-même. Pour affirmer sa conception de l'écriture, le critique s'oppose à une autre explication : les œuvres se nourrissent du réel.

• La question

Le sujet formule le problème à analyser sous forme d'une interrogation totale*. Le terme « *opinion* » appliqué à la phrase tirée du texte annexe montre le côté discutable, partiel de la proposition. L'adverbe « *jamais* » incite d'ailleurs à la discussion d'autant plus que le rapport entre littérature et réalité est souvent avancé par les écrivains eux-mêmes (réalisme, naturalisme, par exemple).

• Le champ d'étude

Le corpus réunit deux poèmes mais le sujet précise qu'il ne faut pas limiter la réflexion au genre poétique.

Si Jacques Borel part des « *dilectures* » pour élaborer sa théorie sur la création littéraire, sa réflexion ne se limite pas à la pratique affichée de la réécriture. Le sujet disant que toute écriture est, à sa manière, réécriture, on peut puiser dans des exemples autres que les réécritures annoncées. Et cet élargissement est indispensable pour nuancer l'opinion de Jacques Borel en rappelant les liens qui unissent la littérature et le réel : on évoquera le roman réaliste de Balzac et le naturalisme de Zola mais également la littérature engagée ou l'expression d'une réalité intérieure.

■ Le plan

• Choisir et construire un plan dialectique

Lorsque la question posée prend la forme d'une interrogation totale (ou peut être reformulée en interrogation totale), on attend au minimum le développement des deux réponses possibles à la question, à condition d'éviter de présenter la progression comme contradictoire ou comme un sondage d'opinion (voir fiche 11).

Ce plan thèse/antithèse (ou éventuellement antithèse/thèse) est acceptable au baccalauréat mais il est préférable de proposer une troisième partie (la synthèse) qui dépasse les deux premières réponses.

Pour bâtir une progression dialectique, il faut envisager les deux orientations ouvertes par le sujet en gommant leur contradiction. Partez du principe que l'on ne peut dire oui et non en même temps.

Dans un premier temps, on examine donc les deux pistes de réponse et on s'efforce de les concilier.

Dans un deuxième temps, on fixe la progression : laquelle des deux orientations doit être logiquement placée en tête ? Parfois, deux progressions sont possibles. Parfois, non. Il suffit souvent d'essayer pour trouver la solution : rédigez une phrase qui présente successivement et logiquement liées les deux pistes de réflexion.

Dans un troisième temps, on cherche une perspective qui dépasse les deux premières et soit l'aboutissement logique de la progression. Dans le cas du sujet qui semble opposer une œuvre qui s'enracine dans le réel et une littérature qui se nourrit des œuvres antérieures, le dépassement consiste à montrer que la réécriture permet d'appréhender le réel.

Il est possible de présenter une réflexion en deux parties à condition que ces dernières ne soient pas en opposition ; en ce cas, c'est la conclusion qui élargit la pensée en esquissant une synthèse.

Attention : la synthèse s'inscrit entre deux écueils majeurs, celui de la redite et celui du hors-sujet. La troisième partie peut être plus courte que les deux précédentes mais elle doit s'appuyer aussi sur des exemples.

La synthèse n'est pas...	La synthèse est...
• une répétition des deux premières parties ; • une réponse qui s'écarte des données du sujet ; • un constat d'échec : les deux premières parties se valent car toutes les opinions sont acceptables.	• une position qui réconcilie les deux premiers axes ; • une réponse qui envisage le sujet sous un autre angle, sans pour autant s'en écarter.

• **Établir la progression** (voir fiche 4)

Le « *contact avec le réel* » étant rejeté de manière quasi provocante dans la citation, il est plus simple de commencer à nuancer l'opinion de Jacques Borel en rappelant une évidence : nombreux sont les écrivains qui ont affirmé s'inspirer, d'une manière ou d'une autre, de la réalité.

• **Le plan**

I L'œuvre littéraire s'enracine dans le réel

II La littérature se nourrit des œuvres antérieures

III La réécriture des œuvres littéraires est une façon d'appréhender le réel

Introduction

Guy Goffette exprime sa conception d'*« une vie à vau-l'eau qui le dépasse »* en s'appuyant sur la « Prière pour aller au Paradis avec les ânes » de Francis Jammes. La réécriture, comme le souligne Jacques Borel en reprenant le néologisme du poète, est une *« dilecture »* qui devient véritablement écriture de soi. Plus généralement, on peut s'interroger sur ce qui permet l'émergence de la création littéraire. Jacques Borel pose comme réponse que *« les œuvres ne naissent pas, jamais, d'un contact avec le réel, mais de l'horizon avant elles de toutes les œuvres »*. Mais sans doute cette proposition mérite-t-elle d'être nuancée et faut-il comprendre le processus d'écriture dans une relation complexe entre les œuvres antérieures et la réalité. Nous verrons tout d'abord qu'une œuvre littéraire peut bel et bien s'enraciner dans le réel. Puis nous examinerons ses racines littéraires. Il ne s'agit pas de choisir entre ces deux ancrages mais de voir que la réécriture des œuvres antérieures, qui nourrit souvent la littérature, constitue une manière d'appréhender le réel.

I L'œuvre littéraire s'enracine dans le réel

Comment dire avec Jacques Borel que le *« contact avec le réel »* ne nourrit jamais une œuvre littéraire ? Les écrivains ont souvent affirmé leur engagement, c'est-à-dire leur volonté d'agir sur le réel. Ils se veulent aussi des observateurs de la société de leur temps ou bien des analystes de l'âme humaine.

I-1 Une volonté d'agir sur le réel

Si la censure existe, c'est bien parce que la littérature peut devenir une force subversive et nombreux sont les écrivains qui ont eu maille à partir avec le pouvoir en place. Victor Hugo, par exemple, s'exile à Jersey pour échapper au régime de *« Napoléon le*

Petit », ce Napoléon III qu'il critique très sévèrement dans *Les Châtiments*. Et n'oublions pas les poètes en prison dans les régimes totalitaires. Le régime nazi brûle les livres et le régime soviétique enferme des romanciers tel Soljenitsyne. On a même souvent l'impression que l'écriture peut devenir un jeu de cache-cache dangereux avec la censure. Voltaire utilise le pseudonyme du Docteur Ralph pour écrire *Candide* et l'on devine derrière les animaux des fables* de La Fontaine les personnages de la cour, voire même le roi : le lion dans « Les obsèques de la Lionne » ou dans « Les Animaux malades de la peste ». L'écrivain engagé prend parti pour une cause ; on peut citer Agrippa d'Aubigné et ses *Tragiques* qui défendent les protestants contre les catholiques, dans le contexte des guerres de Religion. Pascal, dans ses *Provinciales*, des lettres publiées de manière anonyme, s'en prend aux jésuites pour mieux défendre les jansénistes de Port-Royal. Plus proches de nous, des poètes tels Aragon, Éluard, Char ou Desnos s'engagent du côté des résistants. René Char refusera d'écrire d'autres poèmes que des fragments sous l'occupation allemande. Et le poème « Liberté » d'Éluard est bien connu aussi : *« Je suis né pour te connaître / Pour te nommer / Liberté. »* Certes, ce sont les qualités d'écriture et, souvent, les valeurs humanistes qu'elles véhiculent qui font que nous lisons encore aujourd'hui ces œuvres marquées par un contexte historique défini. Mais c'est ce contexte particulier (régime totalitaire, guerre) qui, quoi qu'en dise Jacques Borel, a permis l'écriture de l'œuvre. L'œuvre engagée s'enracine dans le réel.

I-2 Une volonté de dire le réel

Sans vouloir explicitement s'engager comme les auteurs que nous venons d'évoquer, certains écrivains affirment leur volonté d'exprimer la réalité de leur temps. Le roman réaliste affiche ce projet et l'on voit Balzac soucieux de peindre une fresque complète de la société dans *La Comédie humaine*. Paris et la province sont observés avec minutie, disséqués au scalpel. Dans *Le Père Goriot*, on découvre les dessous obscurs de la société avec le personnage de Vautrin. Mais l'on voit aussi la misère qui se cache derrière le brillant vernis social des filles d'un Père Goriot sacrifié. Le lecteur comprend avec Rastignac les mécanismes secrets de l'ascension sociale. Plus tard dans le siècle, le naturalisme ajoute au réalisme une dimension scientifique. Émile Zola se rend dans les mines pour observer le milieu qu'il décrira ensuite dans *Germinal*. La série romanesque des Rougon-Macquart se veut l'évocation d'une société sous le second Empire. S'inspirant de la méthode expérimentale de Claude Bernard, Zola entreprend de démontrer, à partir de ses personnages fictifs, la théorie de l'hérédité. Étienne Lantier *(Germinal)* deviendra comme fou lorsqu'il boira une goutte d'alcool. Et Jacques Lantier *(La Bête humaine)* ne peut résister à sa folie meurtrière. C'est le réel qui alimente l'œuvre littéraire.

I-3 L'expression de soi

Le réel peut aussi être une réalité psychologique que l'écrivain entreprend d'explorer. Les moralistes, tel La Rochefoucauld dans ses *Maximes*, étudient les ressorts du comportement humain. Plus tard, avec ses *Confessions*, Jean-Jacques Rousseau donne à l'étude de l'homme une dimension résolument personnelle. La voie de l'introspection est ouverte et il s'agit pour l'écrivain d'utiliser le langage pour relier les éléments désarticulés de sa personnalité. *« Je n'ai pas de souvenir d'enfance »*, écrit Georges Perec dans *W ou le Souvenir d'enfance*, et l'écriture devient alors un instrument de reconquête de ce réel personnel oublié. L'autobiographie est un chemin. Il en est d'autres tel celui de Proust dans son roman *À la recherche du temps perdu*. L'œuvre littéraire s'appuie sur l'expérience humaine, sur les sensations (le goût d'une madeleine) et les sentiments (la jalousie de Swann), et l'écriture devient un outil d'investigation au service du réel psychologique qui l'alimente.

Jean-Paul Sartre écrit qu'une œuvre d'art est à la fois *« une production individuelle et un fait social »*, inscrivant ainsi la littérature comme à la confluence du personnel et du collectif, au cœur du réel en somme.

II La littérature se nourrit des œuvres antérieures

Cependant, cette relation complexe (alimentation et exploration) entre l'œuvre littéraire et le réel, qu'il soit historique et social ou psychologique, n'exclut pas des liens avec les œuvres antérieures, comme le suggère Jacques Borel et comme en témoigne le poème de Guy Goffette. C'est ce que l'on voit tout d'abord en regardant les différents mouvements littéraires. La notion de genre elle-même suppose que les œuvres se définissent par rapport à des critères que les textes antérieurs ont élaborés. Mais c'est surtout dans la permanence des grands mythes que l'on perçoit cet enracinement des œuvres littéraires dans un fond culturel (plutôt que réel) commun.

II-1 Les mouvements littéraires

Les différents courants littéraires, dont l'enchaînement constitue l'histoire littéraire, s'affirment généralement en rejetant ce qui faisait la spécificité du mouvement précédent. Plus que d'un enracinement, il s'agit ici d'une naissance par opposition. Par exemple, sans le classicisme, auquel il s'oppose, que serait le romantisme ? Le drame romantique refuse les règles classiques. La séparation des genres disparaît au profit d'un mélange complexe des formes tragiques et comiques. Ainsi, *Hernani* de Victor Hugo s'ouvre sur un triangle qui pourrait être comique, celui de la femme, du mari et de l'amoureux caché. Mais la pièce s'achève sur la mort tragique des deux personnages principaux. De même la pièce de Musset, *Lorenzaccio*, associe différents registres, multiplie les personnages et les décors ; on est à l'opposé de la simplification classique* recherchée par Racine. Cette construction d'un mouvement sur les ruines d'une esthétique rejetée caractérise souvent l'histoire littéraire : c'est le cas du classicisme qui refuse, au XVIIe siècle, le foisonnement baroque ou du surréalisme qui, après la Première Guerre mondiale, renie toutes les formes littéraires antérieures. Mais les relations entre les courants de l'histoire littéraire sont plus complexes que cela et le rejet d'une esthétique conduit parfois à renouer avec des modèles plus anciens. Ainsi, pour reprendre l'exemple du XIXe siècle et du romantisme, le rejet des règles classiques conduit les auteurs à se tourner vers la période médiévale. Les œuvres tissent avec les textes qui les ont précédées des relations complexes de refus et de réappropriation.

II-2 La notion de genre

La notion même de genre suppose que les œuvres se définissent les unes par rapport aux autres. Lorsque Racine écrit « tragédie* » sous le titre de *Phèdre*, on connaît déjà l'issue de la pièce : Phèdre mourra. Et quand Corneille annonce que *Le Cid* est une tragi-comédie, on sait que la pièce se terminera bien. De même l'étiquette « comédie », posée sur *Les Fourberies de Scapin*, indique que Molière revendique une tradition (ici héritée de l'Antiquité) constituée par des œuvres plus anciennes. Sans doute certains auteurs essaient-ils, comme Diderot au XVIIIe siècle *(Jacques le Fataliste)* ou les Nouveaux Romanciers du XXe siècle, de remettre en cause le fonctionnement du genre romanesque. Mais cette exploration des limites, telle que la pratique, par exemple, Alain Robbe-Grillet *(La Jalousie, Les Gommes)*, contribue en fait à construire une réflexion sur le romanesque comme genre.

II-3 L'universalité des mythes

La permanence des formes littéraires, malgré les diverses explorations, s'enrichit de la présence des mythes qui sous-tendent l'écriture de nombreuses œuvres. Comme si, depuis les Grecs et les Hébreux, nous pensions toujours, ou presque, de la même manière. Si la notion de tragique traverse les millénaires, comme un terreau universel alimentant les pièces de Sophocle mais aussi celles de Racine ou de Beckett, les grandes histoires de l'Antiquité ne cessent également de nourrir les œuvres littéraires. On ne compte plus les réécritures dans ce domaine. Il suffit, sans évoquer le théâtre classique, de citer quelques œuvres comme *Antigone* d'Anouilh, *Électre* ou *Amphitryon 38* de Giraudoux. Ne nous limitons pas à l'Antiquité car on pourrait penser que notre civilisation est impuissante à fabriquer ses textes fondateurs : *Roméo et Juliette* de Shakespeare, *Dom Juan* de Tirso de Molina, *Robinson Crusoé* de Daniel Defoe…

Ainsi, Jacques Borel a raison quand il écrit que les œuvres littéraires naissent *« de l'horizon avant elles de toutes les œuvres »* ; elles s'enracinent dans le terreau complexe des mouvements, des genres et des mythes, participant à un processus complexe de création autant universelle qu'individuelle. Mais en plongeant ses racines dans la littérature même, l'œuvre ne se coupe pas nécessairement du réel et la réécriture des textes antérieurs peut constituer une manière d'appréhender le réel.

III La réécriture des œuvres littéraires est une façon d'appréhender le réel

Jacques Borel, dans sa postface au recueil de Guy Goffette, est amené à opposer le réel et la littérature de manière catégorique *(« jamais »)*. Cette opposition ne rend pas compte de la complexité des relations que les œuvres littéraires entretiennent, on l'a vu, à la fois avec le réel (historique ou intérieur) et avec les textes antérieurs. En effet, d'une part la littérature s'intègre à notre réalité et, d'autre part, la réécriture des œuvres permet de parler de soi et de comprendre le présent.

III-1 La littérature façonne le réel

Lorsqu'on voit les navigateurs relever le défi du « tour du monde en quatre-vingts jours », on pense à Jules Verne. Lorsqu'on entend dire de quelqu'un qu'il est un vrai « Don Juan », on évoque Molière ou Mozart… La littérature façonne notre réel et notre vision du monde. Les fables animalières expriment une vision anthropomorphique du monde et orientent notre perception du réel. Le renard est rusé… surtout dans *Le Roman de Renart* ou chez La Fontaine. Le lion est « le roi des animaux » : notre regard est conditionné par La Fontaine. Le premier sous-marin à passer sous le pôle Nord est le *Nautilus* : vrai dans le roman de Jules Verne, vrai dans la réalité également. Le goupil du roman médiéval s'appelle Renart. Et voilà tous nos goupils qui deviennent des renards… On aurait presque envie d'écrire que la littérature nourrit le réel.

III-2 La réécriture pour parler de soi

Plus sérieusement, en s'inspirant des textes antérieurs, l'œuvre littéraire ne perd pas contact avec le réel ; la réécriture permet d'appréhender la réalité, et notamment de parler de soi. C'est ce qui se passe dans le poème que Guy Goffette consacre à la « Prière pour aller au Paradis avec les ânes » de Jammes. La *« dilecture »* est aussi écriture de soi et, en évoquant *« le vieux poète délicieux »*, Guy Goffette exprime les souffrances *« du doute, du mal amour et de l'oubli »*, les *« chemins de traverse »* de *« cette vie à vau-l'eau qui le dépasse »*. Le poète s'approprie le langage humble de Francis Jammes pour dire sa propre réalité intérieure. De la même manière, Michel Tournier, dans *Vendredi ou les Limbes du Pacifique*, entre dans le monde de Defoe pour mieux explorer, à sa manière, la solitude et le sens de l'existence.

III-3 La réécriture pour dire le réel

En puisant dans une œuvre antérieure, l'écrivain exprime sa réalité intérieure et sa façon de percevoir le monde ; il peut aussi se nourrir de littérature pour appréhender une réalité historique particulière. Ainsi, Anouilh, en reprenant pour la moderniser l'*Antigone* de Sophocle, pose la question du pouvoir et des compromissions qu'il suppose : la petite Antigone refuse les propositions du roi Créon ; elle ira jusqu'au bout de la voie fatale qu'elle a choisie. Dans le contexte tendu qui précède la Seconde Guerre mondiale, la reprise de la tragédie antique et des mythes *(La guerre de Troie n'aura pas lieu)* traduit l'inquiétude des auteurs. Ce ne sont plus les dieux qui détiennent le pouvoir absolu, c'est l'Histoire. Face à elle, l'homme se sent faible et impuissant ; mais son devoir (de héros tragique) lui dit d'aller, comme Électre, au bout de ses choix et de son désir de justice. La réécriture devient un outil pour exprimer un réel menaçant.

Conclusion

Si l'œuvre littéraire est une production individuelle, définie par un contexte biographique, historique et social particulier, souvent soucieuse de rendre compte de cette réalité, voire de la modifier, elle s'enracine dans la littérature qui la précède et l'environne ; elle naît, comme le dit Jacques Borel, *« de l'horizon avant elles de toutes les œuvres »*, elle se nourrit des formes littéraires, des courants esthétiques et des grands mythes qui traversent les siècles en se renouvelant sans cesse. Mais cet enracinement n'exclut pas, bien au contraire, un contact fructueux avec le réel. La littérature façonne notre monde réel et contribue à l'exprimer. C'est dans cette interaction complexe entre le texte littéraire, le terreau culturel et esthétique qui le nourrit et les diverses facettes de notre réalité que prend naissance notre plaisir de lecteur.

ÉCRITURE D'INVENTION

Travail préparatoire

■ Le choix de l'écrivain

• Un écrivain que l'on connaît bien

Pour traiter le sujet, il importe de retenir un écrivain dont on connaît bien à la fois la vie et l'œuvre. On peut choisir un écrivain étudié en classe, ou bien un écrivain rencontré dans les classes antérieures, ou bien encore, de manière plus originale, un auteur qu'on a lu personnellement. La dernière possibilité est sans doute la plus intéressante mais il faut être certain de disposer de connaissances suffisantes.

• Un écrivain que l'on aime

Le sujet reprend le terme de « *dilecture* » et la note explicative insiste sur l'amour. Le participe « *enthousiasmé* » va également dans ce sens.

■ Les exigences du sujet

• Des connaissances et une sensibilité personnelles

Les « *aspects de sa création qui vous ont le plus touché* » : les deux pôles dominants sont réunis dans cette expression. Le pluriel du mot « aspect » suppose une connaissance précise de l'auteur retenu. Attention : il s'agit d'évoquer la « *création* » de l'écrivain, c'est-à-dire son œuvre.
Par ailleurs, une deuxième exigence essentielle oriente le travail d'écriture : on attend l'expression d'une sensibilité personnelle *(« touché »)* et il ne s'agit donc pas de réciter un cours appris par cœur dans le cadre du programme.

• Les contraintes du registre

Les termes « *enthousiasmé* », « *remercier* », « *dilecture* », « *touché* » et surtout l'expression « *un ton témoignant de cet enthousiasme* » constituent les indices explicites de l'éloge, voire du lyrisme. La difficulté, ici, consiste dans la mesure : les hyperboles peuvent devenir des marques comiques et il n'est pas aisé de trouver un ton juste. La solution est sûrement dans la sincérité : choisir un écrivain que l'on aime vraiment ; ce sujet est intéressant pour une série littéraire.

FICHE 51

• Les contraintes du genre épistolaire

Le sujet s'inscrit dans l'objet d'étude des réécritures mais il croise également l'étude de l'épistolaire, puisqu'il est demandé d'écrire une lettre. On attend donc les marques génériques* de l'épistolaire :
– présentation ; mais l'on s'abstiendra de signer ;
– indices de l'énonciation* ;
– identification du type de lettre : le sujet demande une lettre intime, mais, dans la mesure où cette consigne est artificielle, on peut aussi penser à la lettre ouverte. De toute manière, il s'agit de présenter de manière élogieuse les différents aspects de la création d'un écrivain et le contenu peut intéresser un destinataire élargi.

■ La composition de la lettre

• La spontanéité apparente

Le devoir prend la forme d'une lettre et, de surcroît, d'une lettre intime, ce qui suppose une souplesse et une spontanéité de l'écriture. Mais il ne s'agit surtout pas d'écrire d'un seul jet sans une construction préalable.

• La composition

La lettre intime est plutôt une lettre ouverte. La lettre d'admiration est en fait un exercice scolaire. Si on attend la spontanéité (apparente) de la lettre et les marques de l'épidictique* ou du registre lyrique*, on attend aussi une composition rigoureuse que suggère le pluriel du mot « *aspects* ». On présentera donc les différents « aspects » de la création de l'écrivain en allant du moins important au plus important.

… le … 2015.

Monsieur Molière,

Ou devrais-je dire Monsieur Jean-Baptiste Poquelin ? Car votre personnalité et votre vie me fascinent autant que votre œuvre. Si je me permets de vous écrire quelques centaines d'années après votre mort, c'est que vous êtes toujours vivant pour moi. Et je veux vous dire merci pour le cadeau que vous me faites à chaque fois que je vous rencontre.

I La vie (à la lecture de l'œuvre)

I-1 La vie extraordinaire et la renommée qui n'empêchent pas une critique des prétentions et des hypocrisies sociales

Sans doute votre départ entouré de votre troupe sur les routes de France, avec votre roulotte de comédien et vos tréteaux, a-t-il dû être un choix difficile et une séparation d'avec votre famille. À l'époque où je vis, l'acteur est envié, adulé, riche… Mais le comédien du XVIIe siècle est un marginal, un excommunié et vous avez su, malgré, j'imagine, les avis contraires de vos proches, imposer votre choix. Et dans vos œuvres aussi, je vous sens libre, affranchi des opinions. Les privilèges que vous avez pu obtenir en jouant devant Louis XIV n'ont pas émoussé la force de votre caractère. Devenu célèbre, vous avez continué à critiquer les prétentions sociales, celles des bourgeois, par exemple, avec le personnage de Monsieur Jourdain dont l'unique rêve est de devenir gentilhomme. Il ne deviendra qu'un Mamamouchi de théâtre ! Plus dangereux : vous n'hésitez pas à vous en prendre au comportement hypocrite des dévots. Les dévots sont proches d'un roi qui, se tournera progressivement vers la religion. Vous dénoncez leurs mensonges dans *Tartuffe* ; la pièce est aussitôt interdite (1664) et elle ne sera rejouée que quelques années plus tard, le 5 février 1669.

I-2 La multiplicité des talents

Quand je songe à votre existence, je n'évoque pas seulement l'énergie qui vous a conduit au sommet de la gloire sans que jamais ne soit corrompu votre goût pour la liberté, j'admire aussi la fascinante multiplicité de vos talents. Auteur dramatique ! Metteur en scène ! Acteur ! Audiberti verra en vous *« l'athlète complet du théâtre »* ! Vous écrivez pour votre troupe et j'ai parfois l'impression que, bien différent d'un Ronsard, vous ne vous souciez aucunement de la postérité. Vos textes ne nous sont parvenus que par des copies, voire des réécritures. Quelques critiques aujourd'hui imaginent parfois que vous n'êtes pas l'auteur de certaines de vos pièces, peut-être même de toutes… On songe à Corneille. Je n'en crois pas un mot et je ferme mes oreilles à tout ce que l'on raconte. Votre conception de la liberté n'a rien à voir avec les valeurs de Corneille ! Vous êtes bien un auteur ! Un grand auteur ! D'autant plus grand que vous vivez dans l'instant et acceptez que votre texte se perde ou se modifie. Vous savez que l'essence du théâtre n'est pas dans le texte mais dans le spectacle ; le texte est un outil comme le décor ou les costumes. Et vous fixez les décors et les costumes de vos pièces ! Et vous évoluez au milieu des décors ! Et vous portez les costumes que vous avez inventés : je vous imagine en effet dans le costume de gentilhomme bâti par un tailleur soucieux de vous escroquer de l'argent ou dans celui d'un Mamamouchi ! Les rôles que vous jouez vous conviennent parfaitement. Ainsi vous écrivez *Le Malade imaginaire* en prenant en compte la tuberculose qui vous condamne. Vous êtes Argan, le malade imaginaire ; mais vous avez les yeux brillants d'un homme rongé par la fièvre et la toux que vous évoquez dans votre texte n'est pas feinte. Vous allez mourir et vous le savez. Vos talents combinés vous permettent cette ultime pirouette de clown. Comme votre Dom Juan qui se moque jusqu'au bout du commandeur et du Ciel, vous affirmez jusqu'à la dernière heure (vous mourrez à la quatrième représentation du *Malade imaginaire*, le 17 février 1673, dix jours après la première représentation de la pièce) que le rire triomphe de la mort. Merci pour cette magnifique leçon de vie !

II Une œuvre théâtrale

II-1 Un théâtre comique

Le rire a toujours le dernier mot ! Même si certaines de vos comédies*, tel *Le Misanthrope,* sont dites sérieuses, vous restez pour moi un auteur comique. Vous avez su retrouver la comédie latine et, reprenant la farce médiévale mais aussi les jeux de scène de la *commedia dell'arte*, renouveler le genre. Je ne me lasse pas de lire et de voir jouer *Les Fourberies de Scapin*. Les archétypes s'y croisent et la pièce semble exploser sous la puissance du comique. Les pères sont bêtes et avares à souhait, les jeunes gens amoureux et pleurnichards, les valets débrouillards et malhonnêtes. Mais dans votre pièce, ce qui me plaît, c'est que tout est démultiplié. D'abord, tout est en double : deux pères, deux fils, deux jeunes filles, deux valets. Et les intrigues* s'entremêlent pour notre plus grand bonheur ; un double coup de théâtre également pour couronner le tout. Les deux jeunes gens avaient finalement épousé, parmi toutes les filles de la ville, celles que leurs pères avaient choisies ! Le bonheur est parfait. Et je me réjouis à chaque fois de ce dénouement* comme d'un feu d'artifice. Mais la dernière fusée de la pièce est, bien entendu, lancée par Scapin, le meneur de jeu (avant que le jeu ne lui échappe et ne se résolve tout seul) : le voilà qui arrive, prétendument blessé à mort. On lui pardonne et il demande à se joindre au banquet *« en attendant* [qu'il] *meure »*. Déjà, dans cette pièce, le rire est un triomphe de la vie contre la mort. C'est, en plus complexe et ambigu, le même mécanisme que l'on retrouve dans *Dom Juan* où Sganarelle est un contrepoint comique que la mort de son maître ne saurait ébranler profondément (*« Mes gages ! Mes gages ! »* sont les derniers mots de la pièce).

II-2 Un sens du spectacle

Avec *Dom Juan,* je vous remercie de me réjouir par votre sens inné du spectaculaire. Défiant les règles des trois unités du théâtre classique telles que Boileau les a définies dans son *Art poétique*, vous proposez des décors très variés : l'intérieur et l'extérieur, la mer et la forêt. Les costumes se multiplient : un aristocrate avec ses rubans, un père austère, un valet, des campagnards et même un déguisement de médecin ! Le spectaculaire, pour mon plus grand plaisir, va grandissant avec ce qu'on appelle à mon époque les effets spéciaux : une statue qui fait un signe de tête et, au dernier acte, qui parle ; un spectre ; un personnage qui disparaît dans la scène comme brûlé par la foudre divine. Mais le spectaculaire n'a pas besoin d'être toujours aussi affiché et je me réjouis des jeux de scène tel celui de Sganarelle, dans *Le Médecin malgré lui*, craignant pour sa bouteille, ou celui du Sganarelle de *Dom Juan* qui vole des morceaux dans les plats de son maître.

Merci pour le rire et le plaisir !

III Une réflexion sur la société

III-1 La critique de la médecine

Merci aussi pour le regard critique que vous portez sur la société de votre temps. Sur la médecine bien sûr ! Même dans *Dom Juan* dont le thème est on ne peut plus éloigné, vous ne pouvez pas vous empêcher de donner un coup de griffe à ces personnages que vous jugez n'être que des charlatans, car ils sont impuissants à guérir vos proches. Mais je pense surtout ici aux deux grandes pièces que sont *Le Médecin malgré lui* et *Le Malade imaginaire*. Voilà le médecin définitivement devenu un Thomas Diafoirus ! Sans doute critiquez-vous ici, plus largement, toute forme de pédantisme et d'ignorance.

III-2 La critique de la vanité

Dans *Les Précieuses ridicules*, vous vous en prenez aux prétentions des femmes. En changeant le vocabulaire (les fauteuils deviennent les *« commodités de la conversation »*), elles se créent un monde édulcoré et fictif. Elles fuient la réalité pour évoluer dans un univers où elles se voient comme des femmes brillantes et cultivées. Cette critique se prolonge dans *Les Femmes savantes*. *Le Bourgeois gentilhomme*, comme la fable* « La grenouille qui se veut faire aussi grosse que le bœuf » de La Fontaine, s'en prend aux bourgeois qui veulent devenir nobles. Votre Monsieur Jourdain est ridicule et prétentieux, mais sa solitude à la fin de la pièce a quelque chose de touchant. Et vous n'êtes pas plus tendre avec les gentilshommes pleins de morgue, comme les Sotenville dans *Georges Dandin* ou les petits marquis tournoyant autour de Célimène dans *Le Misanthrope*.

III-3 La critique de l'hypocrisie

Et je vous suis sans hésiter dans votre croisade contre l'hypocrisie ! Dorante semble l'ami de Monsieur Jourdain et il le trompe ! Tartuffe se dit aussi l'ami fidèle d'Orgon et il tente de séduire sa femme ! La tirade de Don Juan sur l'hypocrisie s'écoute comme une sévère critique ; Sganarelle le souligne : son maître lui semble avoir atteint le degré le plus élevé dans son parcours de « *grand seigneur méchant homme* ».

III-4 Le triomphe de la raison

Vous vous riez constamment des fous dans vos grandes comédies, de ces pères de famille d'âge mûr qui sont comme obsédés par une passion : un Harpagon par son argent, un Monsieur Jourdain entiché de noblesse, un Orgon envoûté par l'infâme Tartuffe. Ce qui vous tient à cœur, c'est bien le triomphe de la Raison qui se réalise presque toujours dans vos dénouements pour le grand bonheur de vos jeunes gens amoureux. Vous êtes peut-être, Monsieur Molière, cet honnête homme, qui, dans plusieurs comédies, tente de se faire entendre des fous ridicules.

III-5 Des valeurs humanistes

On vous connaît critique. On vous devine parfois ami d'Alceste *(Le Misanthrope)*. Mais vous savez défendre des valeurs ! Vous libérez les femmes de la tutelle des pères ! Vous laissez Dom Juan dire qu'il croit en « *deux et deux sont quatre et quatre et quatre sont huit* ». C'est la suprématie de la raison et de l'expérience sur la superstition. Face à Don Juan, Sganarelle soutient Dieu et le « *moine bourru* » ! Et quelle force subversive dans la scène du pauvre ! Avant les philosophes des Lumières, vous voilà libre !

Merci Monsieur Molière pour tout cela ! Pour le rire et le spectacle ! Pour la critique sévère mais humaine de la société (la vôtre et la nôtre) ! Pour la liberté que vous défendez ! Pour l'affirmation de la vie même lorsque la mort est en train de gagner !

Renaissance et humanisme

CORPUS ET SUJETS 13 Série L - Inédit

Objet d'étude : Renaissance et humanisme

CORPUS

TEXTE A. Rabelais, *Pantagruel*, XXXII, 1532.

TEXTE B. Joachim du Bellay, « Je ne veux point fouiller », *Les Regrets*, sonnet 1, 1558.

TEXTE C. Jean de Léry, *Histoire d'un voyage fait en la terre du Brésil*, 1578.

TEXTE D. Montaigne, *Essais*, livre II, chapitre 19, 1580.

TEXTE E. Montaigne, *Essais*, livre III, chapitre 9, 1580.

ÉCRITURE

I. Après avoir lu tous les textes du corpus, vous répondrez à la question suivante.

Question (4 points)

Comment les textes du corpus envisagent-ils la question de la différence ? Votre réponse sera synthétique.

II. Vous traiterez ensuite, au choix, l'un des trois sujets suivants.

1. Commentaire (16 points)

Vous ferez le commentaire du poème de Joachim du Bellay (texte B).

2. Dissertation (16 points)

Dans *L'Œuvre au noir* de Marguerite Yourcenar (1968), un roman qui fait revivre la Renaissance, un personnage parle de « *foi dans la sublime excellence de l'homme* » pour caractériser l'humanisme. Cette expression vous paraît-elle convenir pour définir ce mouvement esthétique et littéraire ?

Vous vous appuierez sur les textes du corpus ainsi que sur vos lectures personnelles.

3. Invention (16 points)

Écrivez, sous la forme d'une argumentation indirecte dont vous choisirez le genre, un éloge de la différence.

TEXTE A

Rabelais, *Pantagruel*, XXXII, 1532 (orthographe modernisée), Collection l'Intégrale, Éditions du Seuil.

Puis je descendis par les dents de derrière pour aller aux lèvres ; mais en passant je fus détroussé par des brigands dans une grande forêt, qui est vers les oreilles.

Puis je trouvai une petite bourgade en redescendant, dont j'ai oublié le nom, où je fis encore meilleure chère que jamais, et où je gagnai un peu d'argent pour vivre. Savez-vous comment ? À dormir ; car on loue les gens à la journée pour dormir, et ils gagnent cinq à six sous par jour ; mais ceux qui ronflent bien fort gagnent bien sept sous et demi. Je racontai aux sénateurs comment on m'avait détroussé dans la vallée ; ils me dirent qu'en vérité les gens qui vivaient au-delà, étaient méchants et brigands de nature ; à cela je vis que, de même que nous avons des contrées en deçà et au-delà des monts, de même ils en ont en deçà et au-delà des dents ; mais il fait bien meilleur vivre en deçà et l'air y est meilleur.

Là je me mis à penser qu'il est bien vrai, comme on le dit, que la moitié du monde ne sait pas comment l'autre vit, vu que personne n'avait encore écrit sur ce pays-là, où il y a plus de vingt-cinq royaumes habités, sans compter les déserts et un gros bras de mer ; mais j'ai composé là-dessus un grand livre intitulé *L'Histoire des Rengorgés* ; je les ai nommés ainsi parce qu'ils demeurent dans la *gorge* de mon maître Pantagruel.

TEXTE B

Joachim Du Bellay, « Je ne veux point fouiller », *Les Regrets*, 1558 (orthographe modernisée).

Je ne veux point fouiller au sein de la nature,
Je ne veux point chercher l'esprit de l'univers,
Je ne veux point sonder les abîmes couverts[1],
Ni dessiner du ciel la belle architecture[2].

Je ne peins mes tableaux de si riche peinture,
Et si hauts arguments[3] ne recherche à mes vers :
Mais suivant de ce lieu les accidents divers,
Soit de bien, soit de mal, j'écris à l'aventure.

Je me plains à mes vers, si j'ai quelque regret :
Je me ris avec eux, je leur dis mon secret,
Comme étant de mon cœur les plus sûrs secrétaires[4].

Aussi ne veux-je tant les peigner et friser,
Et de plus braves[5] noms ne les veux déguiser
Que de papiers journaux[6], ou bien de commentaires[6].

1. *couverts* : cachés.
2. Allusion au projet de Ronsard présenté dans l'*Hymne du Ciel* (1555).
3. *arguments* : sujets pour une œuvre littéraire.
4. *secrétaires* : confidents.
5. *braves* : glorieux.
6. *papiers journaux, commentaires* : notes prises au fil des jours, non destinées à la publication.

TEXTE C

Jean de Léry, *Histoire d'un voyage fait en la terre du Brésil*, 1578 (orthographe modernisée).

Des arbres, herbes, racines et fruits exquis que produit la terre du Brésil

[…] Il y eut une fois un vieillard parmi eux qui, à ce sujet, m'interrogea de la manière suivante :

« Que signifie le fait que vous autres *Mairs* et *Peros*, c'est-à-dire Français et Portugais, vous veniez de si loin chercher du bois pour vous chauffer ? N'y en a-t-il point dans votre pays ? »

À quoi lui ayant répondu que si, et en grande quantité, mais pas des mêmes espèces que les leurs, ni surtout de bois de Brésil que nous ne brûlions pas comme il le pensait, mais (comme eux-mêmes s'en servaient pour rougir leurs cordons de coton, leurs plumes et d'autres choses) que les nôtres emmenaient pour faire de la teinture, il me répliqua immédiatement :

« Soit, mais vous en faut-il tant ?

– Oui, lui dis-je, pour le persuader, car comme il y a tel marchand dans notre pays qui a plus d'étoffes et de draps rouges, voire (essayant toujours de lui parler des choses qui lui étaient connues) de couteaux, de ciseaux, de miroirs et autres marchandises que vous n'en avez jamais vu ici, un tel marchand, à lui seul achètera tout le bois de Brésil dont plusieurs navires s'en retournent chargés, de ton pays.

– Ha, ha, dit mon sauvage, tu me racontes des choses étonnantes. »

Puis ayant bien retenu ce que je venais de lui dire, m'interrogeant plus avant, il dit :

« Mais cet homme si riche dont tu me parles, ne meurt-il point ?

– Si fait, si fait, lui dis-je, aussi bien que les autres. »

TEXTE D

Montaigne, *Essais*, Livre II, chapitre 19, 1580 (orthographe modernisée), © Folio, Éditions Gallimard, 2009

[Montaigne aborde la question des guerres de religion qui déchirent la France en se tournant vers l'Antiquité. Il fait ainsi l'éloge d'un empereur romain Julien L'Apostat (331-363) qui, renonçant au christianisme imposé par son oncle l'empereur Constantin et reprenant les croyances païennes, fit preuve d'une grande habileté politique afin de se tenir à l'écart des querelles et des complots religieux.]

[…] Et pour venir au propos de mon thème : il couvait, dit Marcellinus[1], de longtemps en son cœur, le paganisme, mais parce que toute son armée était de Chrétiens, il ne l'osait découvrir. Enfin quand il se vit assez fort pour oser publier sa volonté, il fit ouvrir les temples des dieux, et s'essaya par tous moyens de mettre sus l'idolâtrie[2]. Pour parvenir à son effet, ayant rencontré en Constantinople le peuple décousu[3] avec les prélats de l'Église Chrétienne divisés, les ayant fait venir à lui au palais, les admonesta instamment d'assoupir ces dissensions[4] civiles, et que chacun sans empêchement[5] et sans crainte servît à sa religion. Ce qu'il sollicitait avec grand soin, pour l'espérance que cette licence[6] augmenterait les parts[7] et les brigues[8] de la division, et empêcherait le peuple de se réunir, et de se fortifier par conséquent, contre lui, par leur concorde, et unanime intelligence : ayant essayé par la cruauté d'aucuns Chrétiens, qu'il n'y a point de bête au monde tant à craindre à l'homme, que l'homme.

Voilà ses mots à peu près : en quoi cela est digne de considération, que l'Empereur Julien se sert pour attiser le trouble de la dissension civile, de cette même recette de liberté de conscience, que nos rois viennent d'employer pour l'éteindre. On peut dire d'un côté, que de lâcher la bride aux parts d'entretenir leur opinion, c'est épandre et semer la division : c'est prêter quasi la main à l'augmenter, n'y ayant aucune barrière ni coercition[9] des lois, qui bride et empêche sa course. Mais d'autre côté on dirait aussi que de lâcher la bride aux parts d'entretenir leur opinion, c'est les amollir et relâcher par la facilité et par l'aisance, et que c'est émousser l'aiguillon qui s'affine par la rareté, la nouvelleté[10] et la difficulté.

1. Marcellinus : l'historien Ammien Marcellin (env. 330-env. 395).
2. *mettre sus l'idolâtrie* : imposer le culte païen.
3. *décousu* : en désaccord.
4. *dissensions* : divisions.
5. *empêchement* : obstacle.
6. *licence* : liberté.
7. *parts* : clans.
8. *brigues* : complots.
9. *coercition* : punition.
10. *nouvelleté* : nouveauté.

TEXTE E

Montaigne, *Essais*, « De la vanité », Livre III, chapitre 9, 1580 (orthographe modernisée), © Folio, Éditions Gallimard, 2009

J'ai honte de voir nos hommes[1] énivrés de cette sotte humeur, de s'effaroucher des formes contraires aux leurs. Il leur semble être hors de leur élément quand ils sont hors de leur village. Où qu'ils aillent, ils se tiennent à leurs façons et abominent les étrangères. Retrouvent-ils un compatriote en Hongrie, ils festoient cette aventure : les voilà à se rallier et à se recoudre ensemble, à condamner tant de mœurs barbares qu'ils voient. Pourquoi non barbares, puisqu'elles ne sont françaises ? Encore sont-ce les plus habiles[2] qui les ont reconnues, pour en médire : La plupart ne prennent l'aller que pour le venir[3]. Ils voyagent couverts[4] et resserrés, d'une prudence taciturne et incommunicable, se défendant de la contagion d'un air inconnu.

Ce que je dis de ceux-là, me ramentait[5] en choses semblables, ce que j'ai parfois aperçu en aucuns[6] de nos jeunes courtisans. Ils ne tiennent qu'aux hommes de leur sorte : nous regardent comme des gens de l'autre monde, avec dédain ou pitié. Ôtez-leur, les entretiens des mystères de la cour, ils sont hors de leur gibier, aussi neufs[7] pour nous et malhabiles comme nous sommes à eux. On dit bien vrai qu'un honnête homme c'est un homme mêlé.

---

1. *nos hommes* : nos compatriotes.
2. *habiles* : intelligents.
3. *venir* : retour.
4. *couverts* : cachés.
5. *me ramentait en* : me rappelait.
6. *aucuns* : quelques-uns.
7. *neufs* : naïfs.

Corrigés

Attention : aucun titre ne doit figurer dans les devoirs rédigés.

CORPUS ET QUESTION

Travail préparatoire

Le corpus et sa problématique

• Le corpus et l'objet d'étude

Le corpus destiné aux élèves de Première L réunit cinq textes du XVIe siècle et s'inscrit ainsi dans l'objet d'étude « Renaissance et humanisme ». Si deux extraits des *Essais* de Montaigne sont rapprochés, on peut cependant noter la diversité historique et générique des textes proposés. En effet, dans le sillage de l'Italie, les artistes se sentent littéralement renaître, ce qui suscite, au début de la période, un enthousiasme dont Rabelais est le témoin. À la fin du siècle, les guerres de religion ont mis à mal cet optimisme, comme le montre l'attitude mesurée de Montaigne. Par ailleurs, le corpus réunit différents genres : l'argumentation directe avec Montaigne, le récit de voyage (texte B), la narration à visée didactique (texte A), la poésie avec du Bellay.

Il s'agit donc de percevoir, par-delà cette double diversité, une question commune aux différents auteurs : c'est la problématique du corpus.

• Le paratexte (voir fiche 15)

Les textes sont accompagnés de notes qui en facilitent la lecture et le texte D est précédé d'un chapeau introducteur que vous devrez lire attentivement car il dégage l'enjeu de l'extrait.

• La problématique du corpus

Si vous ne percevez pas à la simple lecture des textes la problématique qui les fédère, examinez la question et les différents sujets proposés. La question et le sujet d'invention peuvent vous aider ici à percevoir l'unité du corpus. En effet les cinq passages abordent, chacun à leur manière, la question de la différence. L'émergence de l'individu qui s'exprime dans les arts et les écrits amène inévitablement cette question de la différence, d'autant plus que les grandes découvertes et la multiplication des voyages obligent à découvrir l'autre. L'altérité fascine ces hommes épris de connaissances mais elle n'est pas sans constituer une menace et générer une inquiétude.

La question

• Le rôle de la question

La question est un exercice préliminaire qui permet d'évaluer votre lecture cursive des textes et votre esprit de synthèse. Elle est aussi un chemin d'accès aux trois sujets. Après avoir réfléchi sur la différence en étudiant le corpus, vous serez mieux armé(e) pour aborder le commentaire (un poème dans lequel du Bellay affirme son originalité), la dissertation (une affirmation de la grandeur de l'homme) et l'écriture d'invention (un éloge de la différence).

• **Les attentes de la question**

Pour bien répondre à la question, vous devez d'abord avoir saisi ce que l'on attend de vous : compréhension des textes dans leur globalité sans faire de contre-sens sur tel ou tel aspect et maîtrise de la technique d'un exercice qui suppose précision et synthèse.

À partir de la notion de différence, vous organiserez votre réponse en opérant des rapprochements, sans pour autant démontrer que tous les auteurs adoptent la même position. La réponse devant être précise, vous vous appuierez sur des citations significatives en veillant à ne négliger aucun des passages. Dans le cadre de l'épreuve (une heure doit être consacrée à la question, pas plus), l'examinateur n'attend pas un relevé complet des exemples : sélectionnez les citations qui vous semblent les plus significatives.

■ La méthode

Pour plus d'efficacité, nous vous conseillons de lire la question et les différents sujets avant d'aborder les textes, ce qui vous permet d'avoir ainsi une idée de la problématique qui sous-tend le corpus. Lisez attentivement chaque texte, crayon en main ; et relisez les passages qui vous semblent difficiles. Ici, le texte D de Montaigne nécessite toute votre attention ; assurez-vous que vous l'avez bien compris en vous appuyant sur le paratexte et en dégageant l'intention de l'auteur.

Repérez sur les textes les différents éléments de réponse puis opérez des rapprochements (ou opposez-les) pour bâtir votre plan. Au brouillon, notez les étapes de votre progression avant de rédiger la réponse au propre. Celle-ci doit comporter une introduction qui présente le corpus et la question, des paragraphes qui proposent une réponse organisée, une conclusion brève qui dresse un bilan de l'analyse.

Cinq textes de la Renaissance composés par quatre auteurs très différents se trouvent réunis pour aborder la question de la différence. Au début du siècle, alors que les progrès suscitent l'enthousiasme, François Rabelais écrit son histoire de géants, *Pantagruel* (1532). En 1558, Joachim du Bellay, accompagnant à Rome le cardinal Jean du Bellay, compose *les Regrets*, un recueil de sonnets. Jean de Léry, quant à lui, raconte en 1578 un « *voyage fait en la terre du Brésil* ». Montaigne remanie les livres des *Essais* à la fin du siècle, quand les guerres de religion ont modifié le visage de la Renaissance. Après avoir vu comment la différence est niée ou manipulée, nous verrons qu'elle est source d'enrichissement et qu'elle permet à l'individu de s'affirmer.

I Négation regrettable de la différence

Évoquant un voyage de son narrateur dans la bouche du géant Pantagruel, Rabelais montre que l'ignorance gomme les différences et uniformise les pratiques : « *Là je me mis à penser qu'il est bien vrai, comme on le dit que la moitié du monde ne sait pas comment l'autre vit* ». Et cette ignorance est liée à une diffusion insuffisante, faute de moyens : « *personne n'avait encore écrit sur ce pays-là* ».

Dans le texte E, la différence est volontairement niée ; elle n'est plus le fait de l'ignorance mais le fruit d'une attitude de repli sur soi : « *les voilà à se rallier, et à se recoudre ensemble* », « *ils voyagent couverts et resserrés, d'une prudence taciturne et incommunicable* ». L'homme, se sentant menacé par l'altérité (« *se défendant de la contagion d'un air inconnu* »), adopte une attitude négative, voire agressive : les voilà « *à condamner tant de mœurs barbares qu'ils voient. Pourquoi non barbares puis qu'elles ne sont françaises* ».

Cette négation de l'autre conduit en 1572 au massacre de la Saint-Barthélemy. Montaigne a en tête les guerres de religion qui entachent l'humanisme lorsqu'il écrit ses *Essais* et notamment la page du livre II consacrée à l'empereur Julien l'Apostat.

II Différence et politique

La différence est au cœur des guerres de religion ; le sujet est délicat et Montaigne choisit de l'aborder de façon mesurée et détournée en se référant à l'historien Ammien Marcellin commentant les choix politiques de l'empereur Julien. Ce dernier, après que Constantin a rejeté les dieux antiques pour adopter le monothéisme chrétien, se sent attiré par les dieux païens. La différence est ici plus particulièrement liée à la question de la minorité : « *parce que toute son armée était de Chrétiens, il ne l'osait découvrir* ». Comment alors rendre cette différence possible ? En multipliant les différences de façon à atténuer voire effacer le déséquilibre majorité/minorité. Julien se sert de la « *liberté de conscience* » (une valeur morale devenue instrument politique) pour « *attiser le trouble de la dissension civile* » : « *lâcher la bride aux parts d'entretenir leur opinion, c'est les amollir et relâcher par la facilité et par l'aisance.* » Le présent de vérité générale nous invite à quitter l'époque de Julien l'Apostat pour réfléchir au contexte de la Renaissance. Les valeurs (religion, « *liberté de conscience* », différence) sont ici envisagées de façon pragmatique dans la perspective du gouvernement d'un pays. Montaigne prône la tolérance religieuse en la présentant comme une stratégie politique efficace.

III L'enrichissement par la différence

Dans le livre III de ses *Essais*, Montaigne reprend la question de la différence en abordant le thème des voyages. Il n'est plus question là des guerres de religion et il s'agit bien davantage, conformément au projet d'ensemble de l'ouvrage, de réfléchir à la nature humaine. Montaigne blâme ceux qui s'enferment dans leur identité nationale ou sociale (« *nos jeunes courtisans* » : « *Ils ne tiennent qu'aux hommes de leur sorte.* »). De façon implicite, il fait l'éloge de l'homme curieux et ouvert : « *un honnête homme c'est un homme mêlé* ». Dans la première moitié du siècle, la position de Rabelais est la même. On voit le narrateur s'étonnant de ce qu'il voit, posant des questions pour mieux connaître ce qu'il découvre. Le contact avec l'altérité permet d'accroître ses connaissances pour ensuite les diffuser (« *mais j'ai composé là-dessus un grand livre* »). La différence joue son rôle dans l'appétit de savoir des humanistes de la Renaissance.

Dans le texte C, le dialogue permet aux habitants des deux mondes de se découvrir les uns les autres et de comprendre que leurs différences (« *mais pas des mêmes espèces que les leurs* », « *des choses étonnantes* ») n'affectent pas fondamentalement la spécificité de la nature humaine : les hommes meurent tous, les riches Européens « *aussi bien que les autres* ».

IV La différence et l'affirmation de l'individu

Alors que Rabelais et Montaigne envisagent la différence en termes de menace ou d'enrichissement, du Bellay y voit une façon d'affirmer son individualité. Les négations anaphoriques du premier quatrain préparent le « *Mais* » du septième vers : le poète a rejeté les modèles pour mieux affirmer son originalité. L'art poétique devient expression d'un moi intime (« *secret* », « *mon cœur* ») ; le poète en affirmant sa différence exprime ses émotions et la complexité de sa personnalité (« *je me plains* », « *je me ris* »).

Ainsi, la question de la différence, au cœur de ces textes variés, est intimement liée à celle de la connaissance et à l'affirmation de l'unicité de l'individu, deux notions clés de l'humanisme au XVIe siècle.

COMMENTAIRE

Travail préparatoire

■ Les outils d'analyse

• Le corpus et sa problématique

La fonction inaugurale (sonnet 1) du poème de du Bellay est essentielle ; en effet le poète présente son projet poétique en se démarquant ce que font les auteurs de son temps. Les notes, notamment la note 2, sont à prendre en compte.
Ce poème trouve pleinement sa place dans un corpus centré sur la différence et vous avez montré, en répondant à la question, comment du Bellay affirmait son originalité.

• La versification

Vous allez devoir commenter un poème de quatorze vers (sonnet) et une étude de détail, pour ce poème court plus encore que pour d'autres de plus grande ampleur, devra nourrir votre commentaire. Il est donc indispensable de bien maîtriser les règles de la versification mais vous devez vous rappeler aussi que tout repérage d'un procédé doit trouver sa place dans une étude du sens du texte. Rappelons quelques notions rudimentaires :

LES TYPES DE RIMES : on peut distinguer les différentes rimes selon leur qualité.
Rimes pauvres : un seul son commun (rond/pont).
Rimes suffisantes : deux sons communs (rond/marron).
Rimes riches : trois sons communs (marron/larron).

On peut également étudier leur disposition :
Rimes plates ou suivies : progression aa bb.
Rimes croisées : progression abab.
Rimes embrassées : progression abba.

LES TYPES DE VERS : L'**octosyllabe** compte huit syllabes. Le **décasyllabe** en compte dix et l'**alexandrin** douze. Ce dernier, jusqu'au XIXe siècle, est partagé en deux parties égales. Le terme « pied » est davantage réservé à la poésie latine.

« Je ne veux point fouiller // au sein de la nature »
Le 1er **hémistiche** La **césure** Le deuxième **hémistiche**

La **diérèse** est un procédé qui permet d'allonger un mot en dissociant une syllabe, afin de le mettre en relief : « palais audaci-eux » dans le sonnet XXXI des *Regrets.*
Certains procédés atténuent la pause entre deux vers.
L'enjambement : la phrase – ou le groupe syntaxique – ne s'achève pas à la fin du vers ; la construction se poursuit dans le vers suivant.
Le rejet : un mot – ou un petit groupe de mots – est rejeté au vers suivant.
Le contre-rejet : une phrase – ou une construction – commence tout à la fin d'un vers et se poursuit dans le vers suivant.

- **Le sonnet**

Les humanistes de la Renaissance se tournent vers l'Antiquité mais aussi vers l'Italie qui, la première, a redécouvert les œuvres des Anciens. Il ne s'agit pas simplement d'imiter les Grecs et les Romains : les poètes français s'inspirent des sonnets de l'Italien Pétrarque (1304-1374).
Le sonnet d'origine italienne comprend un huitain, formé de deux quatrains, et un sizain composé de deux tercets. Le sizain marque un changement de thème par rapport au huitain et propose une réflexion plus personnelle. Chaque quatrain est constitué d'un système de rimes et d'une phrase ; les tercets sont, quant à eux unis par la rime (vers 11 et vers 14) et souvent par la syntaxe.
Très fréquemment employé au XVIe siècle, le sonnet inspire aussi des poètes comme Arthur Rimbaud qui dans « Ma Bohème » ou « Le dormeur du val » en brise la rigidité.

■ Méthode

- **Une lecture attentive du texte**

En laissant de côté vos connaissances sur la Pléiade et le corpus, demandez-vous simplement ce que vous ressentez à la lecture du poème (voir fiche 37). La simplicité revendiquée ne doit pas vous laisser indifférent(e) et la musicalité du sonnet peut aussi vous émouvoir.
Le texte est bref et vous devez l'examiner de très près pour repérer les différents procédés liés à la syntaxe, au lexique ou à la versification. Interrogez-vous sur la place des mots, sur la progression du poème.
Posez-vous les questions suivantes : comment du Bellay utilise-t-il la forme fixe du sonnet et à quelle fin ? Quel est son projet poétique ? Comment l'exprime-t-il ?

• **La construction du plan** (voir fiche 16)
Les axes d'étude (deux ou trois : voir fiche 11) mettent en avant les grands enjeux du texte et chacune des sous-parties vient préciser la perspective de l'axe en envisageant différents aspects. En aucun cas, l'axe ou la sous-partie ne propose une étude purement formelle. Les remarques concernant le style ou la versification sont toutes liées à une interprétation du texte.

• **Le plan**

I L'affirmation de la différence

II Un art poétique

Introduction

Tandis que Ronsard affirme son ambition et annonce la force éternelle de ses vers, du Bellay, en humaniste fasciné par l'Antiquité, a saisi l'occasion d'aller à Rome en suivant son oncle le cardinal Jean du Bellay. Mais la vie à la cour pontificale lui déplaît et, éprouvant de la nostalgie pour sa région natale (« *mon petit Liré* »), il compose un recueil de près de deux cents sonnets où se côtoient les plus féroces caricatures et les poèmes élégiaques. Le premier poème fait figure d'art poétique et du Bellay y affirme sa différence tout en présentant la spécificité de son projet. Si le poète sacrifie à l'usage de la Pléiade en recourant au sonnet venu d'Italie, il lui donne une souplesse toute personnelle. Nous verrons comment, dans ce sonnet inaugural, le poète affirme sa différence et propose un véritable art poétique.

I L'affirmation de la différence

Dès le premier vers, du Bellay affirme sa différence en rejetant les modèles ; il souligne son originalité et esquisse en filigrane sa conception de la nature humaine.

I-1 Le rejet des modèles

Le recueil s'ouvre sur trois vers qui martèlent la différence. Le verbe « *vouloir* » pris dans la négation anaphorique prend un relief particulier. La reprise du « *Je ne veux point* » suivie par trois fois d'un infinitif du premier groupe de deux syllabes occupe tout un hémistiche pour montrer à quel point le poète tient à se démarquer de ses ambitieux prédécesseurs. Le dernier vers du premier quatrain, tout en amorçant une transition, reprend la négation avec la conjonction de coordination « *ni* » suivie d'un dernier infinitif du premier groupe. Portant sur les verbes « *peins* » et « *recherche* », la négation se poursuit sur les deux premiers vers du deuxième quatrain si bien que l'affirmation de la différence occupe la moitié du sonnet. Sans nommer explicitement Ronsard, du Bellay y fait allusion au vers 4 en mentionnant le ciel (Ronsard, *Hymne du ciel*, 1555). Mais il s'agit plus généralement de rejeter une conception de la poésie que le « prince des poètes » a repris aux anciens et dans laquelle puiseront au XIXe puis au XXe siècle Baudelaire, Rimbaud et les surréalistes, notamment leur chef de file André Breton. Les compléments « *nature* », « *univers* », « *abîmes* », « *ciel* » expriment toute l'ambition que du Bellay rejette. Il ne veut pas ressembler à ces poètes, héritiers d'Apollon ou d'Orphée et désireux de percer les secrets du monde : « *fouiller* », « *chercher* », « *sonder* » afin de comprendre l'univers et d'en mieux « *dessiner* » « *la belle architecture* ». La succession des infinitifs, comme celle des substantifs compléments, présente en effet les étapes d'une démarche poétique qui consiste d'abord à étudier (« *chercher* ») avant de représenter (« *dessiner* ») pour transmettre et célébrer (« *belle* »). Ce projet poétique est ambitieux comme le suggèrent les adjectifs « *riche* » et « *hauts* » dans le deuxième quatrain ainsi que le recours à l'intensif « *si* ». Du Bellay dépeint les modèles qu'il rejette afin de mieux affirmer son originalité.

I-2 L'affirmation de soi

Le recueil s'ouvre sur le pronom « *Je* » et la place de ce pronom en tête des trois premiers vers comme du cinquième affirme une personnalité originale. En effet, dans les trois premiers vers, le « *je* », premier mot, affronte successivement « *la nature* », « *l'esprit de l'univers* » et « *les abîmes couverts* » placés en fin de vers. À croire que le poète, se tenant debout face au monde et aux autres artistes, crie son originalité. Mais c'est surtout dans la deuxième partie du sonnet qu'il se présente : au cœur du sonnet et en début de vers, la conjonction de coordination « *Mais* » introduit un brusque changement. Il ne s'agit plus de se conformer aux modèles mais de suivre (« *suivant* ») la pente naturelle et imprévisible des « *accidents divers* » et de « *l'aventure* ». Dans les vers 7 et 8, les négations ont laissé place à une affirmation : « *j'écris* ». Après avoir employé des verbes variés pour évoquer l'activité des poètes (« *fouiller* », « *dessiner* », « *peins* »...), du Bellay se réserve l'unique verbe « *écris* ». Ce passage du multiple à l'unique souligne la singularité du poète.

De la singularité à la solitude, il n'y a qu'un pas et du Bellay n'a pas d'autre confident que ses vers ; la poésie devient l'interlocuteur privilégié d'un poète qui a choisi de s'écarter des autres : « *à mes vers* », « *avec eux* », « *leur* », « *les plus sûrs secrétaires* ». Refusant de se tourner vers l'univers et vers les autres poètes dont il désapprouve l'ambition, du Bellay se replie sur lui-même, ce que l'on retrouvera de façon plus marquée dans le célèbre sonnet XXXI (« *Heureux qui comme Ulysse*... ») : « *est retourné* », « *entre ses parents* », « *le clos de ma pauvre maison* », « *le séjour qu'on bâti mes aïeux* »... Replié sur lui-même, le poète exprime son moi intime et esquisse ainsi sa conception de la nature humaine.

I-3 La complexité de la nature humaine

On peut d'abord s'étonner de ce que du Bellay fasse de la poésie elle-même son destinataire alors que le sonnet, placé en tête du recueil, fait fonction d'adresse au lecteur. C'est pour mieux souligner la sincérité d'un artiste dont le projet n'est pas d'éblouir son lectorat comme le rappelle la locution restrictive (« *ne les veux déguiser que* ») des deux derniers vers. L'affirmation de la différence est une affirmation de l'individu qui éclaire l'humanisme : le « *je* » se regarde et s'exprime dans toute sa vérité, accordant une place importante aux émotions. Il est possible, en toute simplicité, de rire (« *je me ris avec eux* ») et d'éprouver du chagrin (« *je me plains* », « *quelque regret* »). Le poète, s'écartant de « *l'esprit de l'univers* » ou des « *abîmes couverts* », sonde « [son] *cœur* ». Si la modestie (la locution restrictive des derniers vers) a remplacé l'ambition, c'est parce que le cœur, métonymie de la nature humaine, est un objet d'étude complexe. C'est ce que suggèrent les deux premiers hémistiches des vers 9 et 10 : le parallélisme syntaxique met en relief l'opposition sémantique des verbes pronominaux « *me plains* » et « *me ris* » et éclaire la complexité d'un être capable d'éprouver sans transition (l'absence de coordination) des émotions contradictoires. Le balancement entre le « *bien* » et le « *mal* » produit la même impression au vers 8. Nous ne sommes pas loin du vertige angoissant que l'esthétique baroque mettra en scène à la toute fin du siècle, comme en témoignent les *Derniers vers* de Ronsard.

[Transition] S'écartant d'une poésie qui vise à « *sonder* » le monde pour mieux l'élucider et le « *dessiner* », du Bellay affirme sa différence et se tourne vers la complexité d'un « *cœur* » qui tantôt se plaint et tantôt se rit. Placé en tête du recueil des *Regrets*, le sonnet « Je ne veux point… » est aussi un art poétique qui défend une écriture intimiste et présente les poèmes qui vont suivre.

II Un art poétique

Rejetant l'ambition des poètes, du Bellay fait l'éloge de la simplicité et de la vérité ; il revendique l'expression spontanée de soi, sans pour autant renoncer aux règles du sonnet qui devient lyrique et s'assouplit sous sa plume.

II-1 L'éloge de la simplicité et de la vérité

Comme nous l'avons vu, du Bellay affirme sa différence en opposant aux nombreux verbes qui définissent les projets qu'il rejette (« *fouiller* », « *sonder* »…) l'unique verbe « écrire ». Ce passage du pluriel au singulier est un signe de simplicité. De plus, ce verbe est mis en avant par les compléments « *suivant de ce lieu les accidents divers* » et « *soit de bien, soit de mal* » qui le repoussent dans le dernier hémistiche du quatrain. On a ainsi l'impression que le poète va à l'essentiel quand les autres poètes se dispersent dans des activités périphériques. Le choix du verbe est important également car après avoir employé des termes relatifs à la peinture tels « *dessiner* », « *peins* », « *tableaux* », « *peinture* », du Bellay retient un terme sans détour, au cœur de l'activité poétique : « *j'écris* », comme s'il s'agissait de dire simplement la vérité. À la fin du poème, l'importance de la vérité est à nouveau signalée avec le verbe « *déguiser* » qui laisse entendre que l'inscription dans un genre peut fausser le regard du lecteur. La vérité ne sera ni « *peign* [ée], ni « *fris* [ée] » ; elle apparaîtra nue sans le vêtement de gloire des « *braves noms* ». D'où la revendication du dernier vers qui est à la fois éloge de la vérité et éloge de la simplicité : « *Que de papiers journaux, ou bien de commentaires* ».

La locution restrictive en conclusion souligne la place accordée à la simplicité et les références au journal intime et aux commentaires, deux formes non littéraires, vont dans le même sens. Après avoir posé à trois reprises le verbe « *vouloir* » à la forme négative, du Bellay nous dit « *j'écris à l'aventure* », « *suivant de ce lieu les accidents divers* ». Loin d'affirmer sa volonté et sa supériorité comme Ronsard peut le faire, du Bellay avoue avec simplicité se laisser porter par les aléas de la vie. La répétition de « *soit* » (vers 8), dont le « *si* » (vers 9) hypothétique est un écho sémantique et sonore, suggère le cours changeant de l'existence. Du Bellay ne prétend pas élucider « *l'esprit de l'univers* » qui oriente le destin des hommes mais compte simplement exprimer ce qu'il ressent au gré des événements.

II-2 L'expression de soi

La place du pronom personnel « *Je* » au début des trois premières strophes et souvent en tête de vers suffit à montrer que du Bellay souhaite une poésie qui permette l'expression de soi plutôt que la représentation des « *abîmes couverts* ». Dans le premier tercet, la poésie est présentée comme le « *secrétaire* » du poète et il faut donner à ce terme toute sa richesse sémantique comme nous y invite le vers 10. S'agissant de garder un secret

(« *je leur dis mon secret* »), la poésie est le lieu de la confidence et les vers, au service du poète lyrique, ne sont plus alors que de simples « *papiers journaux* ». Le poème n'est plus le produit d'une création, mais un moyen d'expression à qui la personnification donne toutes ses lettres de noblesse.

En ce sens, la poésie renoue avec une de ses fonctions premières telle qu'Orphée l'incarnait lorsqu'il exprimait ses sentiments grâce à sa lyre. Le lyrisme de du Bellay qui, dans le sonnet XXXI, peut prendre le ton élégiaque de la plainte, est marqué ici par le vocabulaire des sentiments : la plainte bien sûr en écho au titre du recueil avec « *Je me plains* » et surtout « *quelque regret* » mais aussi le rire dans le vers 10. Si dans ce sonnet l'auteur fait le choix de la confidence et du lyrisme, d'autres poèmes, satiriques ceux-là, se rangeront davantage du côté du rire. Ainsi, le premier texte du recueil joue bien sa fonction d'annonce en présentant sous couvert d'« *aventure* » les deux facettes de son recueil.

II-3 L'art du sonnet

« *j'écris à l'aventure* » : le dernier hémistiche des quatrains met en avant la vérité et la spontanéité d'une écriture qui ne peigne ni ne frise (vers 12). Mais que penser de cette composition au gré des « *accidents divers* » quand le poète a fait le choix du sonnet, une forme à la mode (les modèles ne sont pas tous chassés !) particulièrement ouvragée ? L'impression d'une écriture spontanée, au fil de la plume et selon l'humeur du poète est le fruit d'une savante utilisation de la forme conventionnelle du sonnet. On retrouve la composition en deux temps de cette forme fixe : les deux quatrains ont le même système de rimes et commencent tous deux par une construction négative alors que les tercets unis par la rime (« *secrétaires* » / « *commentaires* ») forment un sizain débutant par la tournure affirmative « *Je me plains* ». Mais la composition est assouplie jusqu'à donner l'impression de spontanéité pour inviter le lecteur à devenir le confident du poète. L'anaphore pesante lorsqu'il s'agit de refuser l'ambition poétique devient un simple parallélisme (« *Je me plains* » / « *Je me ris* ») lorsque le poète présente son projet. La rigueur de l'alexandrin coupé à la césure dans les six premiers vers s'assouplit après la charnière du « *Mais* ». En effet, dans le deuxième quatrain, la syntaxe qui repousse le verbe « *j'écris* » à la fin de la strophe atténue la pause à la fin du vers 7. De la même manière, sans pour autant effacer la binarité de l'alexandrin, les vers 10 et 11 constituent une unité rythmique fluide : deux hémistiches marqués par l'assonance en *i-* des verbes accentués « *ris* » et « *dis* » suivis d'un vers formé par un groupe syntaxique unique introduit par « *comme* ». On a même l'impression que le vers 11 amplifie le vers 10 en atténuant la césure et en allongeant le mot « *secret* » pour écrire « *secrétaires* ». Le processus d'assouplissement du vers se prolonge dans les deux derniers vers et le sonnet s'achève sur un distique uni par l'enjambement que provoque la locution restrictive à cheval sur les vers 13 et 14. Bien que l'expression soit oxymorique, on a envie de parler ici d'un art de la spontanéité.`

Conclusion

Ainsi, ce poème liminaire des *Regrets* donne le ton du recueil et en définit le projet. Refusant la poésie ambitieuse de Ronsard, du Bellay demande aux vers d'être ses « *secrétaires* » et d'exprimer ses rires comme ses plaintes. Le poète nie toute prétention, affirme son originalité, revendique la sincérité et la spontanéité : voilà qui éclaire les sonnets qui vont suivre. Pourtant rien de plus conventionnel, à l'époque de la Pléiade, que cette forme du sonnet récemment importée d'Italie. Comment alors concilier ce recours à une forme à la mode avec la revendication de l'originalité ? Cette question est sans doute au cœur du succès du sonnet au fil des siècles. En effet, de Ronsard à Rimbaud (« Le dormeur du val » ou « Ma Bohême »), l'écriture est profondément différente, comme si la forme codifiée elle-même suscitait des traitements variés et originaux. C'est bien ce que nous dit du Bellay : la réussite d'un poème ne réside pas dans la forme choisie mais dans la manière toute personnelle de l'utiliser, dans cette intimité que le poète parvient à créer avec son lecteur.

DISSERTATION

Travail préparatoire

■ La lecture du sujet

• La composition du sujet

Le sujet comprend deux parties : la question (ici, sur une citation) et les indications méthodologiques rappelant notamment la place des exemples.

• Une lecture attentive (voir fiche 31)

Chacun des termes de la consigne doit être pesé et vous ne vous contenterez pas d'une lecture globale qui réduirait l'expression de Marguerite Yourcenar à une vision positive de l'homme. Attachez-vous notamment au mot « *foi* ».

• Le type de sujet : un plan dialectique attendu

Il est essentiel d'avoir identifié le type de sujet (thématique ou dialectique) pour bâtir le plan de la dissertation. Ici l'interrogation totale vous amène à étayer mais aussi à discuter l'affirmation proposée.

■ Les attentes du sujet

• Une maîtrise de la technique de la dissertation

La dissertation n'est pas un exercice que l'on improvise et pour choisir ce sujet, vous devez en maîtriser la technique. En aucun cas, y compris sur cet objet d'étude empreint d'histoire littéraire et esthétique, la dissertation ne prend la forme d'une question de cours. Il s'agit de réfléchir à une question et de proposer différentes réponses. On attend un devoir construit : une introduction en 3 étapes (voir fiche 18), un plan rigoureux (voir fiche 4), des connaissances (voir fiches 32 et 6), une conclusion (voir fiche 44).

• Humanisme et Renaissance

Nous n'avons pas l'ambition ici de dresser un tableau de l'humanisme, mais de vous donner simplement quelques pistes que vous devrez compléter.

Après un Moyen Âge ressenti comme obscur, la **Renaissance** est littéralement perçue comme une nouvelle naissance. Le mouvement qui transforme les mentalités en Europe se développe d'abord en Italie au XVe siècle : les artistes et les intellectuels se tournent vers le savoir et la culture gréco-latine, redécouvrent les « humanités » tout en voulant approfondir leur connaissance de l'homme et du monde. L'**humanisme** désigne à la fois les humanités (la culture antique redécouverte par les savants) et la dignité de l'homme.
Les progrès techniques et scientifiques (Copernic notamment) permettent d'envisager le monde autrement, de découvrir de nouvelles terres et d'améliorer la diffusion du savoir (imprimerie). La prospérité économique rend possible le mécénat et la France, à l'occasion des guerres d'Italie, découvre une nouvelle façon de penser et une nouvelle esthétique.
Les humanistes prônent l'étude des langues anciennes pour accéder directement aux textes anciens (antiquité gréco-latine ou Bible) ; ils ont confiance dans les capacités de l'homme. Mais les guerres de religion atténuent l'enthousiasme et Montaigne, à la fin du XVIe siècle, prône la modération.
Quelques auteurs français à connaître absolument : Rabelais, Louise Labé, du Bellay, Ronsard, Montaigne.
Intéressez-vous également à la peinture, notamment italienne : Bellini, Raphaël, Michel-Ange, Léonard de Vinci, Le Titien…

■ Méthode

- **La construction du plan** (voir fiches 3 et 4)

Après avoir pesé chacun des termes du sujet pour bien cerner la question posée, bâtissez les grandes lignes du plan, chaque axe étant une réponse à la question posée. Veillez, notamment dans le cas présent du plan dialectique (voir fiche 28), à assurer la cohérence de votre devoir en gommant les trop fortes contradictions.

- **La recherche des arguments et des exemples** (voir fiche 32)

Sans vous restreindre au corpus et en faisant appel à l'ensemble de vos connaissances, en littérature mais aussi en histoire de l'art, approfondissez l'argumentation de votre devoir. Dégagez clairement les arguments et précisez les exemples.

- **Le plan**

I **La « *foi dans la sublime excellence de l'homme* »**
II **Les limites de l'homme**
III **La grandeur de l'homme tient à sa connaissance de la nature humaine**

Introduction

Avec l'arrivée sur la péninsule italienne des savants fuyant Constantinople aux mains des Turcs, les occidentaux redécouvrent les manuscrits des Anciens et se sentent renaître. Le mot « humanisme », créé au XVIIIe siècle, vient souligner la place de l'homme dans la pensée et l'esthétique de la Renaissance. Dans un roman qu'elle consacre à un alchimiste du XVIe siècle, Marguerite Yourcenar, tout en évoquant les déceptions de son personnage Zénon, parle de « *foi dans la sublime excellence de l'homme* » pour caractériser l'humanisme. Serait-ce que, négligeant Dieu, les hommes de la Renaissance se sont enthousiasmés pour l'« *excellence* » de leur nature et leur « *sublime* » puissance ? On est frappé, dans cette expression par la force des termes employés : « *sublime* », « *excellence* » et « *foi* » qui se rapportent traditionnellement à Dieu. Nous verrons dans un premier temps en quoi les œuvres de la Renaissance vérifient la proposition de Marguerite Yourcenar puis, après avoir montré les limites de l'homme, nous montrerons en quoi le sublime dont il est question ici réside plutôt dans une approche de l'infinie complexité de la nature humaine.

I La « *foi dans la sublime excellence de l'homme* »

Paraissant presque détrôner Dieu, les humanistes de la Renaissance affirment leur « *foi dans la sublime excellence de l'homme* » en accordant une place essentielle à l'homme et en soulignant sa puissance.

I-1 La place de l'homme

La peinture religieuse médiévale de laquelle vont se démarquer les peintres de la Renaissance représente des scènes symboliques et l'on reconnaît les différents saints à leurs attributs : la clé de Pierre, le livre et l'épée de Paul… Sans attendre Michel-Ange ou Raphaël, avec Fra Angelico au début de la Renaissance, les visages prennent une expression plus personnelle et les corps s'humanisent. Redécouvrant les œuvres antiques et s'intéressant au corps humain, les artistes de la Renaissance étudient l'homme dans tous ses aspects. Ainsi Montaigne affirme-t-il, au début de ses *Essais* être lui-même l'objet de son livre : « *je suis moi-même la matière de mon livre* » et si le lecteur peut s'intéresser à cette analyse c'est parce qu'en s'étudiant lui-même c'est toute « *l'humaine condition* » que dépeint l'auteur. Déjà Rabelais, au début de la Renaissance en France (postérieure au mouvement italien), accordait aux hommes une place essentielle en les représentant sous forme de géants. Susceptible d'abriter tout un nouveau monde, le corps de Pantagruel est visité par le narrateur Alcofribas Nasier (anagramme de François Rabelais) de même que les pèlerins cachés dans la salade se trouvent avalés par Gargantua. Accorder une place importante à l'homme, c'est aussi lui conférer un pouvoir.

I-2 La puissance de l'homme

En 1543, l'astronome polonais Copernic prouve que les planètes tournent autour du soleil. Cette vision héliocentrique de l'univers, combattue par l'Église, montre d'une part qu'il n'est pas prisonnier, entre l'enfer et le paradis, d'un monde vertical et, d'autre part, que l'homme est capable d'utiliser son intelligence pour triompher de ses sens. Les talents de l'homme se lisent dans les progrès techniques : boussole, astrolabe, imprimerie…

L'homme peut progresser car ses capacités, comme son enthousiasme, sont immenses. C'est ce dont témoigne le programme éducatif du jeune Gargantua. Les journées ne semblent pas assez longues pour absorber la masse des connaissances et l'on devine, dans *Gargantua* comme dans *Pantagruel*, que l'éducation est une préoccupation essentielle pour Rabelais : sa « *foi dans la sublime excellence de l'homme* » explique le souci qu'il a de bien éduquer les enfants. À la fin de *Gargantua*, dans l'utopie de Thélème, Rabelais accorde une telle confiance au pouvoir de la sagesse et de la raison qu'il suffit de les laisser toutes deux libres pour rendre les règles inutiles.

Ainsi la devise de l'abbaye merveilleuse est-elle « *Fais ce que voudras* » car « *les gens libres, bien nés, bien éduqués, vivant en bonne société, ont naturellement un instinct, un aiguillon qu'ils appellent honneur et qui les pousse toujours à agir vertueusement* ».

L'« *excellence de l'homme* » se voit aussi dans sa capacité à puiser dans les ressources des Anciens sans se contenter de copier platement les modèles. L'imitation est une nourriture qui permet de bâtir un savoir plus grand, une œuvre plus belle. Ainsi, assimilant les textes et les œuvres de l'Antiquité tout en ouvrant de nouvelles voies (de nouvelles techniques, de nouveaux continents, de nouvelles formes), l'humaniste de la Renaissance cherche à grandir l'homme.

[Conclusion-transition] L'homme de la Renaissance est un géant à l'image de ceux imaginés par Rabelais ; il a trouvé sa place dans l'univers et mesuré la richesse de ses talents. Mais il a su aussi évaluer ses faiblesses et ses limites.

II Les limites de l'homme

Peut-être le mot « *foi* » employé par le Chanoine dans le roman de Marguerite Yourcenar est-il trop fort s'il laisse entendre qu'en se tournant vers l'homme, les humanistes se sont détournés de Dieu. De plus les lettrés de la Renaissance s'ils se montrent enthousiastes n'ignorent pas les limites de l'homme.

II-1 La foi en Dieu

La nouvelle configuration de l'espace introduite par Copernic semble remettre en cause la géographie que les hommes ont cru lire dans la Bible. Par ailleurs, la découverte de nouvelles civilisations, notamment en Amérique du Sud, oblige à s'interroger sur la nature humaine et sur son unicité telle que la prêche l'Église. Ajoutons à cela la lecture des Anciens : comment la sagesse a-t-elle été possible chez les Grecs qui ne connaissaient pas Dieu ? Socrate est-il condamné à brûler dans les flammes de l'enfer ? Les humanistes férus d'« humanités » doivent inventer une nouvelle voie pour concilier les modèles antiques et l'Église. Car il ne s'agit pas de chasser Dieu ; la Renaissance, loin de remettre en cause son existence, essaie au contraire de s'en approcher au plus près. D'où la nécessité d'un retour aux sources pour trouver le texte saint débarrassé des commentaires dont l'avait chargé l'Église du Moyen Âge. Cette connaissance suppose que l'humaniste maîtrise le grec et l'hébreu. C'est le cas d'Érasme qui compare les manuscrits pour s'assurer de leur authenticité et en proposer une édition fiable. Ici la foi en Dieu et la volonté de s'en rapprocher passent par une méfiance quant aux choix des copistes et aux gloses médiévales. Ainsi Gargantua écrit à son fils Pantagruel pour lui conseiller l'étude des langues anciennes, le latin, le grec et l'hébreu. De plus, dans le chapitre de *Gargantua* consacré à l'éducation du jeune géant, on voit que le précepteur Ponocrates ne propose pas à son élève un résumé et une analyse des œuvres ; il lui en propose la lecture. Ainsi Gargantua s'abreuve directement aux sources de la connaissance, sans le détour d'une interprétation.

La foi en Dieu et la foi en l'homme ne sont pas inconciliables et les humanistes ne vantent pas la « *sublime excellence de l'homme* » de façon inconsidérée car ils sont conscients des limites de la nature humaine.

II-2 Les Limites de la sagesse humaine

Les géants de Rabelais sont des modèles mais les humanistes savent mesurer la distance qui sépare ces modèles de raison et de sagesse de la nature humaine telle qu'elle se présente. Le choix du rire et la fantaisie débridée nous rappellent que nous sommes dans un monde merveilleux où l'on chasse les boulets de canon comme des mouches. Avant la Saint-Barthélemy, Rabelais est bien conscient de ce que les hommes se supportent difficilement. Pour une simple querelle autour des fouaces, Pichrocole se déchaîne contre Gargantua en dépit de tout bon sens. Les hommes ne sont pas tous sages et les précepteurs ne répondent pas tous aux aspirations des humanistes. Dans ses *Regrets*, composés à Rome, du Bellay dénonce les intrigues à la cour pontificale et se moque avec verve des dignitaires qu'il côtoie. Le sonnet, sous sa plume, devient l'instrument d'une satire virulente : on y voit le courtisan romain « *Marcher d'un grave pas et d'un grave sourcil* », « *contrefaire l'honnête* », « *Cacher sa pauvreté d'une brave apparence* ».

Mais la remise en cause de l'« *excellence de l'homme* » est surtout une des conséquences des guerres de religion. Les Humanistes voyant que le retour aux textes, à l'origine du protestantisme, produit une telle division au sein d'un même pays voire d'une même rue, comprennent que les hommes acceptent mal les différences. Ainsi Montaigne dans les deux textes du corpus montre comment les Français sont enclins à se retrouver entre eux quand ils voyagent et comment l'empereur Julien l'Apostat a dû recourir à une habile stratégie pour garantir la liberté religieuse et se tenir à l'écart des complots et des querelles. Nourri par la douloureuse expérience des guerres de religion, le thème de la différence est récurrent dans les *Essais*. En effet, tout en étant conscient des limites de l'homme, Montaigne ne cesse de prêcher la tolérance et l'ouverture aux autres car « *un honnête homme c'est un homme mêlé* ».

[Conclusion-transition] La « *foi dans la sublime excellence de l'homme* » dont parle le Chanoine de *L'Œuvre au noir*, ne remet pas en cause la foi en Dieu et n'empêche pas une conscience douloureuse des limites de l'homme. Ainsi, l'humaniste, loin d'être un des géants de Rabelais, tient sa grandeur, son « *excellence* », de sa connaissance de la nature humaine.

III La grandeur de l'homme tient à sa connaissance de la nature humaine

Les lettrés de la Renaissance mettent en avant la grandeur de l'homme mais aussi son humanité et sa sensibilité ; sa « *sublime excellence* » n'est-elle pas plutôt son infinie complexité ?

III-1 Grandeur et humanité

L'humaniste de la Renaissance, redécouvrant les Anciens, redresse la tête. Moins soumis que par le passé aux aléas des épidémies, en raison d'une certaine prospérité économique, il prend confiance en l'homme et affirme sa grandeur. Ainsi Ronsard, bien conscient de son génie, nous dit que la mort ne suffira pas à l'effacer car le talent traverse les siècles : « *Je suis, dis-je Ronsard, et cela te suffise/Ce Ronsard que la France honore, chante et prise/*[...] *et de qui les écrits/N'ont crainte de se voir par les âges surpris* » (« Discours amoureux » adressé à Genèvre en 1564).

Mais, dans les *Derniers vers* l'angoisse de la mort met davantage en avant l'humanité du poète, une humanité qui, chez du Bellay, se perçoit dans l'expression des sentiments. Le poète se sent exilé à Rome et il exprime sa nostalgie dans le célèbre sonnet XXXI des *Regrets*. « *Quand reverrai-je, hélas ! de mon petit village/Fumer la cheminée* », se lamente-t-il en montrant que « *la douceur angevine* » (celle de la région d'Angers qui évoque aussi celle des anges) est plus importante que « *l'air marin* » de Rome. Les *Essais* de Montaigne, sans cesse remis sur le métier comme en témoignent les différentes éditions, nous montrent aussi un homme qui se cherche et éprouve des sentiments bien humains tels que l'amitié (en souvenir de La Boétie), le désir qui « *s'accroît par la malaisance* », la présomption qui l'amène par réaction à se dépeindre tel qu'il est, d'une « *taille un peu au-dessous de la moyenne* ». Conscient de ses limites, Montaigne, est en quête d'authenticité ; il ne veut pas se donner « *à louage* » mais, s'écartant de « *l'humeur commune* », il compte « *ménager la liberté de* [son] *âme* ». Cette grandeur de l'homme qui repose sur la vérité et l'indépendance, en toute modestie, prépare la définition de Pascal qui fait de l'homme un « *roseau pensant* ».

III-2 La complexité de l'homme

Les humanistes de la Renaissance soulignent la complexité de la nature humaine. On a vu dans le premier poème des *Regrets* comment le poète passait des larmes au rire : « *Je me plains à mes vers* », « *Je me ris avec eux* ». La place de ces expressions en tête de vers accentue le parallélisme syntaxique pour mieux exprimer le changement d'humeur et la diversité des émotions humaines. Évoquant le sentiment amoureux dans un célèbre sonnet, Louise Labé nous rend sensible l'inconstance et la complexité de la nature humaine : « *Je vis, je meurs ; je me brûle et me noie ; / J'ai chaud extrême en endurant froidure : / La vie m'est et trop molle et trop dure. / J'ai grands ennuis entremêlés de joie.* »

Entre l'enthousiasme de Rabelais et la modération de Montaigne, l'humaniste présente un visage complexe et il ne s'agit pas simplement d'une évolution au fil du temps. Car si l'on doit caractériser cette pensée de la Renaissance c'est peut-être là, dans la prise de conscience de la complexité de la nature humaine, que se situe le dénominateur commun de toutes les sensibilités. Clamant sa volonté d'imiter les Anciens tout en affirmant son génie propre comme le fait du Bellay au nom des poètes de la Pléiade, dans *Défense et Illustration de la langue française,* l'artiste de la Renaissance nous semble pétri de contradictions. Ainsi les vierges de Bellini ou de Raphaël sont-elles à la fois divines et profondément humaines. Le regard des hommes peints par Le Titien (*L'Homme au gant*, par exemple) est chargé d'un mystère insondable et l'on ne rappellera pas le sourire énigmatique de *La Joconde*.

Conclusion

Certes, les géants de Rabelais nous invitent à penser que les hommes de la Renaissance ont « *foi dans la sublime excellence de l'homme* » et il est vrai que les découvertes et les progrès qui marquent cette période donnent confiance. Mais, soucieux de trouver une vérité débarrassée de toutes les illusions, les humanistes, s'ils montrent la grandeur de l'homme, sont bien conscients de ses limites. Sans pour autant renier Dieu, les lettrés s'intéressent à l'homme, à ses émotions, à ses sentiments et à ses contradictions et c'est sans doute là que pour eux se situe sa véritable grandeur, dans une profonde humanité qui est aussi diversité. En ce sens, notre pensée occidentale, certes formée dans le moule des Lumières, puise dans le terreau de la Renaissance, quand se trouvent confrontés le même et l'autre, l'ancien et le moderne, l'individu unique et une « *humeur commune* ».

ÉCRITURE D'INVENTION

Travail préparatoire

■ La lecture du sujet

• **Le type de sujet** (voir fiche 7)

Le sujet d'invention se caractérise par sa grande diversité et il est difficile de se préparer à ce type de sujet. D'apparence facile, comparé à la dissertation et au commentaire, il est en fait très exigeant.

Il s'agit ici d'un sujet qui associe argumentation et exercice de rédaction. Il est donc nécessaire de disposer d'arguments et d'exemples pour ne pas se contenter de répéter que la différence est un enrichissement.

• **Les attentes du sujet**

D'une part le sujet présente des attentes du côté de la forme : choix d'un type d'argumentation indirecte, c'est-à-dire d'un genre particulier (à votre guise, théâtre, nouvelle, conte, fable...). D'autre part, l'éloge de la différence doit être argumenté. Bien entendu, on attend du devoir qu'il soit correctement rédigé. C'est la première des conditions pour réussir une écriture d'invention.

■ Méthode

• **Choix de l'argumentation indirecte**

L'éloge de la différence doit prendre forme dans une argumentation indirecte. Choisissez la forme qui vous convient le mieux et qui vous permettra d'exprimer les différents arguments que vous voulez mettre en avant.

Attention : cette forme ne doit pas vous faire oublier la nécessité d'argumenter.

• **La recherche des arguments au brouillon**

Cherchez les arguments qui vont étayer votre éloge et prévoyez la façon dont vous pourrez les mettre en scène dans votre argumentation indirecte. Les exemples, si possibles littéraires, seront les bienvenus.

Quelques arguments : la différence est inscrite dans la nature, elle est source d'enrichissement mutuel ; elle permet de relativiser les points de vue et d'améliorer notre existence ; elle est source de connaissance ; bien que la différence débouche souvent sur des conflits, l'uniformisation est plus dangereuse encore.

• **La rédaction au propre**

Sans perdre de vue que l'écriture d'invention est un exercice scolaire qui sera évalué selon des critères précis (qualité de l'argumentation et de la rédaction), rédigez directement sur votre copie l'éloge dont vous avez noté au brouillon les grandes lignes. N'oubliez pas de mettre en avant les arguments que vous avez dégagés et efforcez-vous d'introduire des exemples pour illustrer votre réflexion.

Difficile, voire impossible d'y croire ! Pourtant je tenais bien à la main une carte d'embarquement orange et j'étais le quinzième passager en combinaison noire d'une file de vingt passagers en combinaison noire. Le ciel était clair et les étoiles se détachaient nettement ; le soleil, parmi elles, brillait tout particulièrement. J'ajustai mes astro-lunettes et effectuai rapidement la recherche. Les ombres bleues de la terre apparurent et je devinai à sa droite le petit satellite lunaire. Les terriens occidentaux avaient longtemps rêvé de découvrir les Sélénites ; et moi j'avais longtemps rêvé de découvrir la Terre, l'autre planète habitée de notre galaxie ! Un air différent, des plantes différentes, des animaux différents, des hommes…

Quel impensable concours de circonstances avait pu faire que moi, un ZB 1492 identique aux autres ZB 1492, je sois retenu pour faire partie du voyage ! Une erreur sûrement ! La navette en effet était réservée aux élites, à tous ces AAA qui ne me regardaient jamais, qui ne savaient même pas que j'existais, moi un ZB 1492 si différent d'eux et si proche pourtant ! Depuis des temps immémoriaux, nos castes se côtoient sans se voir. L'autre n'existait pas. La surprise n'existait pas. Les jours se ressemblaient. Les ZB 1492 étaient pour moi comme autant de miroirs… Les AAA, de leur côté, étaient autant de clones… Mais les regards que je pouvais échanger avec mes semblables (il n'est pas de terme plus vrai !) en disaient long : un même visage et des pensées différentes. Si nos vêtements, nos aliments, nos maisons sont les mêmes, les accidents de notre existence introduisent à chaque seconde des variations qui nous modifient en profondeur. Nous sentons différemment ; nous pensons différemment et c'est ce qui nous distingue des simples vêtements, des aliments ou des maisons. C'est ce qui faisait de nous, malgré notre destin d'esclaves, des êtres humains, au même titre que les AAA. Ce que je pensais, je ne pouvais pas le dire bien sûr, mais ma liberté d'opinion creusait à l'infini ma différence…

Une fois assis dans le confortable fauteuil orange, j'enfilai le casque intégral orange fourni par la Compagnie et fermai les yeux pour échapper aux images imposées par l'écran. Je préférais de beaucoup imaginer moi-même en me laissant bercer par la Voix. Et si je le voulais, j'échappais même à la Voix pour en écouter une autre, la mienne.

J'entendis : « Connaissances communes à tous concernant les Terriens. Rubrique 1532. François Rabelais est un humaniste français de la première moitié du XVIe siècle. À une époque où les terriens occidentaux prennent conscience que d'autres terriens occupent certaines terres non inondées de leur planète, le médecin érudit imagine des géants tellement grands qu'un autre monde tient dans leur bouche. La différence de taille permet de relativiser les points de vue. Tout est question d'échelle et de repère… »

Échelle et repère… Des mondes différents qui s'éclairent les uns les autres. En comparant leurs coutumes et leurs pensées, les hommes apprennent qu'ils ne détiennent pas une vérité universelle et que les choix de l'autre peuvent améliorer leur existence, affiner leur intelligence. La rencontre d'un autre homme me permet aussi de comprendre qu'il est un homme comme moi ; son altérité en fait son unicité et c'est cette fragile unicité qui est humaine. La rencontre de l'autre m'enseigne la tolérance.

J'entendis : «… *un homme mêlé* ». Les guerres de religion ont marqué la sensibilité et la pensée à la fin de la Renaissance. Protestants et catholiques refusent de se comprendre ; les humanistes sont moins enthousiastes : la tolérance et le retour aux sources de la connaissance débouchent sur le carnage de la Saint-Barthélémy. Mais les terriens occidentaux comme Montaigne ne savent pas en déduire que seule l'uniformité garantit la paix... »

La paix ? Quelle paix ? Il y a bien eu quelques terriens occidentaux pour tenter l'uniformisation par la race (le nazisme) ou la classe (Staline) et on a vu à quoi ressemblait cette paix... un massacre sans nom... D'une autre façon le silence des ZB dans un monde où seuls les AAA détiennent la Voix est un massacre... Je ne pouvais rien dire.

J'entendis : «... le protestant Calas. Jouant avec la censure et tirant profit de son style et son esprit, Voltaire, pseudonyme de Jean-Marie Arouët, défend, comme les autres philosophes des Lumières, la différence et la tolérance, ce qui est sans conteste une erreur. Car si les végétaux et les animaux s'enrichissent du fait de leur diversité, les hommes n'en retirent que de la violence. En effet la découverte de l'autre amène la connaissance qui est source de rébellion et de désordre. »

Je me concentre pour ne plus rien entendre... Tous ces philosophes que j'ai lus ; tous ces tableaux que j'ai vus en piratant l'ordinateur de mon AAA... En découvrant des auteurs différents, des artistes différents, on forge sa propre pensée, sa propre vision du monde et sa propre sensibilité. Oui, monsieur le AAA que je sers chaque jour ! Qui croyez-vous que je sois ? Je suis très différent de vous et pourtant je vous ressemble tellement ! Il y a quelques jours, exactement deux jours avant l'arrivée de la carte d'embarquement orange à mon nom, vous avez posé sur moi votre regard et j'ai cru qu'une ère nouvelle allait commencer, comme si vous découvriez un autre univers, les Sélénites ou les Indiens d'Amérique... Mais vous m'avez rendu à mon invisibilité en regardant ensuite à travers moi. J'ai du mal à croire que vous n'ayez pas lu et vu ce qu'il y a dans votre ordinateur. Les contes de Voltaire ? *Boule-de-Suif* de Maupassant ? *L'Étranger* de Camus ?... Que faites-vous de toute cette diversité, de toutes ces leçons de diversité ?

Quand nous amorçâmes notre descente, la Terre s'irisa de mille bleus et d'autant de verts... Je retins ma respiration. Dans le casque, le programme nous passait des cris d'oiseaux de toutes sortes pour nous préparer au choc auditif. La Voix reprit une dernière fois : ANNONCE type F : « Nous espérons que votre voyage a été agréable. Nous aurons le plaisir de vous retrouver dans six heures pour notre retour. Veuillez conserver votre carte d'embarquement. »

Je sortis. Il faisait beau et chaud. Je fis quelques pas dans la lumière du soleil. J'actionnai mon moteur de visibilité. Mon GPS spatio-temporel m'indiqua que je me trouvais en juin à Paris en plein cœur du quartier latin. Des gens de toutes nationalités et de tous âges me croisaient. Ma combinaison noire contrastait avec les vêtements colorés et légers des passants. Un homme sale, à la barbe mal coupée, était assis par terre. Je commençai à lui tendre ma carte d'embarquement orange. Il me regarda sans comprendre. Je me ravisai et la jetai dans la première corbeille venue.

CORPUS ET SUJETS 14 Série L – France métropolitaine – Juin 2012

Objet d'étude : Renaissance et humanisme

CORPUS

TEXTE A. Jean de Léry, *Histoire d'un voyage fait en la terre du Brésil*, chapitre XIII, 1578 (orthographe modernisée).

TEXTE B. Jean de Léry, *Histoire d'un voyage fait en la terre du Brésil*, chapitre XVIII, 1578 (orthographe modernisée).

TEXTE C. Michel de Montaigne, *Essais*, livre III, chapitre VI « Des coches », 1588 (adaptation en français moderne par André Lanly).

TEXTE D. Claude Lévi-Strauss, *Tristes Tropiques*, 1955.

ÉCRITURE

I. Vous répondrez d'abord à la question suivante.

Question (4 points)

Quelles qualités des peuples du Nouveau Monde les textes proposés mettent-ils en relief ?

II. Vous traiterez ensuite, au choix, l'un des trois sujets suivants.

1. Commentaire (16 points)

Vous ferez le commentaire du premier texte de Jean de Léry (texte A).

2. Dissertation (16 points)

Dans le premier livre des *Essais*, Michel de Montaigne explique que, pour se former, il faut « *frotter et limer notre cervelle contre celle d'autrui* ».

En quoi peut-on dire que l'humanisme, à la Renaissance, se caractérise par une ouverture à l'autre et une interrogation sur l'autre ?

Vous répondrez à cette question en vous appuyant sur les textes du corpus et sur vos connaissances et lectures personnelles.

3. Invention (16 points)

Quelques années plus tard, l'un des Indiens Tupinambas qui avait reçu Jean de Léry (texte B) raconte à son peuple, lors d'une cérémonie publique, l'arrivée et le séjour de cet Européen dans leur village du Brésil.

TEXTE A

Jean de Léry, *Histoire d'un voyage fait en la terre du Brésil*, chapitre XIII, 1578 (orthographe modernisée).

[*Artisan d'origine modeste et de religion protestante, Jean de Léry participa à une expédition française au Brésil. À cette occasion, il partagea pendant quelque temps la vie des indiens Tupinambas. Vingt ans après son retour en France, il fit paraître un récit de son voyage.*]

Au reste, parce que nos Tupinambas sont fort ébahis de voir les Français et autres des pays lointains prendre tant de peine d'aller quérir[1] leur *Arabotan*, c'est-à-dire bois de Brésil, il y eut une fois un vieillard d'entre eux qui sur cela me fit telle demande :

« Que veut dire que vous autres *Mairs* et *Peros*, c'est-à-dire Français et Portugais, veniez de si loin pour quérir du bois pour vous chauffer, n'y en a-t-il point en votre pays ? »

À quoi lui ayant répondu que oui et en grande quantité, mais non pas de telles sortes que les leurs, ni même[2] du bois de Brésil, lequel nous ne brûlions pas comme il pensait, ains[3] (comme eux-mêmes en usaient pour rougir leurs cordons de coton, plumages et autres choses) que les nôtres l'emmenaient pour faire de la teinture, il me répliqua soudain :

« Voire[4], mais vous en faut-il tant ?

– Oui, lui dis-je, car (en lui faisant trouver bon[5]) y ayant tel marchand en notre pays qui a plus de frises[6] et de draps rouges, voire même (m'accommodant[7] toujours à lui parler de choses qui lui étaient connues) de couteaux, ciseaux, miroirs et autres marchandises que vous n'en avez jamais vu par deçà[8], un tel seul achètera tout le bois de Brésil dont plusieurs navires s'en retournent chargés de ton pays.

– Ha, ha, dit mon sauvage, tu me contes merveilles. »

Puis ayant bien retenu ce que je lui venais de dire, m'interrogeant plus outre, dit :

« Mais cet homme tant riche dont tu me parles, ne meurt-il point ?

– Si fait, si fait, lui dis-je, aussi bien que les autres. »

Sur quoi, comme ils sont aussi grands discoureurs, et poursuivent fort bien un propos jusqu'au bout, il me demanda derechef :

– Et quand donc il est mort, à qui est tout le bien qu'il laisse ?

– À ses enfants, s'il en a, et à défaut d'iceux[9] à ses frères, sœurs et plus prochains parents.

– Vraiment, dit alors mon vieillard (lequel comme vous jugerez n'était nullement lourdaud), à cette heure connais-je[10] que vous autres *Mairs*, c'est-à-dire Français, êtes de grand fols : car vous faut-il tant travailler à passer la mer, sur laquelle (comme vous nous dites étant arrivés par-deçà) vous endurez tant de maux, pour amasser des richesses ou à vos enfants ou à ceux qui survivent après vous ? La terre qui vous a nourris n'est-elle pas aussi suffisante pour les nourrir ? Nous avons (ajouta-t-il), des parents et des enfants, lesquels, comme tu vois, nous aimons et chérissons ; mais parce que nous nous assurons qu'après notre mort la terre qui nous a nourris les nourrira, sans nous en soucier plus avant, nous nous reposons sur cela. »

Voilà sommairement et au vrai le discours que j'ai ouï de la propre bouche d'un pauvre sauvage américain.

1. *quérir* : aller chercher.
2. *ni même* : ni surtout.
3. *ains* : mais.
4. *voire* : soit.
5. *en lui faisant trouver bon* : pour le persuader.
6. *frises* : étoffes de laine.
7. *m'accommodant* : essayant.
8. *par deçà* : chez les Tupinambas, au Brésil.
9. *à défaut d'iceux* : s'il n'a pas d'enfants.
10. *connais-je* : je me rends compte.

TEXTE B

Jean de Léry, *Histoire d'un voyage fait en la terre du Brésil*, chapitre XVIII, 1578 (orthographe modernisée).

[...]

Combien que[1] nos Tupinambas reçoivent fort humainement les étrangers amis qui les vont visiter, si est-ce néanmoins que[2] les Français et autres de par deçà[3] qui n'entendent pas leur langage se trouvent du commencement[4] merveilleusement étonnés parmi eux. Et de ma part, la première fois que je les fréquentai, qui fut trois semaines après que nous fûmes arrivés en l'île de Villegagnon, qu'un truchement[5] me mena avec lui en terre ferme en quatre ou cinq villages : quand nous fûmes arrivés au premier, nommé *Yabouraci* en langage du pays, et par les Français Pépin (à cause d'un navire qui y chargea une fois, le maître duquel se nommait ainsi), qui n'était qu'à deux lieues de notre fort, me voyant tout incontinent[6] environné de sauvages, lesquels me demandaient : « *Marapé-dereré, marapé-dereré ?* », c'est-à-dire : « Comment as-tu nom, comment as-tu nom ? » (à quoi pour alors je n'entendais que le haut allemand[7]) et, au reste, l'un ayant pris mon chapeau qu'il mit sur sa tête, l'autre mon épée et ma ceinture qu'il ceignit sur son corps tout nu, l'autre ma casaque qu'il vêtit, eux, dis-je, m'étourdissant de leurs crieries[8] et courant de cette façon parmi leur village avec mes hardes, non seulement je croyais avoir tout perdu, mais aussi je ne savais où j'en étais. Mais comme l'expérience m'a montré plusieurs fois depuis, ce n'était que faute de savoir leur manière de faire : car faisant le même[9] à tous ceux qui les visitent, et principalement à ceux qu'ils n'ont point encore vus, après qu'ils se sont ainsi un peu joués des besognes[10] d'autrui, ils rapportent et rendent le tout à ceux à qui elles appartiennent. Là-dessus, le truchement m'ayant averti qu'ils désiraient surtout de savoir mon nom, mais que de leur dire Pierre, Guillaume ou Jean, eux ne les pouvant prononcer ni retenir (comme de fait au lieu de dire Jean ils disaient Nian), il me fallait accommoder de leur nommer quelque chose qui leur fût connue : cela, comme il me dit, étant si bien venu à propos que mon surnom[11], Léry, signifie une huître en leur langage, je leur dis que je m'appelais *Léry-oussou*, c'est-à-dire une grosse huître. De quoi eux se tenant bien satisfaits, avec leur admiration *Teh !*[12] se prenant à rire, dirent : « Vraiment voilà un beau nom et nous n'avions point encore vu de *Mair*, c'est-à-dire Français, qui s'appelât ainsi. »

1. *combien que* : bien que.
2. *si est-ce néanmoins que* : il est certain néanmoins que.
3. *autres de par deçà* : désigne ici les Européens.
4. *du commencement* : au commencement.
5. *truchement* : interprète qui connaît la langue des Tupinambas.
6. *tout incontinent* : immédiatement.
7. *je n'entendais que le haut allemand* : je ne comprenais rien.
8. *crieries* : criailleries.
9. *le même* : la même chose.
10. *besognes* : affaires, objets.
11. *surnom* : nom de famille.
12. *avec leur admiration* Teh ! : les Tupinambas expriment leur admiration par l'interjection *Teh !* Et se mettent à rire.

TEXTE C

Michel de Montaigne, *Essais*, livre III, chapitre VI « Des coches », 1588 (adaptation en français moderne par André Lanly).

[*Dans ce passage de ses* Essais, *Montaigne se fonde sur les témoignages qu'il a lus pour critiquer le comportement des conquérants européens dans le Nouveau Monde.*]

La plupart de leurs réponses et des négociations faites avec eux[1] montrent que [ces hommes] ne nous étaient nullement inférieurs en clarté d'esprit naturelle et en justesse [d'esprit]. La merveilleuse magnificence des villes de Cusco[2] et de

Mexico et, parmi beaucoup d'autres choses semblables, le jardin de ce roi, où tous les arbres, les fruits et toutes les herbes, selon l'ordre et la grandeur qu'ils ont dans un jardin [normal], étaient excellemment façonnés en or, comme, dans son cabinet[3], tous les animaux qui naissaient dans son État et dans ses mers, et la beauté de leurs ouvrages en joaillerie, en plume, en coton, dans la peinture, montrent qu'ils ne nous étaient pas non plus inférieurs en habileté. Mais en ce qui concerne la dévotion, l'observance des lois, la bonté, la libéralité[4], la franchise, il a été très utile pour nous de ne pas en avoir autant qu'eux. Ils ont été perdus par cet avantage et se sont vendus et trahis eux-mêmes. Quant à la hardiesse et au courage, quant à la fermeté, la résistance, la résolution contre les douleurs et la faim et la mort, je ne craindrais pas d'opposer les exemples que je trouverais parmi eux aux plus fameux exemples anciens que nous ayons dans les recueils de souvenirs de notre monde de ce côté-ci [de l'Océan]. Car, que ceux qui les ont subjugués suppriment les ruses et les tours d'adresse dont ils se sont servis pour les tromper, et l'effroi bien justifié qu'apportait à ces peuples-là le fait de voir arriver aussi inopinément des gens barbus, différents d'eux par le langage, la religion, par l'aspect extérieur et le comportement, venant d'un endroit du monde où ils n'avaient jamais imaginé qu'il y eût des habitants, quels qu'ils fussent, [gens] montés sur de grands monstres inconnus, contre eux qui non seulement n'avaient jamais vu de cheval mais même bête quelconque dressée à porter et à avoir sur son dos un homme ou une autre charge, munis d'une peau luisante et dure[5] et d'une arme [offensive] tranchante et resplendissante, contre eux qui, contre la lueur qui les émerveillait d'un miroir ou d'un couteau, échangeaient facilement une grande richesse en or et en perles, et qui n'avaient ni science ni matière grâce auxquelles ils pussent, même à loisir, percer notre acier ; ajoutez à cela les foudres et les tonnerres de nos pièces [d'artillerie] et de nos arquebuses, capables de troubler César lui-même, si on l'avait surpris avec la même inexpérience de ces armes, et [qui étaient employées] à ce moment contre des peuples nus, sauf aux endroits où s'était faite l'invention de quelque tissu de coton, sans autres armes, tout au plus, que des arcs, des pierres, des bâtons et des boucliers de bois ; des peuples surpris, sous une apparence d'amitié et de bonne foi, par la curiosité de voir des choses étrangères et inconnues : mettez en compte, dis-je, chez les conquérants cette inégalité, vous leur ôtez toute la cause de tant de victoires.

1. Il s'agit des peuples indiens d'Amérique du Sud victimes des conquérants européens.
2. Cusco, alors capitale du Pérou.
3. *cabinet* : bureau.
4. *libéralité* : générosité.
5. *peau luisante et dure* : il s'agit de l'armure.

TEXTE D

Claude Lévi-Strauss, *Tristes Tropiques*, © Éditions Plon, 1955.

[*Lors d'une expédition au Brésil, en 1938, l'ethnologue Claude Lévi-Strauss a partagé la vie quotidienne d'un peuple indien, les Nambikwara.*]

Pour moi, qui les ai connus à une époque où les maladies introduites par l'homme blanc les avaient déjà décimés, mais où – depuis des tentatives toujours humaines de Rondon[1] – nul n'avait entrepris de les soumettre, je voudrais oublier cette description navrante[2] et ne rien conserver dans la mémoire, que ce tableau repris de mes carnets de notes où je le griffonnai une nuit à la lueur de ma lampe de poche :

« Dans la savane obscure, les feux de campement brillent. Autour du foyer, seule protection contre le froid qui descend, derrière le frêle paravent de palmes et de branchages hâtivement planté dans le sol du côté d'où on redoute le vent ou la pluie ; auprès des hottes emplies des pauvres objets qui constituent toute une richesse terrestre ; couchés à même la terre qui s'étend alentour, hantée par d'autres bandes également hostiles et craintives, les époux, étroitement enlacés, se perçoivent comme étant l'un pour l'autre le soutien, le réconfort, l'unique secours contre les difficultés quotidiennes et la mélancolie rêveuse qui, de temps à autre, envahit l'âme nambikwara. Le visiteur qui, pour la première fois, campe dans la brousse avec les Indiens, se sent pris d'angoisse et de pitié devant le spectacle de cette humanité si totalement démunie ; écrasée, semble-t-il, contre le sol d'une terre hostile par quelque implacable cataclysme ; nue, grelottante auprès des feux vacillants. Il circule à tâtons parmi les broussailles, évitant de heurter une main, un bras, un torse, dont on devine les chauds reflets à la lueur des feux. Mais cette misère est animée de chuchotements et de rires. Les couples s'étreignent comme dans la nostalgie d'une unité perdue ; les caresses ne s'interrompent pas au passage de l'étranger. On devine chez tous une immense gentillesse, une profonde insouciance, une naïve et charmante satisfaction animale, et, rassemblant ces sentiments divers, quelque chose comme l'expression la plus émouvante et la plus véridique de la tendresse humaine. »

1. Rondon (1865-1958), explorateur brésilien qui tenta d'adapter les Indiens à la vie moderne tout en cherchant à préserver leurs mœurs et coutumes.
2. Lévi-Strauss vient de lire un compte rendu ethnologique indiquant que la situation de la tribu dont il avait partagé la vie quinze ans auparavant s'est extrêmement dégradée.

Corrigés

Attention : aucun titre ne doit figurer dans les devoirs rédigés.

CORPUS ET QUESTION

Travail préparatoire

La lecture de la question et des textes

• La lecture des textes

Le corpus destiné aux élèves de Première L réunit trois auteurs et quatre textes du XVIe siècle au XXe siècle. Il répond à l'objet d'étude « Renaissance et humanisme », l'extrait de l'ethnologue Lévi-Strauss s'inscrivant dans la continuité d'une réflexion sur l'altérité.

Lisez attentivement les quatre textes en vous appuyant sur le paratexte : les trois auteurs nous présentent des Indiens d'Amérique du Sud, à la faveur d'un témoignage lu ou d'expériences personnelles. L'unité du corpus repose donc sur le thème fédérateur de la découverte de peuples nouveaux.

Une relecture des textes est nécessaire, avec l'aide des notes éclairant certaines particularités de la langue du XVIe siècle, même si l'orthographe des trois premiers textes a été modernisée. Dans le texte A, ne vous laissez pas dérouter par les parenthèses qui risquent d'entraver la lecture de la phrase.

• La lecture de la question

Il s'agit de cerner « *les qualités des peuples du Nouveau Monde* », soit les traits valorisants qui peuvent apparaître dans différents domaines, de l'esprit et du cœur. Le Nouveau Monde nous renvoie aux grandes découvertes de La Renaissance, de Christophe Colomb à Vespucci et oppose l'Amérique à l'ancien monde des Européens.

Si la question implique une idéalisation des peuples rencontrés par les voyageurs, on peut supposer qu'une critique des Occidentaux est sous-jacente.

La démarche

• La méthode

La formulation de la question, brève et sans ambiguïté, permet d'attendre une réponse synthétique, dégageant les qualités essentielles communes aux différents peuples.

À quel titre les habitants du Nouveau Monde sont-ils valorisés par nos auteurs ?

Soyez attentif aux échos entre les textes et surlignez pour chaque peuple les points positifs repérés à la lecture. La « *bonté* » des Indiens d'Amérique du Sud dans le texte C est par exemple à rapprocher de « *l'immense gentillesse* » des Nambikwara dans le texte D.

Sans être exhaustive, la réponse doit être précise et s'appuyer sur des exemples significatifs.
Exploitez également les procédés stylistiques contribuant à la valorisation (énumérations, hyperboles, litote).

- **Le plan**

Pour la réponse à la question, quatre parties sont tout à fait acceptables. Les qualités repérées sont classées suivant un ordre d'importance :

I Les qualités intellectuelles
II Le sens artistique
III Les qualités sociales et affectives
IV La sagesse

RÉPONSE RÉDIGÉE

Du XVIe siècle au XXe siècle la question de l'altérité est au cœur de la pensée philosophique. Les grandes découvertes élargissent les horizons du savoir en même temps qu'elles permettent un nouveau regard sur la civilisation européenne. Les trois premiers textes du corpus sont ainsi l'occasion d'une réflexion humaniste sur les valeurs. Jean de Léry relate certaines de ses aventures dans l'*Histoire d'un voyage fait en la terre du Brésil* en 1578 et Montaigne, dix ans plus tard, dans le chapitre « Des Coches » tiré des *Essais* présente ses réflexions sur l'affrontement des civilisations. En 1955, l'ethnologue Claude Lévi-Strauss dans son ouvrage *Tristes Tropiques* commente une expérience vécue aux côtés d'un peuple indien, les Nambikwara. Au-delà des époques et loin des préjugés occidentaux, les textes proposés concèdent de grandes qualités aux peuples du Nouveau Monde.

I Les qualités intellectuelles

Jean de Léry et Montaigne s'accordent pour reconnaître à ces peuples indigènes des facultés intellectuelles et une curiosité qui les ouvre aux autres. Les indiens Tupinambas s'enquièrent des habitudes européennes, veulent connaître les noms des arrivants. Jean de Léry, dans le texte A, souligne l'aisance verbale de son interlocuteur, un de ces « *grands discoureurs* ». S'adressant au lecteur par une litote, il précise qu'il « *n'était nullement lourdaud* ». De fait, le vieillard conduit le dialogue et le clôt. Il fait preuve de logique comme en témoignent l'enchaînement des interrogations et les connecteurs de son discours « *mais* », « *donc* ». Dans le texte C, Montaigne estime que les peuples indiens d'Amérique du Sud n'étaient « *nullement inférieurs en clarté d'esprit naturelle et en justesse d'esprit* ».

II Le sens artistique

À ces qualités intellectuelles s'ajoute une habileté artistique reconnue par Léry qui évoque chez les Tupinambas les teintures de « *cordons de coton* » et de « *plumages* » grâce au « *bois de Brésil* ». Montaigne, plus explicitement encore, rappelle « *la merveilleuse magnificence des villes de Cusco et de Mexico* », l'abondance des métaux précieux et la « *beauté de leurs ouvrages en joaillerie* ».

III Les qualités sociales et affectives

Ces peuples ont aussi le sens de l'hospitalité. Dans le texte B, il est précisé que les Tupinambas « *reçoivent fort humainement les étrangers amis qui les vont visiter* ». Ils manifestent une curiosité, vont au-devant de l'autre et l'interrogent. La bonne humeur les caractérise, le goût du rire et une certaine forme de légèreté. C'est ainsi qu'après avoir joué avec les habits de leurs visiteurs, ils les leur restituent aimablement.

Selon Claude Lévi-Strauss, « *la misère est animée de chuchotements et de rires* » et la tendresse qui unit les couples est naturelle, proche de la pureté des origines : leurs « *caresses ne s'interrompent pas au passage de l'étranger* ». L'auteur en un rythme ternaire très appuyé leur reconnaît « *une immense gentillesse, une profonde insouciance, une naïve et charmante satisfaction animale* ».

IV Une sagesse

Ces êtres exceptionnels qui, contre toute attente, nous renvoient une image idyllique sont enfin dotés de solides qualités morales. Face aux épreuves qui les assaillent, la faim, le froid, le dénuement extrême pour certains, leur courage est célébré. Montaigne énumère leurs qualités, « *hardiesse* », « *courage* », « *fermeté* », « *résistance* », « *résolution* » et n'hésite pas à rapprocher ces primitifs des anciens stoïciens* que l'on peut deviner dans « *les plus fameux exemples anciens que nous ayons* ». Lévi-Strauss quant à lui admire chez les Nambikwara le rempart de la tendresse contre l'adversité : « *les époux, étroitement enlacés, se perçoivent comme étant l'un pour l'autre le soutien, le réconfort, l'unique secours contre les difficultés quotidiennes.* »

Ce qui semble le plus remarquable dans le texte A est la sagesse et la modération des Tupinambas. Loin de s'intéresser aux biens matériels, ils critiquent l'avidité des Européens, tel le vieillard traitant les Français de « *grands fols* » ! Sont ici prônées une forme d'autarcie et une simple satisfaction des besoins qui n'est pas sans rappeler l'épicurisme* antique.

Ainsi les trois auteurs, au-delà des siècles qui les séparent, ont-ils reconnu les grandes qualités des peuples dits sauvages qui semblent surpasser par leur humanité les Européens prétendument civilisés.

COMMENTAIRE

Travail préparatoire

■ La lecture du texte

• **La lecture du paratexte** (voir fiche 15)

Dans le chapeau introducteur, le contexte biographique nous est exposé. Il s'agit d'un extrait de récit de voyage, Jean de Léry ayant participé à une expédition française au Brésil qu'on peut d'emblée rapprocher des grandes découvertes qui ont marqué le XVIe siècle. Le fait que l'auteur soit protestant suggère au XVIe siècle une forme d'indépendance de jugement.

• L'éclairage du corpus et de la question

Jean de Léry est un écrivain humaniste figurant dans le corpus aux côtés de Montaigne. Il reconnaît lui aussi dans cet extrait des qualités à ce peuple du Nouveau Monde.

• Une lecture autonome

En lisant attentivement le texte, vous remarquez que le récit ménage une place importante au dialogue. Interrogez-vous sur le rôle de l'auteur-narrateur, la conduite du dialogue, le raisonnement du vieillard. Qui l'emporte, selon vous, dans cet échange ?

■ Les outils d'analyse

• Récit et dialogue

Remarquez que le récit du narrateur est émaillé de parenthèses, adressées au lecteur. Appréciez son rôle et son désir de dire le « *vrai* ».

Étudiez dans le dialogue la répartition de la prise de parole et l'enchaînement des répliques.

• Les figures de rhétorique

Repérez les énumérations, l'éloquence du vieillard fondée sur un discours rythmé, nourri d'interrogations oratoires.

• Le lexique

Appréciez le lexique de la richesse et de la quantité opposé à celui de la simplicité. Ils illustrent deux visées complémentaires du texte : la critique et l'éloge.

■ La méthode

• L'élaboration du plan

D'une manière progressive, le commentaire doit rendre compte d'une lecture du texte. Étape par étape, vous présenterez une définition de l'extrait.

Réunissez et organisez vos observations sans oublier de prendre en compte la mise en scène qui préside à l'échange. Il s'agira ensuite de montrer que la parole du vieillard qui s'affirme au fil du texte est un vecteur de critique et d'éloge.

• Le plan

I **Un témoignage pittoresque**
II **Un dialogue dynamique et construit**
III **Le message humaniste du texte**

COMMENTAIRE RÉDIGÉ

Introduction

« *Notre monde vient d'en trouver un autre* » écrit Montaigne dans le livre III des *Essais*. À la suite de la découverte de l'Amérique par Christophe Colomb en 1492, les hommes de la Renaissance multiplient les voyages vers le Nouveau Monde, en mission cosmographique ou invinciblement attirés par l'ailleurs.

En 1557, Jean de Léry, un artisan protestant, participe à une expédition française dont il fait le récit vingt ans plus tard dans son *Histoire d'un voyage fait en la terre du Brésil*. Au chapitre XIII, à la faveur d'un dialogue avec un vieil indien Tupinamba, l'écrivain humaniste confronte deux mondes et deux systèmes de valeurs. Comment s'illustre dans ce passage le registre épidictique* ? Si la mise en scène de l'expérience vécue est pittoresque, nous verrons que l'échange entre les protagonistes se révèle porteur d'un double message.

I Un témoignage pittoresque

L'implication du narrateur et la spontanéité de la confrontation font de ce récit de voyage un témoignage pittoresque.

I-1 L'implication du narrateur

Dans les passages de récit qui encadrent les discours, le narrateur manifeste sa présence. Il se met en scène à la première personne, utilisant les adjectifs possessifs « *nos* », « *mon* » et le passé simple pour se replacer dans le temps de l'expédition, différent de celui de l'écriture. Les verbes de parole sont récurrents : « *lui dis-je* ». Acteur de la scène, il en est aussi, souvent par le biais de parenthèses, le commentateur. Le narrateur cède alors à un souci didactique* et explique par exemple que les Tupinambas utilisaient le bois du Brésil « *pour rougir leurs cordons de coton, plumages et autres choses* ».

Le narrateur qui tend à la précision de l'ethnologue s'adresse au lecteur avec un désir de persuasion. Dans la première phrase, il renforce son observation par un présent gnomique* : « *parce que nos Tupinambas sont fort ébahis* ». Il associe le lecteur à ses propos, évoquant « *nos Tupinambas* », ou « *les nôtres* », s'en remettant à son jugement pour souligner, à la faveur d'une litote, l'intelligence du vieillard « *lequel comme vous jugerez n'était nullement lourdaud* ». L'exactitude de son témoignage est enfin résumée dans la phrase conclusive avec force modalisateurs : « *Voilà sommairement et au vrai le discours que j'ai ouï de la propre bouche d'un pauvre sauvage américain.* »

Si ces commentaires insérés authentifient aux yeux du destinataire le récit de Jean de Léry, sa présence dans le dialogue contribue aussi à forger l'authenticité de l'échange.

I-2 Une confrontation vivante

Le cadre reste imprécis mais les deux interlocuteurs sont nettement définis : le voyageur européen d'une part et le « *sauvage* » d'une peuplade du Brésil au nom exotique qui prend les traits d'un vieillard, habile discoureur. Le langage des Tupinambas est lui-même reproduit, utilisé par le narrateur mentionnant leur « *Arabotan, c'est-à-dire bois de Brésil* » et traduit par le vieillard : « *Mairs et Peros, c'est-à dire Français et Portugais* ». Il n'est pas besoin entre eux d'interprète, ce qui renforce leur proximité et donne l'illusion du naturel.

Le dialogue est marqué par la spontanéité de l'Indien étonné : « *voire* », « *Ha, ha* ». Il évolue comme un jeu de questions et de réponses dans un déroulement logique souligné par de nombreux connecteurs « *mais* », « *car* », « *donc* ».

[Conclusion-transition] Un échange pittoresque et authentique a bien eu lieu entre l'explorateur français et l'autochtone, mais le lecteur constamment sollicité sera surtout sensible au dynamisme du dialogue marqué par un renversement dans l'argumentation.

II Un dialogue dynamique et construit

Au cours du dialogue, les forces s'inversent et la parole du narrateur est bientôt dominée par celle du vieillard.

II-1 L'argumentation du narrateur

S'il cherche à persuader le lecteur, le narrateur vise d'abord à convaincre le vieillard, tel le maître s'adressant au disciple qui le sollicite, tel le détenteur du savoir informant l'ingénu. C'est ainsi qu'il justifie d'abord dans un passage rendu au discours indirect la nécessité d'importer en Europe du bois du Brésil, non pour se chauffer mais « *pour faire de la teinture* ».

Toujours très courtoisement, pour contrer son interlocuteur fort étonné, il a ensuite recours au discours direct et utilise un exemple précis : « [s']*accommodant toujours à lui parler de choses qui lui étaient connues* ». Pour justifier la quantité de bois du Brésil importée, il présente habilement un marchand dont la fortune est suggérée de manière très concrète, à l'aide d'une énumération d'objets connus marquant son interlocuteur. Ses phrases denses sont nourries de subordinations et d'énumérations qui tranchent avec les questions brèves du vieillard dans un premier temps dominé.

Et puis soudain, tout change.

II-2 Le renversement

Le sauvage prend ses distances et manie l'ironie : « *Ha, ha* [...] *tu me contes merveilles.* »

Dès lors, les relations s'inversent et l'élève domine le maître. Ses interrogations face à l'explorateur qui perd pied : « *Si fait, si fait, lui dis-je* », deviennent plus pressantes, témoignent d'un esprit logique et pertinent. « *Mais cet homme tant riche dont tu me parles, ne meurt-il point ?* » Le narrateur qui subit l'ascendant du vieillard lui concède même des qualités : il est, nous dit-il, de ceux qui « *poursuivent fort bien un propos jusqu'au bout* ». Ainsi les questions cèdent la place à un discours argumenté, qui clôt magistralement l'échange.

La conclusion du texte par sa litote ne cache pas l'admiration de Jean de Léry devant cette maîtrise du raisonnement, ce « *discours* » qu'il a « *ouï de la propre bouche d'un pauvre sauvage américain* ». Voilà notre vieillard symboliquement détenteur d'une forme de sagesse socratique et pratiquant à sa manière l'art de la maïeutique*.

[Conclusion-transition] Cette inversion des rôles mise en évidence par le déroulement de la conversation reflète l'intention critique qui préside à la scène.

III Le message humaniste du texte

Les propos des intervenants permettent à l'auteur de délivrer un message humaniste, à la fois critique et élogieux.

III-1 La critique des Européens

Le vieux sauvage par son étonnement et son regard étranger aux pratiques occidentales est l'instrument de la critique. Ne traite-t-il pas les Français de « *grands fols* » ?

Ses interrogations naïves permettent de dénoncer certains travers des étrangers, tels la cupidité, le désir de piller les contrées nouvelles. Il est frappé par la quantité de bois réclamé aux habitants du Brésil : « *vous en faut-il tant ?* » Le narrateur lui-même, dans un souci pédagogique, évoquait « *les navires* [qui] *s'en retournent chargés de ce bois si précieux* » et énumérait les marchandises en circulation, « *couteaux, ciseaux, miroirs* », possessions d'un « *seul* » marchand.

Au-delà, ce sont l'appétit de pouvoir et le désir de richesses matérielles qui sont montrés du doigt : À quoi bon « *endure[r] tant de maux, pour amasser des richesses ou à vos enfants ou à ceux qui survivent après vous ?* » Le lexique de la quantité est récurrent, avec la reprise significative de l'adverbe « *tant* » au détriment de la qualité de la vie. À quoi bon la pratique de l'héritage, le souci des successions ?

Le discours du vieux sage a des accents épicuriens* et semble inspiré de Lucrèce (*De natura rerum*), tant il met l'accent sur la vanité de nos actions terrestres, de nos incessantes conquêtes, nous qui sommes promis à la mort. « *Mais cet homme tant riche dont tu me parles, ne meurt-il point ?* » rétorque-t-il ou encore « *Et quand donc il est mort, à qui est tout le bien qu'il laisse ?* ».

III-2 L'éloge de la vie naturelle

Il découle de cette réflexion critique une sagesse qui est celle du repos et de la tempérance. Dans la dernière réplique du vieillard, l'Ancien monde des colonisateurs et le Nouveau Monde vierge s'affrontent par le seul jeu des pronoms « *vous* » et « *nous* ». La terre est jugée « *suffisante* » pour nourrir les hommes. Et cette terre personnifiée, telle une mère nourricière, est un gage de paix et de pérennité.

Comment ne pas voir dans l'éloge de la vie naturelle le miroir critique de la société occidentale agressive et corrompue ? Le vieil homme prend soin de rappeler l'importance des relations affectives dans leur société, une fois maîtrisée cette peur ancestrale de la mort : « *mais parce que nous nous assurons qu'après notre mort la terre qui nous a nourris les nourrira, sans nous en soucier plus avant, nous nous reposons sur cela* ». Le futur dit la certitude et le polyptote*, assurant la reprise du verbe « *nourrir* », confirme la sérénité qui caractérise leur peuple.

Conclusion

Dans cet extrait de récit de voyage, Jean de Léry nous offre un témoignage authentique et pittoresque de ces rencontres entre deux mondes. L'échange très ouvert et courtois entre l'explorateur français et le vieil Indien nous a ménagé des surprises en renversant nos habitudes de pensée. C'est en effet le sauvage qui détient la parole et la vérité et le civilisé qui est la cible de la critique. Par le biais d'un regard neuf et étranger, l'écrivain nous propose un idéal où la tempérance est gage de bonheur. Sans doute dans cet éloge de la sagesse naturelle, le protestant concilie-t-il ici la morale païenne et les préceptes évangéliques, fidèle en cela aux valeurs humanistes.

La figure du sage vieillard est un *topos* de la littérature d'idées. Nous le retrouverons au XVIIIe siècle avec Voltaire dans *Candide*, imaginant un vieillard turc sur les bords de la mer noire qui enseigne au héros éponyme une forme de sagesse ou dans le *Supplément au voyage de Bougainville* de Diderot sous les traits d'un sage tahitien présentant une vision utopique de l'autre monde et s'adressant au navigateur Bougainville en ces termes : « *Va dans ta contrée t'agiter, te tourmenter tant que tu voudras ; laisse-nous reposer : ne nous entête ni de tes besoins factices, ni de tes vertus chimériques.* »

DISSERTATION

Travail préparatoire

■ La lecture du sujet

• La composition du sujet

Trois parties dans ce sujet : tout d'abord une citation de Montaigne, extraite des *Essais*, sous la forme d'une maxime imagée, à visée persuasive, puis le sujet proprement dit, développant la citation, présentée comme une interrogation partielle (« *En quoi* ») et enfin la consigne qui rappelle les contraintes inhérentes à l'exercice.

• Une lecture attentive

La formule concrète de Montaigne est à analyser. C'est un principe de formation qui est ici donné. Or, on connaît l'importance accordée par les humanistes à la formation.

La question met en relief deux groupes de mots essentiels : « *ouverture à l'autre* » et « *interrogation sur l'autre* » ; il faudra envisager les modalités de ces deux démarches.

Il s'agit aussi de réfléchir à une définition de l'humanisme à la Renaissance : un mouvement littéraire ancré dans une période historique.

• Le type de sujet

Pour construire la dissertation, il est indispensable d'avoir identifié le type de sujet (voir fiches 4 et 28). Ici l'interrogation partielle implique un plan analytique et non dialectique. Les humanistes considèrent la fréquentation du monde comme essentielle au développement de l'individu. Cette thèse n'a pas à être discutée mais seulement confirmée et étayée.

■ La méthode

• Humanisme et Renaissance

En liaison avec l'objet d'étude, vous devez mobiliser vos connaissances sur le mouvement littéraire et la période historique. Après les prétendues ténèbres du Moyen Âge, la Renaissance, en Italie d'abord au XVe siècle puis dans toute l'Europe et notamment en France, est une nouvelle naissance, l'avènement de la lumière tant attendue.

Rappelez-vous que l'humanisme désigne les humanités, sous la forme de la culture antique redécouverte, mais aussi une confiance en l'homme, même si l'enthousiasme des premiers temps a été quelque peu tempéré par les guerres de religion qui ont marqué la deuxième partie du XVIe siècle. Les progrès scientifiques et techniques permettent alors des avancées considérables, l'essor des publications avec le développement de l'imprimerie, les grandes découvertes depuis celle de l'Amérique par Christophe Colomb en 1492.

• Dissertation et question de cours

Attention à ne pas abuser des développements théoriques et historiques en confondant question de cours et dissertation. Il est fréquent, notamment lorsque

le sujet appelle un plan analytique, que vous ayez le sentiment d'être en présence d'une question de cours. Soyez vigilant : sélectionnez parmi vos connaissances celles qui illustrent le mieux vos arguments et ne donnez pas l'impression de réciter une leçon.
Pour ce faire, il convient ici de prendre en compte la citation de Montaigne, les orientations proposées qui, en relation avec le corpus, insistent sur les bienfaits de la découverte de l'altérité.
Les exemples vous permettront de personnaliser la réflexion. Ils sont indispensables à l'exercice de la dissertation et doivent être précis et variés.

• **Arguments et exemples** (voir fiche 32)
Essayez de reformuler la question, de la scinder en sous-questions : quelle formation donne l'ouverture à l'autre ? Sous quelles modalités faut-il envisager l'ouverture et quel est cet autre ? L'interrogation sur l'autre n'entraîne-t-elle pas une réflexion sur soi ?
Quant aux exemples, Montaigne tout d'abord s'impose. La citation liminaire vous incite à puiser à loisir dans la richesse des *Essais*. Jean de Léry, très présent aussi dans le corpus, mais encore Rabelais et les poètes de la Pléiade seront sources d'exemples. Peut-être avez-vous aussi lu ou étudié des extraits de l'humaniste Érasme, du religieux dominicain Las Casas ? Vous pouvez enfin vous référer aux œuvres d'art et aux artistes de la Renaissance.

• **Le plan**
I La citation de Montaigne : la nécessaire confrontation avec l'autre
II Les modalités de l'ouverture à l'autre
III Une réflexion sur l'homme

DEVOIR RÉDIGÉ

Introduction

Née au XIVe et au XVe siècles en Italie, la pensée humaniste caractérisée par une renaissance de la culture antique et par une nouvelle conception de l'homme, s'épanouit au XVIe siècle à travers l'Europe. La Renaissance est une époque de mouvement, une période de grand vent s'opposant à l'immobilisme et à la rigidité dogmatique du Moyen Âge. Dans une première acception, le terme « humaniste » désigne les professeurs de rhétorique et leurs émules et renvoie aux *humaniores litterae* latines (lettres humaines, humanités classiques), à l'étude des auteurs grecs et latins. Puis le sens s'est élargi et les humanistes approfondissent leur connaissance de l'homme.

Montaigne dans son œuvre incarne les différentes facettes de l'humanisme, culturel et philosophique. C'est ainsi que, dans le premier livre des *Essais*, l'écrivain explique que, pour se former, il faut « *frotter et limer notre cervelle contre celle d'autrui* ». Par cette formule métaphorique, Montaigne propose un programme humaniste. En quoi la fréquentation d'autrui est-elle un moteur d'évolution ? La rencontre de l'autre, qui est sans doute un outil de connaissance de soi ne permet-elle pas une nouvelle approche de la condition humaine ?

Nous verrons d'abord la portée de la citation de Montaigne puis les modalités de l'ouverture à l'autre au XVIe siècle et enfin la réflexion sur l'Homme qu'elle induit.

I La citation de Montaigne : la nécessaire confrontation avec l'autre

La citation de Montaigne met en jeu la nécessité de la formation et celle d'un contact assidu avec la pensée d'autrui, caractéristiques de l'humanisme.

I-1 La nécessité de la formation

Le souci de la formation de l'individu, l'éducation intellectuelle et morale sont au cœur de la pensée humaniste. Rabelais et Montaigne proposent un programme d'éducation nouveau, dégagé de l'emprise des collèges et de la pensée scolastique*. Déjà Érasme en 1529 dans son ouvrage *De l'Éducation* récusait l'héritage et les méthodes scolastiques et proposait une pédagogie fondée sur le jeu, faisant place à l'implication de l'élève et à la pratique.

Gargantua publié en 1534 accorde une importance majeure à la formation du héros. Le géant Gargantua grâce à son précepteur Ponocrates assimile un savoir livresque étonnant en même temps qu'il cultive les soins du corps et une hygiène de vie. Déjà en 1532, la lettre de Gargantua à son fils Pantagruel mettait en exergue la nécessité d'une formation sage et équilibrée : « *je t'admoneste qu'emploies ta jeunesse à bien profiter en étude et en vertu* ». Se référant à Salomon, il ajoutait l'importance de la vertu et de la foi avec la célèbre maxime : « *science sans conscience n'est que ruine de l'âme* ». Enfin, pour cette formation, il prônait l'alliance de l'expérience et du savoir : « *Tu es à Paris, tu as ton précepteur Épistémon : l'un par un enseignement vivant et oral, l'autre par de louables exemples peuvent te former.* »

Montaigne lui-même intitule un chapitre du livre I des *Essais* « De l'institution des enfants » car instruire, c'est former le jugement, même si la notion de formation implique un développement de toutes les facultés au-delà de l'apprentissage scolaire. L'enseignement de la philosophie est essentiel pour Montaigne de manière à favoriser l'acquisition d'un esprit critique et il souhaite pour l'élève « *un conducteur qui eût plutôt la tête bien faite que bien pleine* ». Les activités physiques ne seront pas négligées car il s'agit pour le penseur humaniste de former un homme complet.

I-2 La métaphore : le frottement des cervelles

Pour assimiler des connaissances, un contact assidu avec la pensée d'autrui est indispensable. Il faut selon Montaigne « *frotter et limer notre cervelle contre celle d'autrui* ». Par cette maxime rythmée d'homéotéleutes*, par ces verbes imagés, sont évoqués les bénéfices de la confrontation intellectuelle. Il ne s'agit pas en effet d'engranger des connaissances mais de les réfléchir et les canaliser, de modeler son esprit en éliminant les scories et en gardant l'essentiel. À la manière d'un artisan, en frottant et en limant, on façonne un esprit policé, on devient un véritable honnête homme « *capable de faire bien l'homme et dûment* ». Montaigne lui-même dans la rédaction des *Essais*, ne précisait-il pas sans cesse sa pensée par des additions successives, des corrections nombreuses, estimant qu'« *il n'y a que les fols certains et résolus* » ?

La conversation est essentielle à la formation. Contre un humanisme pédant et livresque, Montaigne fait l'éloge de la conversation et de son mouvement spontané, à l'image de l'existence. Mais la confrontation avec autrui peut aussi prendre la forme d'un dialogue à la manière socratique. Le maître doit écouter son disciple, lui donner la parole, l'aider à construire son jugement dans une démarche proche de la maïeutique* illustrée par Platon. « *Qu'il lui fasse tout passer par l'étamine* [au crible] *et ne loge rien en sa tête par simple autorité* » recommande Montaigne. À la faveur d'allers et retours constants entre observation et interprétation, entre connaissances traditionnelles et acquisitions nouvelles, la pensée se forme, progresse et s'enrichit. Les préjugés seront passés au crible de la raison, le doute et la comparaison permettront des avancées de la connaissance. À cet égard, le dialogue entre Jean de Léry et le vieillard Tupinamba, incarnation d'une sagesse toute socratique, est éclairant.

[Conclusion-transition] La formation de l'individu est donc un sujet qui préoccupe les humanistes et la confrontation avec la pensée d'autrui apparaît indispensable à la formation. Comment se manifeste l'ouverture à l'autre ?

II Les modalités de l'ouverture à l'autre

À la faveur d'un élargissement des horizons, dans l'espace et dans le temps, les humanistes de la Renaissance ont découvert l'altérité.

II-1 Une ouverture géographique

Depuis la découverte de l'Amérique par Christophe Colomb en 1492, les explorations de contrées lointaines ont permis l'enrichissement du champ des connaissances. En 1521 l'Empire des Aztèques est soumis par Cortès. En 1532 Pizarro et Almagro ont conquis l'Empire des Incas. C'est ainsi que Montaigne au livre III des *Essais* dans le chapitre intitulé « Des coches », se fondant sur des témoignages lus, évoque « *la merveilleuse magnificence des villes de Cusco et de Mexico* », les qualités artistiques et morales de ces peuples. C'est encore Jean de Léry qui participe à une expédition française au Brésil et dans son récit de voyage *Histoire d'un voyage fait en la terre du Brésil,* il décrit les réactions des Tupinambas à l'arrivée des Occidentaux, leur rituel de bienvenue, et reproduit leur langage. « *Léry, signifie une huître en leur langage, je leur dis que je m'appelais Léry-oussou, c'est-à-dire une grosse huître.* » Ce regard d'ethnologue sur les tribus indiennes lui vaudra l'admiration au XXe siècle de Claude Lévi-Strauss.

L'ouverture à l'autre ne passe pas nécessairement par le Nouveau Monde. Les humanistes voyageaient en Europe, échangeaient leurs idées, tel Érasme, « *le Prince des humanistes* » travaillant à Londres avec Thomas More, à Paris avec Guillaume Budé, dans un esprit de cosmopolitisme. Pour l'humaniste hollandais, « *le monde entier est notre patrie à tous* ». Dans le même esprit, Montaigne, au livre I des *Essais*, nous rappelle que lorsqu'« *on demandait à Socrate d'où il était, il ne répondait pas "d'Athènes" mais "du monde"* ».

Le frottement des cervelles permet alors des profits réciproques, une forme d'interaction culturelle. Ce qui est vrai des écrivains, l'est aussi des artistes. Ainsi François Ier attire en France les artistes italiens les plus illustres, Léonard de Vinci ou Benvenuto Cellini qui influencent l'art français en peinture et en architecture. Montaigne quant à lui sillonne les routes de Suisse, d'Allemagne et d'Italie avec la même spontanéité, la même allure fantaisiste et primesautière qui préside à l'écriture des *Essais*. La lecture du *Journal de voyage* permet de suivre au quotidien la manière dont Montaigne se frotte à la différence, découvrant par exemple la literie allemande et la coutume des couettes ! Au livre III des *Essais*, dans le chapitre « Des vanités », Montaigne confirme ce besoin des voyages : « *Le voyager me semble un exercice profitable. L'âme y a une continuelle excitation à remarquer les choses inconnues et nouvelles.* » Rares sont les écrivains qui, au XVIe siècle, ne font pas le voyage de Rome pour y méditer sur le destin de la Ville éternelle. En 1558, c'est le poète du Bellay qui, dans son recueil les *Regrets*, fait part, à son retour en France, de ses observations amères sur la cour pontificale. Son voyage à Rome ne fut que désillusion et découverte de l'hypocrisie des courtisans qui s'emploient à « *contrefaire l'honnête* ».

Le savant de la Renaissance ignore donc les frontières. La découverte est non seulement géographique, elle est aussi temporelle.

II-2 Une ouverture temporelle

La découverte des Anciens, si essentielle aux humanistes de la Renaissance, fut grandement facilitée par l'essor des librairies. Les grandes œuvres latines et grecques furent éditées ; déjà François Ier en 1530 crée le Collège des lecteurs royaux où est dispensé l'enseignement du latin, du grec et de l'hébreu. Le roi met sa bibliothèque constamment enrichie à la disposition des humanistes et autorise l'étude des Écritures dans le texte original. Les nouvelles traductions de la Bible font apparaître des interprétations différentes de celles établies jusqu'alors et un profond désir d'évolution se fait sentir dans le domaine religieux. C'est dans ce contexte que s'inscrit la Réforme.

La confrontation des penseurs modernes avec les Anciens est très fructueuse. En 1559 la traduction des *Vies parallèles* de Plutarque par l'humaniste Amyot marque les esprits. Les poètes de la Pléiade à l'instigation du maître Dorat, étudient la poésie grecque et latine. En 1549, du Bellay écrit la *Défense et illustration de la langue française* recommandant aux auteurs de promouvoir la littérature française mais d'enrichir notre langue d'emprunts aux langues anciennes, de pratiquer l'imitation à l'exemple des italiens. Ronsard dans ses odes inspirées de Pindare et d'Horace pratique ainsi une forme de réécriture. Il n'est que d'apprécier son poème *À la fontaine Bellerie* et celui d'Horace dédié à la fontaine de Bandusie. L'étude des savants anciens permet aussi des progrès scientifiques, en médecine notamment. Rabelais enseigne la médecine à Montpellier et à Lyon, expliquant Hippocrate dans le texte grec et pratiquant les dissections dans un esprit d'observation.

Montaigne associe enfin la lecture aux voyages au titre de la formation. Ses pensées ne sont-elles pas constamment émaillées de citations latines, de références aux anciens, aux stoïciens*, tel Sénèque, aux épicuriens*, tel Lucrèce, ou encore au philosophe Platon ? « *J'aime l'allure poétique*, nous confie-t-il, *à sauts et à gambades : c'est une art, comme dit Platon, légère, volage, démoniacle* », c'est-à dire, ailée, divine. On sait aussi que sur les poutres de son cabinet de travail, Montaigne avait fait graver des citations de la Bible et des auteurs grecs et latins dont la pensée était pour lui une source constante de réflexion.

[Conclusion-transition] Cette rencontre de l'autre influence considérablement le regard de l'individu sur lui-même et sur l'Homme en général.

III Une réflexion sur l'Homme

Montaigne déclare au livre I des *Essais* qu'« *il se tire une merveilleuse clarté pour le jugement humain de la fréquentation du monde* ». Ces ouvertures à l'autre sont pour les écrivains humanistes l'occasion d'observations et donc de formation. Elles permettent aussi un retour sur soi et une réflexion philosophique.

III-1 Le retour sur soi

La rencontre d'autrui dans sa diversité a mis en évidence une image d'homme « *ondoyant et divers* » et a permis de renoncer au modèle de l'homme unique. À la faveur de ces voyages dans des terres lointaines, de ces relectures des anciens, les traits physiques, les modèles culturels se multiplient : l'homme ne se caractérise plus par un type idéal vers lequel on tend. « *Le monde,* selon Montaigne*, n'est qu'une branloire pérenne. Toutes choses y branlent sans cesse.* » Et ce constat de variation, d'oscillation du monde vaut pour la condition humaine. Dans les *Essais*, Montaigne en prenant pour objet d'étude sa propre personne a en effet tenté de comprendre l'Homme, comme le résume magnifiquement la maxime du livre III : « *Chaque homme porte la forme entière de l'humaine condition.* » Les différences de coutumes, de langage, de religion, de morale font prendre la mesure de ce que l'on est. Ainsi face au vieillard de la tribu indienne, Jean de Léry a-t-il compris cette avidité, voire cette violence que chacun recèle en lui-même.

L'homme nouveau aux multiples facettes est aussi un homme complet. Faisant allusion au mythe platonicien du *Timée*, Montaigne rappelle que l'âme et le corps ensemble doivent s'épanouir. Les philosophes antiques ont nourri la pensée de Montaigne et en se fondant sur leurs écrits, il s'est forgé une approche personnelle de la vie. Après avoir été séduit par la rigueur stoïcienne*, qui prône « *la résolution contre les douleurs et la faim et la mort* » magistralement illustrée par les peuples amérindiens, il revient aux sceptiques*, tel le philosophe Pyrrhon mettant en doute les grandes certitudes, en affirmant que, trompé par ses sens, l'homme ne peut approcher la vérité ; dans le chapitre du livre II intitulé « De la présomption », il dénonce l'orgueil de la raison et les illusions du savoir. C'est enfin la leçon de l'expérience qui permet à l'auteur une ultime déclaration d'épicurisme* : « *Quand je danse, je danse*, proclame-t-il, *quand je dors, je dors.* » La sagesse consiste donc à bien faire ce que l'on fait, à jouir pleinement des plaisirs simples et ponctuels de l'existence. C'est le sens même de la figure de l'antanaclase* qui caractérise cette formule et donne au verbe répété un sens plus dense et enrichi. Montaigne défend l'épicurisme comme une morale de l'existence en déclarant : « *Pour moi donc, j'aime la vie et la cultive telle qu'il a plu à Dieu nous l'octroyer.* » La rencontre d'autrui dans sa diversité, avec les remises en cause qu'elle a engendrées, autorise le penseur humaniste à trouver, au soir de sa vie, une forme de sagesse et une avancée dans la quête du bonheur. Mais cette interrogation sur soi et sur l'Homme en général est indissociable d'une remise en cause et d'une réflexion philosophique.

III-2 Les remises en cause

Par ces confrontations extérieures, c'est d'abord l'ethnocentrisme* qui est rejeté par les humanistes. Juger uniquement par rapport à ses propres critères est générateur d'intransigeance et de sectarisme. Nous avons « *la vue raccourcie à la hauteur de notre nez* », écrivait Montaigne et jugeons autrui par rapport à notre système de valeurs. Il dénonce l'ethnocentrisme en ironisant sur nos croyances circonscrites à notre pays : « *Là est toujours la parfaite religion, la parfaite police, parfait et accompli usages de toutes choses.* » Or, la découverte du Nouveau Monde, en élargissant nos horizons, a permis d'admettre chez ces peuples lointains une forme de sagesse différente, voire supérieure à la nôtre. C'est ainsi que Jean de Léry nous rappelle que la raison est partagée par tous les hommes et que le plus sage n'est pas celui qu'on croit. Le vieillard

Tupinamba est un habile « *discoureur* » et il enseigne aux occidentaux la hiérarchie des valeurs : « *Cet homme tant riche dont tu me parles, ne meurt-il point ?* » Face au destin commun, comment justifier l'appétit de richesses et le désir de puissance ? Montaigne, de même, souligne que les Indiens d'Amérique « *ne nous étaient nullement inférieurs en clarté d'esprit naturelle* ». Leurs qualités intellectuelles n'ont d'égales que leurs qualités morales, comme le souligne la longue énumération laudative mentionnant « *la dévotion, l'observance des lois, la bonté, la libéralité, la franchise* ».

L'affirmation d'un relativisme découle de cette nouvelle approche. Le XVIe siècle fut d'abord porté par une remarquable confiance en l'esprit humain : les nouvelles terres découvertes, les philosophies antiques revisitées, les méthodes scientifiques nouvelles confortent l'idée que l'homme est un être admirable, que sa place dans le monde doit être reconsidérée. Mais la rencontre avec d'autres civilisations qui remet en cause valeurs et modèles européens, les intolérances religieuses et les abus des colonisateurs fragilisent cet enthousiasme au cours du siècle. Montaigne estime que les conquérants ne doivent leurs victoires qu'à la force et la violence de leurs armes subjuguant la naïveté de ces peuples. Dès 1552, dans sa *Très brève Relation de la destruction des Indes*, le Dominicain espagnol Las Casas, témoin des violences destructrices commises par les conquérants européens contre les Indiens, dénonçait « *l'enfer des Indes* », « *la cupidité, l'ambition et la cruauté des Espagnols* ». La rencontre d'autrui amène donc à revoir nos comportements et corriger nos dérives. Il en est de même pour l'injustice sociale repérée par le regard neuf de l'étranger. Dans l'essai intitulé *Des Cannibales*, Montaigne nous rapporte un précieux témoignage. Les Indiens rencontrés à Rouen s'insurgent devant l'injustice sociale qui oppose ceux qui sont « *pleins et gorgés de toutes sortes de commodités* » et les mendiants « *décharnés de faim et de pauvreté* ». En appelant les hommes « *moitié les uns des autres* », ils vont jusqu'à poser le principe d'égalité. Ainsi la notion de sauvage, mérite d'être reconsidérée. C'est le sens de la maxime de Montaigne : « *Chacun appelle barbarie ce qui n'est pas de son usage.* » Il réclame ici la tolérance fondée sur le relativisme des coutumes, rappelant que nous avons tendance à juger en fonction de nos préjugés, de nos traditions, de nos opinions contraires à la droite raison. Dans le même passage, l'auteur revient sur la polysémie du mot sauvage et réhabilite le sauvage qui est pour lui synonyme de naturel, en liaison avec *silva*, la forêt. En revanche, il appellera sauvages ceux que la civilisation a corrompus, les Occidentaux barbares : « *Ce sont ceux que nous avons altérés par notre artifice et détournés de l'ordre commun que nous devrions appeler plutôt sauvages.* » Dès lors le sage vieillard Tupinamba peut apparaître au cours de son dialogue avec Jean de Léry comme le révélateur du primitivisme des civilisés.

La découverte de l'altérité implique donc des remises en cause et une réflexion sur le bonheur. Elle est en effet l'occasion d'un éloge qui révèle en creux les dérives de nos sociétés. Les civilisations du Nouveau Monde sont sans doute idéalisées par les humanistes. Les Indiens rencontrés par Léry renvoient à une société idéale proche de la nature, et de l'innocence des premiers matins du monde. Ils connaissent la tempérance et la frugalité : inutile de se tourmenter avec les biens matériels, les soucis d'héritage pour les enfants, car « *après notre mort, la terre qui nous a nourris les nourrira* ». En parant l'autre de toutes les qualités, les humanistes présentent une sorte de contre-modèle à l'Européen dit civilisé et poursuivent leur réflexion sur l'Homme.

Conclusion

L'humanisme et la Renaissance caractérisent une époque de mouvement, l'histoire, comme le dit Péguy, faisant souvent alterner les siècles de vie et les siècles de stagnation. Si la formation du jugement est un principe essentiel pour les humanistes et Montaigne en particulier, l'ouverture à l'autre qu'elle suppose, géographique ou temporelle, s'inscrit dans leur réflexion sur l'Homme et sa place dans le monde, sur la relativité des modes de pensée. Cet apprentissage de la nouveauté et de la différence a permis aux humanistes de mieux se connaître et de progresser dans la quête du bonheur, mais aussi de porter un regard critique sur leur société susceptible par ce jeu des confrontations de s'amender et de s'épanouir.

Voilà renouvelé par cette évocation de l'altérité le mythe de l'âge d'or avec sa double fonction d'éloge et de miroir critique. Le siècle des Lumières sera l'héritier de cette démarche d'ouverture, et placera le bon sauvage au centre du débat qui oppose nature et culture. Dans une stratégie de dépaysement, sous les traits de l'Ingénu par exemple pour Voltaire ou du vieillard tahitien pour Diderot, le regard neuf sera un vecteur de critique et de sagesse idéale.

ÉCRITURE D'INVENTION

Travail préparatoire

■ Le type de sujet (voir fiche 7)

Il s'agit d'un renversement de point de vue. L'Indien se charge de décrire les réactions des Européens et son récit est l'occasion d'exprimer une autre vision du monde, plus simple et apaisée.

Si l'exercice de style permet d'être inventif, il conviendra toutefois de s'appuyer très précisément sur les textes du corpus, notamment le texte B de Jean de Léry, et d'exploiter leur argumentation.

L'épisode historique de la conquête du Brésil a d'ailleurs donné naissance à un roman contemporain que vous pourrez lire avec intérêt : *Rouge Brésil* de Jean-Christophe Rufin (Prix Goncourt 2001).

■ L'analyse de la consigne

L'analyse de la consigne est essentielle et permet de dégager les attentes.

• Une indication temporelle et un contexte

« *Quelques années plus tard* », soit aux environs de 1570. On peut supposer que le séjour de Jean de Léry a pris fin et qu'il a quitté l'île où « *l'un des Indiens Tupinambas* [l']*avait reçu* » en 1558.

La consigne précise le contexte : « *Lors d'une cérémonie publique* », ce qui suppose une certaine solennité, une assistance plutôt dense. On peut proposer une fête religieuse de type animiste qui réunit les habitants du village, une célébration rituelle de *l'*« *Arabotan* ». Les réactions du peuple aux propos de l'orateur peuvent être envisagées.

• **Une indication géographique**

Un retour au texte B est attendu. C'est au village de *Yabouraci* où le navigateur fut accueilli que se passe la scène.

• **La situation d'énonciation**

Le locuteur est un Indien Tupinamba qui rappelle le souvenir d'un Européen. C'est donc un point de vue étranger qui préside à l'évocation, une personnalité différente, avec ses particularismes, sa langue, son regard neuf et étonné. L'Indien s'adresse à son peuple, destinataire de son discours, en tant que sage et chef de tribu. N'hésitez pas à recourir aux apostrophes.

• **La trame du discours**

« *L'arrivée et le séjour de l'européen* » : deux étapes donc qui renvoient aux textes A et B. La confrontation de l'Européen et de l'Indien sera d'abord l'occasion d'un choc de cultures. Le séjour de Léry permettra de présenter l'enrichissement réciproque des influences culturelles et de donner à l'explorateur sa vraie stature.

• **Le genre du texte**

On vous demande clairement un récit descriptif intégré dans un discours. Il conviendra de décrire l'arrivée de l'Européen et de raconter un ou plusieurs épisodes jalonnant son séjour. Ce sera alors le moment d'insérer dans la trame narrative un dialogue, des réflexions entre Jean de Léry et l'Indien pour plus de variété. L'évolution de l'île et de ses habitants, après son départ, pourra faire l'objet d'une péroraison.

• **Le registre** (voir fiche 39)

Aucune indication précise sur le registre n'est donnée. On peut imaginer une variation des registres, des réactions comiques et un registre satirique auxquels succèderont une forme de lyrisme oratoire, et même des accents polémiques rappelant les reproches véhéments adressés par le vieillard tahitien à Bougainville, dans le texte célèbre de Diderot.

PLAN DÉTAILLÉ

Introduction

Un court passage narratif présente le contexte spatio-temporel, les intervenants.

Lors de la célébration annuelle de l'« *Arabotan* », le chef du village de Yabouraci prend la parole devant une assistance bigarrée et recueillie. Il rappelle un épisode assez récent qui a marqué la mémoire collective.

Première étape du discours : l'arrivée de Jean de Léry sur l'île

Adresse solennelle au peuple rassemblé et invocation à cette richesse de la forêt amazonienne si convoitée, l'« *Arabotan* ».

Retour sur l'arrivée d'une expédition française, les *Mairs*, quelques années auparavant cherchant refuge et profit sur leur terre.

Description des étrangers quittant les blanches caravelles : apparition comique et inquiétante à la fois. Comique de la tenue, contrastant avec leur nudité : culottes bouffantes, pourpoints brodés, manches volumineuses. Que d'embarras sous le soleil des tropiques ! Aspect inquiétant de leur armure et de leurs armes aux reflets multiples, épées, hallebardes, fusils. À bord des navires, des animaux effrayants, hennissants, qu'ils appellent chevaux.

Évocation plaisante du jeu rituel (texte B) auquel les habitants se sont livrés. Acquiescement de la foule. L'un souligne le ridicule des Occidentaux affolés de se voir dépouillés. L'autre rappelle leur défiance, leurs questions en une langue inconnue et barbare.

Une figure se distingue de la délégation, un jeune homme plus avenant, qui se présente, par le biais d'un truchement, *Léry-oussou*. Rires.

Deuxième étape du discours : le séjour de Jean de Léry

Confrontations. Un séjour d'un an sur l'île au cours duquel des liens privilégiés ont pu être tissés avec Léry qui parle maintenant un peu leur langue. Rappel de leur tradition d'hospitalité par le vieux sage.

Des conversations entre lui-même, incarnant la modération et la tempérance, le respect de la nature, et l'étranger représentant, malgré lui, un peuple avide de richesses et de conquêtes. Propos rapportés (texte A).

Épisode négatif du séjour. Une opposition religieuse : le jeune homme et ses amis se disent protestants et entendent les convaincre de renoncer à leurs croyances animistes. Discours de Léry : « *Abandonnez vos fétiches ! Bâtissez une église et priez le Dieu de miséricorde !* » Comment accepter leur dieu unique, sauveur du monde mais mort sur la Croix, quand la Terre-mère qu'ils révèrent est vivante, elle, dans chaque respiration d'animal, dans chaque ruisseau qui coule, dans chaque zéphyr entre les feuilles ! Cette Terre-mère dont les bienfaits sont tangibles. Tollé de l'assistance contre les propos de Léry jugés absurdes. Rappel des guerres de religion qui ont meurtri la France (1562-1598). Appel solennel à la paix et à la tolérance.

Aspects positifs du séjour. Contrairement à ses compagnons, Léry a manifesté la volonté de s'intégrer, de comprendre les traditions des Indiens, d'apprendre leur langue. Sa devise était « *voir pour savoir* ». Avec curiosité et respect il a observé leurs coutumes ; il a même admiré leur faune et savouré leurs fruits. En échange et sans arrière-pensées, l'Européen a introduit des techniques de construction et d'irrigation modernes et tenté d'éduquer leurs enfants en leur enseignant le vaste monde, en leur commentant les belles cartes…

Conclusion

Tonalité oratoire de la péroraison et possible ouverture sur l'évolution du village.

Exemple de conclusion du discours :

« *Léry s'en fut, emportant avec lui sa sagesse et sa vision du monde. Gardons son image ancrée en nos cœurs !*

Certains de ses compagnons sont restés. D'autres Européens les ont rejoints. Après les Mairs, les Peros ! C'est désormais ici le règne du commerce et de la corruption, et l'Arabotan célébré ce jour est l'objet d'un trafic indigne. Craignons pour nos descendants ! Libérons-nous, mes amis, de ce fléau venu d'ailleurs : l'or et son cortège de malédictions ! Chassons de notre terre ceux qui veulent exploiter nos trésors et détruire nos âmes ! »

ORAL – Le personnage de roman

PISTES DE RÉFLEXION

- Quelles sont la place et la fonction du personnage dans le roman ?
- Le roman a-t-il pour but de représenter le monde ?
- Quelles sont la place et la fonction de la fiction dans le roman ?
- Pourquoi écrit-on un roman ?
- Pourquoi lit-on un roman ?

TEXTE 1. Gustave Flaubert, *L'Éducation sentimentale*, 1843

Tout à coup *la Marseillaise* retentit. Hussonnet et Frédéric se penchèrent sur la rampe. C'était le peuple. Il se précipita dans l'escalier, en secouant à flots vertigineux des têtes nues, des casques, des bonnets rouges, des baïonnettes et des épaules, si impétueusement que des gens disparaissaient dans cette masse grouillante qui montait toujours, comme un fleuve refoulé par une marée d'équinoxe, avec un long mugissement, sous une impulsion irrésistible. En haut, elle se répandit, et le chant tomba.

On n'entendait plus que les piétinements de tous les souliers, avec le clapotement des voix. La foule inoffensive se contentait de regarder. Mais, de temps à autre, un coude trop à l'étroit enfonçait une vitre ; ou bien un vase, une statuette déroulait d'une console, par terre. Les boiseries pressées craquaient. Tous les visages étaient rouges, la sueur en coulait à larges gouttes ; Hussonnet fit cette remarque :

– Les héros ne sentent pas bon !

– Ah ! vous êtes agaçant, reprit Frédéric.

Et poussés malgré eux, ils entrèrent dans un appartement où s'étendait, au plafond, un dais de velours rouge. Sur le trône, en dessous, était assis un prolétaire à barbe noire, la chemise entr'ouverte, l'air hilare et stupide comme un magot. D'autres gravissaient l'estrade pour s'asseoir à sa place.

– Quel mythe ! dit Hussonnet. Voilà le peuple souverain !

Le fauteuil fut enlevé à bout de bras, et traversa toute la salle en se balançant.

– Saprelotte ! comme il chaloupe ! Le vaisseau de l'État est ballotté sur une mer orageuse ! Cancane-t-il ! cancane-t-il !

On l'avait approché d'une fenêtre, et, au milieu des sifflets, on le lança.

– Pauvre vieux ! dit Hussonnet, en le voyant tomber dans le jardin, où il fut repris vivement pour être promené ensuite jusqu'à la Bastille, et brûlé.

Alors, une joie frénétique éclata, comme si, à la place du trône, un avenir de bonheur illimité avait paru ; et le peuple, moins par vengeance que pour affirmer sa possession, brisa, lacéra les glaces et les rideaux, les lustres, les flambeaux, les tables, les chaises, les tabourets, tous les meubles, jusqu'à des albums de dessins, jusqu'à des corbeilles de tapisserie. Puisqu'on était victorieux, ne fallait-il pas s'amuser ! La canaille s'affubla ironiquement de dentelles et de cachemires. Des crépines d'or s'enroulèrent aux manches des blouses, des chapeaux à plumes d'autruche ornaient la tête des forgerons, des rubans de la Légion d'honneur firent des ceintures aux prostituées. Chacun satisfaisait son caprice ; les uns dansaient, d'autres buvaient. Dans la chambre de la reine, une femme lustrait ses bandeaux avec de la pommade ; derrière un paravent, deux amateurs jouaient aux cartes ; Hussonnet montra à Frédéric un individu qui fumait son brûle-gueule accoudé sur un balcon ; et le délire redoublait son tintamarre continu des porcelaines brisées et des morceaux de cristal qui sonnaient, en rebondissant, comme des lames d'harmonica.

Axes de lecture possibles

1. La mise en scène romanesque d'un événement historique.
2. Une évocation de l'insurrection.

Autres références autour du thème : les événements historiques dans le roman

Honoré de Balzac, *Le Colonel Chabert*, *Les Chouans*.
Jules Vallès, *L'Insurgé*.
André Malraux, *La Condition humaine*.

PREMIÈRE PARTIE DE L'ÉPREUVE : lecture analytique guidée par une question

Quelques exemples de questions et axes de réponses

1. **Quelle image de l'insurrection de 1848 Flaubert donne-t-il ?**

➠ La dimension collective, voire épique du texte.
➠ Les regards distanciés (auteur et personnages) qui dévalorisent la scène.
➠ Une réflexion sur le pouvoir.

2. **Quelles fonctions du roman apparaissent dans cette page ?**

➠ Une fiction narrative pour divertir et séduire le lecteur.
➠ Une représentation du monde.

SECONDE PARTIE DE L'ÉPREUVE : entretien

Quelques exemples de questions et axes de réponses

1. **Les romanciers que vous connaissez cherchent-ils aussi à donner une image des événements historiques ?**

➠ Balzac et le roman réaliste.
➠ Le naturalisme : Flaubert, Maupassant, Zola.
➠ Le roman peut afficher d'autres vocations : distraire, faire rêver, analyser l'individu plus que la société ; en affichant d'autres finalités que celle de témoigner d'une époque, il donne tout de même une image du réel. Il témoigne aussi d'une volonté d'engagement de la part du romancier (Vallès, défenseur de la Commune de Paris ; Malraux prenant le parti de l'insurrection ouvrière de Shanghai de 1927).

2. **Les personnages sont-ils, selon vous, des prétextes pour évoquer une réalité sociale ou des événements réels ?**

➠ Balzac, *Le Colonel Chabert* : la société de la Restauration succède à celle de l'Empire.
➠ Zola et les Rougon-Macquart : la famille sert d'exemple pour illustrer les théories de Zola et sa vision de la société du Second Empire.
➠ Maupassant, *Bel-Ami* : le monde de la presse et les ressorts de l'ascension sociale.

3. **Pouvez-vous commenter le titre du roman de Flaubert ?**

➠ Frédéric Moreau est au centre du roman.
➠ Le roman met l'individu au centre de sa réflexion sur le monde.
➠ Les romans sont souvent des romans d'apprentissage.

TEXTE 2. Jean-Marie Gustave Le Clézio, *Le Chercheur d'or*, 1985, © Éditions Gallimard

Je pense à Mam. Il me semble qu'elle doit encore dormir quelque part, seule dans son grand lit de cuivre, sous le nuage de la moustiquaire. Avec elle je voudrais parler à voix basse de ces choses qui ne finissent pas, notre maison au toit d'azur, fragile, transparente comme un mirage, et le jardin plein d'oiseaux où vient la nuit, le ravin, et même l'arbre du bien et du mal qui est aux portes de Mananava.

Me voici de nouveau à l'endroit même où j'ai vu venir le grand ouragan, l'année de mes huit ans, lorsque nous avons été chassés de notre maison et jetés dans le monde, comme pour une seconde naissance. Sur la colline de l'Étoile, je sens grandir en moi le bruit de la mer. Je voudrais parler à Laure de Nada the Lily, que j'ai trouvée au lieu du trésor, et qui est retournée dans son île. Je voudrais lui parler de voyages, et voir briller ses yeux, comme lorsque nous apercevions du haut d'une pyramide l'étendue de la mer où on est libre.

J'irai sur le port pour choisir mon navire. Voici le mien : il est fin et léger, il est pareil à une frégate aux ailes immenses. Son nom est *Argo*. Il glisse lentement vers le large, sur la mer noire du crépuscule, entouré d'oiseaux. Et bientôt dans la nuit il vogue sous les étoiles, selon sa destinée dans le ciel. Je suis sur le pont, à la poupe, enveloppé de vent, j'écoute les coups des vagues contre l'étrave et les détonations du vent dans les voiles. Le timonier chante pour lui seul, son chant monotone et sans fin, j'entends les voix des marins qui jouent aux dés dans la cale. Nous sommes seuls sur la mer, les seuls êtres vivants. Alors Ouma est avec moi de nouveau, je sens la chaleur de son corps, son souffle, j'entends battre son cœur. Jusqu'où irons-nous ensemble ? Agalega, Aldabra, Juan de Nova ? Les îles sont innombrables. Peut-être que nous braverons l'interdit, et nous irons jusqu'à Saint-Brandon, là où le capitaine Bradmer et son timonier ont trouvé leur refuge ? De l'autre côté du monde, dans un lieu où l'on ne craint plus les signes du ciel, ni la guerre des hommes.

Il fait nuit à présent, j'entends jusqu'au fond de moi le bruit vivant de la mer qui arrive.

Axes de lecture possibles

1. Un excipit.
2. Un monde romanesque imaginaire.
3. Un monde réconcilié.

Autres références autour du thème : la quête de l'absolu dans le roman

Honoré de Balzac, *La Recherche de l'absolu*.
Dino Buzzati, *Le Désert des Tartares*.
Julien Gracq, *Le Rivage des Syrtes*.
Émile Zola, *L'Œuvre*.
Jean-Marie Gustave Le Clézio, *Ourania*.

PREMIÈRE PARTIE DE L'ÉPREUVE : lecture analytique guidée par une question

Quelques exemples de questions et axes de réponses

1. **Comment ce passage joue-t-il son rôle d'excipit ?**
   - Un retour sur les personnages et sur les lieux.
   - Une temporalité élargie.
   - Un monde réconcilié.
2. **Quelle est la place accordée à l'imaginaire ?**
   - Un imaginaire ancré dans un réel géographique et temporel.
   - Un imaginaire fruit du désir du personnage.
   - Un imaginaire qui permet au personnage de se réconcilier avec les êtres et le monde.

SECONDE PARTIE DE L'ÉPREUVE : entretien

Quelques exemples de questions et axes de réponses

1. **Quelle est la place de l'imaginaire dans les différents romans que vous connaissez ?**
   - Par définition, le roman se situe à la confluence du réel et de l'imaginaire.
   - Pour certains romanciers, l'imaginaire tend un miroir au réel.
   - L'imaginaire peut constituer une échappatoire à un réel décevant.
   - L'imaginaire est l'expression de nos désirs.
2. **Quel est l'effet produit par le choix du récit à la première personne ?**
   - La première personne participe de l'illusion réaliste.
   - Le roman s'annonce ainsi davantage centré sur la vie intérieure du personnage-narrateur.
   - Le lecteur entre plus aisément en communion avec le personnage.
3. **Qu'attendez-vous de l'excipit d'un roman ?**
   - Le dénouement de l'histoire ou un épilogue.
   - Une scène marquante ou une image particulière qui fasse que l'on se souvienne du roman.
   - Une page qui nous donne envie de prolonger la lecture.
4. **Qu'attendez-vous d'un roman ?**
   - Le roman me distrait, me permet de vivre des aventures par procuration.
   - Le roman donne une image de la réalité et m'aide ainsi à mieux la comprendre.
   - Le roman me permet d'entrer dans la façon de penser de personnages très variés.

PISTES DE RÉFLEXION

- Quel plaisir particulier trouvons-nous à voir une pièce de théâtre ?
- Quel intérêt la lecture du texte théâtral présente-t-elle ?
- Le théâtre est-il une image du monde ?
- Les personnages, les emplois et les acteurs.
- Les genres et les registres au théâtre.

TEXTE 3. Molière, *Le Misanthrope*, acte I, scène 1, 1666

ALCESTE – Non, je ne puis souffrir cette lâche méthode
Qu'affectent la plupart de vos gens à la mode ;
Et je ne hais rien tant que les contorsions
De tous ces grands faiseurs de protestations,
Ces affables donneurs d'embrassades frivoles,
Ces obligeants diseurs d'inutiles paroles,
Qui de civilités avec tous font combat,
Et traitent du même air l'honnête homme et le fat.
Quel avantage a-t-on qu'un homme vous caresse,
Vous jure amitié, foi, zèle, estime, tendresse,
Et vous fasse de vous un éloge éclatant,
Lorsqu'au premier faquin il court en faire autant ?
Non, non, il n'est point d'âme un peu bien située
Qui veuille d'une estime ainsi prostituée,
Et la plus glorieuse a des régals peu chers
Dès qu'on voit qu'on nous mêle avec tout l'univers.
Sur quelque préférence une estime se fonde,
Et c'est n'estimer rien qu'estimer tout le monde.
Puisque vous y donnez, dans ces vices du temps,
Morbleu ! vous n'êtes pas pour être de mes gens ;
Je refuse d'un cœur la vaste complaisance
Qui ne fait de mérite aucune différence ;
Je veux qu'on me distingue, et, pour le trancher net,
L'ami du genre humain n'est point du tout mon fait.
PHILINTE – Mais quand on est du monde, il faut bien que l'on rende
Quelques dehors civils que l'usage demande.
ALCESTE – Non, vous dis-je ; on devrait châtier sans pitié
Ce commerce honteux de semblants d'amitié.
Je veux que l'on soit homme, et qu'en toute rencontre
Le fond de notre cœur dans nos discours se montre ;
Que ce soit lui qui parle, et que nos sentiments
Ne se masquent jamais sous de vains compliments.

PHILINTE – Il est bien des endroits où la pleine franchise
Deviendrait ridicule et serait peu permise ;
Et, parfois, n'en déplaise à votre austère honneur,
Il est bon de cacher ce qu'on a dans le cœur.
Serait-il à propos et de la bienséance
De dire à mille gens tout ce que d'eux l'on pense ?
Et, quand on a quelqu'un qu'on hait ou qui déplaît,
Lui doit-on déclarer la chose comme elle est ?

Axes de lecture possibles

1. Une condamnation de la politesse à la mode.
2. Les valeurs défendues par Alceste.
3. La modération de Philinte.

Autres références autour du thème : la société du Grand Siècle

Jean de La Fontaine, *Fables* (second recueil).
Jean de La Bruyère, *Les Caractères*.
Molière, *Les Femmes savantes*.
Saint-Simon, *Mémoires*.
La Rochefoucauld, *Maximes*.

PREMIÈRE PARTIE DE L'ÉPREUVE : lecture analytique guidée par une question

Quelques exemples de questions et axes de réponses

1. Quels procédés soulignent la condamnation d'Alceste ?
➠ Le lexique péjoratif pour désigner les marques de politesse.
➠ Antithèses et questions rhétoriques.

2. Quelles valeurs morales Alceste défend-il ?
➠ Le mérite (« *je veux qu'on me distingue…* »)
➠ Une sincérité sans compromis.

3. Quelle conduite Philinte préconise-t-il pour vivre en société ?
➠ La politesse avant toutes choses.
➠ Une conception critique de la sincérité.

SECONDE PARTIE DE L'ÉPREUVE : entretien

Quelques exemples de questions et axes de réponses

1. Quels sont les défauts dénoncés par tous ces textes évoquant le Grand Siècle ?
➠ Le culte de l'apparence. La condamnation de la vanité et des conduites ridicules.
➠ Les mœurs de la Cour : intrigues, ambitions, extravagances.

2. Comment appréciez-vous les valeurs de modération et de sociabilité de l'honnête homme, tel qu'il apparaît dans les comédies de Molière ou dans la figure du moraliste ?
➠ Pour ou contre Philinte : il aime la vie en société mais lui sacrifie la franchise, la véritable amitié.
➠ Les personnages excessifs et ridicules dénoncés par les moralistes sont divertissants et ont bien souvent une profondeur dont est privé l'honnête homme (le cas complexe d'Alceste, les justes aspirations des « femmes savantes »).

TEXTE 4. Eugène Ionesco, *Le roi se meurt*, 1962, © Éditions Gallimard

LE ROI, *à Marie, puis à Marguerite* – Bonjour, Marie. Bonjour, Marguerite. Toujours là ? Je veux dire, tu es déjà là ! Comment ça va ? Moi, ça ne va pas ! Je ne sais pas très bien ce que j'ai, mes membres sont un peu engourdis, j'ai eu du mal à me lever, j'ai mal aux pieds ! Je vais changer de pantoufles. J'ai peut-être grandi ! J'ai mal dormi, cette terre qui craque, ces frontières qui reculent, ce bétail qui beugle, ces sirènes qui hurlent, il y a vraiment trop de bruit. Il faudra tout de même que j'y mette bon ordre. On va tâcher d'arranger cela. Aïe, mes côtes ! *(Au Docteur.)* Bonjour, Docteur. Est-ce un lumbago ? *(Aux autres.)* J'attends un ingénieur… étranger. Les nôtres ne valent plus rien. Cela leur est égal. D'ailleurs, nous n'en avons pas. Pourquoi a-t-on fermé l'École Polytechnique ? Ah, oui ! Elle est tombée dans le trou. Pourquoi en bâtir d'autres puisqu'elles tombent dans le trou, toutes. J'ai mal à la tête, par-dessus le marché. Et ces nuages… J'avais interdit les nuages. Nuages ! Assez de pluie. Je dis : assez. Assez de pluie. Je dis : assez. Ah ! Tout de même. Il recommence. Idiot de nuage. Il n'en finit plus celui-là avec ces gouttes à retardement. On dirait un vieux pisseux. *(À Juliette.)* Qu'as-tu à me regarder ? Tu es bien rouge aujourd'hui. C'est plein de toiles d'araignées dans ma chambre à coucher. Va donc les nettoyer.

JULIETTE – Je les ai enlevées toutes pendant que Votre Majesté dormait encore. Je ne sais d'où ça vient. Elles n'arrêtent pas de repousser.

LE MÉDECIN, *à Marguerite* – Vous voyez, Majesté. Cela se confirme de plus en plus.

LE ROI, *à Marie* – Qu'est-ce que tu as, ma beauté ?

MARIE, *bafouillant* – Je ne sais pas… rien… Je n'ai rien.

LE ROI – Tu as les yeux cernés. Tu as pleuré ? Pourquoi ?

MARIE – Mon Dieu !

LE ROI, *à Marguerite* – Je défends qu'on lui fasse de la peine. Et pourquoi dit-elle « Mon Dieu » ?

MARGUERITE – C'est une expression. *(À Juliette.)* Va nettoyer de nouveau les toiles d'araignées.

LE ROI – Ah, oui ! Ces toiles d'araignées, c'est dégoûtant. Ça donne des cauchemars.

MARGUERITE, *à Juliette* – Dépêchez-vous, ne traînez pas. Vous ne savez plus vous servir d'un balai ?

JULIETTE – Le mien est tout usé. Il m'en faudrait un neuf, il m'en faudrait même douze.

Juliette sort.

LE ROI – Qu'avez-vous tous à me regarder ainsi ? Est-ce qu'il y a quelque chose d'anormal ? Il n'y a plus rien d'anormal puisque l'anormal est devenu habituel. Ainsi, tout s'arrange.

MARIE, *se précipitant vers le Roi* – Mon Roi, vous boitez.

LE ROI, *faisant deux ou trois pas en boitant légèrement* – Je boite ? Je ne boite pas. Je boite un peu.

MARIE – Vous avez mal, je vais vous soutenir.

LE ROI – Je n'ai pas mal. Pourquoi aurais-je mal ? Si, un tout petit peu. Ce n'est rien. Je n'ai pas besoin d'être soutenu. Pourtant, j'aime que tu me soutiennes.

MARGUERITE, *se dirigeant vers le Roi* – Sire, je dois vous mettre au courant.

MARIE – Non, taisez-vous.

MARGUERITE, *à Marie* – Taisez-vous.

MARIE, au Roi – Ce n'est pas vrai ce qu'elle dit.

LE ROI – Au courant de quoi ? Qu'est-ce qui n'est pas vrai ? Marie, pourquoi cet air désolé ? Que vous arrive-t-il ?

MARGUERITE, *au Roi* – Sire, on doit vous annoncer que vous allez mourir.

Axes de lecture possibles

1. Une apparition déconcertante du roi.
2. La décomposition généralisée.

Autres références autour du thème : la figure du roi au théâtre

Pierre Corneille, *Cinna*.
Jean Racine, *Britannicus*.
William Shakespeare, *Henry V*.
Victor Hugo, *Hernani*.

PREMIÈRE PARTIE DE L'ÉPREUVE : lecture analytique guidée par une question

Quelques exemples de questions et axes de réponses

1. **Quel portrait pouvez-vous dégager du roi Bérenger Ier ?**

➠ Un homme vieillissant, mais refusant de reconnaître ses faiblesses.
➠ Un souverain impuissant.
➠ Un personnage déconcertant, sans noblesse aucune, pitoyable et comique.

2. **Comment les personnages s'organisent-ils autour du roi ?**

➠ Le contraste entre Marie et Marguerite.
➠ Le rôle de Juliette.

3. **Observez le roi et le monde qui l'entoure.**

➠ Les indices cocasses de la décomposition.
➠ L'engourdissement du roi, en parallèle avec le rétrécissement du royaume.

SECONDE PARTIE DE L'ÉPREUVE : entretien

Quelques exemples de questions et axes de réponses

1. **Comparez la figure du roi dans ces quatre pièces.**

➠ Auguste dans *Cinna* : le despote qui réfléchit à ses actes, transcende ses sentiments, et gagne en grandeur par le pardon.
➠ Néron dans *Britannicus* : le despote prisonnier de la passion amoureuse que lui inspire sa victime.
➠ Henry V : le jeune roi répondant à l'arrogance des nobles français par la fermeté et l'autorité sur tous ses soldats.
➠ Hernani : Don Carlos, l'homme et le souverain face au proscrit Hernani. Rivalité amoureuse et politique.

2. **Quel registre vous semble-t-il le plus adapté à la représentation du roi au théâtre ?**

➠ Le registre tragique met en lumière le despotisme écrasant, la violence des situations, les destins d'exception.
➠ Le registre dramatique convient à une représentation réaliste, privilégiant l'action du roi.
➠ Le registre comique fait voir la dérision que peuvent inspirer le pouvoir absolu et les décisions arbitraires, il montre aussi la vanité du pouvoir humain.

PISTES DE RÉFLEXION

- À quoi servent les poètes ?
- Que recherchent les poètes?
- La poésie est-elle d'abord l'écriture en vers ?
- Quelles relations la poésie entretient-elle avec la réalité ?
- Peut-on expliquer un poème comme n'importe quel autre texte littéraire ?
- La poésie s'adresse-t-elle d'abord à l'intellect ou à l'imagination ?

TEXTE 5. Charles Baudelaire, « Le Fou et la Vénus », *Petits Poèmes en prose*, 1869

Quelle admirable journée ! Le vaste parc se pâme sous l'œil brûlant du soleil, comme la jeunesse sous la domination de l'Amour.

L'extase universelle des choses ne s'exprime par aucun bruit ; les eaux elles-mêmes sont comme endormies. Bien différente des fêtes humaines, c'est ici une orgie silencieuse.

On dirait qu'une lumière toujours croissante fait de plus en plus étinceler les objets ; que les fleurs excitées brûlent du désir de rivaliser avec l'azur du ciel par l'énergie de leurs couleurs, et que la chaleur, rendant visibles les parfums, les fait monter vers l'astre comme des fumées.

Cependant, dans cette jouissance universelle, j'ai aperçu un être affligé.

Aux pieds d'une colossale Vénus, un de ces fous artificiels, un de ces bouffons volontaires chargés de faire rire les rois quand le Remords ou l'Ennui les obsède, affublé d'un costume éclatant et ridicule, coiffé de cornes et de sonnettes, tout ramassé contre le piédestal, lève des yeux pleins de larmes vers l'immortelle Déesse.

Et ses yeux disent : – « Je suis le dernier et le plus solitaire des humains, privé d'amour et d'amitié, et bien inférieur en cela au plus imparfait des animaux. Cependant je suis fait, moi aussi, pour comprendre et sentir l'immortelle Beauté ! Ah ! Déesse ! ayez pitié de ma tristesse et de mon délire ! »

Mais l'implacable Vénus regarde au loin je ne sais quoi avec ses yeux de marbre.

Axes de lecture possibles

1. Un tableau singulier construit sur le contraste et le paradoxe.
2. Une scène allégorique : la douloureuse condition de l'Artiste.

Autres références autour du thème : les figures du Poète

Charles Baudelaire, « Bénédiction », « L'albatros », *Les Fleurs du Mal.*
Alfred de Musset, « La nuit de mai », *Nuits.*
Gérard de Nerval, « El desdichado », *Les Chimères.*
Victor Hugo, « Fonction du poète », *Les Rayons et les Ombres.*
Tristan Corbière, « Le crapaud », *Les Amours jaunes.*
Louis Aragon, « Je vous salue ma France… », *Le Musée Grévin.*

PREMIÈRE PARTIE DE L'ÉPREUVE : lecture analytique guidée par une question

Quelques exemples de questions et axes de réponses

1. Étudiez l'importance des contrastes dans « Le Fou et la Vénus ».

➠ Contraste entre l'idée de fête et le silence *(« orgie silencieuse »).*
➠ Contraste entre la souffrance, la solitude du Fou et *« l'admirable journée ».*
➠ Distance entre la pathétique demande du Fou et le silence de *« l'implacable Vénus ».*

2. Étudiez la dimension allégorique de ce poème.

➠ La Nature sous le soleil, ou le plaisir amoureux. (Féminité de la Nature / « *œil brûlant du soleil* » : pôle viril.)
➠ Vénus : allégorie de la Beauté. Le Fou : l'artiste, le poète. Expression de l'inquiétude de l'artiste auquel la Beauté se déroberait.
➠ L'amour malheureux. Le Fou est l'être disgracié que la femme parfaite méprise.

SECONDE PARTIE DE L'ÉPREUVE : entretien

Quelques exemples de questions et axes de réponses

1. Le poète est-il fatalement exclu de la société ?

➠ Un destin douloureux et solitaire.
➠ Une mission malgré tout auprès des autres hommes.

2. La poésie exprime-t-elle nécessairement une souffrance ?

➠ Une approche romantique, celle de Musset : « *Les chants désespérés sont les chants les plus beaux.* » Souffrance existentielle comme source d'inspiration.
➠ Joie et fantaisie débridée du Poète qui chante la Beauté du monde, ou manifeste l'enthousiasme lié à son engagement.

3. Quelles sont les caractéristiques du poème en prose ?

➠ Le poème forme un tout indépendant.
➠ Le rapprochement des mots évoque des images.
➠ Le travail sur la forme est essentiel.

TEXTE 6. Guillaume Apollinaire, « Clotilde », *Alcools*, 1913, © Éditions Gallimard

L'anémone et l'ancolie
Ont poussé dans le jardin
Où dort la mélancolie
Entre l'amour et le dédain

Il y vient aussi nos ombres
Que la nuit dissipera
Le soleil qui les rend sombres
Avec elles disparaîtra

Les déités des eaux vives
Laissent couler leurs cheveux
Passe il faut que tu poursuives
Cette belle ombre que tu veux

Axes de lecture possibles

1. La nature et l'amour.
2. Le thème de la fuite.
3. La féminité, entre le réel et le merveilleux.

Autres références autour du thème : images poétiques de la femme

Pierre de Ronsard, « Comme on voit sur la branche au mois de mai la rose… », *Amours de Marie*.
André Chénier, « Pleurez, doux alcyons… » (« La jeune Tarentine), *Bucoliques*.
Charles Baudelaire, « À une passante », *Les Fleurs du Mal*.
Paul Verlaine, « Mon rêve familier », *Poèmes saturniens*.
Paul Eluard, « Ta bouche aux lèvres d'or », *Capitale de la douleur*.

PREMIÈRE PARTIE DE L'ÉPREUVE : lecture analytique guidée par une question

Quelques exemples de questions et axes de réponses

1. **Étudiez le lyrisme original de ce poème.**

➠ Un mystérieux jardin ressemblant à la Carte du Tendre, jardin des amants.
➠ Expression feutrée, indirecte des sentiments.
➠ Hypothèse d'un amour perdu.

2. **Quelle image de la femme percevez-vous dans ce poème ?**

➠ Une femme inaccessible, fuyante.
➠ Femmes « déités » aquatiques (nymphes, naïades).
➠ La chevelure et l'eau. La femme se fond dans le milieu aquatique.

SECONDE PARTIE DE L'ÉPREUVE : entretien

Quelques exemples de questions et axes de réponses

1. **Comparez l'évocation de la beauté féminine dans ces poèmes.**

➠ Perfection de la beauté féminine rendue par le symbole floral (Ronsard : la rose).
➠ Beauté associée à l'innocence et à la pureté (Chénier : La jeune Tarentine).
➠ Féminité et artifice (Baudelaire : « À une passante »).
➠ La femme en harmonie avec le monde (Eluard).
➠ Une femme idéalisée (Verlaine).

2. **La poésie chante-t-elle toujours l'amour perdu et la femme inaccessible ?**

➠ Une constante dans les poèmes présentés avec « Clotilde » : la femme aimée a disparu (elle est morte : Ronsard, Chénier) ; elle est inaccessible (Baudelaire, Verlaine, Apollinaire).
➠ Une présence essentielle à l'origine du rêve et des images poétiques.

3. **Comment pourrait-on définir la poésie en s'appuyant sur les textes du groupement ?**

➠ La poésie célèbre la femme ou le monde.
➠ La poésie a le pouvoir d'évoquer des images.
➠ Le poète utilise le langage pour toucher notre sensibilité et notre imagination.

PISTES DE RÉFLEXION

- Comment l'homme se conçoit-il ? Quelle est sa nature spécifique ?
- Quelle est la place de l'homme dans l'univers ?
- Quelle est la place de l'homme dans la société ? Comment concilier individualité et collectivité ?
- Comment l'homme mène-t-il son combat pour la liberté et la dignité ?
- Quelles conceptions du bonheur ?
- La littérature est-elle une arme efficace dans le débat d'idées ?
- La littérature a-t-elle pour mission de faire évoluer la société ?
- Quelles sont les formes littéraires les plus efficaces pour persuader ?

TEXTE 7. Louis-Sébastien Mercier, *L'An 2440*, 1770

« Vous voulez dîner, me dit mon guide, car la promenade vous a ouvert l'appétit ? Eh bien ! entrons dans cette auberge… »

Je reculai trois pas.

« Vous n'y pensez pas, lui dis-je, voilà une porte cochère, des armes, des écussons. C'est un prince qui demeure ici.

– Eh, vraiment, oui ! C'est un bon prince, car il a toujours chez lui trois tables ouvertes : l'une pour lui et sa famille, l'autre pour les étrangers et la troisième pour les nécessiteux.

– Y a-t-il beaucoup de tables pareilles dans la ville ?

– Chez tous les princes.

– Mais il doit s'y trouver bien des parasites fainéants ?

– Point du tout : car dès que quelqu'un s'en fait une habitude et qu'il n'est pas étranger, alors on le remarque et les censeurs de la ville en sondant ses dispositions lui assignent un emploi. Mais s'il ne paraît propre qu'à manger, on le bannit de la cité, comme dans la république des abeilles on chasse de la ruche toutes celles qui ne savent que dévorer la part commune.

– Vous avez donc des censeurs ?

– Oui, ou plutôt ils méritent un autre nom : ce sont des admonesteurs qui portent partout le flambeau de la raison et qui guérissent les esprits indociles ou mutinés en employant tour à tour l'éloquence du cœur, la douceur et l'adresse.

Ces tables sont instituées pour les vieillards, les convalescents, les femmes enceintes, les orphelins, les étrangers. On s'y assied sans honte et sans scrupule. Ils y trouvent une nourriture saine, légère, abondante. Ce prince, qui respecte l'humanité, n'étale point un luxe aussi révoltant que fastueux ; il ne fait point travailler trois cents hommes pour donner à dîner à douze personnes ; il ne fait point de sa table une décoration d'opéra ; il ne se fait pas gloire de ce qui est une véritable honte, d'une profusion outrée, insensée : quand il dîne, il songe qu'il n'a qu'un estomac et que ce serait en faire un dieu que de lui présenter, comme aux idoles de l'antiquité, cent sortes de mets dont il ne saurait goûter. »

Tout en conversant nous traversâmes deux cours et nous entrâmes dans une salle extrêmement profonde : c'était celle des étrangers. Une seule table déjà servie en plusieurs endroits en occupait toute la longueur. On honora mon grand âge d'un fauteuil. On nous servit un potage succulent, des légumes, un peu de gibier et des fruits, le tout simplement accommodé.

« Voilà qui est admirable, m'écriai-je. Oh ! que c'est faire un bel emploi de ses richesses que de nourrir ceux qui ont faim. Je trouve cette façon de penser bien plus noble et bien plus digne de leur rang… »

Tout se passa avec beaucoup d'ordre ; une conversation décente et animée prêtait de nouveaux agréments à cette table publique. Le prince parut, donnant ses ordres de côté et d'autre d'une manière noble et affable. Il vint à moi en souriant, il me demanda des nouvelles de mon siècle, il exigea que je fusse sincère.

« Ah ! lui dis-je, vos premiers ancêtres n'étaient pas si généreux que vous ! Ils passaient leurs jours à la chasse et à table. S'ils tuaient des lièvres, c'était par oisiveté, et non pour les faire manger à ceux qui en avaient été privés. Ils n'élevèrent jamais leur âme vers quelque objet grand et utile. Ils ont dépensé des millions pour des chiens, des valets, des chevaux et des flatteurs. Enfin ils ont fait le métier de courtisans, ils ont abandonné la cause de la patrie. »

Chacun levait les mains au ciel d'étonnement : on avait toutes les peines du monde à ajouter foi à mes paroles.

« L'histoire, me disait-on, ne nous avait pas dit tout cela. Au contraire…

– Ah ! répondis-je, les historiens ont été plus coupables que les princes. »

Axes de lecture possibles

1. La critique sociale et politique. 2. Le prince idéal. 3. Une société parfaite ?

Autres références autour du thème : l'utopie

François Rabelais, *Gargantua*.
Voltaire, *Candide*.
Fénelon, *Télémaque* (sujet 9, texte p. 226).
Georges Perec, *W. ou le souvenir d'enfance*.
Montesquieu, *Lettres persannes*.

PREMIÈRE PARTIE DE L'ÉPREUVE : lecture analytique guidée par une question

Quelques exemples de questions et axes de réponses

1. **Étudiez le portrait d'un prince idéal.**
   - La sociabilité, l'accueil réservé aux étrangers.
   - Un prince charitable.
   - Le rejet du luxe et de l'abondance.
2. **Étudiez la portée politique et morale de la fiction.**
   - La critique des princes réels.
   - Une société organisée où les mérites de chacun sont exploités.

SECONDE PARTIE DE L'ÉPREUVE : entretien

Quelques exemples de questions et axes de réponses

1. **Étudiez les valeurs qui président au fonctionnement des sociétés utopiques.**
   - La liberté de l'abbaye de Thélème (*Gargantua*).
   - La culture et l'éducation dans l'utopie de Thélème, de l'Eldorado (*Candide*).
   - La vie simple et frugale, indifférente aux richesses (La Bétique chez Fénelon et Eldorado de Voltaire).
2. **Quelles peuvent être les fonctions de l'utopie et de la contre-utopie ?**
   - Critiquer le monde comme il va.
   - Dessiner des perspectives de changement.
   - Dénoncer l'horreur du totalitarisme et du système concentrationnaire (Perec).

TEXTE 8. Diderot, *L'Encyclopédie* (1751-1772) « Autorité politique »

Aucun homme n'a reçu de la nature le droit de commander aux autres. La liberté est un présent du ciel, et chaque individu de la même espèce a le droit d'en jouir aussitôt qu'il jouit de la raison. Si la nature a établi quelque autorité, c'est la puissance paternelle ; mais la puissance paternelle a ses bornes ; et dans l'état de nature elle finirait aussitôt que les enfants seraient en état de se conduire. Toute autre autorité vient d'une autre origine que la nature. Qu'on examine bien et on la fera toujours remonter à l'une de ces deux sources : ou la force et la violence de celui qui s'en est emparé, ou le consentement de ceux qui s'y sont soumis par un contrat fait ou supposé entre eux et ceux à qui ils ont déféré l'autorité.

La puissance qui s'acquiert par la violence n'est qu'une usurpation et ne dure qu'autant que la force de celui qui commande l'emporte sur celle de ceux qui obéissent ; en sorte que si ces derniers deviennent à leur tour les plus forts, et qu'ils secouent le joug, ils le font avec autant de droit et de justice que l'autre qui le leur avait imposé. La même loi qui a fait l'autorité la défait alors ; c'est la loi du plus fort.

Quelquefois l'autorité qui s'établit par la violence change de nature ; c'est lorsqu'elle continue et se maintient du consentement exprès de ceux qu'on a soumis ; mais elle rentre par là dans la seconde espèce dont je vais parler ; et celui qui se l'était arrogée devenant alors prince cesse d'être tyran.

La puissance qui vient du consentement des peuples suppose nécessairement des conditions qui en rendent l'usage légitime utile à la société, avantageux à la république, et qui la fixent et la restreignent entre des limites ; car l'homme ne peut ni ne doit se donner entièrement et sans réserve à un autre homme, parce qu'il a un maître supérieur au-dessus de tout, à qui il appartient tout entier. C'est Dieu dont le pouvoir est toujours immédiat sur la créature, maître aussi jaloux qu'absolu, qui ne perd jamais de ses droits et ne les communique point. Il permet pour le bien commun et le maintien de la société que les hommes établissent entre eux un ordre de subordination, qu'ils obéissent à l'un d'eux ; mais il veut que ce soit par raison et avec mesure, et non pas aveuglément et sans réserve, afin que la créature ne s'arroge pas les droits du créateur. Toute autre soumission est le véritable d'idolâtrie.

Axes de lecture possibles

1. La force argumentative de l'article (art de convaincre et de persuader).
2. La réflexion sur l'autorité et les rapports entre les hommes.

Autres références autour du thème : l'homme et le pouvoir politique

La Fontaine, « Le Loup et l'agneau », « Les animaux malades de la peste »,
« Les obsèques de la lionne ».
Montesquieu, *Lettres persanes.*
Voltaire, *Zadig, Candide, L'Ingénu.*
Rousseau, *Discours sur l'origine de l'inégalité.*
Diderot, *Supplément au voyage de Bougainville.*
Hugo, *Les Châtiments.*
Jarry, *Ubu roi.*

PREMIÈRE PARTIE DE L'ÉPREUVE : lecture analytique guidée par une question

Quelques exemples de questions et axes de réponses

1. **Comment Diderot parvient-il à emporter l'adhésion de son lecteur ?**

➠ Une progression argumentative construite comme un raisonnement : le premier paragraphe présente les deux sortes d'autorité (par la violence et par le consentement) qui sont ensuite développées dans les paragraphes 2 et 4, le 3e jouant le rôle de transition.

➠ Les présupposés (notions de liberté, de nature, existence d'une monarchie, existence de Dieu) qui fondent la réflexion et créent une connivence entre l'auteur et le lecteur.

➠ L'art de persuader : les procédés de style (étude du rythme), les appels au lecteur.

2. **Un article engagé ?**

➠ Un article : une stratégie argumentative qui donne un caractère indiscutable à la démonstration.

➠ Un article : une réflexion abstraite (lexique, procédés de généralisation) qui apporte sa crédibilité à l'article de l'encyclopédie.

➠ Une dénonciation des abus de l'absolutisme et un plaidoyer en faveur d'une monarchie parlementaire.

SECONDE PARTIE DE L'ÉPREUVE : entretien

Quelques exemples de questions et axes de réponses

1. **Quelles représentations du pouvoir en place dans les différents textes ?**

➠ Condamnation des abus de la monarchie absolue dans certaines fables de La Fontaine, dans les *Lettres Persanes* de Montesquieu.

➠ Victor Hugo en exil condamne le coup d'État du 2 décembre 1851 qui inaugure le second Empire.

2. **Quelle conception de l'homme sous-tend la réflexion sur le pouvoir ?**

➠ Un homme qui subit un pouvoir incontestable (« Le loup et l'agneau ») et doit savoir composer avec ses abus (« Les Obsèques de la lionne »).

➠ La revendication de la liberté durant le siècle des Lumières.

PISTES DE RÉFLEXION

- Pourquoi réécrire une œuvre ?
- Toute œuvre littéraire n'est-elle pas, d'une certaine manière, une réécriture des œuvres qui l'ont précédée ?
- Qu'attendre de la réécriture d'une œuvre ?
- La réécriture d'une œuvre sous une forme différente (cinéma par exemple) dénature-t-elle l'œuvre initiale ?
- Réécrire, est-ce reproduire, transposer ou inventer ?

TEXTE 9. Charles Baudelaire, « Don Juan aux enfers », *Les Fleurs du Mal*, Spleen et Idéal, 1857

Quand Don Juan descendit vers l'onde souterraine
Et lorsqu'il eut donné son obole à Charon,
Un sombre mendiant, l'œil fier comme Antisthène,
D'un bras vengeur et fort saisit chaque aviron.

Montrant leurs seins pendants et leurs robes ouvertes,
Des femmes se tordaient sous le noir firmament,
Et, comme un grand troupeau de victimes offertes,
Derrière lui traînaient un long mugissement.

Sganarelle en riant lui réclamait ses gages,
Tandis que Don Luis avec un doigt tremblant
Montrait à tous les morts errant sur les rivages
Le fils audacieux qui railla son front blanc.

Frissonnant sous son deuil, la chaste et maigre Elvire,
Près de l'époux perfide et qui fut son amant,
Semblait lui réclamer un suprême sourire
Où brillât la douceur de son premier serment.

Tout droit dans son armure, un grand homme de pierre
Se tenait à la barre et coupait le flot noir ;
Mais le calme héros, courbé sur sa rapière,
Regardait le sillage et ne daignait rien voir.

Axes de lecture possibles

1. Une reprise des différents personnages de la pièce de Molière.
2. Le personnage de Don Juan.
3. La transposition poétique.

Autres références autour du thème : Don Juan

Tirso de Molina, *El Burlador de Sevilla*.
Thomas Corneille, *Le Festin de pierre*.
Éric-Emmanuel Schmitt, *La Nuit de Valognes*.
Wolfgang Amadeus Mozart, *Don Giovanni* (opéra).
Joseph Losey, *Don Giovanni* (film).

PREMIÈRE PARTIE DE L'ÉPREUVE : lecture analytique guidée par une question

Quelques exemples de questions et axes de réponses

1. En quoi ce poème est-il une réécriture de la pièce de Molière ?
➠ Les personnages autour de Don Juan.
➠ Don Juan.
➠ Du théâtre à la poésie.

2. Comment les deux derniers vers donnent-ils son sens au poème ?
➠ Le « *rien* » désigne ce qui a été développé dans les dix-huit vers précédents.
➠ L'échec et le triomphe de Don Juan.

3. Commentez le poème en vous appuyant sur le titre.
➠ Une reprise de l'histoire de Don Juan.
➠ Une transposition de la pièce dans le monde des morts.
➠ Une transposition poétique.

SECONDE PARTIE DE L'ÉPREUVE : entretien

Quelques exemples de questions et axes de réponses

1. Comparez le dénouement de la pièce de Molière et le poème de Baudelaire.
➠ La mort de Don Juan.
➠ Le dénouement de la comédie de Molière donne le dernier mot à Sganarelle ; Baudelaire évoque le mépris de Don Juan.

2. Quelles vous semblent être les principales caractéristiques du mythe de Don Juan ?
➠ La liberté de l'homme.
➠ Le défi que l'homme peut lancer au monde et aux instances divines.
➠ La volonté d'expliquer le monde par la raison.
➠ Le pouvoir de l'homme.

3. Quels plaisirs le lecteur peut-il trouver à lire une réécriture ?
➠ Une connivence avec l'auteur : elle repose sur une connaissance commune de l'œuvre transposée.
➠ Une nouvelle lecture de l'œuvre initiale.
➠ Les reprises soulignent la nouveauté.

TEXTE 10. Molière, *Dom Juan*, acte III, scène 2, 1665

SCÈNE II. – DOM JUAN, SGANARELLE, UN PAUVRE.

SGANARELLE – Enseignez-nous un peu le chemin qui mène à la ville.

LE PAUVRE – Vous n'avez qu'à suivre cette route, Messieurs, et détourner à main droite quand vous serez au bout de la forêt ; mais je vous donne avis que vous devez vous tenir sur vos gardes, et que, depuis quelque temps, il y a des voleurs ici autour.

DOM JUAN – Je te suis bien obligé, mon ami, et je te rends grâce de tout mon cœur.

LE PAUVRE – Si vous vouliez, Monsieur, me secourir de quelque aumône ?

DOM JUAN – Ah ! ah ! ton avis est intéressé, à ce que je vois.

LE PAUVRE – Je suis un pauvre homme, Monsieur, retiré tout seul dans ce bois depuis dix ans, et je ne manquerai pas de prier le Ciel qu'il vous donne toute sorte de biens.

DOM JUAN – Eh ! prie-le qu'il te donne un habit, sans te mettre en peine des affaires des autres.

SGANARELLE – Vous ne connaissez pas Monsieur, bon homme : il ne croit qu'en deux et deux sont quatre, et en quatre et quatre sont huit.

DOM JUAN – Quelle est ton occupation parmi ces arbres ?

LE PAUVRE – De prier le Ciel tout le jour pour la prospérité des gens de bien qui me donnent quelque chose.

DOM JUAN – Il ne se peut donc pas que tu ne sois bien à ton aise ?

LE PAUVRE – Hélas ! Monsieur, je suis dans la plus grande nécessité du monde.

DOM JUAN – Tu te moques : un homme qui prie le Ciel tout le jour, ne peut pas manquer d'être bien dans ses affaires.

LE PAUVRE – Je vous assure, Monsieur, que le plus souvent je n'ai pas un morceau de pain à mettre sous les dents.

DOM JUAN – Voilà qui est étrange, et tu es bien mal reconnu de tes soins. Ah ! ah ! je m'en vais te donner un Louis d'or tout à l'heure, pourvu que tu veuilles jurer.

LE PAUVRE – Ah ! Monsieur, voudriez-vous que je commisse un tel péché ?

DOM JUAN – Tu n'as qu'à voir si tu veux gagner un Louis d'or ou non : en voici un que je te donne, si tu jures. Tiens : il faut jurer.

LE PAUVRE – Monsieur…

DOM JUAN – À moins de cela tu ne l'auras pas.

SGANARELLE – Va, va, jure un peu, il n'y a pas de mal.

DOM JUAN – Prends, le voilà ; prends, te dis-je ; mais jure donc.

LE PAUVRE – Non, Monsieur, j'aime mieux mourir de faim.

DOM JUAN – Va, va, je te le donne pour l'amour de l'humanité. Mais que vois-je là ? Un homme attaqué par trois autres ? La partie est trop inégale, et je ne dois pas souffrir cette lâcheté.

Axes de lecture possibles

1. Le triangle des personnages.
2. La remise en cause de la Providence.
3. Dom Juan : « grand seigneur méchant homme ».

Autres références autour du thème : Don Juan

Tirso de Molina, *El Burlador de Sevilla*.
Thomas Corneille, *Le Festin de pierre*.
Éric-Emmanuel Schmitt, *La Nuit de Valognes*.
Wolfgang Amadeus Mozart, *Don Giovanni* (opéra).
Joseph Losey, *Don Giovanni* (film).

PREMIÈRE PARTIE DE L'ÉPREUVE : lecture analytique guidée par une question

Quelques exemples de questions et axes de réponses

1. **En quoi cette scène renouvelle-t-elle le genre de la comédie ?**

➠ Une scène de comédie.
➠ Le renouvellement du genre : le rôle ambigu de Dom Juan et de Sganarelle.

2. **Quelle image de Dom Juan cette scène nous donne-t-elle ?**

➠ Le pouvoir de Dom Juan.
➠ Dom Juan libre penseur.
➠ Dom Juan : « grand seigneur méchant homme ».

SECONDE PARTIE DE L'ÉPREUVE : entretien

Quelques exemples de questions et axes de réponses

1. **Quelle place cette scène trouve-t-elle dans la pièce de Molière ? (question posée dans le cadre de l'étude de l'œuvre intégrale)**

➠ Le pauvre est un personnage que l'on ne reverra pas : *Dom Juan* présente le personnage éponyme dans différentes situations et l'intrigue est secondaire.
➠ Cette scène nous donne une image complexe de Dom Juan.

2. **Pourquoi Molière a-t-il repris un personnage déjà imaginé ?**

➠ Une garantie de succès après l'interdiction du *Tartuffe*.
➠ La reprise permet de souligner l'originalité de l'œuvre : Molière fait de son personnage bien plus qu'un séducteur libertin.

PISTES DE RÉFLEXION

- Quelle(s) vision(s) de l'homme les différents humanistes ont-ils ?
- Quelle place l'homme occupe-t-il dans la pensée des humanistes ?
- Quels rapports l'homme entretient-il avec les autres et le monde ?
- Quelles sont les valeurs de la Renaissance ?
- Comment les humanistes perçoivent-ils le temps ? le passé ? le présent ?

TEXTE 11. Ronsard, « Les Amours », *Second livre des Amours* (1578)

Comme on voit sur la branche, au mois de mai, la rose,
En sa belle jeunesse, en sa première fleur,
Rendre le ciel jaloux de sa vive couleur,
Quand l'aube de ses pleurs au point du jour l'arrose ;

La grâce dans sa feuille, et l'amour se repose,
Embaumant les jardins et les arbres d'odeur ;
Mais battue ou de pluie, ou d'excessive ardeur,
Languissante, elle meurt, feuille à feuille déclose.

Ainsi, en ta première et jeune nouveauté,
Quand la terre et le ciel honoraient ta[1] beauté,
La Parque t'a tuée et cendre tu reposes.

Pour obsèques reçois mes larmes et mes pleurs,
Ce vase plein de lait, ce panier plein de fleurs,
Afin que, vif et mort, ton corps ne soit que roses.

1. Le *Second livre des Amours* se termine par des poèmes consacrés à la mort de Marie.

Axes de lecture possibles

1. Un poème d'amour.
2. Une conception de la vie et de la poésie.

Autres références autour du thème de la grandeur de l'homme

Érasme, *Adages*.
Marot, *L'Adolescence clémentine*, « Petite épitre au roi ».
Rabelais, *Gargantua,* chap. 23 sur l'éducation, chap. 57 sur l'abbaye de Thélème.
Rabelais, *Pantagruel*, chap. 8.
Du Bellay, *Les Regrets*, sonnets 1 (p. 309), 19, 31, 86.
Ronsard, *Les Amours / Derniers vers*.

PREMIÈRE PARTIE DE L'ÉPREUVE : lecture analytique guidée par une question

Quelques exemples de questions et axes de réponses

1. **Quel rôle joue la comparaison avec la rose ?**

➠ La place de cette comparaison dans le poème : les deux quatrains, le lien lexical et syntaxique (« *ainsi* ») entre les tercets et les quatrains.
➠ Une représentation de la femme : beauté, séduction, amour.
➠ Une représentation de la vie : de la jeunesse à la mort.

2. **Quelle conception de la poésie sous-tend ce sonnet ?**

➠ Une poésie destinée à célébrer la beauté et l'amour.
➠ Une poésie qui assure l'éternité (le dernier tercet).

SECONDE PARTIE DE L'ÉPREUVE : entretien

Quelques exemples de questions et axes de réponses

1. **Comment l'homme s'affirme-t-il dans les textes de la Renaissance ?**

➠ Les géants de Rabelais.
➠ La place de la fantaisie et de la créativité personnelle (Marot, Rabelais).
➠ La postérité.
➠ Le devenir de l'homme assuré grâce à l'éducation.

2. **Cette affirmation de l'homme est-elle toujours positive ?**

➠ La dénonciation de l'orgueil et de l'ambition chez du Bellay.
➠ L'angoisse de la mort (derniers vers).
➠ L'importance accordée en priorité à la connaissance de soi.

TEXTE 12. Agrippa D'Aubigné, « Misères », *Les Tragiques*, Livre premier (poème commencé en 1577 et publié en 1616).

Je veux peindre la France une mère affligée,
Qui est entre ses bras de deux enfants chargée.
Le plus fort, orgueilleux, empoigne les deux bouts
Des tétins nourriciers ; puis, à force de coups
D'ongles, de poings, de pieds, il brise le partage
Dont nature donnait à son besson[1] l'usage ;
Ce voleur acharné, cet Ésau[2] malheureux,
Fait dégât du doux lait qui doit nourrir les deux,
Si que[3], pour arracher à son frère la vie,
Il méprise la sienne et n'en a plus d'envie.
Mais son Jacob, pressé d'avoir jeûné meshui[4],
Ayant dompté longtemps en son cœur son ennui,
À la fin se défend, et sa juste colère
Rend à l'autre un combat dont le champ est la mère.
Ni les soupirs ardents, les pitoyables cris,
Ni les pleurs réchauffés ne calment leurs esprits ;
Mais leur rage les guide et leur poison les trouble,
Si bien que leur courroux par leurs coups se redouble.
Leur conflit se rallume et fait si furieux
Que d'un gauche[5] malheur ils se crèvent les yeux.
Cette femme éplorée, en sa douleur plus forte,
Succombe à la douleur, mi-vivante, mi-morte ;
Elle voit les mutins tous déchirés, sanglants,
Qui, ainsi que du cœur, des mains se vont cherchants ;
Quand, pressant à son sein d'une amour maternelle
Celui qui a le droit et la juste querelle[6],
Elle veut le sauver, l'autre qui n'est pas las
Viole en poursuivant l'asile de ses bras.
Adonc[7] se perd le lait, le suc de sa poitrine ;
Puis, aux derniers abois de sa propre ruine,
Elle dit : « Vous avez, félons, ensanglanté
Le sein qui vous nourrit et qui vous a porté ;
Or, vivez de venin, sanglante géniture[8],
Je n'ai plus que du sang pour votre nourriture ! »

1. *besson* : jumeau
2. Ésau : Ésaü, frère de Jacob l'élu de Dieu qui représente ici les protestants.
3. *Si que* : de telle façon que
4. *meshui* : aujourd'hui
5. *gauche* : sinistre
6. *querelle* : cause
7. *Adonc* : donc, ainsi
8. *géniture* : progéniture

Axes de lecture possibles

1. Une représentation des guerres de religion et une dénonciation des catholiques.
2. « *Je veux peindre* » : le projet d'Agrippa d'Aubigné.

Autres références autour du thème de la vie en société

Machiavel, *Le Prince*.
La Boétie, *Discours de la servitude volontaire*.
Rabelais, *Gargantua* (la guerre Picrocholine).
Montaigne, *Essais*.

PREMIÈRE PARTIE DE L'ÉPREUVE : lecture analytique guidée par une question

Quelques exemples de questions et axes de réponses

1. **Comment la guerre est-elle représentée dans le poème ?**
   - Une guerre fratricide.
   - Une guerre destructrice.
   - La responsabilité des catholiques.
2. **Quelle conception de la poésie sous-tend le texte ?**
   - Une poésie destinée à toucher le lecteur par différents procédés dont l'allégorie.
   - Une poésie engagée : le poète prend position dans le conflit.

SECONDE PARTIE DE L'ÉPREUVE : entretien

Quelques exemples de questions et axes de réponses

1. **Comment la guerre est-elle représentée ?**
   - La nécessité de se défendre contre un agresseur (*Les Tragiques*, Rabelais).
   - Un échec de la parole et de la raison (Rabelais).
   - Une marque d'intolérance.
2. **Quel rôle est assigné au pouvoir en place ?**
   - La place de la raison (Rabelais, La Boétie).
   - La nécessité d'une raison pratique (Machiavel, Montaigne).

LEXIQUE DES TERMES LITTÉRAIRES

Aède : un aède (du verbe grec « *adô* », chanter) désigne en Grèce antique un poète qui chante ou récite des épopées en s'accompagnant d'un instrument de musique. Le plus célèbre des aèdes est Homère.

Allégorie : représentation d'une notion abstraite par une personne. Exemple : Vénus est l'allégorie de l'amour.

Allitération : répétition d'une consonne.

Anadiplose : reprise du dernier mot d'une proposition au début de la proposition suivante afin de souligner le lien.

Analepse : retour en arrière.

Anaphore : procédé d'insistance qui consiste en la répétition d'un mot ou d'une expression en tête de phrase ou de vers. On parle aussi de reprise anaphorique.

Antanaclase : variété de répétition qui fait apparaître un terme deux fois avec deux sens différents. « Le cœur a ses raisons que la raison ne connaît point » (Pascal).

Antithèse : opposition, dans une phrase, de deux termes.

Anthropocentrisme : pensée qui considère que toute chose se rapporte à l'homme.

Apologue : court récit duquel se dégage une morale. La fable, la parabole, le conte philosophique sont des apologues dans la mesure où la leçon est véhiculée par une fiction.

Archétypal : construit selon un modèle primitif qui se répète au cours des siècles.

Assonance : répétition d'un son vocalique (voyelles ou voyelles nasalisées telles que « an » ou « on »).

Asyndète : suppression des termes qui permettent de lier logiquement les mots ou les expressions.

Avatar : 1. Incarnation de Vishnou dans la religion hindoue. 2. Métamorphose. 3. Mésaventure.

Blason du corps féminin : genre poétique du XVIe siècle qui consiste à détailler le portrait d'une femme aimée.

Bucolique : qui se rapporte à la nature, la vie champêtre, les mœurs pastorales. *Les Bucoliques* de Virgile (37 av J.-C.) sont de courts dialogues entre bergers sur le modèle de la poésie pastorale grecque.

Captatio benevolentiae : expression latine désignant la façon dont un orateur, au début d'un discours, parvient à attirer l'attention bienveillante de son auditoire.

Cathartique : qui purifie ; la catharsis est, selon Aristote, l'effet produit par la tragédie.

Champ lexical : ensemble de mots ou d'expressions qui se rapportent à une même notion.

Chiasme : figure de symétrie dans laquelle le premier élément se rapproche du quatrième et le deuxième du troisième.

Classique : qui caractérise les œuvres du classicisme (mouvement esthétique du XVIIe siècle).

L'équilibre, la simplicité, la mesure et la raison sont les caractéristiques du classicisme. Ce mouvement est une réaction française au baroque européen.

Comédie : genre dramatique caractérisé par l'intention de faire rire le spectateur, par des personnages de condition ordinaire s'exprimant dans un style bas, par un dénouement heureux. La comédie s'oppose à la tragédie. Aristote, dans la *Poétique*, écrit : « La comédie est une imitation d'hommes sans grande vertu. »

Conjonction : mot de liaison ; on distingue les conjonctions de coordination (mais, ou, et, donc, or, ni, car) et les conjonctions de subordination (parce que, puisque, quand…).

Coup de théâtre : événement qui change totalement les données de l'intrigue.

Courtois : se rapporte à un art de vivre et à une littérature qui, au Moyen Âge, idéalisent la femme et l'amour.

Dénouement : dernier moment de l'action dans une pièce classique, qui voit se résoudre les conflits et les obstacles.

Dentale : t (dentale sourde), d (dentale sonore).

Didactique : qui vise à instruire.

Didascalie : au théâtre, indication scénique qui précise le ton d'une réplique ou un mouvement.

Diérèse : fait de dissocier en les prononçant une suite de voyelles (en-**vi**-**eu**-se).

Discours : toute production écrite ou orale (discours narratif, descriptif…).

Double énonciation : au théâtre, les répliques sont destinées aux personnages mais aussi aux spectateurs.

Drame romantique : genre théâtral qui, dans la première moitié du XIXe siècle, s'oppose au classicisme en prônant notamment le mélange des genres.

Élégiaque : se dit d'un texte lyrique qui exprime la tristesse et la mélancolie.

Ellipse : saut dans le temps, omission de certains éléments jugés sans intérêt.

Elliptique (syntaxe) : construction qui omet certains éléments.

Emphatique : qui souligne, met en relief.

Enjambement : la phrase se poursuit dans le vers suivant.

Énonciation : fait de produire un énoncé, écrit ou oral.

Épicurien : adepte de l'épicurisme.

Épicurisme : 1. Doctrine du philosophe grec Épicure (341-270 av. J.-C.). Selon l'épicurisme, le monde est un conglomérat d'atomes et l'âme ne survit pas à la mort. Il faut donc rechercher le bonheur terrestre en sélectionnant les plaisirs naturels et nécessaires. Selon Épicure, *« mon corps est saturé de plaisirs quand j'ai du pain et de l'eau »*. 2. Philosophie de la vie qui se propose de jouir des plaisirs de l'existence.

Épidictique : se dit des registres de l'éloge et du blâme.

Épiphore : répétition par laquelle un mot ou un groupe de mots reviennent à la fin de plusieurs membres successifs de phrases. Fréquente en poésie.

Érinyes : déesses grecques de la Vengeance et du Châtiment. Elles sont nommées Furies à Rome. On les appelle également les Euménides, c'est-à-dire les *Bienveillantes*.

Ethnocentrisme : tendance à survaloriser sa propre culture et à ne juger les autres peuples ou civilisations qu'à partir de ce modèle.

Fable : apologue présentant un récit allégorique et une morale, le plus souvent écrit en vers.

Focalisation : voir *Point de vue*.

Générique : qui se rapporte à un genre.

Gnomique : qui énonce une vérité générale.

Hémistiche : demi-alexandrin.

Hétérométrie : fait de recourir à des vers (mètres) de longueurs variées.

Homéotéleute : répétition d'un même son à la fin d'une phrase, ou à la fin des mots d'une même phrase, qui constitue une sorte de rime intérieure introduite en prose.

Hybris : démesure et orgueil insensé considérés comme un crime dans la littérature grecque.

Hyperbole : procédé stylistique qui vise à exagérer.

Hypotypose : procédé de style qui consiste à préciser une scène de façon à lui donner vie.

Incantatoire : qui s'apparente à une incantation, c'est-à-dire à un discours magique visant à exercer un pouvoir par la force du rythme et des mots.

Incipit : première page d'un roman ou d'un conte.

Incise : courte proposition insérée dans une phrase.

Indices de l'énonciation : mots qui portent la trace de l'énonciation, qui renvoient au locuteur, au destinataire ou à un espace-temps défini par rapport à ces deux personnes. Exemples : *je, tu, hier, demain, ici...*

Indices personnels : mots qui renvoient explicitement au locuteur et au destinataire.

Injonctif : qui exprime un ordre, une interdiction, un conseil.

Interrogation totale : interrogation qui porte sur la totalité de la phrase et qui n'admet que deux réponses possibles, *oui* ou *non*.

Intrigue : assemblage d'événements, d'actions et de circonstances dans une pièce de théâtre. L'intrigue organise l'action pour le spectateur.

Ironie : forme comique qui consiste à laisser entendre autre chose que ce que l'on dit littéralement.

Itératif : qui est fait ou répété plusieurs fois. L'imparfait itératif est l'équivalent de l'imparfait de répétition.

Lazaréen : néologisme des années cinquante qui se réfère à la figure biblique de Lazare ressuscité et renvoie à la littérature des camps de concentration.

Laisse : ensemble de vers supérieur au découpage strophique habituel.

Litanie : 1. *Pluriel.* Suite de prières liturgiques qui se terminent par des formules identiques (récitées ou chantées par les fidèles). 2. *Singulier.* Longue suite de paroles répétitives.

Lyrique : se dit du registre d'un texte qui exprime des sentiments.

Maïeutique : 1. Méthode employée par Socrate pour conduire ses disciples par une série de questions habiles à « accoucher » eux-mêmes les vérités enfouies dans leur esprit. 2. Méthode pédagogique qui consiste à faire penser l'étudiant par lui-même au lieu de lui imposer des idées toutes faites.

Mélioratif : qui donne une vision positive.

Ménades : femmes en proie à un violent délire qui escortaient Dionysos et se livraient à tous les débordements de son culte. Bacchantes chez les Romains.

Métonymie : figure de substitution qui consiste à désigner une réalité par un terme qui convient à une autre, selon une relation de contiguïté (cause à effet, matière à objet, contenu à contenant…). Exemple : *le fer pour l'épée.*

Mètre : type de vers, selon le nombre de syllabes.

Mimesis : imitation de la réalité par la littérature, et notamment la tragédie, selon Aristote.

Mimétique : qui imite ; les sonorités mimétiques nous donnent à entendre ce qu'elles évoquent (« *Pour qui sont ses serpents qui sifflent sur nos têtes* » de Racine).

Mise en abyme : procédé d'enchâssement qui consiste à insérer une œuvre dans une autre œuvre du même type (tableau dans un tableau, récit dans un récit, scène de théâtre dans une autre scène, tel le jeu des comédiens dans *Hamlet* II, 2).

Modalité : ton et type de phrase. On distingue les modalités déclarative, interrogative, injonctive et exclamative.

Mythomane : personne qui cherche refuge dans le mensonge et les récits imaginaires pour échapper à la réalité.

Naturaliste : qui caractérise le naturalisme, mouvement littéraire de la seconde moitié du XIXe siècle ; ce mouvement cherche à donner une image fidèle de la réalité en s'appuyant notamment sur des théories scientifiques.

Nouveau Roman : mouvement littéraire des années 1950-1960 qui renouvelle les techniques romanesques en rompant avec la tradition réaliste de l'intrigue et des personnages.

Oxymore : association de deux mots de sens opposés. Exemple : *le soleil noir.*

Panthéisme : conception religieuse selon laquelle le divin se confond avec la nature.

Parataxe : éléments juxtaposés dans une phrase.

Paratexte : indications qui précèdent ou suivent le texte.

Paronomase : rapprochement de mots qui présentent une ressemblance sonore.

Paronymes : mots qui se prononcent de manière voisine.

Pastiche : imitation du style d'un écrivain que l'on admire.

Pathétique : registre qui vise à susciter une émotion chez le lecteur.

Pentasyllabe : vers de cinq syllabes.

Performatif : qui, du fait même qu'il est formulé, réalise l'action.

Point de vue : 1. Interne : la scène est vue par un personnage participant à l'action. 2. Externe : le regard est extérieur à la scène. 3. Omniscient : le narrateur sait tout de son personnage, son passé, ses pensées…

Polyptote : variété de répétition qui fait apparaître plusieurs occurrences grammaticales d'un même mot sous des formes différentes. *« Madame se meurt ! Madame est morte ! »*, Bossuet.

Polysémie : caractéristique d'un mot ou d'une expression ayant plusieurs significations.

Positiviste : qui se rapporte au positivisme, philosophie selon laquelle notre réflexion ne doit s'appuyer que sur l'observation et l'expérience.

Postulat : principe qui doit être admis comme vrai sans démonstration.

Prétérition : 1. Omission volontaire. 2. Figure de rhétorique consistant à dire qu'on ne parle pas de quelque chose alors qu'on le fait.

Prosopopée : figure de style consistant à faire parler un mort ou une entité abstraite.

Protagonistes : personnages principaux d'une pièce de théâtre auxquels on s'identifie facilement.

Quatrième mur : écran imaginaire, mur fictif qui sépare le monde des acteurs et celui des spectateurs.

Réifier : transformer en chose (*res* en latin), chosifier.

Rétrospectif : qui effectue un retour en arrière.

Rhétorique : l'art du discours.

Scepticisme : 1. Doctrine fondée par le philosophe grec Pyrrhon (360-275 av. J.-C.) selon laquelle l'esprit humain ne peut parvenir à aucune vérité générale, tout pouvant être sujet au doute. Il préconisait donc la *« suspension du jugement »*. 2. Attitude d'incrédulité et de défiance face aux opinions et aux valeurs reçues.

Scolastique (nom) : 1. Nom féminin. Enseignement philosophique et théologique donné à l'Université au Moyen Âge qui associait les dogmes chrétiens à la philosophie d'Aristote. 2. Discours figé, creux et formaliste.

Scolastique (adjectif) : qui relève, comme la scolastique décadente, d'une philosophie figée et abstraite.

Sonnet : poème en alexandrins composé de deux quatrains (strophes de quatre vers) et de deux tercets (strophes de trois vers).

Stoïcisme : 1. Doctrine fondée par le philosophe grec Zénon de Citium (340-263 av. J.-C) selon laquelle il faut vivre en accord avec la Nature qui se confond avec Dieu, accepter ce qui ne dépend pas de nous et maîtriser les passions qui dépendent de nous pour connaître le bonheur. 2. Attitude courageuse et impassible devant la douleur.

Surréaliste : artiste (poète, peintre, cinéaste…) qui se rattache au surréalisme, mouvement artistique de l'entre-deux-guerres qui rejette les conventions et cherche une surréalité dans l'inconscient.

Syncrétisme : pensée qui croise plusieurs influences, réunit plusieurs doctrines ; religion composite.

Synecdoque : substitution de terme fondée sur une relation d'inclusion (la partie pour le tout, ou l'inverse). Variété de métonymie. Exemple : *le toit pour la maison.*

Synesthésies : correspondances entre les sens (*« Les parfums, les couleurs et les sons se répondent »*, Baudelaire).

Tombeau : hommage funèbre en musique et en littérature.

Topos (topoï au pluriel) : terme grec qui signifie « lieu » et qui désigne en littérature un thème récurrent.

Tragédie : genre dramatique, défini par Aristote dans la *Poétique* comme « la représentation d'une action noble, menée jusqu'à son terme et ayant une certaine étendue, au moyen d'un langage relevé d'assaisonnements d'espèces variées, utilisés séparément selon les parties de l'œuvre ; la représentation est mise en œuvre par les personnages du drame et n'a pas recours à la narration ; et, en représentant la pitié et la frayeur, elle réalise une épuration de ce genre d'émotions ». La tragédie met en scène des héros, des rois, des princes, s'exprimant sur un ton élevé et sublime.

Triptyque : se dit d'une œuvre, notamment un tableau, en trois parties.

Verset : 1. Paragraphe d'un texte sacré, la *Bible*, le *Coran*.
2. En poésie, forme d'écriture rythmée située entre le vers et le paragraphe ; introduit par Claudel, il est souvent lié au domaine de l'invocation.

Zeugma : (du grec *attelage*). Procédé qui consiste à rattacher à un même terme deux éléments sémantiquement différents : *« Vêtu de probité candide et de lin blanc »*, (Hugo).